王惠敏 ◎ 著

明清汉口商镇的社会变迁
(1465—1861)

The Social Change of Hankow Commercial Town of Ming and Qing Dynasties (1465—1861)

中州古籍出版社
· 郑州 ·

图书在版编目(CIP)数据

明清汉口商镇的社会变迁：1465—1861 / 王惠敏著 . — 郑州：中州古籍出版社，2022.9
ISBN 978-7-5738-0306-1

Ⅰ.①明… Ⅱ.①王… Ⅲ.①城市 – 社会变迁 – 汉口 –1465-1861 Ⅳ.①K296.31

中国版本图书馆CIP数据核字（2022）第161810号

## 明清汉口商镇的社会变迁（1465-1861）

| | |
|---|---|
| 责任编辑 | 高雪薇 |
| 责任校对 | 杨天荣 |
| 美术编辑 | 王　歌 |
| 出版社 | 中州古籍出版社（地址：郑州市郑东新区祥盛街27号6层　邮编：450016　电话：0371-65788693） |
| 发行单位 | 河南省新华书店发行集团有限公司 |
| 承印单位 | 辉县市伟业印务有限公司 |
| 开　　本 | 710 mm×1000 mm　1/16 |
| 印　　张 | 29 |
| 字　　数 | 540千字 |
| 印　　数 | 1—1000册 |
| 版　　次 | 2022年9月第1版 |
| 印　　次 | 2022年9月第1次印刷 |
| 定　　价 | 120.00元 |

本书如有印装质量问题，请联系出版社调换。

本书由陕西师范大学一流学科建设经费资助出版

# 序

好友曹大为教授的学生王惠敏以硕士学位论文为基础完成的学术专著《明清汉口商镇的社会变迁（1465—1861）》即付梓，希望我作序。惠敏入学、开题、答辩，均曾遵大为教授嘱先后参与，攻读硕士学位和此后从定宜庄教授攻读博士学位期间，以及后来她从事不同的工作时，我们也多有联系。虽然我对明清史茫然无知，但是这一专著考察的主题也涉及我多所关注的交通史与交通文化，作者对《汉口竹枝词》中历史文化信息的发掘和解读，也使得我对书稿产生亲近感，因此愿意略陈浅见。谨此鼓励青年学者的进步，也希望我从自己视角提供的认识可以为读者了解这部书的学术内涵提供若干点滴的帮助。

重要商镇的出现、发育、繁荣并产生社会影响，是经济史的课题，然而也涉及社会史、文化史。交通史研究者当然也必须关注。商镇史因而是历史人文地理的重要研究主题。其形成条件的历史自然地理的元素，当然也不能忽略。这些认识，其实司马迁在《史记》卷一二九《货殖列传》中论说各"都会"时，已经给予我们学术提示。《货殖列传》说到多处"都会"：邯郸、燕、临菑、陶、睢阳、吴、寿春、番禺、宛等。《史记》卷三四《燕召公世家》说到"五都"。有注家解释为"齐"，或说"临淄是五都之一也"。《史记》卷六八《商君列传》

及卷八一《廉颇蔺相如列传》又有"十五都"的说法，则"都"的等级大异。王莽时代，"于长安及五都立五均官，更名长安东西市令及洛阳、邯郸、临淄、宛、成都市长皆为五均司市师"。（《汉书》卷二四下《食货志下》）可见"都会"的地位影响以及执政者对"都会"的认识，西汉中期至西汉晚期已经有所"变迁"。我出于对战国秦汉区域文化与经济重心的学术兴趣，对咸阳、栎阳、洛阳、合肥寿春有过关注，发表过粗浅的学术意见，亦曾经讨论过"中原'群都'现象"。然而这一时段的"都"与"都会"，与"明清汉口商镇"，就交通作用、产业地位、商贸规模、市场等级及区域经济领导能力等多方面而言，都大有不同。然而，不同历史时期不同历史现象的内在关联可能是确实存在的。

王惠敏著《明清汉口商镇的社会变迁（1465—1861）》选择自明中期至清开埠前这一重要时段，探索汉口商镇的深刻变迁，努力描画其历史轨迹，认识并说明其"变迁"的历史背景和现实动因，展示了这一"商镇"近4个世纪演进的历史画卷。应当肯定，主题的择定、论说的展开和新见的提出，为学界提供了不少新的认识。

以"明清汉口商镇的社会变迁"为研究对象，就史料的充备程度而言，明代较清代显然多有不足。作者除《明武宗实录》《明神宗实录》等官方记录外，细心发掘文人笔记及方志资料中的重要历史信息，多有富有新意，体现创新价值的发现。在考察明末农民暴动对"汉口商镇"造成的严重破坏时，认真于《豫变纪略》《明季寇难传》《明季北略》《紫阳书院志略》《使滇日记》等非正史文献中钩沉发微，有所发明。研究工作的辛劳，终于换得有积极意义的学术新知。

对于汉口是"纯商业市镇"的成见，作者进行了多视角、全方位的研究，判定"明清汉口"实际上是商业、手工业、金融业、渔业、农业等多种行业并存的多元发展的工商业重镇。这一认识，是有值得称道的学术价值的。关注交通区位优势的作用，可以作为"汉口"与其他著名"商镇"比较时的重要切入点。作者就此也有所论说。

自明代中期以来得到良好发展机会的"汉口商镇"，走到清开埠前的历史节点，人们回顾这段历程，自然会对这一具备一定条件的"商镇"能否自行迈入工业化进程，发生现代化变革有所思考。《明清汉口商镇的社会变迁（1465—1861）》就此有所讨论。作者发表的相关意见所体现的尝试性探索性努力，也是值得学界肯定的。

看到青年学人的进步，作为已经迈入衰朽之年的老者，首先是欣慰。自然也乐意为"后浪"的腾起激荡，再助推力。

小序行文至此，翻阅叶调元《汉口竹枝词》，读夏炳南《题辞》"汉皋风俗最繁华，廿里嚣尘百万家"句，比照惠敏新著，颇觉深有韵味。其二写道："浮云世态尽情描，漫笑儒生舌太饶。块垒胸怀潇洒笔，兴来把酒且歌谣。""尽情""潇洒"，且期待"儒生"新作有新的发挥。而所谓"把酒""歌谣"，亦切合我们读青年学者论著之快意。再试自《汉口竹枝词》集句："一镇商人各省通（卷一《市廛》第19首），列市金工与木工（卷一《市廛》第46首）。铙鼓喧阗人络绎（卷二《时令》第40首），生意真随节候新（卷五《杂记》第83首）。"随"竹枝词"风格，不拘格律。拈自叶调元作品的四句，或可提示"明清汉口商镇"的历史繁荣。而首句"通"字，末句"新"字，特意借以祝愿惠敏坚持实证原则，继续学术努力，拓展文化视野，再获更大进步。

王子今

2022 年 5 月 17 日核酸检测后定稿

北京大有北里

# 目 录

绪论 /1
    一、学术史回顾 ………………………………………………… 6
    二、选题缘由 …………………………………………………… 15
    三、史料利用概况 ……………………………………………… 23
    四、写作框架与意图 …………………………………………… 26

## 第一章　明代中后期汉口商镇的勃兴之路 /29
    第一节　成化之前"汉口"的历史记忆 ……………………… 31
    第二节　三国至明代江汉市场之商业积淀 …………………… 39
    第三节　成化初年汉水改道与汉口的勃兴 …………………… 51
        一、成化汉水改道与"新汉口"的诞生 …………………… 51
        二、"新汉口"的卓越商业贸易整合能力 ………………… 60
        三、全国市场的形成与汉口商镇的崛起 …………………… 65
        四、从荒滩、渔村再到"天下四聚之首" ………………… 74
    本章小结 ………………………………………………………… 82

## 第二章　明代中后期汉口商民的负重前行/85

### 第一节　嘉靖朝商民、藩王及官府的博弈 …………… 86
　　一、嘉靖《汉口地课碑记》………………………………… 87
　　二、从嘉靖碑记管窥汉口的勃兴速度 ……………………… 90
　　三、碑记展现的商民、藩王及官府之博弈 ………………… 93

### 第二节　晚明汉口遭遇的"人祸"与"天灾" …………… 101
　　一、万历末年汉口商民承受的沉重赋役 …………………… 101
　　二、万历朝矿监税使对武汉商民的侵害 …………………… 110
　　三、"天灾"与"战乱"对汉口的破坏 …………………… 125

### 第三节　明代有为官员与汉口商民的勤力经营 …………… 134
　　一、积极有为的政治实践与政治理念 ……………………… 135
　　二、督办堤防工程以保民生和促发展 ……………………… 144

### 本章小结 ……………………………………………………… 155


## 第三章　清代开埠前汉口商镇的变迁/159

### 第一节　明清鼎革之际汉口承受的毁灭性打击 …………… 160
　　一、明末农民战争风起云涌之概况 ………………………… 161
　　二、明官军和农民军对汉口的轮番破坏 …………………… 165

### 第二节　清初至乾隆朝汉口的迅速复兴与发展 …………… 176
　　一、清初汉口：兵尘过后转繁华 …………………………… 177
　　二、乾隆朝汉口商镇之蓬勃发展 …………………………… 185

### 第三节　盛极而衰：嘉庆至咸丰汉口的社会变迁 ………… 196
　　一、嘉道之际汉口商镇臻于全盛 …………………………… 198
　　二、咸丰朝汉口遭遇的重大挫折 …………………………… 211

### 第四节　灾异频发与弊政丛生对清代汉口的侵害 ……………… 215
　　一、水火灾害频繁：既伤财物又伤人 ……………………… 216
　　二、积年弊政对汉口商业发展的阻遏 ……………………… 226
　　三、鸦片的流入和泛滥对汉口的危害 ……………………… 228
### 本章小结 …………………………………………………………… 231

## 第四章　清代开埠前汉口商镇的多元发展/233
### 第一节　商业与手工业并重的市镇经济格局 ……………………… 234
　　一、货物贸易与商帮组织 …………………………………… 235
　　二、下八行头之手艺作坊 …………………………………… 250
### 第二节　当铺、钱庄、票号等金融行业 …………………………… 259
　　一、"典商重利易生财" ……………………………………… 260
　　二、"银号声名众口传" ……………………………………… 271
　　三、"生意无如票号佳" ……………………………………… 281
### 第三节　民用邮政和公共消防等社会事业 ………………………… 288
　　一、全国邮政中心之一 ……………………………………… 289
　　二、应对火灾的公共消防 …………………………………… 294
### 本章小结 …………………………………………………………… 300

## 第五章　明清时期汉口商镇的渔业与农业/303
### 第一节　楚之渔业："泽国之资，以补稻粱之不及" ……………… 304
　　一、明代汉口之渔业、渔课和鱼市 ………………………… 305
　　二、清代汉口之渔业、渔课与鱼市 ………………………… 316

第二节　菜麦绣平田："土著居民尚力农务" …………… 325
　　一、明清汉阳府（县）之农业概貌 …………………… 326
　　二、明清汉口的农业和农贸概况 ……………………… 337
本章小结 …………………………………………………… 347

## 第六章　清代开埠前汉口的大众消费文化/351

第一节　汉口大众消费文化的形成背景及概念界定 …… 351
第二节　建筑、宴饮、服饰之"竞豪奢" ……………… 354
　　一、各帮会馆与富家豪宅 ……………………………… 355
　　二、宴饮排场之不吝消费 ……………………………… 359
　　三、男女服饰之务求奢华 ……………………………… 361
　　四、有识之士对"炫富逐奢"之批判 ………………… 363
第三节　普遍"趋利"和"炫富"的大众 ……………… 368
　　一、普遍逐利的商民 …………………………………… 369
　　二、市民炫富之风日炙 ………………………………… 372
　　三、对"趋利""炫富"之辩证思考 ………………… 376
第四节　"落俗"且"开放"的街头消费 ……………… 379
　　一、近似微型社会的茶馆 ……………………………… 380
　　二、街巷暗处的人生舞台 ……………………………… 382
　　三、迎神赛会与戏曲表演 ……………………………… 385
本章小结 …………………………………………………… 389

## 余论/392

一、路径特征与传统基调中的变奏 ……………………… 393

二、汉口开埠前夜发展趋向之思考 ……………………………… 408

## 参考文献/419

一、基本史料 ………………………………………………………… 419

二、专著（含译著）………………………………………………… 425

三、参考论文 ………………………………………………………… 431

## 后记/438

# 绪　论

　　我出生在湖北省大别山深处一个风景秀美、名为罗田的地方。这里是典型的丘陵地带，境内河湖纵横、田连阡陌、四季常青。虽不如江南富庶，但大多数老百姓仍信奉"耕读传家远""诗书继世长"的传统文化理念。按照当下的交通条件，罗田距离汉口约两个半小时的车程。孩提时代，家中听到最多的印象最深的远方代名词是汉口的汉正街，即今日汉口著名的商业步行街。这是因为，不时有亲友运送本地的物产和手工产品前往武汉售卖，并在返程之前在汉口的汉正街采购物品。最吸引我的是，这些亲戚在捎带衣料、滋补药材、家用品等商品的同时，也捎回了关于汉口商业繁华的种种见闻。在聆听亲友不断讲述有关汉口的许多掌故后，年少的我曾天真地以为它就是中国最大、最富庶的城市，不禁心驰神往，为之念念不忘。上大学后，我终于可以在周末和关系要好的同学去汉口逛街（主要是买衣服和吃美食），依旧被这个以商贸著称的后起之秀（在武汉三镇中，武昌、汉阳的城市史均历时久远，而汉口作为市镇崛起最晚）之繁华绮丽景象吸引，丝毫没有所谓看景不如听景的遗憾。当时懵懂无知的我，只是将汉口当作一个适合年轻人进行娱乐消费的都市，最关切的也是一般女孩子都会在意的世俗追求，并没有想到有一天我会认真写作与它相关的学术专著。①

　　直至我从湖北前往北京师范大学，师从曹大为教授攻读明清社会文化史方向的研究生期间，我才真正与汉口建立起最初的学术联系。开学伊始，业师除了要求我认真上各种必修课和选修课，以及用心补修中国古代史本科课程外，还让我先就自己感兴趣的问题多借阅相关书籍进行密集的学术阅读。跨专业考入北师大历史学院读研究生，让我面临很大的挑战，在学习方面自尊心极强的我很怕上完一学年的课程后仍不能确定毕业论文选题，忧心因此耽搁了论文进程，进而影响我在研究生三年级的考博准备，于是在课余几乎天天都泡在图书馆里，被C座宿舍楼里其他专业方向的某些硕士同学们戏称为"馆长"。在一个平常得不能再平常的下午，我在北师大图书馆的开架阅览室翻阅明清时期湖北城市社会文化史系列研究著作时，偶然看到了家族中早已出五服，但按辈分我应

---

①　我本科就读的是英语语言文学专业，可以说在校期间根本没有接受任何历史学研究的学术训练。如今回想起来颇为汗颜，起初我对学术的了解，主要限于专业学习需要而不得不广泛接触英国文学研究和英语语言学研究的著作，以及因为喜欢而翻阅一些西方哲学、社会学研究的译著等。当我在本科三年级决定跨专业考研时，虽出于浓烈的兴趣爱好而毫不犹豫地选择了中国古代史专业，但依然对将来要从事何种研究，实际上处于好奇又一无所知的蠢萌状态。也许，正因为"无知者无畏"，我靠着一股一往无前、舍我其谁的激情，在恶补中国古代史、中古近现代史、共和国史、世界上古史、世界中古史、世界近现代史等历史专业方向的本科教材，自学古汉语、古代文学，以及囫囵吞枣地涉猎版本学、目录学等学科的基础上，在硕士研究生笔试和复试中以极优异的成绩，考上北京师范大学历史学专业公费硕士研究生。对于跨专业考研的我来说，这对我在硕士毕业后放弃就业再次考取中国社会科学院研究生院公费博士生，以及在博士毕业后因故未能进入学术圈，进入总部在北京的某大型国企工作后，仍不能忘却学术初心，又几经辗转重新回到高校科研教学岗位，有着莫大的影响。

该称其为太爷爷的王葆心①先生关于汉口的多本著述。随着我对王葆心先生的生平履历和学术成就之了解的增多,逐渐深刻地意识到:他不仅

---

① 王葆心(1867—1944),字季芗,别号晦堂,人称晦堂先生,晚年归乡居住的院落称为"青坨院",并自号青坨老人。同治六年(1867),王葆心出生于湖北省罗田县大河岸镇古楼冲一户世代耕读之家。他不仅学术成就卓然,而且在教育领域也做出了很大的贡献,是公认的中国近代方志学家、经学家、史学家和教育家。明清时期,湖北文风昌盛,与"武麻城"相邻的便是"文罗田",可以想见该时期罗田文风之盛。晚清时期,张之洞在湖北大兴教育,不仅培养了大批人才,而且促进了学术的兴盛,王葆心便受惠于此,自此踏上精进求学、笔耕不辍之路。纵观王葆心的一生,求学、任教和任职之经历颇为丰富。王葆心五岁进乡塾,启蒙师为叶骥才先生;九岁入经馆,授业恩师为张韵楼先生。因熟读四书五经,通晓古文史籍,王葆心十八岁时参加府考,以经学第一名得中秀才。后又考入黄州经古书院,与胞兄王葆周、王葆稣一同师从曾任翰林院编修的当地名儒周锡恩先生,修习汉宋之学,研读经世文章,兼及诗文创作。在经古书院学习两年后,光绪十七年(1891),王葆心与长兄葆周、三兄葆稣,以及从兄佑祺进入张之洞创办的师资力量颇为雄厚的两湖书院,王葆心主要师从湖湘派学人邓绎,专心钻研理学。自光绪二十三年(1897)起,王葆心辗转湖北的多个书院任教,并受聘为潜江传经书院、黄梅县调梅书院、罗田县义川书院院长,贯穿其一生的教育事业由此拉开了帷幕。光绪二十九年(1903),乡试第三名得中举人,拣到知县。光绪三十三年(1907),举贡考试名列第一,不久,应召入京,任学部总务行走,兼北京图书馆编纂。三年后升学部主事,同时被礼部聘为礼学馆纂修,主持编修《大清通礼》,其间还兼任京师大学堂、京师优等师范学堂之文学、经学教习。在京任职期间,广泛搜遗拾阙,先后撰写了《宋季淮西六寨纪事》《蕲黄四十八寨纪事》(后增补为《明季江淮七十二寨纪事》)等以考证见长的文章,以补正史之缺失,而且还于公务之暇,留心近代政事,著成《近世事笺》一书。1912年,王葆心折返湖北,担任湖北省革命实录馆总纂,第二年年末,因该馆被时任民国大总统黎元洪下令撤销,遂改任湖南省书报局总纂。1916年,重刊《高等文学讲义》,更名为《古文辞通义》,收入《晦堂文钞》。1920年,再次赴京,出任京师图书馆总纂,与首次进京任职礼部时一样,仍身兼教职,并与京师大学堂的湘湖派、桐城派

在家乡罗田极负盛名（父、祖辈会经常提及他是真正的大学问家，老家所在的乡镇还有"葆心"二字命名的中学、道路、广场），而且在湖北历史名人中占有重要的一席，是晚清至民国时期著名的国学大师，而且终其一生视著书立说为性命。①

---

（接上页注释①）
学人保持密切的学术往来。1922 年，王葆心离开京城，南归武昌，任教于武昌高等师范学校国文史地部。1923 年至 1925 年，王葆心兼任湖北国学馆馆长，在任期间招录和培养了许多优秀人才。1928 年至 1930 年，受聘为新成立的国立武汉大学文学院国文教授。1932 年，担任湖北通志馆筹备处主任，兼《湖北通志》总纂；在任湖北通志总纂期间，广搜博览全国志书多达 1400 余卷，充分发挥其考证史料的特长，将志书所载内容同有关历史地理资料进行比勘和查对，辨别谬误，探寻因革，审核体例，认真总结志书撰写的经验与教训，撰写了极有学术分量的《方志学发微》一书。除了编写《湖北通志》外，王葆心因仰慕清人范锴撰著《汉口丛谈》，以及受到民国时期孝感人徐焕斗出版《汉口小志》一书的刺激，遂着眼城市兴衰、建制沿革、园林建筑、地名掌故、寺观墓葬、水火灾异、风物传闻、诗文金石等方面，撰写了《续汉口丛谈》《再续汉口丛谈》《汉沂金石小志》等著作，为后人开展明清至民国期间的汉口地方史研究提供了便利。抗战爆发后，已进入桑榆晚景阶段的晦堂老人坚决辞去一切职务，于 1938 年退居故乡罗田继续做学问，主持编纂《罗田县志》。1944 年，他在大别山天堂寨进行学术考察时，不幸感染风寒，不久在老家古楼冲病逝，享年 77 岁。有关王葆心先生的生平，以及学术成就与影响的研究，可参见常方舟：《鄂东学人王葆心生平概览与思想考述》，《黄冈师范学院学报》2017 年第 2 期；陈昊：《王葆心的学术成就与学术思想》，华中师范大学 2012 年硕士研究生学位论文。

① 其在湖北国学馆的亲炙弟子徐复观评价他为学术的一生时，满怀感佩地说道："盖先生一生，以读书著书为性命，此外殆无一足使其措意。故平生不立崖岸，而翛然远引，如清风明月，凡与先生相接者，尘垢鄙吝之气，自消融于风光霁月之中而不自觉也。"参见徐复观：《徐复观文录选粹》，台湾学生书局 1980 年版，第 338 页。

他先后撰写的论文和专著多达170余种，涉及方志学、史学、文学、经学、教育学等多个领域，著作等身，成就斐然，并以其勤笃问学的非凡精神气质，不阿附权贵、独立高蹈的人格魅力感召众多后学之辈。① 董必武先生感佩其杰出的学术成就和卓越的教育贡献，为其亲题挽联"楚国以为宝，今人失所师"。② 因此，我萌生了运用王葆心先生的相关著述研究明清时期汉口社会文化史的想法。随着爬梳汉口相关研究成果的完结和对清代开埠前汉口史料的熟悉，我愈发认识到，明中期至清代咸丰年间汉口的崛起与变迁问题是一个可以且应当深入探究的题目。③ 正是在这样的学术梦想激励下，我于2008年完成了有关汉口研究的硕士学位论文，并且在此后十余年间，即使学术研究阵地发生了明

---

① 参见常方舟：《鄂东学人王葆心生平概览与思想考述》，《黄冈师范学院学报》2017年第2期。

② 1957年，当时国务院副总理兼最高人民法院院长董必武，亲自指示湖北省人民政府"嘉其学行、修治圭墓"，地方官员将董必武题写的"楚国以为宝，今人失所师"的挽联篆刻于两方石柱上，立于王葆心先生位于湖北省罗田县大河岸镇滚石坳村莲花地的墓碑两侧，至今依旧格外醒目。

③ 从硕士研究生阶段到现在，我始终怀有一种通过学术研究与这位堪称族亲当中最璀璨的学者建立不一样的情感连接的想法。不过，促使我将这一想法转化为学术研究实际行动的是我的硕士业师曹大为教授。如果没有他对我的研究选题的肯定，以及后续写作过程中极富耐心的指导，很可能有关开埠前汉口商镇发展路径研究的想法最后仅停留在意念阶段。于今，在研究方向已经发生转向后，在疫情封控不断的日子里又折回来埋头撰写这部书稿，既为了表达对族中先贤王葆心先生的敬慕之情，也为了深切感念曹大为教授对资质平庸、性格急躁、学术积累几近白纸的我抱持极大的信任和信心。

显改变，仍坚持陆续发表了若干篇明清汉口社会经济与文化研究的论文。①

要言之，本书是对我之前完成的明清时期汉口历史研究成果的重新整合与再探讨，力图从建构明清（开埠前）汉口商镇发展整体史的思路出发，依托地方志书、文人作品、碑刻与档案史料，以及相关研究成果，着力展现此际汉口兴起的历史机缘和地理区位优势，在发展过程中遭遇各种天灾人祸，以及灾后重建和迅速走向全面兴盛的市镇变迁轨迹，以便深刻把握其总体发展的路径特征和历史走向。

## 一、学术史回顾

汉口是明中期至清中期发展起来的中国中部的移民城市，颇有些类似今天的深圳，其勃兴非常迅猛——由渔村到船码头，再到名震全国的超级市镇，这在传统中国城市史上堪称屈指可数。也因此，20纪80年代以来，有关汉口的史学研究非常细碎繁杂，水平优劣不一。总体而言，关于明清商业重镇——汉口的研究虽比不上江南市镇研究那样有体系且蔚为大观，

---

① 我在中国社会科学院研究生院攻读博士期间，以及入站做博士后，乃至博士后出站后入职高校以来，研究领域主要为清代嘉绒藏区社会文化史。与汉口相关的硕士学位论文为：王惠敏：《明清（开埠前）汉口商镇的发展历程与路径特征》，北京师范大学，2008年硕士学位论文。近年来先后发表的有关汉口研究的论文有：王惠敏：《明中后期汉口商镇勃兴原因探析》，《重庆交通大学学报（哲社版）》2014年第6期；王惠敏：《鸦片战争前汉口工商业发展特点》，《昆明学院学报》2015年第4期；王惠敏：《商民、藩王及官府的博弈——嘉靖碑记凸显的汉口勃兴的历史信息》，《武汉学研究》2019年第1期；王惠敏：《传统的"反叛"：清代（开埠前）汉口大众消费文化管窥》，《武汉学研究》2021年第1期。

但相关研究成果数量在长江中游地区市镇研究中绝对可以拔得头筹。为便于梳理起见,主要从国内外研究两个方面展开。

在汉口商镇的研究方面,美国学者罗威廉的研究成果受到海内外学术界的广泛瞩目。罗威廉的《汉口:一个中国城市的商业和社会(1796~1889)》①,以及《汉口:一个中国城市的冲突与社团(1796—1895)》②,被有关学者视为研究明清以降中国商业行会、公共领域及市民社会的典范。③ 用罗威廉自己的话说,《汉口:一个中国城市的商业和社会(1796~1889)》的研究目的是"描述一个在全面效法值得怀疑的西方模式、进而偏离其固有发展道路、进入一个'泛文化的城市历史'发展阶段之前,中国城市的本土化发展达到最高水平的地方"。④ 凡事总有不尽如人意之处。这本书资料极其丰富,熟练运用施

---

① William T. Rowe, HANKOW: Commerce and Society in a Chinese City, 1796—1889, Stanford University Press, 1984. 该书中文版由江溶、鲁西奇译,中国人民大学出版社 2005 年版。该书试图描述 19 世纪的汉口乃是一个商业辐射广达数千里的,广大的,包括各种各样的复杂商业活动的市场体系的中心,并借此向认为传统中国城市发展缓慢并阻碍了中国现代化进程的观点提出挑战。罗威廉在这部专著中指出:19 世纪的汉口社会与经济结构的变化,直接促成了 19 世纪 90 年代的工业革命和 1911 年的政治革命。

② William T. Rowe, HANKOW: Conflict and Community in a Chinese City, 1796—1895, Stanford University Press, 1989. 该书中文版由鲁西奇、罗杜芳译,中国人民大学出版社 2008 年版。

③ 参见杨念群:《"市民社会"研究的一个中国案例——有关两本汉口研究著作的论评》,《中国书评》1995 年第 5 期。还可参见彭雨新、江溶:《十九世纪汉口商业行会的发展及其意义——〈汉口——一个中国城市的商业和社会(1796~1889)〉》,《中国经济史研究》1994 年第 4 期。

④ (美) 罗威廉著,江溶、鲁西奇译:《汉口:一个中国城市的商业和社会(1796~1889)》,中国人民大学出版社 2005 年版,"绪论"第 18 页。

坚雅"中心地方"理论研究中国的具有广泛地域辐射能力的商业城市，用翔实事例来推重行会组织的先锋作用。同时，我们亦不难看到它的作者罗威廉刚从他极力避免套用西方模式的大门出来又从其后门进去了。至少其"逸出王朝体制之外的地方城市自治"的观点是值得商榷的，而且那些关于行会，商人共同体独立进行的救济与施善事业并不是在19世纪才出现的，把这些作为地方自治权力的支撑事例似乎言过其实，毕竟官府对汉口镇的政治管控在有清一代始终是很明显的。至于罗威廉的第二部关于汉口的专著《汉口：一个中国城市的冲突与社团（1796—1895）》，则主要研究了19世纪汉口的社区状况、城市结构、各种社会阶层的处境和冲突，以及官方和地方精英对城市的控制等。不得不说，他在这部书中确证地方官府始终没有放松对汉口的控制，其实就是承认其在前一部专著里极力强调的所谓"逸出王朝体制之外的地方城市自治"提法确实不妥。

出于情报搜集和研究需要，日本人在晚清时期对汉口亦颇为关注。1908年，日本驻汉口领事水野幸吉《中国中部事情：汉口》[①]一书问世，他以极其羡慕的口吻，凭借翔实的调查数据和丰富的一手资料展现了汉口自1861年开埠以来创造的引人瞩目的贸易额，并且描摹了人口密集、行业众多的繁华城市景象。他以日本作者常见的那种细致描述本领，精微而神妙地书写了东洋人视野下汉口商业社会的恢宏气象。时至今日，许多人都把这本著作当作可资利用的二手研究材料（如前文提到的罗威廉的第二本关于汉口的书就多处引用该书）。不过，这部著作除了第四章"汉口的过去"一节稍涉开埠前的内容，基本上是围绕晚清至民国的汉口

---

① （日）水野幸吉著，武德庆译：《中国中部事情：汉口》，武汉出版社2014年版。

展开内容广泛（诸如年降水量、阴晴天数、洋行买办的兴起与发展等都被水野幸吉纳入统计和考察范畴）的叙述。

国内学者对明清时期汉口的研究涉笔不少，但学术水准参差不齐。关于汉口市民生活和社会文化风貌的研究成果主要有：周霞、杨薇《从叶调元〈汉口竹枝词〉看清中后期汉口市井文化》（《鄂州大学学报》2005年第1期）一文认为，通过对《汉口竹枝词》的研究可以看到清中后期的汉口市井文化呈现出五大特点，即多元的生活方式、趋利的价值取向、落俗的生活情趣、崇尚奢靡的审美趣味和开放的道德观念；胡锦贤《清代盐商笔下的汉口镇》（《湖北大学学报》2002年第5期）一文主要依据清人范锴《汉口丛谈》相关记载，挖掘盐商出身的作者之儒雅精神风貌及其描绘的汉口生活画卷。事实上凡涉及这一时期汉口社会文化风尚的文章，几乎都要以这两部清代文人著作提供的丰富史料信息为依据。张小平《汉口徽商与社会风尚》（《徽学研究》2005年第1期）一文，首次将徽商研究与《汉口丛谈》联系起来，介绍了徽商如何介入并影响汉口的社会文化生活，凸现了汉口徽商亦商亦儒的文化特质和生活方式。不过，也应该看到类似研究存在选题重复，罗列材料成分较重，阐释性的话语微弱等问题，因而对清代乾嘉道三朝汉口社会生活的探讨难免有流于表面之嫌。当然，这也可能与日常生活太过习以为常，材料多寡分布不一有关，反而使得有深度的创新性研究存在诸多困难，不易写出高质量的文章。这就要求研究者在解读材料时要善于钩沉发微，以独具眼光的阐释突破旧见之拘囿。

明清以来的汉口市镇是在商业迅猛发展的基础上赢得盛名的。前面提及的水野幸吉《汉口》一书第一章《地理》曰："汉口年贸易额达1亿3000万两，凤超天津、近凌广东，现今已成为清国要港之第二……

机敏的视察者言称:'汉口乃东方芝加哥。'"① 因此,有关其商业以及与商业相关的领域是有关该时段汉口学术研究的主要着力点亦在情理之中了。兹选取比较具有代表性的研究成果加以述评。

吴量恺从清代湖北沿江口岸城市的转运贸易入手,认为汉口的物资转运贸易具有过渡性。② 范植清通过对鸦片战争前汉口镇商业资本的研究指出,"汉口镇是中国封建社会晚期商品流通扩大国内市场形成的时代产物,它是以商业中心、商品交换中心的面貌出现的新市镇",尽管"在汉口,商业资本难于分解封建经济,商业资本走向产业资本的道路极不平坦",但是"鸦片战前汉口毕竟在发生重大变化,资本主义萌芽了"。进而认为,这证明"如果没有外国资本主义的影响,中国也将缓慢地发展到资本主义社会"。③ 窃以为,这种论证方式和最终结论均存在不容回避的缺陷,有关这一问题将在本书余论部分"关于汉口开埠前发展趋向的思考"一节展开详细的回应。开埠前的汉口是在传统中国内部自发孕育出来的新兴市镇,这一点是毋庸置疑的。但是,这一时期汉口的商业迅猛发展是否意味着传统中国内部可以自行发展到资本主义社会,需要更具逻辑说服力的探讨。这也是本题研究尝试对开埠前的汉口发展路径进行深度思考的原因所在。石莹透过对清代前期汉口商品

---

① (日) 水野幸吉著,武德庆译:《中国中部事情:汉口》之《地理》,武汉出版社2014年版,第1页。这部长达670余页的著作无论从目录,还是从具体内容来看,特别像是情报收集整理完成后的成果。对于这部东洋人视野下的汉口著作之史料价值和研究价值需要充分予以肯定,值得从事汉口历史研究的学人认真研读和利用。

② 吴量恺:《清代湖北沿江口岸城市的转运贸易》,《华中师范大学学报》1989年第1期。

③ 范植清:《鸦片战争前汉口镇商业资本的发展》,《中南民族学院学报》1982年第2期。

市场的研究指出,清前期的汉口市场呈现出消费型的特性(从商品结构看),已发展为全国性的市场(从商品流通范围来看),而且是以中转贸易为主的市场(从商品来源和流向来看),但是该时期的汉口作为典型的商业市镇其商品生产水平有限,而且主要以供应本镇日常消费需要为主。① 应当说,石莹的研究结论大抵是中肯的。这也是为何不能轻易将明清(开埠前)汉口商镇崛起的历程,定性为传统中国自发走向现代化的典例的重要原因之一。陶建平《明清时期汉口商业网络的形成及其影响》一文从经济、地理因素出发,探讨汉口商业繁荣的内在动力,认为明清时汉口商业经济已经形成自市场、集市贸易、转输至管理诸系统的完整网络,且此时汉口一地的商业经济繁荣不仅对湖北一地而且对整个国家的经济、文化都有重大影响。② 毫无疑问,明清时期汉口的商业繁荣对全国的经济影响重大,但就文化的全国性影响(除汉剧外)而言,无论如何都无法与经济比肩。

除了对汉口商品市场和经济体系的研究,有关商帮、会馆,以及金融机构的研究也是重点关注内容之一。宋伦、李刚《明清山陕商人在湖北的活动及其会馆建设》一文分析了明清时期山陕商人在湖北的商贸活动及其会馆建设状况,论证了这一时期山陕商人的活动对推动湖北

---

① 石莹:《清代前期汉口的商品市场》,《武汉大学学报》1989年第2期。
② 陶建平:《明清时期汉口商业网络的形成及其影响》,《华中师范大学学报》1989年第1期。类似地对汉口市场和经济体系等进行研究的文章还有:宋平安:《明清时期汉口城市经济体系的形成与发展》,《华中师范大学学报》1989年第1期;杜七红:《茶叶与清代汉口市场》,武汉大学,1999年硕士学位论文;张岩:《清代汉口的粮食贸易》,《江汉论坛》1993年第4期;陈慈玉:《近代黎明期两湖茶之发展》,《食货》1980年第10卷;等等,在此就不一一铺排了。

商品经济的发展和加强地域间的市场联系的积极作用。① 有关徽商在汉口活动的影响之阐述主要突出了其对汉口的文化影响。李琳琦《徽商与清代汉口紫阳书院》一文指出汉口紫阳书院是徽商"贾而好儒"的文化传统在侨寓之地发挥作用的产物,同时也指出商人书院与传统书院不同。② 关于清代汉口行帮、会馆与公所的史料辑录性的成果也不少。王保民《汉口各行帮业及其贸易》一文列举八大行业,如盐业、茶行、药材行等经营盛况。③ 胡永弘《汉口的行帮与会馆、公所》《汉口的钱庄与票号》二文,前文介绍了行帮与会馆、公所各自的发展状态和作用,后文指出了汉口的钱庄这种传统社会的金融机构于道光年间便已形成完整独立的体系,与各行帮有着错综复杂的关系。④ 需指出的是,发表在《武汉文史资料》与清代汉口商业相关的文章不胜枚举,这类文章在陈述主题、呈现问题意识方面均做出了不同程度的努力,但在利用新材料和开阔视野进行更深入的研究方面有待精进。石莹《清代前期汉口金融业的发展》一文对开埠前汉口金融业在传统经济条件下的独立发展与变化做了较为深入的探讨,值得借鉴。⑤ 2018 年,杨安国则在此前学者对汉口金融业研究的基础上,以《钱庄、票号与银行:清代以来汉口金融业的发展与变迁》为题,对汉口钱庄的组织、管理与经

---

① 宋伦、李刚:《明清山陕商人在湖北的活动及其会馆建设》,《江汉论坛》2004 年第 5 期。

② 李琳琦:《徽商与清代汉口紫阳书院》,《清史研究》2002 年第 2 期。

③ 王保民:《汉口各行帮业及其贸易》,《武汉文史资料》1994 年第 2 期。

④ 胡永弘:《汉口的行帮与会馆、公所》,《武汉文史资料》1997 年第 4 期;胡永弘:《汉口的钱庄与票号》,《武汉文史资料》1997 年第 4 期。

⑤ 石莹:《清代前期汉口金融业的发展》,《中国经济史研究》2010 年第 4 期。

营，汉口票号的性质、结构与运行，汉口典当行的营业方式与特点，以及汉口银行业的兴起等问题展开深入探讨，力图在长时段的研究视域下揭示钱庄、票号与银行相互关系及其演变路径。① 这些专题性极强的论文既为笔者把握明清时期汉口商业与金融业的密切关系提供了便利，亦证明汉口确实是一个多元发展的市镇。

明清时期汉口民众的生存方式虽以工商业为主（尤其是与商业相关的各行业），但这并不意味着汉镇民众没有其他谋生之道。因为江汉地区多水域，渔业资源丰富，明清二朝汉口有不少从事渔业或农、渔兼营的"土人"。由于明清汉口的渔业和农业鲜有专门探讨，徐斌《明代河泊所的变迁与渔户管理——以湖广地区为中心》②《国家与渔民：宋至清两湖地区渔税的性质、征收及其演变》③，以及尹玲玲《明代渔政制度及其变迁——以机构设置沿革为例》④ 等论文，为笔者了解汉口所在的汉阳地区的渔业发展状况和渔业管理、渔税征收的具体实施情况等问题提供了有益借鉴。

有必要指出的是，皮明庥、涂文学等湖北学人长期致力于武汉地区历史资料的整理及研究，前者主编了《汉口五百年》一书，后者主编了《图说武汉城市史》《武汉沦陷史》《武汉史话》《文化汉口》等书；另有武汉市政协文史资料研究委员会在1983年印行的《武汉工商经济

---

① 杨国安：《钱庄、票号与银行：清代以来汉口金融业的发展与变迁》，载《中国经济与社会史评论》（2018年卷），社会科学文献出版社2019年版，第3—39页。

② 徐斌：《明代河泊所的变迁与渔户管理》，《江汉论坛》2008年第12期。

③ 徐斌：《国家与渔民：宋至清两湖地区渔税的性质、征收及其演变》，《清华大学学报（哲社版）》2019年第4期。

④ 尹玲玲：《明代的渔政制度及其变迁——以机构设置沿革为例》，《上海师范大学学报（哲社版）》2003年第1期。

史料》（第一辑）收录了一些回顾汉口各行业发展史的文章，既为研究汉口地方史提供了史料线索，又为相关问题的探究提供了先行思考。其他诸如武汉大学陈锋教授《明清时期汉口的发展历程》[1]一文介绍了汉口发展的历史沿革、行政归属变迁，特别是汉口在清代的城市发展史，使笔者了解到明中期至清代开埠前汉口商镇的兴起和发展历程仍有广阔的研究空间。顾诚先生的《明末农民战争史》[2]为本书撰写明清鼎革之际汉口商镇遭受的诸多战祸提供了切实帮助，使笔者能够在更加宽广的视野中理解当时汉口民众经历的战乱痛苦之巨，把握阛阓镇经济遭到的破坏程度之深。

总体来说，对汉口这样一个在传统中国晚期突发成长起来的市镇之研究，特别是国内的研究还有很多薄弱之处，在视野拓展和材料的搜集以及使用上显得流于程式，而且重复研究比较明显，有浪费学术资源之嫌。此外，由于大家对汉口商镇的过于关注，以致出现对汉口周边乡村社会史的忽视，特别是那些保存得相当完好的古村落也被忽略，确实非常可惜。毕竟明清（开埠前）汉口是长江中游地区的商品贸易中枢城市，对周边乡村既有依赖，也有经济文化辐射，亦是不容回避的重要问题。

还应强调的是，前辈学人有关汉口的各项研究成果，都是我们今天继续明清汉口市镇研究的学术基础，有许多值得学习之处。学术传承，莫过于此。本书的撰写亦得益于众多相关研究成果提供的宝贵史料线索，并且在具体的写作过程中深受启发。

---

[1] 陈锋：《明清时期汉口的发展历程》，《江汉论坛》2002年第11期。
[2] 顾诚：《明末农民战争史》，中国社会科学出版社1984年版。

## 二、选题缘由

选取明中后期到清开埠前这样一个时段来研究汉口镇，这是笔者对地方社会史时段划分的一种认识。明中期汉水改道是汉口勃兴的历史开端，以此作本项研究的时间上限不难理解。将时间下限定为开埠前也是基于多个方面的考虑。首先，自明成化汉水改道以来，汉口作为区域贸易的港口吞吐四方货物，吸纳万千商贾和流寓民众，成长为明末名镇；在经历明末清初诸多战乱的冲击和清前期社会秩序的重建后，清中期汉镇以多元发展的面貌臻于鼎盛，由明末清初四大名镇之一，一跃成为全国首屈一指的商业中心；开埠后虽有商贾和官绅等进行各种尝试和努力，使汉口在很长时间里基本上保持了原有的社会结构（租界区除外），但再也没能回到地方史料中一再提及的嘉道时期汉口发展的黄金时代，而且开埠前的汉口保留了其在前现代商业社会环境中自为发展的某种完整性。其次，已有的关于汉口诸多方面的研究主要用力点在清中后期到民国初年，明中期至清开埠前这样一个长时段尚未受到应有的重视。再次，这个时间下限也便于我们分析和把握近四百年里（1465—1861）汉口商镇自行发展所呈现的路径特点和历史走向，因为太平天国运动和随后的开埠事件都给汉口的发展进程带来重大影响，前者造成汉口在清中期全盛局面的终结，后者则强行注入新的因素并日渐破坏汉口原有的经济结构和社会组织构成①。最后，"明清时期的盛极而衰，

---

① 参见（美）罗威廉著，江溶、鲁西奇译：《汉口：一个中国城市的商业和社会（1796~1889）》，中国人民大学出版社2005年版，第54—66页。

是在世界范围和西方资本主义国家比较而言。事实上，这一时期在中国自身传统农耕文明轨道上发展到了一个新高峰"。① 汉口在明清（开埠前）的兴起和发展历程其实就是这一历史境况的缩影。

关于明清商业重镇——汉口的研究虽比不上江南市镇研究那样有体系且蔚为大观，但相关研究成果的数量在长江中游地区市镇研究中可谓首屈一指。在细致梳理明清汉镇的有关研究成果后，发现以下几个方面仍有待进一步研究。

问题之一：截至目前，学界主要将关注重心放在开埠之后的汉口镇，即使涉及清代开埠前，亦多围绕市场发育体系、商业贸易网络、会馆建设与功能、行帮组织发展状况、金融服务体系、茶叶、粮食、食盐、木材、油料等大宗物品贸易、各省商人在汉镇的活动情况以及影响等细部问题展开。② 具体而言，有关明清汉口发展的整体历史道路的研究并不多见，即便有所涉及，明代汉口这段历史往往只用来充当背景铺垫，寥寥数语带过；有关清代开埠前的汉口发展状况有一些文章问世，却呈现出比较碎片化的特点。就目前所见有关明清汉口发展道路或历程探讨的文章来看，陈锋《明清时期汉口的发展历程》一文将汉口的发展历程分为三个阶段，一是明中期至汉口开埠，这是汉口作为传统商业市镇的兴起和鼎盛时期；二是汉口开埠至张之洞督鄂，此阶段是汉口早期现代化的萌动时期；三是张之洞督鄂至清朝灭亡，是为汉口早期现代化的发展时期。从该文所述三个阶段各占篇幅来看，第一阶段，即笔者

---

① 曹大为：《明清农耕文明的鼎盛及其在世界工业文明潮流中的陨落》，《史学理论研究》2002年第4期。

② 详见"学术史回顾"部分对相关研究成果的具体述评。

## 绪 论

本项研究关注的这个时期，在这篇论文中所占比例约四分之一，主要是描述性介绍，特别是有关明代汉口的兴起与发展状况不过数百字。① 汤黎《人口、空间与汉口的城市发展（1460—1930）》一书，较为难得地从社会史视角出发，采取长时段研究的考察方式，以人口发展为主线，具体分析汉口人口的来源地、谋生方式和职业特点，进而分析汉口人民生活的地理空间、自我与公共空间，最后从理论上总结了人口发展、空间建构与城市化之间的互动关系和汉口城市的特色，确实突破了此前汉口市镇史研究多拘泥于以时间线为主轴的窠臼。② 可惜的是，涉及明中期至清代开埠前这一时段并未成为该书研究的重要时段，更多的是作为晚清与民国时期汉口城市化演进的背景铺垫而存在，因此完全没有关照清代（开埠前）汉口市镇发展路径的问题。张建民著《湖北通史·明清卷》第六章之《特大型市镇汉口的崛起和繁荣》一节专门叙述了汉口的兴起和商业繁荣景象，并分析了开埠前汉口的市场发育状况。③ 因为是通史性著作，张著亦缺乏对明中后期至19世纪上半叶汉口发展道路的详细论述。

值得注意的是，这种情况并不限于国内学者。即使是以对汉口进行微观研著称的美国汉学家罗威廉教授，在他的两本汉口研究专著中也只是截取18世纪末到19世纪末约一个世纪的时段作为探讨的上下限，对

---

① 陈锋：《明清时期汉口的发展历程》，《江汉论坛》2002年第11期。
② 汤黎：《人口、空间与汉口的城市发展（1460—1930）》，中国社会科学出版社2010年版。
③ 张建民：《湖北通史·明清卷》华中师范大学出版社1999年版，第441—457页。

18世纪之前的汉口历史也只是作为背景介绍提及。① 有鉴于此，套用法国年鉴学派代表人物勒高夫"只有作为整体而存在的历史。……任何形式的新史学都试图研究总体历史"② 的话来说，明清汉口镇的社会史研究也应当具有整体史的解释视角。揭示各种细部的研究固然有助于我们对受到外来冲击之前明清汉口镇的某些断面有一些了解，但仍难免给人以碎片化研究的残缺感。

导致这样的研究局面的重要原因是与明代汉口相关的史料相对匮乏。然而，就像清代盐商范锴所认识到的那样：尽管清代开埠前夜的汉口已经是"人烟数十里，贾户数千家，盐商典库，咸数十处，千樯万舶之所归，货宝珍奇之所聚，洵为九州名镇"，"然肇始于有明中叶，

---

① 在学术史回顾部分，已经详细交代有关清代汉口镇的研究方面，美国学者罗威廉的研究成果受到海内外学术界的广泛瞩目，并指出了存在的局限性。尽管罗威廉努在两部关于汉口的专著中力图打破开埠前后这一分界线带来的研究断裂感，但因为开埠前的汉口史料相对开埠后的确更为有限，导致罗威廉在撰写两部汉口研究专著时仍然未能脱离偏重开埠后的汉口市镇历史的窠臼。况且，要真正探讨在外来因素干预之前，清代汉口商镇到底有没有可能自行走上现代化发展道路，并引领传统中国走向新的发展轨道的重大问题，必须侧重对1861年之前汉口之崛起与发展的历程进行专门研究。还应注意的是，对开埠前的汉口市镇历史之研究，不应该只拘泥于乾嘉之际的汉口鼎盛时期，明中期以来汉口兴起与急速发展的历史，乃至更为久远的江汉大市场的经济发展脉络，都是应当充分关照的时段。唯其如此，方能真正以长时段的历史眼光、整体史的研究视野来重新审视汉口这个中国中部商业市镇，进而对开埠前的汉口市镇形成新的历史认知。

② （法）勒高夫编，姚蒙编译：《新史学》，上海译文出版社1989年版，第6页。

盛于启正之际"。① 如果不能将汉口商镇在明代兴起与发展的历程，与清代咸丰朝之前汉口臻于极盛的商业景观相联系，不能做长时段的市镇整体史之思考，那么，关于清代开埠前的汉口发展历程的探讨便缺乏应有的历史关照。况且，随着嘉靖《汉阳府志》、万历《汉阳府志》等明代稀见方志的校注本和影印本的问世，以及中国国家图书馆古籍在线阅读服务的开通，为仔细探究明代汉口的历史提供了可能。

尽管有关开埠之前的汉口的资料远比不上开埠之后那么丰富，但也并不是毫无可能从较为宏观的角度对明中后期至道光朝汉口商镇的勃兴路径以及其在长时段里的市镇经济、文化面貌等获得较为清晰和尽可能全面的认识。只是人们往往对开埠这一突发历史事件和之后张之洞督鄂其间在汉阳创办铁厂、兴建京汉铁路和一些洋人创办的企业、买办势力崛起更感兴趣，认为这才是从传统向现代转变的重要历史时期。有鉴于此，本书关注的重点则在明中后期汉口勃兴到清开埠前汉口发展到全盛阶段，并注意到其间充满各种不确定因素和阻遏力量。况且，近四百年间汉口兴起与发展的历史呈现出迥异于同时期全国其他新兴市镇的社会变迁轨迹和独特的移民市镇文化风貌。② 也就是说，笔者尝试勾画汉口在受到外来因素冲击之前的历时性和共时性的整体历史景观。有关开埠

---

① （清）范锴撰，江浦等校释：《汉口丛谈校释》卷三，湖北人民出版社1999年版，第138页。

② 在学术史回顾部分已对清代汉口社会风貌研究成果进行评述，兹不再列举。客观地讲，近三十年来有关清代汉口商镇的社会文化风貌的文章可谓不少，但总体上比较缺乏问题意识，普遍偏重叙述，缺乏阐释，以至于读后容易留下芜杂而碎片化的印象。换句话说，只有将明清（开埠前）汉口的社会风貌放置到这个长江中游商业市镇的历时性与共时性交织的长时段历史视野中予以考察，才能真正理解它何以呈现如此与众不同的地方社会面貌。

之前汉口镇的各项国内研究成果，以及前面提及的美国学者罗威廉对19世纪汉口的研究专著，则为笔者对明清汉口进行整合性研究提供了有益的学术借鉴。

问题之二：从基础史料出发，结合二手研究亦能发现，在一些已被反复探讨的细部问题上仍存在有待完善之处。比如颇受关注的开埠前汉口镇经济发展的定位问题，人们很自然地将这个以转口贸易为主导的市镇看作商业中心都会，而忽略其手工业成就。对汉口在明清时期的发展奇迹，也多半乐于书写其辉煌的商业成就，而疏于剖析其在明晚期遭遇的多重遏制，这显然不利于我们全面认识这一阶段汉口的曲折发展道路和负重前行的能力。对清代开埠前汉口各省商帮组织、会馆建筑、大宗物资贸易等关注有加，而对清中期汉口消费文化呈现出来的"传统的反叛"、汉口实乃渔业、农业、手工业、商业等多元发展的工商业市镇等问题则甚少着笔，遑论展开专题探讨。因此，本书希望能对已有的相关研究做一定的修正和补充，对以往学界甚少留心的问题加以认真探讨，从而对明清汉口商镇形成更加立体、多元的历史认知。

问题之三：在对汉口在明代兴起与发展、清中期（嘉道之际）臻于全面兴盛的实况从纵向层面和横向层面形成较为全面了解的基础上，进一步探讨汉口在四个世纪里的发展道路呈现出何种特点；特别是在清代开埠前夕汉口在许多方面已经出现传统的变革、自行发展出具有现代化倾向的新因素的情况下，有必要对此际汉口是否有自为发生现代化变革的可能、面临怎样的现实困境等问题进行讨论，进而尝试把握在政治、经济层面均未受到外来因素直接冲击的开埠前夜，这个富庶的商镇循着怎样的历史走向往前迈进，以期在对明清汉口商镇发展道路总体勾画与分析的基础上做进一步的拓展和提升，使本题研究不拘囿于研究对象本身的具体内容,而具有较为宏阔、开放的视野。有鉴于此,对该问题的探讨亦成为本题研究的重要着力点之一。

罗兹曼在其主编的《中国的现代化》之《导论》中指出,有关中国现代化的学术性文献,不论是明确还是含蓄的,都贫乏空泛且支离破碎。人们对19世纪20世纪现代化道路上的现实机遇和障碍,几乎一无所知。① 实际上,人们对汉口在18世纪后半期到19世纪上半期发展到前工业社会鼎盛阶段所面临的变革机遇和障碍的了解,与罗兹曼此番评论并无二致。偶有学者对汉口现代化的问题进行研究也无一例外地将眼光转向开埠之后,认为外来因素才是汉口现代化的导入力量。② 与这些格外强调外来因素主导开埠后汉口现代化进程的认识相反,美国学者罗威廉对此持谨慎态度,他的研究揭示出,开埠后相当长时间内并未因洋人势力大规模介入而发生立竿见影的现代化变迁,并认为清代汉口的社会、经济结构及特点,以及这种结构在19世纪的渐变过程最终导致它直接进入19世纪90年代的工业革命。③ 也就是说,罗氏坚信汉口开埠前已有的成就及其历史发展的延续性,在它于晚清启动现代化进程中所

---

① 参见(美)吉尔伯特·罗兹曼主编,国家社会科学基金"比较现代化课题组"译:《中国的现代化》,江苏人民出版社2005年版,第2页。

② 参见任放:《汉口模式与中国早期现代化》,《光明日报》2003年4月1日。该文持这样的观点:汉口模式是在中国出现的以商业革命为主导的早期现代化模式,是指汉口在其传统商业相对发达的基础上借助外部因素,成功完成了近代转型,走上现代化道路。另见苏云峰:《中国现代化的区域研究(1860—1916)——湖北省》(台北"中央研究院"近代史研究所1981年版),还包括前文已经提到的陈锋:《明清时期汉口的发展历程》,《江汉论坛》2002年第11期,该文也是将开埠作为现代化启动的起点。

③(美)罗威廉著,江溶、鲁西奇译:《汉口:一个中国城市的商业和社会(1796~1889)》,人民大学出版社2005年版,第18页。

起的作用比外来因素更加重要。这种有关汉口现代化的认识分歧折射出学者们在清代汉口的发展趋向探究方面存在明显的思维差异。中国学者惯常的做法是以 1840 年或 1861 年为界线，划分出所谓汉口传统时期的与近代化汉口的分界线。从常识的角度讲，这实在有点匪夷所思，毕竟汉口的历史脉络和社会万象（无论是相对静态的现象，还是动态的景象）并不是到了某一年就戛然而止，也不会因为某一历史节点的到来而不翼而飞，更说不上什么社会的、文化的突变或巨变都是在这一年集中爆发。这表明我们应当放弃一种直线式的定向的历史观念，有必要将目光转向开埠前全盛时期汉口的历史走向，在立足史料的基础上，结合已有研究进行更加开放性的探讨。

至于开埠前汉口有无走向工业化的可能，一些学者的研究为我们提供了对话和思考的空间。李伯重教授就江南道路与英国模式进行对比研究后认为，如果不是江南地区本身煤炭资源匮乏，输入不易所造成的致命影响，明清江南核心区还是有可能自行走上以扩大再生产为主导的机器大工业发展道路。① 这一时期汉口的煤炭输入便利，拥有强大商业资本和引人注目的金融资本，众多迹象似乎预示着汉口自行走向工业化发展道路的前景比江南地区还要乐观。但事实却并非如此，原因何在呢？也许罗兹曼对中国现代化问题的几个相关要素的考察，并采取现代化不是评价的对象而是描述的对象的研究态度，为我们分析汉口在前现代中国发展到繁荣阶段仍然面临的困境提供了很好的切入方式。曹大为教授《明清农耕文明的鼎盛及其在世界工业文明潮流中的陨落》一文，试图通过比较研究回答明清时期中国是否存在向工业文明演进的可能，以及明

---

① 李伯重：《英国模式、江南道路与资本主义萌芽》，《历史研究》2001 年第 1 期。

清社会何以未能顺利向近代工业文明转轨等问题,对我们尝试分析明清汉口在已经出现多种现代化倾向因素的前提下为何没能自发走上工业化道路启发甚深。①

此外,彭慕兰的《大分流》和弗兰克的《白银资本》二书,也为我们思考以上问题提供了更宽泛的解释维度。前者强调19世纪之前是一个多元的世界,并没有一个全球的经济中心,西方没有任何明显的、完全为西方自己独有的内生优势,只是到了19世纪市场以外的力量和欧洲以外的关联,使得本无甚异常的西欧核心区取得了独一无二的突破。② 后者则指出东方在相当长的历史时期内是世界真正的中心,只不过到了19世纪,世界经济结构不平衡互动给西方创造了发生与传统断裂而转向现代化的种种机遇,工业化不过是世界经济体系中的一个事件,是通过采取进口替代和出口拉动战略而爬上亚洲的肩膀。③ 这种以全球历史演进的整体史来思考东西方在19世纪中期明显分流或转向问题的研究方法,对我们分析开埠前夜汉口发展道路和历史走向问题颇有启发。尽管我们对以上问题只是在结论部分一一做出具体回应,但是对该问题的关注则始终贯穿在全书的写作之中。

## 三、 史料利用概况

本书主要利用的基本文献材料包括地方志、会馆档案、碑刻、契

---

① 曹大为:《明清农耕文明的鼎盛及其在世界工业文明潮流中的陨落》,《史学理论研究》2002年第4期。

②(美)彭慕兰著,史建云译:《大分流:欧洲、中国及现代世界经济的发展》,江苏人民出版社2003年版,具体见"内容提要",以及第278页。

③(德)贡德·弗兰克著,刘北成译:《白银资本:重视经济全球化中的东方》,中央编译出版社2005年版,第443页、455页。

约、章程、诗词、文集、正史、文人笔记等等，其中绝大部分都能在北京的各藏书机构获得，也有少数在武汉地区才能看到。随着20世纪末至21世纪初中国地方志史料的影印和校注工作的推进，嘉靖《汉阳府志》、万历《汉阳府志》等原本稀见，甚至为海内外孤本的志书之校注本的出版和影印本的开放，为推进本题研究提供了很大的便利。尽管有关明代汉口的资料比较少，但有一块碑刻有必要在此予以特别交代，即正文中多处用到的嘉靖二十四年（1545）《汉口地课碑记》。这块碑刻的完整内容长达千余字，透露了嘉靖时期及之前来汉口定居垦殖和开拓的移民生存状况和复杂的政治经济处境等方面的宝贵历史信息。不过，不仅专门搜罗汉口金石录的王葆心《汉浒金石小记》一书里没有辑录这则碑文，一些清代文人关于汉口早期民居状况的介绍文字中也没利用这则碑记，而是采用清初汉口文人唐裔潢《风水论》中有关天顺、嘉靖年间汉口水口地带的房屋数目。按照选用史料的一般原则，本书更愿意采用碑记内容作为分析有关问题的依据。这种取舍考虑的不仅是文本意义上的可靠性，还涉及情境意义上的真实性。另外，除了明代嘉靖和万历二朝的两部《汉阳府志》外，清代《汉阳府志》《汉阳县志》《续辑汉阳县志》中也保存了一些明代文献资料，既可以用以比勘，也可以用来补明朝地方文献记录阙如之处，例如万历《郭文毅正域记》完整保存于清嘉庆《汉阳县志》卷八《堤防》，可与万历《汉阳府志》卷六《艺文志》之"王公堤记"进行比照，为纠正此前普遍认为"袁公堤"是明代汉口最古老的堤防工程的错误观点提供了有力证据。此外，即使是那些被学界经常引用的相关史料，只要在解释角度，以及对有关问题的体察更具有敏锐性，同样可以做到推陈出新。

此外，在探讨晚明汉口的曲折发展历程和负重前行的历史境况时，在充分利用《明史》《明武宗实录》《明神宗实录》等官书，以及上述明代《汉阳府志》之外，还充分运用《万历野获编》《明史纪事本末》《湖北通志检存稿》《寄园寄所寄》《珂雪斋集》等史料的相关记录进行钩沉分析。类似地，在阐释明末农民起义运动对汉口造成的巨大破坏时，除了利用《汉口丛谈》《续汉口丛谈》等相关记载外，还认真爬梳了《豫变纪略》《明季寇难传》《明季北略》《紫阳书院志略》《使滇日记》等明清时期的文人笔记史料，仔细翻阅了清代著名商书《商贾便览》，不仅有助于对存在争议的相关问题进行再探讨和再评价，而且为探究此前甚少涉及的问题提供了可能。要做好这一点，能否对有限的史料进行整合利用显得尤为关键。同时，从纵向梳理、横向比较的角度对明清（开埠前）汉口相关史料进行深度爬梳，是对前述本书拟解决的三大问题进行深入分析的不二门径。

相比于明代汉口相关史料较为稀缺的情况，清代（开埠前）汉口相关史料则相对丰富。除了常见的地方志书（康熙《汉阳府志》、乾隆《汉阳府志》等）、私人著述（《汉口丛谈》《汉口竹枝词》《广阳杂记》等）、官书（《大清一统志》）以及《皇朝经世文编》（其中收录的晏斯盛《请设商社疏》最为相关）这样的官员奏折类编等资料外，还有尚未见学者利用的中国第一历史档案馆藏《署理湖广总督鄂弥达等议复汉镇设仓以裨商民事奏折》（乾隆朝朱批奏折），为研究乾隆朝汉口商业贸易的蓬勃发展态势提供了新的史料来源。

质言之，尽管清代（开埠前）汉口的相关史料确实比较有限，也因此使得有关这一阶段汉口的研究总体上比较薄弱，但随着以往不便于利用的相关地方志书以及文人笔记的公开出版，以及有关奏折史料的公布，为本书的撰写提供了较为可观的史料基础。即便如此，在此还要特别提及的是，类似顾诚先生撰《明末农民战争史》，傅依凌先生著《明清时代商人及商业资本》，张建民教授著《湖北通史·明清卷》等著作对笔者理解相关问题颇有裨益，而且为笔者循环查找有关史料提供了切实帮助。

## 四、写作框架与意图

本书力图从整体上把握明中期至清开埠前汉口社会经济变迁的轨迹，探索这一深刻变迁背后的历史动因和现实制约因素，揭示这个市镇四个世纪以来的纵向发展路径与特点以及横向拓展的丰富历史画面，并在此基础上把握其在前现代社会的历史走向。在论述时，注重汉口自身的自然成长空间和独特的历史特点，主要是在全国中心枢纽的特殊地理环境和当时的社会政治、经济背景下把握明清汉口商镇的各项发展与变迁。唯其如此，才能更好地思考并回应开埠前夜受到外来因素冲击之前的汉口，其自行构筑的强大的商业贸易网络和自为发展出来的高度商品化的手工业，是否具有打破传统中国旧有经济发展格局的可能性，是否能够引领新的生产关系变革的问题。在具体论述时，基本上按时间序列展开，在每一个时段除了重视历时性的叙述外，还穿插共时性的分析，有些地方则是历时性与共时性论述相互交织在一起。

全书的主体分为五个部分。第一部分论述明中期至明末战乱之前汉口勃兴与变迁的历史。首先追述江汉大市场自三国以来久远的商业积淀，理清明中期汉口能够借助汉水大规模改道契机兴起的历史渊源。接着分析汉水改道后形成的新水口地带——汉口占据了极佳区位，这是汉口在明代迅速勃兴的地理动因，同时晚明时期全国性商品流通市场的形成和更趋活跃的商品经济则为汉口在明末成为全国名镇提供了良好的外围环境。如果说江汉大市场的变迁和汉水改道是明代汉口得以兴起的天时地利条件，那么嘉靖碑记则为我们展示了早期来此垦殖的民众和楚地藩王、各级官府之间产生的利益纷争与博弈的实况，从而给资料罕见的早期汉口历史平添了几许有关人的具体活动的宝贵历史信息。晚明汉口借助天时地利和移民与商人的努力，很快取代了附近有着百年繁盛声誉的刘家隔的地位，在市镇规模和商业贸易上均获得巨大发展。但这条快速崛起之路并非坦途，各种天灾人祸不断降临这个新兴市镇，造成极大的破坏。幸亏有广大商民和有为官员的勤力经营，使得诸多不利因素最终都未能遏制晚明汉口的强劲发展势头。第二部分论述清前期汉口从战乱重创走向全盛的发展历程。主要阐明全盛时期汉口的社会政治经济面貌，并兼及水火灾害、鸦片、弊政等给清中期汉口造成的重创。第三部分主要论及清代（开埠前）汉口市镇除了商业独步天下外，手工业也取得了不俗的成绩，而且除了对汉口工商业发展情况展开论述之外，还关注了汉口的传统金融业、公共消防和邮政行业，努力呈现了明清汉口系多元发展的工商业重镇的形象。透过这些内容我们可以对清代（开埠前）汉口的发展状况形成较为丰满的认识，即此际汉口不是对晚明汉口市镇发展道路的简单复制，而是拥有更丰富的发展内涵。第四部分聚焦学界很少关注的明清汉口的渔业和农业发展状况，借此对汉口市镇"九分商贾一分民"的人口结构中的"一分民"形成具体的历史感知，不再拘泥于"汉镇士民惟贸易是视"的历史评价。第五部分主要关注该时段汉口镇开放、趋利与世俗的大众消费文化景观。结论部分则尝试在主体部分铺陈和论述的基础上，对明清汉口发展路径的特点和历史走向进行开放性的论讨，不是要给清代开埠前汉口发展历程进行类似

"封建社会内部的资本主义萌芽"①"现代化前夜"之类的标签化定性，而是探讨其历史走向的可能性。

综上，本书的落脚点是：透过本题研究可以发现，开埠之前的汉口除了遵循明清市镇兴起与发展的基调外，还很有自身的特点，并在某些领域已经出现了许多新的变奏。这些新的倾向和便利的煤炭能源供应，以及雄厚的经济基础似乎为汉口酝酿传统社会的转轨提供了可能性，但是汉口商业资本和金融资本力量远超过生产资本规模的市镇经济模式，以及科技创新和应用滞后等因素阻遏了跨越式经济变革的实现。即使如此，清中期汉口商镇涌现的新因素为商业管理制度的创新、商业贸易的再度繁荣以及金融行业服务效率的提升增添了新动力；明清（开埠前）汉口的兴起与发展则为它在19世纪90年代开启的工业化进程奠定了深厚的基础。

---

① 2017年9月24日，李伯重教授在南京大学仙林校区国际会议中心接受南京独立书评人许金晶的专访。根据这次访谈整理的文稿以《访李伯重：大家要看的是你的成果，不是身份》为题于2018年4月25日在澎湃新闻官方公众号推出。在此次访谈中，李教授明确指出："中国经济史学从一开始就是建立在比较史学的基础之上的，因为中国经济史学是用西方引入的话语系统和概念体系来建构的。这本身实际上就隐含着一种比较的味道，只是大家并未意识到。例如中国有没有封建社会，过去很长时间里我们将其视为不必讨论的问题，因为有封建社会是天经地义的。但是，封建社会这个概念并不是中国自有的，你要仔细追究，就会发现在同样概念之下，实际上有巨大差异，以至于今天越来越多的学者认为中国没有封建社会，至少是没有我们过去想象中的那种封建社会。"之所以引用这段话，是为了说明在引入和运用西方语词或概念之前，必须先搞清楚中国和西方的差异，注意外来概念的适用范围和程度，而不是不假思索地拿来就用。因此，对清代（开埠前）汉口自发的商业发展模式，以及行业或行帮组织形式，到底是否具备引领当时的中国社会突破旧有的传统束缚而自发走向资本主义发展道路，必须更加审慎地、实事求是地予以重新评估。

# 第一章
# 明代中后期汉口商镇的勃兴之路

汉口，地当汉水流入长江交汇之口。明前期，它只是汉阳县辖区里的一片屯戍荒地。王葆心《续汉口丛谈》曰："汉口在明代本屯地，为汉阳十九屯之一，隶在城里。"① 民国《汉口小志》将汉口、武昌、汉阳的行政地位、位置关系讲得更加明白，即"汉口古名夏口，今一名汉皋，又曰汉镇，属于湖北之汉阳府汉阳县，其位置在扬子江之北岸"，而"湖北省武昌府在西南，与之隔江相望，武昌城为总督驻在之地"，"又其西北与汉水相临之对岸为汉阳府"，"三区分峙，势若鼎足，最为长江上游之要隘"。② 武汉三镇格局的形成与明中期汉水入江水道的突变有着直接联系。明成化初年（约1465—1470）因连年大水汉水发生大规模改道，其在汉阳境内水道突变为由龟山北麓一路直入长江。由此，原来的汉阳被一截为二：汉水以北是汉口，以南为汉阳。汉口新地望位于汉水之北、长江以西，不再与汉阳连成一体，并且随着汉口商

---

① 王葆心著，陈志平等点校：《续汉口丛谈》卷一，湖北教育出版社2002年版，第26页。
② （民国）徐焕斗编撰：《汉口小志·商业志》，江苏古籍出版社2001年版，第5页，影印底本为1915年刊本。

镇的强势崛起促使历史久远的武昌、汉阳双城格局发生动摇。①

汉口所在的东西向呈扫帚形的狭长而低平的地带,最初被称为泽国或芦苇荒滩,以其优越的地理位置与明中后期以来,特别是万历朝势不可挡的商业力量相结合,快速兴起并发展成闻名全国的商业都会。它的经济影响力大大超过了作为行政中心的省城武昌和郡城汉阳,完成了从双城并峙到三镇鼎立格局的转变。明末清初,汉口凭借无与伦比的商品集散能力跻身全国巨型市镇之列,享有"天下四大名镇之首"的美誉。②

与同时期中国众多传统市镇不同,汉口商镇并非在农耕文明缓慢的有机发展过程中逐渐形成,而是仰赖江汉大市场的历史积淀、晚明商贸发展大势和各阶层民众的创造性活动,并借助成化汉水改道环境变迁带

---

① 有关成化汉水改道、汉口新地望形成的记载颇多,可参见皮明庥、吴勇主编:《汉口五百年》,湖北教育出版社1999年版,第2—7页。

② 关于明末清初的中国四大名镇的说法大致有二种:一是清康熙年间的文人刘献庭著《广阳杂记》卷四称:"天下有四聚,北则京师,南则佛山,东则苏州,西则汉口。"参见(清)刘献庭撰:《广阳杂记》卷四,中华书局2007年版,第193页;二是清人顾祖禹认为,汉口因商业发达而与朱仙镇、景德镇、佛山镇合称天下四大名镇。对此,王葆心在《续汉口丛谈》卷一曰:"汉口镇,自昔与河南朱仙镇、江西景德镇、广东佛山镇,为天下四大镇之一,方舆书(即顾祖禹《读史方舆纪要》)中盛称之。今则自上海外,无与伦比,他三镇不可同年语矣。"参见王葆心著,陈志平等校点:《续汉口丛谈》卷一,湖北教育出版社2002年版,第5页。但是,王葆心在《再续汉口丛谈》卷一中认为:"此以北京、佛山、苏州,合汉口为四镇,其意(即《广阳杂记》的作者刘氏)较顾氏更为确实。"参见王葆心著,温显贵点校:《再续汉口丛谈》卷一,湖北教育出版社2002年版,第199页。不过,白寿彝先生主编的《中国通史》在论及四大名镇时,采用顾祖禹之说。统而论之,无论哪一种提法,汉口镇均在明末清初的中国四大名镇之列,这一点是毋庸置疑的。

来的机遇，诸种因素风云际会，聚合而成。在此，笔者尝试从多个层面勾画明中后期汉口商镇兴起的契机与发展的轨迹，以期对早期汉口的历史形成更加具体的认知。唯其如此，才能对明清汉口商镇的变迁（1465—1861）这一研究主题展开"长时段"的历史思考。

## 第一节 成化之前"汉口"的历史记忆

汉口，顾名思义，即汉水汇入长江之口。不过，历史上的汉水水道及其入江水口并非一成不变，而是不断发生规模不一的改道（忽从龟山南麓直冲入江，忽从龟山北面折转而下），以致"古之汉口"几无可考。康熙二十七年（1688），任行人司行人的徐炯①在南下途中于汉阳稍作停留，并亲抵汉口。不过，对汉口与沔口到底是指同一处，还是分指不同地方，他在日记中的记载亦甚为矛盾。《使滇日记》曰："盖夏口、汉口、沔口，名有三而实则一也。……汉口在大别山北，汉水与郧水合流入江处。又志云夏口正对沔口。"② 清嘉道年间长期侨寓汉口的盐商兼文士范锴在《汉口丛谈》中提到彭念堂曾撰《汉口考》一文，吴鹤关书其后云："地舆中山石难迁，平芜易改，势使然欤！夏沔汉三口入江故道，几无可考，正坐此耳。倘非有巍然之大别，虽千举舌何益？噫！今之汉口，非古之汉口，吾不虑夫千百年后，今之汉口又莫可知邪。"同时，吴氏对

---

① 徐炯（1666—1722），字章仲，号自强，昆山人。徐乾学子，徐树谷弟，康熙二十一年（1682）进士，历行人司行人、工部主事、山东提学、直隶巡道等职。

② （清）徐炯撰：《使滇日记》，康熙二十七年正月二十三日条，载《南阜山人学文存稿·使滇日记·使滇杂记》，上海古籍出版社1983年版，第282页。

《汉口考》一文评价曰:"观此文轻若列眉,夏口明则沔口汉口亦明矣。"① 不过,应注意的是,无论汉水如何反复改道,最终它汇入长江的入江口再怎样来回变动,"汉口"一名早已出现是不争的事实,并且在中国历史上一直是重要的军事战略隘口,也因此被古代中国的王朝史书反复记录。是故,以明成化初年汉水改道形成稳定的入江水口为时间分界点,此前和此后有关"汉口"这一地名的文化书写及其承载的历史意义可谓判然有别。

在明成化汉水改道之前,"汉口"不过是随着汉水游移不定而形成的不同入江水口,并且在相当长的历史时期里发挥着重要的军事功能。即是说,汉口乃历代兵家必争之地。揆诸正史可知,《梁书》《北史》《陈书》《隋书》《宋史》《元史》等史籍均记载了发生在"汉口"的战争。先以《梁书》为例,永元三年(501)正月,萧衍打着"替天行罚"于"悖德乱政"之"萧宝卷","擅权专杀"之"茹法珍",以便"废昏立明"的旗号,自任征东将军,率雍、梁、荆等数州之兵顺江而下;二月,军至汉口,直逼郢城,但因"其刺史张冲置阵据石桥浦",以致"义师与战不利",激愤中"诸将议欲并军围郢,分兵以袭西阳、武昌",萧衍冷静地否定了这一建议,先指出"汉口不阔一里,箭道交至,房僧寄以重兵固守,为郢城人犄角",进而言明"若悉众前进,贼必绝我军后,一朝为阻,则悔无所及",众将表示赞同,随即在萧衍的部署下,采取分割包抄战术,一面"(命)筑汉口城以守鲁山",一面派水军"游遏江中,绝郢、鲁二城信使";及至六月,郢城仍未破,前来劳军的卫尉席阐文提及已经错失并兵围城的机会,不如"请救于魏,

---

① (清)范锴撰,江浦等校释:《汉口丛谈校释》卷三,湖北人民出版社1999年版,第181页。

与北连和",萧衍耐心地对席阐文解释道:"汉口路通荆、雍,控引秦、梁,粮运资储,听此气息,所以兵压汉口,联络数州。今若并军围郢,又分兵前进,鲁山必阻沔路,所谓扼喉。若粮运不通,自然离散,何谓持久?"① 由是不难明晰汉口在萧衍克取郢城的过程中具有不可替代的军事功用。与之类似,明嘉靖《汉阳府志》卷一《沿革志》中有"大宝二年(551),王僧辩兵至汉口攻鲁山"之记载。②

继以《北史》为例,开皇六年(586),虢州刺史崔仲方向隋文帝所献灭陈之策曰:"盖闻天时不如地利,地利不如人和。况主圣臣良,兵强国富,陈既主昏于上,人谲于下,险无百二之固,众非九国之师,独此岛夷,而稽天讨!伏度朝廷,自有宏谟,睥莞所见,冀申萤爝。今唯须武昌以下,蕲、和、徐、方、吴、海等州,更帖精兵,密营渡计;益、信、襄、荆、基、郢等州,速造舟楫,多张形势,为水战之具。蜀、汉二江,是其上流,水路冲要,必争之所。贼虽于流头、荆门、延

---

① (唐)姚思廉撰:《梁书》卷一《本纪第一·武帝上》。(唐)李延寿撰:《南史》卷六《梁本纪上第六》,(宋)司马光撰:《资治通鉴》卷一百四十四《齐纪十》,以及乾隆《汉阳府志》卷五也都记载了萧衍筑汉口城以守鲁山、命水军游遏江中以绝郢、鲁二城信使事。另《梁书》卷四十六《列传第四十》记载了另外一场与汉口有关的著名战事:太清二年(548)侯景叛乱,徐文盛听闻后招募近万人救国难,世祖为嘉奖其忠义,授任他为散骑常侍、左卫将军,执掌督梁南六州军事,又赐仁威将军、秦州刺史职,举东进方略;徐文盛率军沿江而下,至武昌遇侯景的将领任约,两军相持对垒甚久;世祖又命云麾将军杜幼安等听命于徐文盛协同攻打侯景部,先顺利攻下武昌,缴获侯景部诸多船舰物资,后因侯景密派兵袭击并攻陷郢州,并捉拿了郢州刺史方诸等,引发军心大乱,徐文盛经由汉口逃归,导致"众军大败,幼安遂降于景。景杀之,以其多反覆故也"。

② (明)贾应春修,朱衣纂:嘉靖《汉阳府志》卷一《沿革志》,上海古籍书店1963年版,第4页上,据宁波天一阁藏明嘉靖刻本影印。

洲、公安、巴陵、隐矶、夏口、盆城置船，然终聚汉口、峡口，以水战火决。"① 可见，"汉口"系隋文帝灭陈大计中能否占据地利的关键。隋文帝对崔仲方进呈的取陈之策颇为满意，遂命秦王俊在"伐陈之役（伊始），为山南道行军元帅，督三十总管，水陆十余万，屯汉口，为上流节度"。② 再以《陈书》为例，开皇九年（589），在"隋将韩擒虎及贺若弼等已济江据蒋山"之际，原本坚守江夏的陈高祖从孙陈慧纪"身率将士三万人，楼船千余乘，沿江而下，欲趣台城。至汉口，为秦王军所拒，不得进"，后与湘州刺史、巴州刺史等陆续请降。③ 据此，亦不难想见"汉口"乃控遏长江中游的军事要隘。

宋元鼎革之际，蒙元统帅伯颜"于咸淳十年（1274）十二月"领兵先"军次蔡店"，后"往观汉口形势"，因"宋淮西制置使夏贵、都统高文明、刘仪以战舰万艘，分据诸隘，都统王达守阳罗堡，荆湖宣抚朱禩孙以游击军厄中流"，以致"师不得进"；听从"千户马福言，自汉口开坝，引船会沦河口，径趋沙芜，遂入大江"，"乃围汉阳军"。④ 显然，"汉口"扮演了蒙古军队向南推进之军事要地的角色。截至明成化初年汉水改道形成新"汉口"之前，该地最后一次被纳入官方的战乱记载已是明中叶——汉口及其周边地区因刘六、刘七为骨干的农民起

---

① （唐）李延寿撰：《北史》卷三十二《列传第二十》。（唐）魏徵等纂：《隋书》卷六十《列传第二十五》亦详载崔仲方上书取陈之策事，与《北史》的记叙相同。

② （唐）李延寿撰：《北史》卷七十一《列传第五十九》。

③ （唐）姚思廉撰：《陈书》卷十五《列传第九·陈拟陈详陈慧纪》。

④ （明）宋濂纂：《元史》卷八《本纪第八·世祖第五》；《元史》卷一百二十七《列传第十四·伯颜》。另外，乾隆《汉阳府志》卷五也记载了伯颜率军"围汉阳，声言取汉口渡江"之事。

义而遭受惨烈战祸。正德五年（1510）年十月，刘六、刘七等在霸州发动起义，号称有众数万追随，但实际精锐不过数千人；正德六年，二刘部众由河北攻入山东，然后转战京畿，震动朝野，虽然明军一路围剿，但起义军不仅擅长"变服易马而遁"，而且"沿途招聚，势复张"，以致"旋败旋起"；起义军力量较分散，在明军围追堵截下被迫转战各地，正德六年（1511）五月"刘六等势衰，遂走湖广"；正德七年（1512）三月，刘六等"由团风夺船，溯流至夏口"，"既而焚劫汉口"；后又"往来江上，自汉口来犯东门"，"（汉阳府）通判徐弼集木为架，登城守哨"，适逢"张贵率兵来救，战于沙岸"，最终起义军战败。①

总之，"汉口"之所以在正史中不断被书写，乃是因为它是军事要地；之所以成为兵家必争之地，则是由其举足轻重的战略位置决定的。例如，前引《梁书》载萧衍向席阐文解释不能放弃汉口而冒险联军强攻郢州事例强调：因为汉口"路通荆、雍"，"控引秦、梁"，军队的粮运资储，无不仰赖于该处通道，所以必须"兵压汉口，联络数州"，才能免于"粮运不通，士兵离散"的败局。又如前引《北史》崔仲方上取陈之策，亦强调"蜀、汉二江，是其上流，水路冲要，（兵家）必争

---

① （明）贾应春修，朱衣纂：嘉靖《汉阳府志》卷一《沿革志》，上海古籍书店1963年版，第9页上，据宁波天一阁藏明嘉靖刻本影印。另见《明史》卷一百八十七《列传第七十五》；《明武宗实录》卷八十七，正德七年五月丙寅条。（清）范锴《汉口丛谈》亦载："明正德六年，流寇刘六、刘七等往来江上，自汉口犯东门。通判徐弼，集木为架，登城守哨。"参见（清）范锴撰，江浦等校释：《汉口丛谈校释》卷一，湖北人民出版社1999年版，第34页。另外，嘉靖《汉阳府志》还记录了刘六、刘七与通判徐弼率领的明官军作战的详细情况，参见（明）贾应春修，朱衣纂：嘉靖《汉阳府志》卷三《创置志》，上海古籍书店1963年版，第16页下，据宁波天一阁藏明嘉靖刻本影印。

之所"。对此，南宋王应麟在《通鉴地理通释》中进一步明确指出："崔仲方论取陈，谓蜀、汉二江是其上流，水路冲要必争之所，彼聚兵汉口、峡口，则下流诸将择便横渡，如拥众自卫，上江水军鼓行，以前秦以此胁楚，晋以此取吴，隋以此取陈，然秦不敢泛江伐楚者，水道危而捍关亦难攻也。"①

除因兵争而被诸多官修史书记载外，"汉口"还因为位于"九州之中"、地处汉水和长江交汇之处，得以在承平时期成为骚人墨客驻足流连之胜地，进而成为累代文人吟咏的对象，遂得以在许多美好的诗篇中流传于世。风流洒脱、文采翩然的盛唐诗人李白曾在湖北安陆居住十年（即"酒隐安陆，蹉跎十年"），距安陆不远的武昌、汉阳亦成为他以文会友的去处。他在《赠汉阳之辅录事二首（其二）》中写道："鹦鹉洲横汉阳渡，水引寒烟没江树。南浦登楼不见君，君今罢官在何处。汉口双鱼白锦鳞，今传尺素报情人。其中字数无多少，只是相思复春秋。"② 中唐诗人刘长卿在睹景思人、感怀身世的心绪笼罩下写就《自夏口至鹦鹉洲夕望岳阳寄元中丞》一诗。诗曰："汀洲无浪复无烟，楚客相思益渺然。汉口夕阳斜渡鸟，洞庭秋水远连天。孤城背岭寒吹角，独戍临江夜泊船。贾谊上书忧汉室，长沙谪去古今怜。"③ 这首七律描

---

① （宋）王应麟撰：《通鉴地理通释》卷十《七国形势考下》篇"汶巴"条，第18b—19a页，文渊阁四库全书影印本。

② （唐）李白撰：《赠汉阳辅录事二首》，《全唐诗》卷一七〇，中华书局1999年版，第1757页。另见（唐）李白著，（清）王琦注：《李太白全集》（上）卷十一，中华书局2011年版，第499页。

③ （唐）刘长卿撰：《刘随州文集》卷九，第6a页，影印文渊阁四库全书本。

绘的"汉口"极具画面感，妥帖地契合了诗人悲凉又不乏悲愤的心境，与前述战争叙事中的"汉口"带给读者的感受迥然不同。相比之下，晚唐诗人韩偓在《过汉口》一诗中对"汉口"的描写则更具人间烟火气息，诗文末四句云："居杂商徒偏富庶，地多词客自风流。联翩半世腾腾过，不在渔船即酒楼。"① 即是说，这时汉口周边地区不仅有众多商民聚集、经济富庶，而且吸引了许多骚人墨客流连翩跹——江上渔船和岸边酒楼均是他们喜欢光顾的消费场所。有关汉口的文学书写在北宋诗人宋庠《行舟汉口》一诗中得以延续，诗曰："泽国风波恨，孤帆日夕征。山连吴树绿，江入汉源清。鬓乱将成葆，心摇不后旌。销魂千里外，宁是忆蓴羹。"② 南宋诗人范成大在船泊"汉口"时观察到"汉水自北岸出，清碧可光鉴，合大江浊流，始不相入"。③ 这些以文学叙事方式保存的关于"汉口"文化记忆同样弥足珍贵。

此外，因为"汉口"主要是指涢水与汉水合流汇入长江的水口，且因为汉水下游主河道曾不断改道，可谓游移不定，以致入江口也多有变迁，遂有前引彭念堂《汉口考》一文中"今之汉口，非古之汉口"之说。不仅如此，"汉口"这一地名甚至并不限于汉水入江口，还出现在湖北其他地方。对此，活跃于晚清至民国期间的方志学大家王葆心先生在《续汉口丛谈》中指出："汉口之名，在湖北亦有见他处者。荆门

---

① （唐）韩偓撰：《过汉口》，《全唐诗》卷六八二，中华书局1999年版，第7885页。

② （宋）宋庠撰：《行舟汉口》，《元宪集》卷六，影印钦定四库全书。

③ （宋）范成大撰，孔凡礼点校：《唐宋史料笔记丛刊·范成大笔记六种》，中华书局2002年版，第227页。

州所属之当阳县已有二处,皆险要隘害之地,宜于用兵,而非经商要冲之区。其一曰'大汉口',在县北三十五里。又一曰'小汉口',与大汉口相近。皆高岩绝壁,下有小径通安陆府及荆门州。县人相传谓皆关壮缪(关羽,谥号壮缪)屯兵处也。"① 不过也要看到,虽然这两处"汉口"与汉水入江处的"汉口"毫无关系,但"皆险要隘害之地,宜于用兵",恰与前述正史中作为兵家必争之地的"汉口"有某种不谋而合之处。

综上可知,明成化汉水改道形成稳定的入江水道之前,"汉口"更多的是作为军事要地存在。即使如此,仍应注意到,在明末清初汉口因商业发达而与河南朱仙镇、江西景德镇、广东佛山镇合称天下四大名镇之前,其所在的汉阳和隔江相望的武昌早就借助卓越的水陆交通网络形成较为成熟的商业环境。前引晚唐诗人韩偓在《过汉口》一诗中"居杂商徒偏富庶"即为明证。

还应注意的是,尽管作为商业市镇的汉口是在晚明以降全国商业发展潮流中崛起的,但在思考成化汉水改道后汉口商镇的勃兴原因时,除聚焦于明成化汉水改道这一地理动因外,还应从长时段的历史中追溯"汉口"所在的"江汉市场"之长时段商业积淀。② 正是这一重要因素的存在,为明中期借助地理区位之便利"因商成镇"的汉口之崛起提

---

① 王葆心著,陈志平等点校:《续汉口丛谈》卷六,湖北教育出版社2002年版,第166页。

② 除了汉阳和武昌有着久远的商业发展历史外,同属汉阳县管辖的汉川县刘家隔市镇的兴起和繁盛,以及沿江城市鄂州商品经济的兴旺,都有利于宽泛意义上的江汉大市场的形成与发展。

供了良好的商业环境。唯其如此,才能更好地揭示"新汉口地望"的形成并非汉口商镇兴起的唯一先决条件,从而避免陷入地理环境决定论①的误区。因为,只有当人类的各种社会活动与地理环境发生实质性的联系,并在开展社会活动过程中对自然环境和地理条件加以充分利用,进行必要改造时,才能彰显其特性并对社会历史进程产生加速或滞后的影响。对明朝成化初年汉水改道形成的新汉水入江口岸对后来形成汉口商镇产生的重要作用,亦应作如是观。换言之,如果没有历时久远的江汉市场的商贸积淀,也就很难在短时间内吸引广大移民、商贾,遑论汉阳的地方官员等利用汉口得天独厚的地理区位优势并发挥"人的力量",共同开拓汉口上、下岸地带。倘若如此,新汉水入江口岸本身就只能停留在一片芦苇荒滩的自然状态,绝无可能于明末和清前期跻身为"天下四聚之首"的著名商镇。

## 第二节　三国至明代江汉市场之商业积淀

在晚明汉口作为商业市镇兴起之前,武昌和汉阳这两座古老的行政

---

① 地理环境决定论是关于人地关系认识的一种理论。地理环境是指存在于人类社会周遭,包括作为生产资料和劳动对象在内的各种自然要素的总和,诸如地形、地貌、地质、气候、土壤、水文、生物、矿藏等。地理环境决定论者认为,地理环境、自然条件对社会变化起决定作用,因此人类的身心特征、族群特性、社会组织、文化发展等无一不受自然环境和自然条件的直接或间接的支配。

中心城市所处的沿江地带，及其附近江渚上的众多商品集散市场已有千余年的商业历史积淀。江汉市场在三国至晚明的长时段流转变迁，特别是在南宋以后全国市场体系中地位与日俱增的态势，为晚明江汉地区更具物资转运交通优势的汉口镇的兴盛奠定了深厚的商贸经济基础。只有清楚地认识到这一点，才能更好地理解汉口何以能够在明中期迅速兴起，并在晚明时期逐渐超越其他长江中游市镇或码头集市，进而在明末全国商业市场体系中占据显赫地位。清末民初方志学家王葆心先生撰写的《续汉口丛谈》第一卷，在梳理各种古代文献并广泛征引相关诗文的基础上，详细考证了自三国至明代江汉市场的沿革。兹据王著所考①，将江汉市场的历史面貌简要勾绘如下：

从三国到南北朝期间以汉阳和武昌为参照的江汉市场的商业发展缺乏独立性，往往是兵地与商市相维。有关集市贸易的记载全是商舟屯驻这种水上草市的形式，但已经出现商业贸易繁盛的局面，如《三国志》

---

① 在此特别说明：本节正文中论证江汉大市场久远的商业积累所引诸文献，如《水经注》、万历《湖广总志》，以及诗词等在王葆心著《续汉口丛谈》卷一均有引用（书中未给出符合注释规范的引文出处），江汉大市场沿革之论证亦是从该书总结而来，详见《续汉口丛谈》第6页至11页；笔者对引用文献和诗词重新核查并注释具体出处，另外自行增补若干其他史料，如嘉靖《汉阳府志》、万历《汉阳府志》相关内容。本节文中称"王著"云云，即指《续汉口丛谈》所载。关于江汉大市场的商业积淀与晚明汉口商镇勃兴的关系问题，笔者仅见王葆心《续汉口丛谈》卷一在广搜文献的基础上予以深刻的考论，这无疑极具历史洞见。换句话说，如果没有江汉大市场久远的商业积淀，仅凭借入江水口这一地理优势，很难吸引广大移民陆续来汉口营生，更谈不上手工业和商业的迅速发展。

之《吴书·陆逊传》就有"石阳市盛","（因孙权之北征军队骤至）人皆捐物入城"之记载。① 三国时期的石阳即为后来东晋设立的汉阳县所在。晋以后，江汉市场当位于今武昌文昌门外鲇鱼套一带。《水经·江水注》云："江之右岸有船官浦，历黄鹄矶西而南矣。直鹦鹉洲之下尾。江水漾曰洑浦，是曰：'黄军浦。'昔吴将军黄盖军师所屯，故浦得其名，亦商舟之所会矣。"② 揣摩"商舟之所会"一语可知，作为商船屯驻之口岸，傍岸处应当会有繁忙的物资交易市场。

唐代有关江汉市场的记述多见于诗文之中。罗隐《忆夏口》诗云："汉阳渡口兰为舟，汉阳城下多酒楼。"③ 据"多酒楼"这一商业景观，便可想见唐代汉口所在的汉阳及其周边商埠的大概情形，至少其时汉阳的商业活动十分可观。这在前文多次提及的韩偓《过汉口》一诗"居杂商徒偏富庶"之描述中亦可得到印证。自梁朝以后，商埠由官浦、鹦鹉洲之水市逶迤而北渡江，最后抵达汉阳南岸（即明清时期汉阳南门以上地带）。唐时帆船之盛，有李白《赠江夏韦太守》诗中"万舸此

---

① （晋）陈寿撰、（南朝宋）裴松之注：《三国志》卷五十八《吴书第十三·陆逊传第十三》，中华书局1982年版，第1351页。东汉建安十三年（208），曹操置石阳县，故治在今武汉市黄陂区盘龙城的黄花涝；三国时魏吴各置江夏郡，石阳为魏江夏郡的之所（参见陈秒、李忠州：《黄陂通史》，湖北人民出版社2009年版，第23—24页）。

② （北魏）郦道元撰：《水经注》卷三十五《江水三》，第7a页，中国国家图书馆藏同治二年（1863）长沙余氏明辨斋修本。

③ （唐）罗隐著：《甲乙集》卷一《忆夏口》，第5a页，中国国家图书馆藏毛氏汲古阁刻本。

中来，连帆过扬州"① 与贾至散文《沔州秋兴亭记》里"阅吴蜀楼船之殷，鉴荆衡籔泽之大"② 为证。从中可以窥见，此时商船多来自江汉上游的蜀地与长江下游的吴地。蜀、吴两地均是唐代商业活动繁盛的区域，都与江汉市场通过水路交通产生商贸联系。毋庸置疑，这种远距离贸易反映了唐代江汉商埠的贸易活跃程度和商品集散能力。

宋代商业高度繁荣，主要是因为商人借助水陆交通干线、支线，将地区性中心城市与其他县、镇，乃至一些乡村联结起来，既促进了区域性市场的发展，也有利于全国性商业网络的形成。商品种类的增多和商业经营的细分，以及纸币的出现和商业资本的扩大亦极大地促进了宋代城市商业的蓬勃发展。也因此，在商品经济更趋活跃的宋代，江汉市场的商业繁盛程度可谓青出于蓝而更胜于蓝。陆游的《入蜀记》和范成大的《吴船录》均对江汉市场之名角——南市的商贸活动，以及汉阳和武昌的民居盛况做了生动的描述。

《入蜀记》云：

二十三日。便风挂帆。自十四日至是，始得风。食时至鄂州，泊税务亭，贾船客舫，不可胜计，衔尾不绝者数里。自京口以西，皆不及。

---

① （唐）李白撰：《经离乱后天恩流夜郎忆旧游书怀赠江夏韦太守良宰》（简称《赠江夏韦太守》），《全唐诗》卷一七〇，中华书局1999年版，第1756页。另见（唐）李白著，（清）王琦注：《李太白全集》（上）卷十一，中华书局2011年版，第492页。

② （清）董诰、阮元等辑：《钦定全唐文》卷三六八《贾至（三）之《沔州秋兴亭记》，影印清嘉庆内府刻本。唐代的沔州属江南西道，又谓之汉阳郡（辖汉阳、汉川二县），清代则为汉阳府；唐代的鄂州，亦属江南西道，即江夏郡，清代则为武昌府；二者隔江相望。

李太白《赠江夏韦太守》诗云:"万舸此中来,连帆过扬州。"盖此郡自唐为冲要之地。……市邑雄富,列肆繁错,城外南市亦数里,虽钱塘、建康不能过,隐然一大都会也。……(出汉阳门)由江滨堤上还船,民居市肆,数里不绝。其间复有巷陌,往来憧憧如织。盖四方商贾所集,而蜀人为多。①

《吴船录》载:

辛巳。晨出大江,午至鄂渚,泊鹦鹉洲前南市堤下。南市在城外,沿江数万家,廛闬甚盛,列肆如栉。酒垆楼栏尤壮丽,外郡未见其比。盖川、广、荆、襄、淮、浙贸迁之会,货物之至者无不售,且不问多少,一日可尽,其盛壮如此。②

据以上两则笔记可知,武昌城外南市名之由来大概是因为其在鹦鹉洲集市之南。当时大集市在鹦鹉洲,四面环水,其南则在明朝时武昌的汉阳门至文昌门一带。而且,陆放翁所记是南宋孝宗乾道五年(1169)的南市,范成大所载是淳熙四年(1177)之南市,先后不过相隔八年,却反映出集市日臻繁盛,市邑规模也越发雄壮,且与同时期全国其他区域市场相比,南市已经显现出很强的商贸优势。从这些路过大集市的诗人之记载不难看出,这时市场的变化不仅在于商品需求量大增,商品供应非常丰富,而且长距离贸易伙伴也由"四方商贾所集,而蜀人为多"扩展到"川、广、荆、襄、淮、浙贸迁之会"。这也反映出地区贸易范围不断扩大,由原来与

---

① (宋)陆游撰:《入蜀记》卷三,第6—7页,第13页,中国国家图书馆藏明万历秀水沈氏刻本。

② (宋)范成大撰:《吴船录》卷下,第17a—17b页,影印文渊阁钦定四库全书本。另见(宋)范成大撰,孔凡礼点校:《唐宋史料笔记丛刊·范成大笔记六种》,中华书局2002年版,第225—226页。

西南蜀地贸易为主，扩大到江汉水系所能输送的大部分地区。同时，江岸和城区的市肆发展到相当规模，居民数量巨大，以至陆游将其形容为一都会并与南宋建康相匹敌。此时，集市贸易由先前的商船屯驻贸易为主，演变为船舶相聚贸易与城区和江滨等地大量市肆贸易并行发展的形式。至于引文中描绘的巷陌相连延绵数里、列肆栉比的场景，则与后来明清时期繁华商业市镇的市肆景观非常相似。

从集市所在地点和兴盛状况来看，宋代武昌城外南市的繁华延续了六朝至唐代的套口旧市场余波。不过，大集市场渐趋长江北岸的发展势头已在宋代显现出来。这对于理解明中期位于汉阳地区的汉口何以能够"因商成镇"颇为关键。因为武昌南面的沙洲"为江水冲蚀，舟莫能停，是以商贾货物，咸集于汉口"，遂出现了与武昌隔江相对的汉阳地区商市之盛，而且是"甲如他郡"之盛况。① 正如宣和进士胡寅《登南纪楼》诗所述："平时十万户，鸳瓦百贾区。夜半车击毂，差鳞衔舳舻。麦麻漫沃衍，家家足粳鱼。"② 汉阳在江北，宋代重修的南纪楼是汉阳城的南门城楼。诗中"十万户""百贾区"与"差鳞衔舳舻""家家足粳鱼"一同道出汉阳人口之稠密、商市之繁盛，民户之富足。可以肯定的是，宋代以武昌和汉阳为代表的武汉地区的商业繁荣程度远胜前朝。

元代，江汉商贸市场继承了宋代商业发展的余韵，继续向趋重于汉阳的势头迈进。元人余阙《登太平寺次韵董宪副》一诗中的"贾客帆

---

① （清）范锴撰，江浦等校释：《汉口丛谈校释》卷一，湖北人民出版社1999年版，第43页。

② （宋）胡寅撰，容肇祖点校：《斐然集》，中华书局1993年版，第22页。

樯出汉阳"①句即可为证。另由前文提及的元世祖忽必烈挥师南下过程中，伯颜曾率军驻扎汉阳，并通过声东击西的计策夺取汉水入江口，借此实现灭宋战争重大军事转折的历史事实，可以感受到汉阳的确为长江中游之冲要之地。②清光绪朝张行简纂修《汉阳县识》则认为，元、明时期商市会于金沙集市（武昌府西南）。③然而，王葆心先生在《续汉口丛谈》卷一指出，这是专就府城南面的市场而言，没有意识到其实北岸的市场拓展能力已经逐渐加强，甚至可以与南岸并相称雄。简言之，即汉阳的商业在元代开始显现出极大的潜力，同时汉水北岸的市场发展逐渐赶上武昌城外的南岸集市。

嘉靖《汉阳府志》卷二《方域志》记载了明永乐朝诗人吴廷用吟

---

① （元）余阙撰：《青阳集文集》卷一，第37页，所据底本为上海涵芬楼影印常熟瞿氏铁琴铜剑楼藏《四部丛刊续编集部》明刊本。

② 克取汉阳及其周边地区，控制汉水入江水口，对元军攻宋颇为关键。至元十一年（1274）九月，伯颜与阿术率军进至郢州（今湖北钟祥），遭到黄州武定诸军都统制张世杰率部拼死阻遏，为减少兵员损失，争取尽快率部入江，伯颜舍弃郢州，命元军经藤湖、黄家湾等地迂回行进。十月，元军集结兵力，发动强攻，破沙洋、新城（今湖北钟祥南）。同年十一月，元军进至蔡店（今汉阳西），意图涉江克取鄂州（今武昌）。鄂州与汉水入江口隔江相望，为长江中部喉舌之区，系控扼南北之军事要冲，遂为南宋之江防重镇。南宋朝廷为阻止元军顺汉水进入长江，命淮西安抚制置使夏贵率战船万艘，控扼汉水入江口，令汉阳军王仪守汉阳，鄂州张晏然守鄂州，都统王达守阳逻堡，荆湖宣抚使朱祀孙以游击军扼大江中流。十二月，伯颜先采取声东击西之策，成功进占沙芜口（今汉阳东），屯驻江边，继而采取避实击虚之策，得以强渡长江。紧接着，元军采取分割包围战术，先后攻破阳逻堡、汉阳军，攻占鄂州，实现了灭宋战争的重大军事转折。

③ （清）张行简纂修：光绪《汉阳县识》卷一《地理略》，第6页，中国国家图书馆藏光绪十年（1884）刊本。

咏汉阳境内汉水风光的《汉江》一诗，其中有"汉江雪后水初生，鸭绿粼粼万顷平。估客帆樯天上落，渔人舟楫浪中行"的句子。① 由"估客帆樯"不难想见明朝初年汉阳一带商市之盛。迨及明中期汉口商镇兴起前夜，因汉口水口南岸崇信坊一带"市场日渐炽盛"，汉阳县在此设巡检司负责维持治安，可视为汉口市场初开之滥觞。及至明成化汉水改道后汉口市场起步，则已经不限于水口了。与此同时，唐宋以来江汉地区已经很繁荣的集市、码头、城区或江滨贸易地带在明代并未彻底衰落，鹦鹉洲和金沙洲仍在扮演商业贸易要地的角色。位于汉阳城南岸的刘公洲在明万历朝依旧展现了引人瞩目的贸易景观。万历《汉阳府志》曰："（刘公）洲自三里坡直抵南纪门，荻苇繁茂。嘉靖以来，州渐没。今于故洲之外复淤一洲，下抵朝宗门，于郡有缠护之情。近刘公洲故处初洲存，洲北为郡城南岸，洲岸相界，中汇江水，冬春水落，四方舟楫聚焉。郡人一渔一薪，朝夕为市，公室之输送，私家之养，多赖于此。"该志书总纂秦聚奎还敏锐地指出："（刘公洲之所以贸易兴盛），概郡（汉阳）土瘠而势污，耕渔失利，业在贸易。"② 由此可见，明初和明中期汉水改道后的数十年间，江汉市场继续向汉阳趋重，即商市由武昌城外江面上的南市等地往江北岸地带发展的态势更加明显。汉口兴起的时机在望，似乎就只等汉水改道这一天赐良机到来，从而拓展出能够沟通江、汉两大水系的新水口地带。

---

① （明）贾应春修，朱衣纂：嘉靖《汉阳府志》卷二《方域志》之"汉水"条，上海古籍书店1963年版，第26页上，据宁波天一阁藏明嘉靖刻本影印。

② 武汉地方志办公室编：《明万历汉阳府志校注》卷二《疆域志》之"刘公洲条"，武汉出版社2007年版，第53页，该志书以秦聚奎总纂万历四十一年（1613）《汉阳府志》为底本。

依据以上王葆心先生在《续汉口丛谈》卷一广征博引之考辨，我们可以很有把握地说，江汉市场自三国至明代久远而深厚的商业积淀，以及它在全国市场中日渐重要的商业地位，是晚明更具商业区位优势的汉口商镇得以很快兴起与发展的源头活水。换言之，倘若没有唐宋至明代以来内涵丰富、且未中断过的江汉大市场不断发展的商业历史背景，无论成化汉水改道后形成的新汉口运输条件多么优越，我们都很难相信在明中后期不到百年的时间里，汉口能够由几乎无人居住的荒芜湿地发展为万户聚集的全国巨镇。倘若从更宏阔的视野来思考并分析，我们将不难认识到：明中后期更加自由、活跃、开放的商业发展势头和商品交易市场区位优势对转口商业贸易活动的天然吸引力，足以驱动历史悠久的江汉大市场的商业中心逐步向晚明时期新兴的、并在全国贸易市场中占据优越地理位置的汉口趋重和靠拢。最终，汉口在万历朝发展为规模巨大的综合性商业市镇，并在天启和崇祯年间走向繁盛，成为全国名镇。

然而，必须一再强调的是，无论明成化汉水改道给汉口的兴起带来怎样不可思议的地理契机，明代汉口归根结底系在湖广地区的商贸环境中"因商成镇"。清人章学诚①《湖北通志检存稿》卷一《食货志》

---

① 章学诚（1738—1801），字实斋，号少岩，会稽（今浙江绍兴）人，清代史学家、思想家，方志学研究的奠基人。乾隆四十三年（1778）中进士，曾任国子监典籍，主讲定州定武书院、保定莲池书院，为南北方志馆纂修和州、亳州、常德府、荆州府以及永清县等地方志，并主修了《湖北通志》。章学诚倡导"六经皆史"之论，不仅创立修地方志的义例，而且穷尽心力撰写了《文史通义》《校雠通义》《史籍考》等发人深省的名著，影响深远。

曰："湖北地连七部，襟带江汉，号称泽国，民居多濒水，资舟楫之利，通商贾之财，东西上下，绵亘千八百里，随山川形势而成都会，随都会聚落而大小镇市启焉。"① 不过，"因商成镇"亦离不开政治、经济大环境。大体而言，促使汉口从荒滩崛起为巨镇的驱动力量主要有三个方面：一是汉口所在的江汉大市场的久远商业积累，这是汉口商镇兴起的重要外部条件；二是明中后期商品经济的繁荣和全国市场的形成，这是汉口得以借助得天独厚的地理区位优势，成长为全国著名的商品集散地的必要条件；三是明廷将湖广漕粮的集中交兑和淮盐、粤盐之转运分销都指定在汉口码头，这是明代汉口迅速成为大宗物品转输的"码头市镇"的重要因素。当然，明中后期人口跨区域的迁移和流动②（尤指自发性的人口流动，不限于城乡之间，也包括城镇

---

① （清）章学诚撰，郭康松点校：《湖北通志检存稿》卷一《食货志》，湖北教育出版社2002年版，第34页。

② 张兆裕：《对明代人口流动的若干认识》，《中国史研究》2014年第4期。该文认为："人口流动贯穿于明代始终，早期的洪武、永乐两朝政府组织了多次大规模的移民，这是当时最主要的人口迁徙模式，其后则是全国范围持续不断的自发的人口迁移和流动，并在明中叶形成高潮，而有组织的大移民则再未出现过。就影响而言，自发性的人口流动对明代社会及区域的发展更为深刻。""人口的流动对调整明代社会的人力资源的分布，农业生产力的提高，区域的发展以及社会的繁荣，都起到了积极作用"。对于从荒滩洼地上崛起的明代汉口商镇而言，大量移民的进入和世代定居人口的出现，是推动其在曲折道路上奋力前行的基础性力量。毋庸置疑，自发性的人口流动对明代汉口的兴起与发展具有不可忽视的影响。

之间）的加剧，人身依附关系的进一步松弛①，以及重商思想和逐利主

---

① 明代社会尽管依旧维系着鲜明的尊卑贵贱等级阶序，但与此前朝代相比，特别是明中后期以降，已经有了明显的变化。其中最引人瞩目的，便是人身依附关系的松弛。这既体现在平民百姓与国家的关系上，也体现在佃农、雇农与地主的关系上。导致这一变化的原因是多方面的，但最主要的是明中后期商品经济对社会经济领域日益深刻的渗透，以及国家层面"一条鞭法"的实施，加速了农民与土地的依附关系的松弛。反之，人身依附关系的松弛有利于商品经济的进一步发展，特别是为商业和手工行业的发展提供广泛的雇佣劳动力。明前期，国家通过严密的户籍管理制度（如"鱼鳞图册与黄册"）和"关津路引"制度，对平民百姓实施严格的人身管控。不管是乡村的里甲制，还是城市里的坊厢制，都是为了加强以丁户为基本编制的人身控制，使之不能随意脱籍和迁徙，从而便于分派差役和征收赋税；至于被编入匠籍的各种手工业从业者，社会地位比一般民户更低，人身关系受到法律上的严格控制，对国家的依附关系更强；社会地位更加低下的乐户、世仆、惰民等贱籍身份的民众之人身依附关系最强，无须赘言。明中叶以后，朝廷和地方官府对百姓的控制偏重赋役征派和社会治安方面，长达半个世纪的"一条鞭法"的推行，特别是赋役的折银征收，使得赋役征派越来越多地与土地挂钩，促使官府强化了对土地的控制，相应地放松了对丁户的控制。正如明人顾起元《客座赘语》卷二《户口》曰："总之今日赋税之法，密于田土而疏于户口，故土无不科之税，而册多不占之丁。"赋役折银当然与明中后期白银货币化紧密相关，但这一措施带来的人身依附关系之影响，最直接的体现就是农民与国家的关系发生了从纳粮当差到纳银不当差的巨大转变。顾起元《客座赘语》卷二《赋役》曰："编丁征银曰丁银。每丁征银若干，以九之四入里甲，以九之五入均徭、驿传。……均徭一曰银差，一曰力差。自条鞭法行，不分银力名目矣，以其银为本县各衙门皂隶、马夫、膳夫、门子……狱卒工食之费。"（以上二处引文见（明）顾起元撰：《客座赘语》，南京出版社 2009 年版，第 53 页、54 页。）这样一来，明初特别强调的对"丁户"的限制（即"明初百姓十一在官，十九在田"）也就随之松弛，他们有更多人身自由，可以自主地选择职业。汉口在明中后期的崛起过程中，正是有了大量不再依附于土地、获得更多的人身自由的劳动力之持续涌入，才有了支撑汉口诸多商品转运贸易，以及食肆、酒楼、茶馆等各种服务行业的人力资源。

义的兴起①，为汉口商业移民（诸如行商坐贾、贩夫走卒）的持续增加，尤其为沿江船码头雇佣大量装卸物资的脚夫以满足商品转运分销之需，提供了社会驱力和现实机遇。饶是如此，仍应当承认：明成化初年汉水发生大规模改道，在汉阳境内形成稳定的入江水道，使得新的入江水口——汉口成为港深水阔的优良港湾，助其成为沟通南北东西的水陆交通要地，乃是后来汉口借助物资转运贸易迅速成长为繁华市镇的先决条件。

---

① 明中后期商品经济的快速发展，不仅对社会经济生活领域的渗透甚深，而且引发了思想领域的剧变。其中，最为显眼的莫过于"重商思想"和"重利主义"的广泛流行。韦庆远著《张居正和明代中后期政局》一书第九章写道："特别是 15 世纪后期到 16 世纪中期，即在明代弘（治）正（德）之交到隆（庆）万（历）之交的阶段，由于农业生产力的提高，促进了商业和手工业的发展，城乡的商品经济比重大增，商业资本增殖迅速，商人经营范围迅速扩大……'食不待贾，而贾恒集'……'往来贸易，莫不得其所欲'。""随着生产的发展，社会分工的扩大，南北都出现了一些以经营工商业驰名的城镇，成为商品集散和手工业制作的中心……城市中也形成了包括行商坐贾、作坊主在内的比较富裕的工商业者，并且日渐成为一支不可忽视的社会力量。农业人口转移为工商业从业人员的数量也急增，何良俊以正德以前和正德以后作为分界比较，说：'昔日逐末之人尚少，今去农而改业为工商者，三倍于前矣。'（（明）何良俊著：《四友斋丛说》卷一三，中华书局 1959 年版，第 112 页）不少地主也逐步将资金投向工商业，'富者缩资而趋末'（《明世宗实录》卷五四五，嘉靖四十四年四月丙戌条）。"参见韦庆远著：《张居正和明代中后期政局》，广东高等教育出版社 1999 年版，第 395 页、396 页。汉口的兴起与发展刚好在 15 世纪中期至 16 世纪中期，恰逢明代重商思想和重利主义在民间广泛流行之时。甚至可以说，明代汉口商镇在晚明呈现"商船踵至""百货山集""市廛栉次鳞比"的繁华景象，正是人人争相"逐末"之产物。后文有专门的章节论述明清（开埠前）汉口市民普遍"趋利"与"逐奢"并举之消费文化面相，亦为时人"重商趋利"之例证。

## 第三节　成化初年汉水改道与汉口的勃兴

成化初年（约 1465—1470），因连年大水，堤防溃决，汉水发生大规模改道，其在汉阳境内的水道突变为由龟山北麓一路直入长江，是以汉水以北为汉口，以南为汉阳，遂成为撼动汉阳和武昌双城格局的肇始。汉水这一变动带来的直接自然地理结果是：汉水下游入江水道游移不定的历史因这次改道而终结；汉口与汉阳因此有了天然的鸿沟；新水口两岸地方开阔，港湾水域条件良好，汉水下游唯一的入江口在江汉平原诞生，从而为万千商船在此停靠提供了可能。这是汉口镇在明晚期商业迅猛发展的环境下强势兴起的地理基础。即是说，汉口以其沿河滨江的地理区位优势，与明中后期以来势不可挡的商业力量相结合，快速兴起并发展成为闻名全国的商业都会。

### 一、成化汉水改道与"新汉口"的诞生

如果说自宋代以来江汉市场逐步往汉阳趋重是晚明汉口兴起的商贸历史机缘所在，那么汉口本身所具备的无可比拟的交通区位优势，无疑是汉口市镇兴起与发展的至关重要的硬环境。[1] 如法国历史学家朱尔斯·米什莱（Jules Michelet）所说："没有地理基础，创造历史的人，就像有些山水画中的人物，好像在半空中走路。地方不能只视为演戏的

---

[1] 在这里"硬环境"指硬件设施、物质环境，是存放、容留人们进行活动的由有形物质条件构成的空间和场所，以此来表示汉口赖以成为商贸中心的优越地理空间。

舞台，地理在各方面影响历史。"① 清朝覆灭前夕，日本驻汉口领事水野幸吉也在《中国中部事情：汉口》一书第一章《地理》中指出："大凡都会之兴，必有地利之便。"② 明成化初年（约1465—1470）汉水改道后形成的汉水入江水口新地望显然极大地影响了江汉市场中心的历史走向。基于这一思考，可以肯定的是，没有成化初年汉水稳定的入江新水口的诞生，无论明中后期商品经济如何繁荣，全国市场何等活跃，都不可能有晚明以降汉口商镇的强势勃兴。

汉水发源于秦岭南麓陕西省西南部的宁强县境内大巴山系的嶓冢山，由西北向东南流入湖北境内，主河道在今武汉市汉口龙王庙注入长江，全长约1577千米，是长江最大的支流。历史上汉水占据重要地位，常与长江、黄河、淮河并列，世称"江淮河汉"。汉水流域多险滩峡谷，但因径流量大、水力资源丰沛，遂拥有良好的水运条件。今日汉水入江口岸的形势乃是成化初年汉水改道后形成。也就是说，汉水在汉阳地区由龟山北麓汇入长江的稳定水道是由此次大规模的改道形成并延续至今。万历《汉阳府志》卷二《疆域志》之"汉水"条载："（汉水）在县治东北三里大别山北，即'嶓冢导漾，东流为汉是也'"；又"《图经》《水经注》皆言：'汉水至江夏安陆县，又名沔'"，"汉、沔本同一体"，只不过"《三国志》以前书传多称沔不言汉，《三国志》以后多称汉不言沔"；"今自潜江等处播于沔阳州诸水皆称沔，远者入江在华容境，近者在汉阳、新滩、沌口，不啻三四处。此则汉之别出，

---

① 参见Jules Michelet, *History de France*, 1869年版序言，转引自H·C·达比：《论地理与历史的关系》，姜道章译，《历史地理》第13辑，上海人民出版社1996年版。

② （日）水野幸吉著，武德庆译：《中国中部事情：汉口》第一章《地理》，武汉出版社2014年版，第1页。

随地异名";"《禹贡》汉水南入于江,今则东入,此则临江之地有变迁耳"。① 这是说汉水又名沔水,其入江水道在历史上多有变迁。对此,有学者指出:汉水进入湖北后,由东南向南注入地势低洼的江汉平原湖沼地带(古称云梦泽),河道常会遮蔽于云梦泽巨大的水体中;由于荆江、汉水携带的泥沙的冲积作用,广袤的湖沼逐渐淤积成平陆,汉水下游因而处于河道纵横交错、湖泊星罗棋布的复杂水网体系之中,呈现众水以汉为壑、汉以长江为壑的水流走势;汉水北岸的水口大抵为众水入汉水之口,河道南岸的水口则皆可成为汉水入江之口,遂在明成化初年汉水改道之前,汉水靠近长江入江口这一段长期没能形成稳定的主河道;明成化初年汉水入江水道发生水文形势的变迁,与其说是改道,不如说是汉水下游形成稳定的主河道和入江口岸。②

揆诸地方志书可知,成化初年(约1465—1470),汉水下游地区连年发大水,堤防屡次溃决,最终自汉阳县以西的排沙口、郭师口(也写作郭次口)间决而东下,发生一次大规模的改道,汉水由游移不定的分汊入江演变为稳定归一地汇入长江。明嘉靖《汉阳府志》卷二《方域志》在描述"襄河"时,对成化初年汉水由狂暴多变到终归劈开一条稳定的入江水道有生动的记述:"襄河在汉口北岸十里许,即古汉水正道。汉水从黄金口入排沙口,东北转折,环抱牯牛洲,至鹅公口,又西南转北,至郭师口,对岸曰襄河口,约长四十里,然后下汉口。成化初,忽于排

---

① 武汉地方志办公室编:《明万历汉阳府志校注》卷二《疆域志·汉水》,武汉出版社2007年版,第45—46页,该志书以秦聚奎总纂万历四十一年(1613)《汉阳府志》为底本。需说明的是,经严格比勘,这段关于汉水的引文可以确定是万历《汉阳府志》抄自嘉靖《汉阳府志》卷二《方域志》之"汉水"条(上海古籍书店1963年版嘉靖《汉阳府志》,第25页上、第25页下、第26页上,据宁波天一阁藏明嘉靖刻本影印)。因后者没有校注,为方便利用,故引用武汉地方志办公室编:《明万历汉阳府志校注》卷二《疆域志》之"汉水"条。

② 参见皮明庥、吴勇主编:《汉口五百年》,湖北教育出版社1999年版,第5页。

沙口下、郭师口上，直通一道，约长十里，汉水径从此下，而古道遂淤。今鱼利略存，舟楫已不达矣。呼襄河者，水自襄阳来也。"① 汉水这一

---

① （明）贾应春修，朱衣纂：嘉靖《汉阳府志》卷二《方域志》，上海古籍书店1963年版，第26页下、第27页上，据宁波天一阁藏明嘉靖刻本影印。万历《汉阳府志》卷二《疆域志》亦载："襄河离汉口北岸十里许，即古汉水正道。汉水从黄金口入排沙口，东北转折，环抱牯牛洲，至鹅公口，又西南转北，至郭师口，对岸曰襄河口，约长四十里，然后下汉口。成化初，忽于排沙口下、郭师口上，直通一道，约长十里，汉水径从此下，古道遂淤。今鱼利略存，舟楫已不达矣。呼襄河者，水自襄阳来也。"详见武汉地方志办公室编：《明万历汉阳府志校注》卷二《疆域志·襄河》，武汉出版社2007年版，第46页，该志书以秦聚奎总纂万历四十一年（1613）《汉阳府志》为底本。另有学者指出，万历《湖广总志》之《水利志二·汉阳县堤考略》亦曰："按县（即汉阳县）旧有襄河口，在汉口北岸十里许，即古汉水正道。汉水从黄金口入排沙口，东北转折，环抱牯牛洲至鹅公口，又西南转北至郭师口对岸，曰襄阳口，约长四十里，然后下汉口。明成化初，忽于排沙口下、郭师口上直通一道，约长十里，汉水径从此下，而古道遂淤。"转引自皮明庥、吴勇主编：《汉口五百年》，湖北教育出版社1999年版，第6页。雍正《湖广通志》卷二十《水利志》亦载："郡城与武昌对峙，大江环抱东南，汉水合溾水、沔水、沌水与大江会于郡北，涨则潋漫于诸湖，为卑洼田地之害。按县旧有襄阳口，在汉口北岸十里许，即古汉水正道。汉水从黄金口入排沙口，东北转折，环抱牯牛洲至鹅公口，又西南转北至郭师口对岸，曰襄阳口，约长四十里，然后下汉口。明成化初，忽于排沙口下、郭师口上直通一道，约长十里，汉水径从此下，而古道遂淤。"参见雍正《湖广通志》卷二十《水利志》，第11—12页，钦定四库全书本。乾隆《大清一统志》卷一二四亦云："府志汉水故道在今汉口北十里许，从黄金口入排沙口，东北折，环抱牯牛洲至鹅公口，又西南转北至郭师口对岸，曰襄河口，约长四十里，然后下汉口。成化初，忽于排沙口下、郭师口上直通一道，约长十里，汉水径从此下，而古道遂淤。今鱼利略存，不通舟楫。俗呼为襄河，以上流自襄阳来也。"参见乾隆《大清一统志》卷一二四，第76b—77a页，钦定四库全书本。另见《汉口丛谈》引《汉阳县堤防考》云："旧时汉水从黄金口入排沙口，东北折，抱牯牛洲至鹅公口，又西南北转，至郭师口对岸曰襄河口，约长四十里，然后下汉口。成化初，忽于排沙口下、郭师口上，直通一道，约长十里，汉水径此下，而故道遂淤。……按汉水本东行，触大别之陂而南回入江，今则自郭师口以上决而东径大别山后入江，非复古之夏汭矣。"参见（清）范锴撰，江浦等校释：《汉口丛谈校释》卷一，湖北人民出版社1999年版，第23—24页。

非同凡响的变动带来的直接自然地理效应是：汉水多有变迁、下游入江水道游移不定的历史因这次改道而终结；汉口与汉阳因此有了天然的鸿沟将其一剖为二；新水口两岸地方开阔，港湾水域条件良好，汉水下游唯一的入江口在江汉平原上诞生。这便是后来汉口商镇兴起的地理基础——"明成化初，水通前道，故河遂淤，于是汉口有兴机矣。"① 清人范锴亦认为，尽管清代汉口已经"洵为九州名镇"，"然肇于有明中叶"。② 是故，王葆心先生在《续汉口丛谈》卷一中说道："故今日汉口之盛，肇于有明。而明代变迁之巨，在汉水入江之大改变。"③

从生存环境的改善来说，明成化初年汉水改道形成稳定的入江水道，加上地方官府倡导修筑诸如袁公堤（明朝崇祯八年，由汉阳通判袁焻创筑）之类的民事工程，确实可以在相当程度上为水道两岸居民的生产生活提供便利，以致"居民渐集"。④ 成化汉水改道后，其下游入江口岸一带发生了很大变化，由明初尚无人问津的荒滩，于明万历朝已跃升为商业繁华、居民稠密的大镇。⑤ 清人唐裔潢《风水论》一文提

---

① （清）范锴撰，江浦等校释：《汉口丛谈校释》卷一，湖北人民出版社1999年版，第37页。

② （清）范锴撰，江浦等校释：《汉口丛谈校释》卷三，湖北人民出版社1999年版，第138页。

③ 王葆心著，陈志平等点校：《续汉口丛谈》卷一，湖北教育出版社2002年版，第12页。

④ （清）范锴撰，江浦等校释：《汉口丛谈校释》卷一，湖北人民出版社1999年版，第49页。

⑤ （明）万历《汉阳府志》卷二《疆域志》曰："汉口，大镇，在县治北三里，即汉水入江处。"参见武汉地方志办公室编：《明万历汉阳府志校注》卷二《疆域志·汉口》，武汉出版社2007年版，第51页，该志书以秦聚奎总纂万历四十一年（1613）《汉阳府志》为底本。

到:"汉口之盛,所以由于小河也。然小河之水,实赖两岸夹住,旋绕入江。"① 即是说,汉口早期居民多选择能够被河道制约、水势较小的汉水两岸定居,逐渐演变成兴盛的街道,汉口市镇得以兴起。这大抵是可信的。不过,对改道带来的便利不能过分夸大。因为,明清时期汉阳地区频发水患对汉阳和汉口民众的生存和发展颇为不利。顾祖禹在《读史方舆纪要》中专门谈及汉水为害湖北的情况,即"汉水由荆门州界折而东,大小群川咸汇焉,势盛流浊,浸淫荡决,为患无已。而潜江居污下,遂为众水之壑,一望弥漫,无复涯际,汉水经其间,重湖浩渺,经流支川不可辨也。盖汉水为湖北之害,而襄、郧二州为甚。潜江又承襄、郧之委流,当汉江曲折回合之处,潴为大泽,势不能免矣"。② 汉口则为湖北最易遭水灾破坏的地区。因为"汉阳实为众水之壑,夏秋之间,重湖浩渺,一望无际,田在水中",而汉口系汉水入江口岸地带,实乃汉阳之低洼之处,如果不围圩筑垸和修筑堤防,"民将曷赖"。③ 反过来,沿河或环湖堤防的修建与维护,确实在相当程度上有利于商民在汉镇的开拓与发展。当然,汉水入江主河道的形成,使得汉水下游一带因水势渐缓而淤积的肥沃土地有利于吸引附近民众前来垦

---

① (清) 范锴撰,江浦等校释:《汉口丛谈校释》卷一,湖北人民出版社1999年版,第37页。

② (清) 傅泽洪撰:《行水金鉴》卷七十三《汉水》,第8页,钦定四库全书本。(清) 顾祖禹撰《读史方舆纪要》卷一二七之《川渎四》亦载:"《志》曰:'汉水由荆门州界折而东,大小群川咸汇焉。势盛流浊,浸淫荡决,为患无已。'"参见 (清) 顾祖禹撰:《读史方舆纪要》卷一百二十七《川渎四》,第14页,中国国家图书馆藏光绪朝抄本。另见 (清) 顾祖禹撰,贺次君等点校:《读史方舆纪要》卷一二七《川渎四》,中华书局2019年版,第5147页。

③ (清) 裘行恕纂修:嘉庆《汉阳县志》卷八《堤防》,第1页,中国国家图书馆藏嘉庆二十三年(1818)刻本。

殖，使得汉口南北口岸得到初步开发，这是晚明汉口商镇得以肇兴的重要原因之一。第二章将有专节论述明嘉靖年间汉口上、下岸房屋地基、民户人口数等问题，足资为证。

从港湾与水运条件来讲，此时的汉口超过了早就以转运便利兴盛的金沙洲、刘公洲等水运商市。新的汉水入江水口两岸地盘开阔，是尽占水道之便、擅舟楫之利的天然良港，即清人所称："宏（弘）治以后，沔水于郭师口直冲入江，而汉口遂有泊船之所，乃市列渐盛矣。"① 同治《续辑汉阳县志》亦曰："宏（弘）治后沔水由郭师口直冲入江，汉口乃有湾泊之所，交易往来汇集于此，盖地当江汉之冲，水陆交通，巨商大贾，百物云集。"② 这为此后汉口借助明中后期全国市场的形成和商业贸易的迅猛发展之大环境，快速成长为商贸大镇提供了无与伦比的商品集散条件。与此同时，汉口紧靠汉水南面的汉阳和大江东边的武昌，居于江畔，其位置大大优于位于汉川的刘家隔市镇，后者因水道淤塞而逐渐衰落。③ 于是，本可以凭借长期的商业积淀削减汉口商业贸易势头的"竞争对手"们，竟不约而同地因各种原因在明后期自行走向衰落。所以，汉口的兴起，除了仰仗明成化汉水改道造就的天时地利之外，还得益于无从预料的好运之加持。譬如，原本在唐宋时期，特别是全国商品经济更为活跃的宋代早已享有盛名的鹦鹉洲集市，却因为明成化汉水改道而造成的江流抬升，加上市肆繁多加剧了人为活动的破坏，

---

① （清）范锴撰，江浦等校释：《汉口丛谈校释》卷三，湖北人民出版社1999年版，第138页。

② （清）黄式度等修，王柏心纂：同治《续辑汉阳县志》卷三《疆域》，江苏古籍出版社2001年版，第5页，据同治七年（1868）刻本《续辑汉阳县志》影印。

③ 张建民：《湖北通史·明清卷》，华中师范大学出版社1999年版，第442页。

以及长久的江水剥蚀,竟于崇祯年间逐渐沉没。① 这也是江汉大市场日趋重于汉口的重要原因之一。

不可思议的是,位于武昌城外以转运贸易著称的金沙洲集市同样遭遇了日渐转衰的命运。据乾隆《汉阳府志》载:"明万历间,各商因所派郡邑或有不可泊船者,始群聚于武昌之金沙洲。嗣洲岸倾圮,复群聚于汉阳之汉口。"② 嘉庆《汉阳县志》卷十一《盐法》之《盐法志叙》曰:"湖北口岸纲引实销淮盐十分之七。明盐法楚商所行,均照额配盐,派口岸销售,无或逾越。万历间,商人以所派郡邑或不能停泊巨艘,始群聚武昌之金沙洲。嗣以洲岸善塌,唯汉水入江之处,江为汉涌水势稍平故,盐船皆泊其上游,此汉口盐行之始也。盐行既停汉口,因各招其口岸小贩贩卖,有司以其便于商,亦为之请而从之。此盐法志楚纲扣限及分销引地所以皆从汉口起算也。其襄安各郡在汉口之西者,固由汉分运,即蕲黄在汉口之东者,亦由汉分运,非以汉口为总汇易分派乎? 船之所泊先时于地主稍有赠送,继立河帮之名,或租岸泊船,或买岸泊船,帆樯林列,汉镇之繁庶遂甲于荆楚。"③ 由此可以清楚地感受到行盐之利对明代汉口崛起的重要性。

---

① 该鹦鹉洲并非后来的武昌城外江中以木材贸易著称的鹦鹉洲,江流增高,洲淹没。参见王葆心著,陈志平等点校:《续汉口丛谈》卷一,湖北教育出版社2002年版,第10页。

② (清) 陶士契修,刘湘煃纂:乾隆《汉阳府志》卷二十三《食货志·奏销》之"盐课"条,江苏古籍出版社2001年版,该卷第3—4页(全书第247—248页),据清乾隆十二年(1747)刻本影印。乾隆《江夏县志》卷一《山川》亦载:"金沙洲在城西南,明时百货云集,商舟辏泊,兵燹后俱移汉口。"参见(清)陈元京纂修:乾隆《江夏县志》卷一《山川》,第24页,中国国家图书馆藏乾隆五十九年(1794)刻本。

③ (清) 裘行恕纂修:嘉庆《汉阳县志》卷十一《盐法》之《盐法志叙》,第1页,中国国家图书馆藏嘉庆二十三年(1818)刻本。

然而，明清鼎革之际，与金沙洲同时遭到战乱毁灭性打击的汉口却能迅速恢复并在清代乾嘉之际发展到鼎盛阶段。这表明同样以转运贸易为主的码头市镇——汉口更具商业竞争力，而转运贸易最仰赖的莫过于绝佳的地理区位优势。事实上，就晚明时期江汉地区各市镇或市集的最终发展规模来说，确乎没有能够与汉口匹敌者。明隆庆朝（1567—1572），汉口的商业税已是同属汉阳府下辖的汉川县刘家隔①市镇的三倍②，人口规模在明万历朝已发展到居民几万户之盛，并且这些市民竟每天都要在汉口与汉阳之间往返奔波，极有可能是从事商业贸易之故。据万历《汉阳府志》卷六《艺文志·郭正域王公堤记》载："由城而北，抵汉口龙家湖，水出焉，相去几里余，舟楫不到，水涨为巨浸。汉口几万家朝夕于城，莫利往来。"③ 不过，如果从万历《汉阳府志》记

---

① 康熙《汉阳府志》卷一《舆地志》曰："（刘家隔）为汉川旧址，距今县三十里。……其初居民鲜少，永乐以来，生聚渐繁。宣德、正统年间，商贾占籍者多贸迁益众。宣德六年，巡抚南昌白公请于朝，设巡检司。……万历六年，改附县治。自是以来，驻节有馆，送使有舟，骎骎乎成巨镇矣。明末连遭献、闯之变，焚毁殆尽，闾里萧然。"参见武汉市汉阳区方志办公室编：《康熙汉阳府志》卷四《食货志》，湖北人民出版社2014年版，第116—117页，底本为（清）陈国儒修、王世显等纂清康熙八年（1669）刻本。

② 参见皮明庥、吴勇主编：《汉口五百年》，湖北教育出版社1999年版，第13页。

③（清）裘行恕纂修：嘉庆《汉阳县志》卷八《堤防》，第15页，中国国家图书馆藏嘉庆二十三年（1818）刻本。嘉庆《汉阳县志》载万历《郭文毅正域记》亦曰："由汉城而北，抵汉口龙家湖，水出焉，相去几里余，舟楫不到，水涨为巨浸。汉口几万家朝夕于城，莫利往来。"参见（清）裘行恕纂修：嘉庆《汉阳县志》卷八《堤防》，第15页，中国国家图书馆藏嘉庆二十三年（1818）刻本。王葆心著《续汉口丛谈》卷一（湖北教育出版社2002年版，第12页）也提到明郭文毅撰《万历正域重修免溺堤记》称："汉口几万家。"有学者估计明末汉口全镇居民约有2万余人，但没有给出具体的估算依据。详见汤黎：《人口、空间与汉口的城市发展（1460—1930）》，中国社会科学出版社2010年版，第36页。

载的汉阳县户口数来看,所谓"汉口几万家"不过是对该镇人口众多、居户密集之感叹式表达,理解为"汉口几万人"似比较恰当。同样地,嘉庆《汉阳县志》曰:"(汉)镇为水陆要冲,烟火数百万家。"① 在解读这条史料时,绝不可能据此便认为清嘉庆时期汉口一镇已经有数百万户居民,如果加上贩夫走卒,大量短期雇佣劳动力,以及居住在沿江和沿河成千上万只船上的"船户",近十万户大抵是有可能的。②

## 二、"新汉口"的卓越商业贸易整合能力

市场,特别是"全国市场的形成以交通运输的发展为基础",而"明代的商路在前代的基础上颇有拓展,网状式的水陆商路和商路沿线的流通枢纽基本形成"。③ 从沟通全国市场来说,因明成化汉水改道而诞生的"新汉口"东面长江,南临汉水,顺长江东去,可以通达皖赣吴越诸商业名区;往南,可越过洞庭湖入沅水湘水,以通两广云贵;又可西上荆宜入三峡,通巴蜀以上溯金沙江;由汉水而西,则能经安陆、襄阳、郧阳诸府,纵贯全鄂,抵达汉中;又沿汉水之支流白河、丹江二

---

① (清)裘行恕纂修:嘉庆《汉阳县志》卷八《堤防》,第19页,中国国家图书馆藏嘉庆二十三年(1818)刻本。

② 据乾隆《大清一统志》卷一二四载:"(汉阳府)原额人丁三万八千一百二十四,今(乾隆朝)滋生男妇共三百五十七万七千二百一十六名口,计五十八万一千六百三十九户。"乾隆《大清一统志》卷一二四,第71b页,钦定四库全书本。据此可以推断,即使算上大量附籍者或不占籍的流寓人口,嘉庆朝汉口一镇的商民似乎也很难能超过它所在汉阳府在乾隆朝的占籍户数而多达百万户。

③ 孙强:《晚明商业资本的筹集方式、经营机制及信用关系研究》,吉林大学出版社2007年版,第20页。另参见傅衣凌:《明清社会经济变迁论》,中华书局2007年版,第314—318页。

水进入宛洛，由此有所谓"九省之会"之称。① 对此，傅衣凌先生据明人张瀚《松窗梦语》卷四《商贾纪》所载相关内容这样总结道："大江以南，荆楚当其上游，鱼粟之利遍于天下，'其地跨有江汉，武昌为都会，郧襄上通秦梁德黄，下临吴越，襟顾巴蜀，屏捍云贵郴桂，通五岭，入八闽。其民寡于积聚，多行贾四方。四方之贾，亦云集焉。'"② 显而易见，成化初年形成的"新汉口"完全具备了连接长江中游区域市场体系的中心辐射点的地理区位优势，并且最终借此得以在全国市场中扮演商品集散中心地的角色。

当然，国家行政力量在助力汉口成为粮食、食盐等大宗物资转运港埠方面亦起到了不可忽视的作用。万历元年（1573），明廷规定湖广诸产粮区的漕粮由享有"长江中游第一矶"之美誉的城陵矶改至汉口交兑，汉口遂成为湖广漕粮转运的大码头；同样是在万历朝，汉口亦成为"楚商行盐"总口岸。③ 毋庸置疑，汉口沟通汉水、长江、南水（洞庭湖水系）等三大水系的枢纽功能，以及因此拥有的辐射范围极广的商品运输网络，是促使其具有强大的地区间经济整合能力的关键所在。

不过，仍应强调的是，明中后期人身依附关系的松弛、重商思想和

---

① 参见吕寅东纂，侯祖畲修：《夏口县志》卷十二《商务志》，江苏古籍出版社2001年版，第133—134页，据民国九年（1920）刻本影印。晚清时期将汉口改为夏口厅，民国初年又改为夏口县，遂有汉口第一部县志——民国《夏口县志》。

② 傅衣凌：《明清社会经济变迁论》，中华书局2007年版，第315页。

③ 据《汉口丛谈》载："明万历元年，题准湖广衡、永、荆、岳、长沙漕粮，原在城陵矶交兑者，改并汉口水次。十一年汉口交兑于金沙洲陈公套水次。"（清）范锴撰，江浦等校释：《汉口丛谈校释》卷一，湖北人民出版社1999年版，第43页。另参见皮明庥、吴勇主编：《汉口五百年》，湖北教育出版社1999年版，第13—14页。

逐利主义的盛行，是驱动"新汉口"发挥"四通八达"的贸易区位优势和卓越的商业整合能力的内在力量。在相当程度上，如果缺乏这两个重要因素，明中期汉口商镇的勃兴亦无从谈起，遑论明末汉口跻身于"天下四聚"之列。因为，一切商业活动的本质是满足人的需求，提供价值，获得回报，归根结底是以人为核心。是故，新兴商业市镇必须有聚合四方商贾和吸引移居民众的能量，如若不能"聚人"，就谈不上"聚财"。趋利或逐利是商人的天性，也是商业贸易不断拓展的核心驱动力，古今中外莫不如此。在这样的社会发展氛围下，商业成为晚明时期最具活力的发展领域，国家亦从商税征收中获利良多。①

首先，一定规模的商人的商业活动，必定以人的自由流动为社会基础，而商业经济的发展又会反过来推动社会对这种人身自由的认可和接纳。② 晚明商业的繁荣同样依赖全国范围内一定程度的人口的自由流动。有学者研究指出，明代的人口流动呈现出"政治因素引发的流民的比重愈来愈小，而经济作用下的人口流动包括工商业人口流动的比重则愈来愈大"的特点。③ 这不仅体现了明朝人身控制的逐渐弱化，而且表明更深层次的社会自由度的增强，从而为雇佣劳动力的进一步发展创造了社会条件。汉口自万历朝以来借助转运贸易迅猛崛起，正是得益于

---

① 明中后期，随着全国市场的形成以及商品经济的持续繁荣，上至朝廷，下至民间，均已认识到：允许商人在不违反国家法律法规的前提下通过商品交易获得利润，既能增加国家的商税收入，又能促进区域间的物资交换，最终带动地方经济的发展。

② 参见孙强：《晚明商业资本的筹集方式、经营机制及信用关系研究》，吉林大学出版社2007年版，第21页。

③ 牛建强：《明代人口流动与社会变迁》，河南大学出版社1997年版，第310页。

大量不再依附于土地而拥有人身自由的劳动力的不断涌入。① 同时，众多移民也为该时期汉口商镇的食肆、酒楼、茶馆，以及各种手工业作坊的发展提供雇佣劳动力。

其次，晚明时期重商思想和逐利主义的兴起与强化，足以驱动明代商人资本伴随商人的足迹遍及城镇乡村、边疆内陆。前引明人张瀚《松窗梦语》卷四《商贾纪》谈及荆楚地区"其民寡于积聚，多行贾四方。四方之贾，亦云集焉"即为印证。因此，汉口作为江汉地区的商品集散大码头，不仅对明代掌握社会财富的行商坐贾极富吸引力，而且会招致小商贩为逐利而纷至沓来。明中期以降，随着商品经济的蓬勃发展和人身依附关系的显著松弛，原本荒僻之地因交通环境的改善和商业集散能力的增强，往往成为自主性移民争相占籍之区，从而迅速成长为商贸大镇。嘉靖《汉阳府志》卷三《创置志》引《明礼部尚书黎淳记》曰："刘家隔，汉川县旧址，距今县三十里……地卑下，每岁垫扵春涨，逮秋始涸，榛芜沮洳，人鲜居之。然地脉来自应城，蜿蜒起伏，走一日之程，及此衍为平原，周广四十里余，而襄水、汉水、涢水、郢水、臼水五泒合流，环为一区。我国朝开为通衢，人遂乐业。其始居民十数家，宣德、正统间，商贾占籍者亿万计，生齿日繁，贸迁益众，卒成巨镇。今编民六里，驻节有馆，送使有舟，可见其百姓之盛。其始，行货者肩负，居货者蓬庐。至是，连舻縻舰，百货云来，重屋累栋，五

---

① 一般而言，移民的涌入，既有从乡村转移出来的剩余劳动力，也有因灾害，特别是严重的水旱灾害，举家乃至聚族迁移的民众。当然国家强势推进的政治移民（例如山西洪洞大槐树移民）和军事移民（譬如军屯移民入滇、黔），在明代也比较常见。需说明的是，虽然明代汉口移民的具体史料匮乏，尚且无法阐明中后期汉口移民的详细情况，但这并不妨碍将移民视为推动明代汉口商镇发展的基础性力量的判断。

金山积，日易数千缗犹未艾……可见其财产之盛。"① 明代汉口的迅速勃兴与刘家隔市镇颇有相似之处，亦是开始只有少数民众前来渔猎和垦种，后来商贾和各色移民纷至，才有"五方杂处""帆樯林立""居民鳞次栉比"的繁华景象。

此外，中国人历时久远的风水文化情结，使得不少文人从堪舆角度琢磨明代汉口迅速勃兴的原因。清人唐裔潢在《风水论》中"论证"道："汉口龙脉，乃平洋龙也。平洋最宜坐空朝满，今汉口以大别为朝山，南岸为近案，后湖空旷，正合坐空朝满之局。从前未盛者，以水未绕也。明成化初，水通前道，故河遂淤，于是汉口有兴机矣。"② 这种由汉口三面环水，背靠龟山的地形推论出其"宜于聚财"的认识并不鲜见。王葆心先生不仅在《续汉口丛谈》有关按语里总结明成化前江汉市场因"四面环水，故能更盛"的观点，而且提到明人《堤防考》明确表示汉口之兴起，乃因"汉水入江，纯成一种圜壁形，气势团聚。于沙水法宜聚财，故能蔚然成大市集"，与此同时指明代汉口市场之兴起与江汉市场继续向江北倚重有莫大关系。③ 实际上，汉口环水生财也好，地形宜于聚财也罢，在中国水路运输条件占优势的时代，这样讲不无一定的道理。这些披着风水思想外衣的观点，代表了清代至民国期间身处汉口生活场域中的知识分子，对汉口市镇兴起与发展所倚仗的地理优势之深刻分析与思考，也印证了汉口绝佳的地理区位优势是它赖以兴

---

① (明) 贾应春修，朱衣纂：嘉靖《汉阳府志》卷三《创置志》，上海古籍书店1963年版，第42页下，据宁波天一阁藏明嘉靖刻本影印。

② (清) 范锴撰，江浦等校释：《汉口丛谈校释》卷一，湖北人民出版社1999年版，第37—40页。

③ 王葆心著，陈志平等点校：《续汉口丛谈》卷一，湖北教育出版社2002年版，第9页、10页、12页。

起和发展的重要地利条件。①

## 三、 全国市场的形成与汉口商镇的崛起

在论及汉口的区位优势时，需要特别强调的是，明中后期，特别是晚明时期，是古代中国全国市场形成的重要时期，这一经济发展态势与汉口能否充分发挥地理区位优势存在密切的关系。显而易见，对于汉口这样一个主要依靠与全国多处区域市场进行长距离转运贸易，从而迅速崛起的港口市镇来说，脱离晚明以来逐渐成熟的全国市场这一重要的经济大环境是不可思议的。1500—1840年，地区专业化和劳动分工在一个整合且具有开放性的全国市场中得以良好运转，推动了明清中国经济的显著发展。②《明清农耕文明的鼎盛及其在世界工业文明潮流中的陨落》一文指出："明中叶以降商品流通扩大，民间贸易空前活跃。不但在著名的手工业生产地区如湖州'各直省客商云集，里人贾鬻四方，四时往来不绝'，濮院镇'机杼之利，日生万金，四方商贾，负贩云集'，而且形成一些集散全国各地产品的重要市场地。如江西广信府属铅山，'其货来自四方者'，不但有诸多生活资料，生产原料及生产工

---

① 对此，我们不能完全站在今天的立场，以现代科学的认知去一味地苛责和贬低中国古代乃至近代传统知识分子的"环水聚财"之说，而应当将其论说放置于当时的历史情境中，尽可能地理解他们为何坚持这种观点。

② 李伯重先生在《中国全国市场的形成，1500—1840》一文提到："按照麦迪逊的计算，1700年中国的国内生产总值约占全世界国内生产总值的四分之一；1820年，这个比重上升到三分之一。……王国斌更指出：推动明清中国和近代早期欧洲经济成长的动力是相同的，都是来自地区专业化和劳动分工。而地区专业化和劳动分工都只能在一个整合的市场中才能良好运作。"参见李伯重：《中国全国市场的形成，1500—1840》，《清华大学学报（哲社版）》1999年第4期。

具也占有相当大比例，其中棉花、生丝、棉布、绸缎、纸张、烟草、蔗糖、染料、油料、木材、锡、铁、铜、铁器、铜器、农具、瓷器、漆器以及其它手工艺品，'此皆商船往来货物之重者'。经济作物和手工业品集中产地对粮食的需求和依赖，还促进了部分粮食的商品化。……明中后期商业资本异常活跃，商人数量大大增多，他们拥有庞大资本，合伙经商，在各地设立会馆，组成商帮，往往形成地域性的资本集团。""商品经济的迅速发展直接导致工商业城镇兴盛。明中后期在运河沿线、东南沿海，特别是江南地区，经济发达，交通便利，又陆续兴起一批工商业城镇。"① 明中后期汉口商镇的兴起与发展刚好与这一背景相契合。是故，对汉口在明中后期迅速崛起之发展历程的考察，还应考虑当时众多地方市场的商品经济十分活跃、跨地区贸易的长足发展、区域市场逐渐整合为一个全国市场的宏观经济环境——这是明成化汉水改道后形成的"新汉口"之卓越地理区位环境能够发挥无与伦比的商业贸易能力的必要条件。

汉口真正由港埠（或船码头）向明末全国名镇演进是在明万历朝。万历年间（1573—1620）是明后期中国商品经济全面活跃的时期，汉口在全国市场中的转运枢纽功能就是在这一时期受到明朝廷的重视。前已据清人范锴《汉口丛谈》之简略记载提及湖广漕粮交兑口岸由城陵矶改至汉口之事。对此，乾隆朝《钦定续文献通考》有更为详细的记载，曰："（成化）六年十月，罢民运粮船带砖纳税，及禁包揽之害。时巡抚、漕运等官以苏、松、常、嘉、湖输运内府并各府部粳米十六万石，官给以船。沿途砖厂钞关必欲如民船带砖纳钞，兼遇水涸守闸又为运军凌逼。及抵扬州等处，则揽头包揽，巧肆刻削，是以留滞日久，困于负贷。俱请严禁，仍令船皆鱼贯而行，其有漂流粮米，以该纳京仓者

---

① 曹大为：《明清农耕文明的鼎盛及其在世界工业文明潮流中的陨落》，《史学理论研究》2002 年第 4 期。

改纳通州省脚价，补其数。从之。(成化)七年，议改兑之制。应天巡抚滕昭令运军赴江南水次交兑，加耗羡外复石增米一斗为渡江费。至(成化)十年，仍命淮、徐、临、德四仓支运七十万石之米，悉改水次交兑，由是悉变为改兑，而官军长运遂改为定制。《万历会计录》曰：'此改兑之始也。'先是兑粮水次，宣德七年，江南于瓜淮，河南于小滩，山东于济宁；正统九年，江西于九江，至是罢瓜淮交兑，令里河官军径赴江南水次交兑；至正德元年，湖广于长沙、汉口；嘉靖十九年，江西吴城归并于进贤门外；万历元年，湖广衡、永、荆、岳、长沙，原在城陵矶交兑者改并汉口。"① 显然，万历元年（1573）明廷将湖广多地漕粮交兑口岸由湖南城陵矶②改至湖北汉口，有利于招徕商人奔赴汉口从事转运贸易。万历年间行销淮盐和粤盐的商人自行选择汉口作为分销码头，以及前引明人张瀚《松窗梦语》卷四《商贾纪》所言"（以武昌为中心的荆楚地区）四方之贾云集"均是很好的例证。有学者对以汉口为代表的湖北沿江口岸城市之所以能集聚四方商贾前来从事转运贸易做了定性分析："前资本主义社会的商人，利用地区间的封闭性、自给性、割据性造成商品的差价，商人进行贩运，买贱卖贵，谋取利润。"③ 此外，还可以吸纳周边乃至更远地区的乡村富余劳动力，即大量脚夫来汉口从事码头装卸与搬运工作。这对汉口在晚明时期全国市场

---

① (清) 嵇璜等纂修：《钦定续文献通考》卷三十一《国用考·漕运》，第47—48页，天津图书馆藏清乾隆四十九年（1784）武英殿刻本。

② 城陵矶，位于湖南岳阳市东北15公里江湖交会的右岸，号称长江中游第一矶，与马鞍山采石矶、南京燕子矶并称"长江三大矶"。城陵矶港迄今仍为湘东北水运门户。

③ 吴量恺：《清代湖北沿江口岸城市的转运贸易》，《华中师范大学学报（哲社版）》1989年第1期。

形成、商品经济发达的经济背景下快速崛起为商业大镇可谓功莫大焉。① 在某种程度上讲，漕粮交兑口岸改至汉口，为其向中国中部地区长距离货物贸易集散大市镇迈进创造了良好的商业契机。

与湖广漕粮交兑口岸改至汉口一样，万历年间明廷根据商船在鄂聚集的实际情况将汉口定为"楚商行盐"总口岸，汉口也因之成为当时全国食盐转运和分销大码头。《中国商业百科知识》一书《盐政》篇提到："明代仿宋实行开中法和引法，后又改行纲法，把商人所领的盐引，编为纲册，按照纲册窝数派行。纲册上无名的不得加入，这就使得册上有名的商人得专引岸之例，拥有收购和运销特权。盐法从民制、官收、商运、商销改为民制、商收、商运、商销。"② "盐政纲法"即万历朝开始实施的食盐委托专卖制。盐商在指定口岸进行食盐分销，回程时绝不可能让自己的船只放空，转运其他物资乃是常见做法。所以，汉口在万历时期成为食盐分销大码头，自会出现盐船"帆樯林立"之景象，返程时很可能会购买其他商船运至汉口的商品以便沿途销售获利。诚如此，必定会刺激汉口商品转运贸易的进一步繁盛。

另据乾隆《汉阳府志》卷二十三《奏销》之"盐课"条载："查每年行销原无一定，理合注明。……又引旧志（即康熙八年刻本《汉阳府志》）之按语云：'明盐法初制，盐院每拨楚商行盐，俱遵照额派

---

① 虽然明代漕粮运输和交兑事务并非民营商业活动，但对汉口水上运输业的促进不容忽视。除被朝廷指定为湖广漕粮运输总码头之外，万历时的汉口还是商人们自行选择的淮盐集散地。一方面因为此前湖北地区的淮盐集散市场之一刘家隔市镇因为水路淤塞而衰落，商市自然转移到水运条件优越的汉口；另一方面，水运条件良好、位于武昌西南江面上的金沙洲本是淮盐分销的大集市，奈何其地盘在江水侵蚀下日益缩小，盐商们很快就选择将盐船泊于汉口。汉口由此成为"楚商行盐"总口岸。参见皮明庥、吴勇主编：《汉口五百年》，湖北教育出版社1999年版，第14页。

② 叶全良等主编：《中国商业百科知识》，湖北人民出版社1995年版，第144页。

口岸销卖，无敢逾越。明万历间，各商因所派郡邑或有不可泊船者，始群聚于武昌之金沙洲。嗣洲岸倾圮，复群聚于汉阳之汉口。汉口之立有盐行，自兹始也。行分因招各口岸小贩贩卖，而有司亦以便商为请，而向时监院所拨之口岸册悉置不问矣。'①且汉口为九州百货备集之所，而盐务一事足甲于天下。汉口一年所行之盐引八十三万道，课额一百余万（两），而货卖官引盐价六百余万（两），于十五省中，亦未有可与匹者。"②明末至乾隆朝初年，汉口借助淮盐分销的便利成为全国盐务

---

① 关于这段"旧志按"内容还可见武汉市汉阳区方志办公室编：《康熙汉阳府志》卷四《食货志》，湖北人民出版社2014年版，第271页，底本为（清）陈国儒修、王世显等纂清康熙八年（1669）刻本。

② （清）陶士契修，刘湘煃纂：乾隆《汉阳府志》卷二十三《奏销》之"盐课"条，江苏古籍出版社2001年版，该卷第3—4页（全书第247—248页），据清乾隆十二年（1747）刻本影印。不过，晚明时期汉口行盐实际上遇到了很现实的挫折，并且清初改令淮商代行粤盐亦存在隐患。据康熙《汉阳府志》卷四《食货志》载："然大江水势澎湃，（盐船）俱泊口内北岸居民宅后。先时每船各赠地主盐数包，以为假道资。后射利者始立河帮之名，于是有租岸泊者，有买岸泊者。迩来盐渐壅、商渐贫、行渐滥，各商择郡邑之便者散泊销卖，不专于汉口矣。查楚各郡俱食淮盐，惟衡、永、宝三府食粤盐。明末粤商贫乏，有司佥报有力户行盐，且许称贷库银为本。后各折阅，难以补库，不免累及有司。且盐杂泥沙，民不愿食。清兴，始令淮商代行粤盐，以便责成。然实有力者藉藩下夥行于淮，商无与也。一时虽免佥报赔累之苦，恐事难久行，日后未免复责之淮商，是不可不早为之计也。"参见武汉市汉阳区方志办公室编：《康熙汉阳府志》卷四《食货志》，湖北人民出版社2014年版，第271页，底本为（清）陈国儒修、王世显等纂清康熙八年（1669）刻本。对康熙《汉阳府志》和乾隆《汉阳府志》相关内容进行仔细比勘，可以肯定的是，汤黎在《人口、空间与汉口的城市发展（1460—1930）》一书中第一章《舞台：区位环境下的汉口》，仅引用乾隆《汉阳府志》卷二十三《奏销》之"盐课"条内容，便得出"因汉水沿岸码头便于大型盐船停泊，淮南钢盐遂由长江航船运至汉口停集，然后再分销湖北省各州县口岸"的结论与史实存在一定的差距。详见汤黎：《人口、空间与汉口的城市发展（1460—1930）》，中国社会科学出版社2010年版，第35页。

重地是不争的事实，这必然进一步加强汉口作为长江中游市镇的转运贸易辐射能力。

从根本上讲，由于明万历时期全国地区间的粮食、食盐等涉及民生的大宗生活物资需求的扩大，迫切需要通过水陆交通辐射条件更为优越的港湾来完成湖广诸产粮区的粮食转运与集中交兑，以及淮盐、粤盐的转运和分销。这又反过来极大地刺激了拥有卓越交通运输条件的汉口迅速发展为明清中部中国粮食和食盐转运贸易的大码头。在此基础上，诸如木材、茶叶、药材、布匹等大宗民生物资的转运贸易也涌向汉口，乃是水到渠成之事。值得注意的是，汉口开始崛起的时间刚好与前现代中国全国市场形成的起始时间相契合。[①] 晚明汉口的商业运作和市镇发展也极好地体现出此际中国全国市场形成的特质——跨地区贸易的兴盛。这正如李伯重先生在《中国全国市场的形成，1500—1840》一文中指出的："在一个全国市场中，各地的商品、劳动、资金和信息都必须能够在全国范围内大规模地流动。1500年后的中国，近代欧洲指望一个'民族国家'在推动全国市场形成方面去做的大部分事情，明清中国国

---

[①] 李伯重先生在《中国全国市场的形成，1500—1840》一文说到，1840年之前是否有一个中国的全国市场这个焦点问题学界一直存在着激烈的争论。对这些分歧和争议进行仔细比较之后，李教授认为一些学者对这个问题的看法还是很到位的，即：在1500年—1840年的三个多世纪里，中国国内的长途贸易有迅速的发展，这个发展经中国的主要区域市场连为一体。该文还特别提到王亚键关于这个几个世纪中中国粮价变化的研究所揭示的——中国各主要区域市场价格的变化指数的一致性非常明显，即是1840年以前，中国已经形成了一个十分统一的国内市场的很好证明。接着他从中国全国市场形成的基础、形成过程以及西方在中国全国市场形成过程中的作用等三个方面来深入分析表明，在鸦片战争中战败被迫向西方"开放"以前，中国已经有全国市场。论文全文见《清华大学学报（哲社版）》1999年第4期。

家都做了。明清时期中国内地极少有贸易障碍。"①

另有学者指出:"明代,大量的以经济功能为主的市镇遍及全国直至边远地区,新兴商业城市显著发展。区域市场以中途贩运贸易为基础,多在邻省和邻区之间。中途贩运的延伸即为长途贩运,这在明代得以初步实现,因而形成了跨越区域市场的以民族国家为范围的全国市场,而全国市场的流通则以大宗的关系民生的生存资料和生活资料为主体。"② 明清(开埠前)汉口与四面八方的地方市场发生了广泛的贸易联系,络绎不绝的商人和陆续而来的移民,以及"百货备至"商业贸易景观等都是对此说的有力印证。单就明中后期而言,汉口正是在比较自由开放的全国市场中,在全国市场供求关系刺激下,发挥其无可比拟的地理区位优势,吸引众多移民和雇工,以及诸多商人来此进行诸多商品的长、短途转运贸易,从而实现经济起飞。遂有万历《汉阳府志》卷二《疆域志》曰:"汉镇士民,不事田业,惟贸易是视。前此商船四集,贸易纷华,风景颇称繁庶。"③

明末,汉口已发展为拥有人口数万家的商业重镇,并且共灶而居、

---

① 李伯重:《中国全国市场的形成,1500—1840》,《清华大学学报(哲社版)》1999年第4期。

② 孙强:《晚明商业资本的筹集方式、经营机制及信用关系研究》,吉林大学出版社2007年版,第19页。另参见傅衣凌:《明清社会经济变迁论》,中华书局2007年版,第318页;吴承明:《中国的现代化:市场与社会》,生活·读书·新知三联书店2001年版,第112—118页。

③ 武汉地方志办公室编:《明万历汉阳府志校注》卷二《疆域志》,武汉出版社2007年版,第51页,该志书以秦聚奎总纂万历四十一年(1613)《汉阳府志》为底本。

家口多达五十余口的大家族亦不鲜见。① 虽然我们缺乏晚明汉口民众社会生活的具体史料，但还是可以根据现有的史料爬梳出一些珍贵的历史信息。一个人口达到几万户的移民商业市镇，必定是一个具有相当规模的消费社会。联系周边市场以及入清后汉口镇的状况，其日常生活用品，例如菜蔬、食用油、布匹、燃料、木材、纸张等日用品和锅碗瓢盆等耐用消费品及其他杂货不可能完全依赖其他专业产地输入。明末诸生邢昉《石臼集·离汉口》一诗提及的"银鳞日充市，食鲜每丰洁"②，当是汉口自产的干净又味美的水产鲜货。在一个三面环水一面靠山的商业市镇里，几万占籍人口和众多流寓商人，以及雇佣人员的生存和发展需要配套众多服务性行业。尽管相关史料几近阙如，但按常理亦可以推测，诸如晚明商业都会中常见的为商人或市民服务的酒楼、茶馆、客栈、当铺、牙行、钱庄等；各类手工制造业，如铁匠铺、铜匠铺、木匠铺等；还有如药材铺、裁缝铺等与民众日常生活紧密相关的行当，自当一应俱全。在相关史料阙载的情况下，仍可以确知有不少物品是由汉镇

---

① 前引（明）郭文毅撰：《万历正域重修免溺堤记》称："汉口几万家。"（转引自王葆心：《续汉口丛谈》卷一，第12页），这表明代汉口商镇在万历朝已经颇具规模。另有范锴《汉口丛谈》载："明天启三年癸亥正月，汉口火，伤人无数，至有一家死五十三口者。"（清）范锴撰，江浦等校释：《汉口丛谈校释》卷一，湖北人民出版社1999年版，第41页。

② 参见（明）邢昉著：《石臼集》卷二，国图文津馆普通古籍藏本影印本。另见（清）范锴《汉口丛谈》卷五载："邢昉《石臼集·离汉口》云：'旅舟泊汉水，茌苒至寒节。朝看楚云兴，暮观楚云灭。此地虽残破，井弄稍成列。银鳞日充市，食鲜每丰洁。客心复何苦，遇物转凄切。兹晨忽反棹，脉脉情内热。风土渐相谙，山川屡回折。故乡岂不怀，信美亦怆别。未逢汉阴老，令我忧思惬。'"参见《汉口丛谈校释》卷五，湖北人民出版社1999年版，第290页。

民众自行生产。万历《汉阳府志》卷二《疆域志》曰:"夫郡邑供应取诸本镇者十九。"① 乾隆《汉阳府志》指出万历《汉阳府志》的编纂者秦聚奎曾曰:"今保长所职,大凡官府兵马经临,其屏帐、几榻、盘、盂、盆、桶、槽、草之类临期责办。"② 当然也有在沙地和湖堤空地上垦种的农业经营者。汉口初开市场时,最早的居民就是来此经营田土谋生。晚明时期,借全国市场已经形成的东风,汉口就不再是单一的商品集散船码头,而是以商业贸易为主导、多种经营并存的综合性大型市镇。

正因此,万历末年,汉阳有识之士王光裕曾犀利地指出:"无汉口,则无汉邑,而郡且不可为郡矣!"③ 显然,汉口商镇的地位已经远非一般市镇可以比拟——其兴旺发达与否与汉阳县、汉阳府的命运息息相关。从这个意义上讲,至迟在万历三十年(1602)左右,汉口已经发展为湖广地区首屈一指的巨镇,已是不容置辩的事实。④ 这为以商业为主导的汉口"盛于启正之际"⑤ 奠定了坚实的社会经济基础。

---

① 武汉地方志办公室编:《明万历汉阳府志校注》卷二《疆域志》,武汉出版社2007年版,第51页,该志书以秦聚奎总纂万历四十一年(1613)《汉阳府志》为底本。

②(清)陶士契修,刘湘煃纂:乾隆《汉阳府志》卷十二《形势志》,江苏古籍出版社2001年版,该卷第1—2页(全书第128—129页),据清乾隆十二年(1747)刻本影印。

③ 武汉地方志办公室编:《明万历汉阳府志校注》卷二《疆域志》,武汉出版社2007年版,第52页,该志书以秦聚奎总纂万历四十一年(1613)《汉阳府志》为底本。

④ 在第二章关于万历朝汉口民众承担过于繁重的赋税和差役问题的论述中,会专门提到万历四十年左右汉口已经被重赋和恶政逼至经济凋敝,万历三十年左右,汉口地区却呈现出商业繁华、物阜民丰之发展状况。

⑤(清)范锴撰,江浦等校释:《汉口丛谈校释》卷三,湖北人民出版社1999年版,第138页。

## 四、从荒滩、渔村再到"天下四聚之首"

明成化汉水改道之初，汉口并非宜居之地；因地势低洼，常年泥泞潮湿，湖塘、河滩生长着大量芦苇，遂为芦荡泽国，民众难于栖身，直至天顺年间始有定居者；不过在没有定居者之前，亦不乏附近的汉阳县百姓前来垦种和渔猎。① 为什么说天顺年间才有定居民众呢？因为，据嘉靖《汉口地课碑记》可知，明中期汉水改道前夕明英宗天顺年间（1457—1464）已有民众在汉口建房居住，但直到明嘉靖初年，汉口不过是一个渔村，渔民们在此垦种和渔猎，须每年向汉阳县三沦河泊所缴纳渔课。② 渔业是明代汉阳民众的重要生计来源之一，也是当时地方政府重要税源之一。明成化之前汉水河道并不宽阔，汉阳民众只需划着一叶小舟就可以过河来到汉口地势低洼处的水塘、湖泊等水域进行渔猎。③ 实际上，汉口不仅吸引了汉阳民众前来获取生活物资，还招徕了一江之隔的武昌县百姓萧氏一家前来承佃租种，成为明代汉口基地的早期开发者。④ 这亦可以看作是汉口由芦苇荒滩发展为小渔村的历史写照。

---

① 皮明庥、吴勇主编《汉口五百年》，湖北教育出版社1999年版，第7页。

② 武汉地方志办公室编：《万历汉阳府志校注》卷六《艺文志》，武汉出版社2007年版，第239页，该志书以秦聚奎总纂万历四十一年（1613）《汉阳府志》为底本。

③ 皮明庥、吴勇主编：《汉口五百年》，湖北教育出版社1999年版，第7—8页。

④ 武汉地方志办公室编：《万历汉阳府志校注》卷六《艺文志》，武汉出版社2007年版，第239页，该志书以秦聚奎总纂万历四十一年（1613）《汉阳府志》为底本。

## 第一章 明代中后期汉口商镇的勃兴之路

然而，汉口优越的地理环境，使它自成化汉水改道形成新的稳定入江水道起，也为孕育和发展除农垦、渔猎之外的商业经济活动埋下伏笔。汉口作为天然良港，自然离不开船运贸易。随着明天顺年间不断有居民来此筑屋定居，商船靠水口两岸停泊，汉口市场渐开。同时，因为早期商业活动以船运和水口两岸商品集散为主，汉口遂有船码头之称。① 是故，从渔村到船码头可以看作是汉口早期开拓的缩影。相比之下，明嘉靖之后汉口的成长速度与规模则堪称晚明时期全国新兴市镇之翘楚。隆庆六年（1572）汉口商业税与嘉靖二十一年（1542）所缴纳的数额相比增加了3倍多，仅仅三十年光景，汉口就在商业上超越了当时同样归汉阳县管辖的著名码头市镇刘家隔。② 当然刘家隔的衰落与竹筒河淤塞、汉水改道造成的致命打击不无关系，而得江、汉之便的汉口吸引更多的拓荒者和商民来开发并快速崛起，更加加剧了后者的衰微。

---

① 人们将当时的汉口称之为繁忙的船码头或者码头集市，确实是很贴切地抓住了这一时期汉口商业贸易的主要特点。并且，这一特点并未随着市镇贸易日趋繁华而冲淡，即使在1861年开埠后，汉口依旧保持了"商船踵至""帆樯林立"的物资集散大码头的商业贸易特征。

② 在此之前，刘家隔的商业兴盛程度远远超过汉口。据明嘉靖《汉阳府志》卷五《食货志》之"商税"条载："本府带征汉口四季税钞存留折银一百六十两征解；刘家隔门摊税钞折银三百二十二两六钱，遇闰（月）加银一十两。"参见（明）贾应春修，朱衣纂：嘉靖《汉阳府志》卷五《食货志》，上海古籍书店1963年版，第7页下，据宁波天一阁藏明嘉靖刻本影印。另见拙文《明中后期汉口商镇勃兴原因探析》，《重庆交通大学学报（哲社版）》2014年第6期。陈瑶《从汉口到湘潭——清初湘潭县重建过程中的徽州盐商》（《安徽史学》2012年第4期）一文也提及嘉靖到隆庆年间，汉口商税超过了汉川的刘家隔，但是该文作者对这一结论的注释是参见皮明庥、吴勇主编《汉口五百年》，湖北教育出版社1999年版，第14—15页，笔者进行专门核对后发现，《汉口五百年》第14页、15页没有任何支撑该结论的叙述。

可以说，自明嘉靖以后，汉口凭借自身的贸易区位优势取代了此前刘家隔市镇的商业中心地位。① 正是在明嘉靖朝，汉口已发展为以"仁义礼智信"命名之五坊组成的商业市镇。嘉靖《汉阳府志》卷二《方域志》曰："居仁坊、由义坊、循礼坊、大智坊、崇信坊，俱汉口地方。"② 明人顾起元《客座赘语》卷二《坊厢始末》认为，坊厢制起源于明洪武年间，编户置于城内者为"坊"，置于城外（廓外）者为"厢"；"有人丁而无田赋，止供勾摄而无征派"。③ 汉口作为邻近汉阳城区的市镇，靠农业谋生者极少，市民大多"惟贸易为生"，自然是编入"坊"管理为宜。不过，商民起初主要集中在水口南岸一带，因此"汉口巡检司在县治北三里，汉水南"。④ 质言之，五坊的创置和巡检司的设立，是

---

① 参见林清清：《刘家隔——一个长江中游市镇的社会经济变迁史（1403—2001）》，2002年武汉大学硕士学位论文。另据嘉靖《汉阳府志》卷三《创置志》曰："《明礼部尚书黎淳记》（曰）：'刘家隔，汉川县旧址，距今县三十里……国朝开为通衢，人遂乐业。其始居民十数家，宣德、正统间，商贾占籍者亿万计'；"《明知府刘武臣记》（云：）'刘家隔镇，在汉川县治之北……四方商贾辐辏，烟火连井，舟楫连津，徙附之民，视昔加众，气象巨丽，顾逾于县，则置巡检司以防奸……守巡在行者曰：'汉川虽县，地狭而民寡；刘家隔虽镇，地广而民众。'"参见（明）贾应春修，朱衣纂：嘉靖《汉阳府志》卷三《创置志》，上海古籍书店1963年版，第42页上、44页下，据宁波天一阁藏明嘉靖刻本影印。

② （明）贾应春修，朱衣纂：嘉靖《汉阳府志》卷二《方域志》，上海古籍书店1963年版，第7页上，据宁波天一阁藏明嘉靖刻本影印。

③ （明）顾起元撰：《客座赘语》卷二《坊厢始末》，南京出版社2009年版，第57页。

④ （明）贾应春修，朱衣纂：嘉靖《汉阳府志》卷三《创置志》，上海古籍书店1963年版，第21页上，据宁波天一阁藏明嘉靖刻本影印。据此句引文可知，嘉靖朝汉口巡检司驻地在汉水南岸的崇信坊。至万历朝，因汉口市场日趋北岸，巡检司改至北岸循礼坊，且后来南岸崇信坊划归汉阳县管辖。

明代汉口由船码头向市镇发展的重要体现。

商人自行选择汉口作为新的船舶停靠和物资转运口岸，以及万历朝汉口成为湖广漕粮外运和淮盐、粤盐集散总码头，必然会促进汉口市镇规模的拓展。举凡粮食和食盐这样的大宗货物的转运和分销，必定需要大量脚夫、水手、船夫等苦力为之服务，并吸引各层级分销商人乃至贩卖私盐者纷至沓来。该时期汉口的人口急剧增长当与此有莫大关系。譬如，当汉口市镇的人口数量达到如前引万历朝（1573—1620）郭文毅《正域重修免溺堤记》所称"汉口几万家"规模时，与嘉靖二十一年（1542）整个汉阳县才三千余户的规模（即使按每户五口计，此时汉阳县占籍总人口尚不足 2 万人，加上汉阳县并非商业著称的大县，即使有未占籍人口，亦应有限）相比，相距不过短短几十年的时间，汉口作为新兴市镇的人口增长速度不可谓不壮观。① 若加上大量的流动人口和难以计数的长短期雇佣劳动力，实际在汉口谋生的人口数量当更庞大。其拓展速度和规模在古代中国市镇发展史上亦不多见。在这种情况下，与武昌和汉阳相比，汉口在吸纳移民和扩展商业贸易方面的能量更加突出。其商业辐射能力和财富积聚体量不仅超过武昌的老牌市集金沙洲，而且将臻于鼎盛的汉川县刘家隔市镇远远地甩在后面，也就不足为奇

---

① 据嘉靖《汉阳府志》卷五《食货志》之"嘉靖二十一年黄册"条载：军户 1851 户、民户 2157 户，外加杂役、力、士、校、厨、鼓手、水夫、匠、僧、道等三百八十三口。参见（明）贾应春修，朱衣纂：嘉靖《汉阳府志》卷五《食货志》，上海古籍书店 1963 年版，第 11 页下，据宁波天一阁藏明嘉靖刻本影印。笔者以为万历"汉口几万家"应当做"汉口几万口"来理解似更恰当。汤黎亦认为：明末，汉口"已是一个拥有二万余居民的初具规模的商业市镇了"。参见汤黎：《人口、空间与汉口的城市发展（1460—1930）》，中国社会科学出版社 2010 年版，第 36 页。

了。也正因此，有学者认为汉口在16世纪的发展规模已超过隔江对望的省城武昌，成为湖北最大的城市。① 不仅如此，明末汉口镇的商业声望已盖过河南朱仙镇、江西景德镇、广东佛山镇，成为"天下四聚之首"。

明中后期汉口快速成长为全国著名的商业市镇，乃是地理条件成熟和商贸迅猛发展的结果，即因商成镇。然而，这远非汉口所在的汉阳府、县地方官员所能预见的。这是汉口不同于郡城汉阳、省城武昌这样的古老行政中心（兼军事中心）城市的重要特点。为便于管理日渐繁盛的汉口，至迟在嘉靖年间，明廷已允准在汉口设置巡检司，置巡检、弓兵等行管理之职。② 对此，王葆心先生在《续汉口丛谈》卷一直言："至明中叶，日积市场，因设汉口巡检驻此。"③ 明代的巡检司已经规范

---

① 刘文岛：《汉口市建设概况》（刘为1929年汉口的第一任市长），第4页，转引自（美）罗威廉著，江溶、鲁西奇译：《汉口：一个中国城市的商业和社会（1796~1889）》，中国人民大学出版社2005年版，第36页。

② 在此，应交代的是，许多提及汉口设置巡检司的论文或著作中，只是提到大约是在嘉靖年间设立汉口巡检司，但都没有给出史料依据。譬如，皮明庥、吴勇主编《汉口五百年》（湖北教育出版社1999年版）第14至15页专门论及"汉口巡检司"问题，但也只是提到："汉口巡检司大约设于明嘉靖时。"也因此，许多以该书为参考资料的研究汉口商业发展问题的论文，在涉及巡检司设置时，图方便直接因循这一说法，而不肯进一步追问这一说法到底有什么历史依据。笔者在仔细翻阅现存的《汉阳府志》时发现，嘉靖《汉阳府志》卷五《食货志》之"均徭"条载："弓兵，汉口巡检司二十六名。"参见（明）贾应春修，朱衣篡：嘉靖《汉阳府志》卷五《食货志》，上海古籍书店1963年版，第17页下—第18页上，据宁波天一阁藏明嘉靖刻本影印。这表明，至少在嘉靖时期汉口已设置了巡检司，但不能据此断定"汉口巡检司大约设于明嘉靖时"。在这个意义上讲，王葆心先生在《续汉口丛谈》卷一中指出："至明中叶，日积市场，因设汉口巡检驻此。"这一提法虽稍嫌模糊，但尚能说得通。

③ 王葆心著，陈志平等点校：《续汉口丛谈》卷一，湖北教育出版社2002年版，第26页。

化、制度化，并且一般设于关津要道要地，归所在州县管辖。巡检司统领相应数量的弓兵（巡检实际统领的是从农民当中佥选的弓兵，虽为地方武装力量，但统归地方州县领导，无独立的系统），主要负责稽查往来行人，打击走私，缉捕盗贼，确保地方治安和行政事务运转无虞。明中期汉口巡检司的设置亦不例外。嘉靖《汉阳府志》曰："弓兵，汉口巡检司二十六名。"① 汉口巡检司的司署起初设在水口南岸的崇信坊，后又因为汉水北岸发展更为迅速，又于万历朝改至北岸的循礼坊。② 康熙《汉阳府志》卷二《建置志》亦云："汉口巡检司，先在县治北汉水南岸（崇信坊），后改建北岸循礼坊。"③

应专门交代的是，晚明汉口从渔村、船码头到"天下名镇"的迅速勃兴历程，离不开广大民众的艰辛开拓。他们包括但不限于早期开垦肥沃淤地以便从事农业的农民，开展渔猎经济的渔民，码头上搬运漕

---

① （明）贾应春修，朱衣纂：嘉靖《汉阳府志》卷五《食货志》，上海古籍书店1963年版，第17页下、18页上，据宁波天一阁藏明嘉靖刻本影印。需说明的是，巡检司在明代虽然属于从九品，但很受朝廷倚重。《明太祖实录》中有关巡检司的诸多记载表明，巡检司的设置、考核、裁撤等皆由兵部掌管。万历《大明会典》卷一三八至卷一三九《关津》项下载有巡检司内容，划分在兵部二十一至兵部二十二。在不少地方志中也将巡检司列入"兵防"或"军政"条目。概言之，明代巡检司确实具有地方军事武装性质，却由所在地方州县管辖。

② 万历《汉阳府志》卷三《创置志》曰："汉口巡检司，先在县治北、汉水南岸。今奉两台祥允，改建（于）北镇（岸）循礼坊。"参见武汉地方志办公室编：《明万历汉阳府志校注》卷三《创置志》，武汉出版社2007年版，第76页，该志书以秦聚奎总纂万历四十一年（1613）《汉阳府志》为底本。

③ 武汉市汉阳区方志办公室编：《康熙汉阳府志》卷二《建置志》，湖北人民出版社2014年版，第153页，底本为（清）陈国儒修、王世显等纂清康熙八年（1669）刻本。

粮、食盐等物资的脚夫以及后期全国各地来汉口从事各种商业贸易的商民。此外,还有汉阳地方官员为汉口发展做出的努力,特别是修建袁公堤这样的水利工程造福于民。没有这些勤力经营的民众和地方官员,明代汉口从荒滩到巨镇的崛起历程便无从谈起。该问题将在后文专门加以论述,兹不展开。

与此同时,晚明汉口作为长江中游商业中心重镇具有巨大的经济辐射力,不仅吸引了全国各地的商人和破产农民前来汉口谋生,还促使周围广大农村的经济结构发生变化,带动周边县域发生了某种程度的经济生活变革。例如,明前期,紧邻汉口的黄陂居民"皆勤农桑,寡游贩,淳质俭约,朴素近古",及至明晚期,黄陂人的经济生活逐渐增添了新的内容,不仅所属的沙口市"百货咸集",而且大量黄陂人进入汉口谋求发展,成为清代汉镇黄陂帮的滥觞。咸宁也由明中叶"居民渔稻为业,无商贾利欲之诱",发展到明万历年间"俗尚商贾",再至清中期在汉口创设咸宁会馆(也称钟台书院)。[①] 概言之,晚明时期汉口作为转运贸易为主导的商业市镇,不仅依靠长距离贸易与全国各地市场发生千丝万缕的联系,而且对周边地区千百年来习以为常的小农经济产生强烈的冲击。同时,这种变革又反过来促进了汉口商业贸易的兴盛和以地域为纽带的商人团体力量的壮大。

总之,通过对汉口兴起之前江汉大市场的历史沿革、汉口所具备的贸易区位优势,以及晚明汉口镇曲折多姿的社会经济发展历程三个方面的论述,可以清晰地了解到:明代中期汉口兴起之前,其周遭的商业市场业已成熟,为汉口的崛起奠定了深厚的商业基础;汉水改道形成的新汉口的贸易区位优势是其赖以兴起的自然地理基础;明后期全国市场的形成和空前活跃的商业态势,人身依附关系的松弛(特别是自发性人口流动的加剧)以及重商思想与重利主义的盛行等,也是汉口能在短

---

① 皮明庥、吴勇主编:《汉口五百年》,湖北教育出版社1999年版,第27页。

时间内由转口贸易为主的船码头集市发展成超级市镇的重要驱动力；明中后期各级政治力量的频繁介入，以及汉口居民和在汉经商人士的努力经营，对其社会经济发展产生多重影响。所有这些因素共同建构了明代中后期汉口独特的勃兴之路。这三方面的论述亦表明，仅仅将明代近两个世纪里汉口发展历史简单地定位为清代汉口发展臻于全盛的垫脚石颇欠妥当。因为，自万历朝至崇祯末年汉口的市镇规模已很壮观，在晚明中国的诸多市镇中位居第一梯队的前列，而且以转口贸易为主多种经营并存的发展模式业已定型。

此外，汉口在万历朝以降迅速从码头市镇发展成以转口贸易为主、多种经营并存的综合型商业巨镇，不仅对远距离的商业区域产生强大的吸附力，还对周边地区产生强有力的经济辐射作用，使得武昌、汉阳周围以农耕为主的广大农村，以及边远落后的邻近省份的山区借助汉口的商品集散能力，日益卷入商品经济大潮并逐渐瓦解传统的生活方式和谋生观念。[1]

---

[1] 同时期的江南新兴商业市镇对乡村社会的影响与汉口对周边乡村的商品经济辐射有一定的差异。曹大为教授在《明清农耕文明的鼎盛及其在世界工业文明潮流中的陨落》一文中指出："明清时期经济作物迅速发展，对传统农业结构有所突破。在为手工业提供充足原料的同时，也发展了经济作物自身的商品化倾向。正是在经济作物和手工业生产水平提高的基础上，社会分工进一步扩大，民间手工业突破自给自足自然经济形态独立发展的趋势更加显著。明中后期江南一些城镇出现专事手工艺生产的'倚织为命'的机户，如濮院镇有所谓'以机为田，以梭为耒'的'机业之家'，嘉兴王江泾镇'多织绸收丝缟之利，居民可七千余家，不务耕绩'，盛泽、黄溪四五十里间'居民乃尽逐绫绸之利，有力者雇人织挽'。这种经济作物与粮食、手工业与农业、手工业生产地区和原料产地之间社会分工的扩大，使各自的产品相互成为商品，彼此成为等价物，并因此形成市场，奠立起破坏自然经济、刺激商品经济发展的基础。"参见曹大为：《明清农耕文明的鼎盛及其在世界工业文明潮流中的陨落》，《史学理论研究》2002年第4期。

## 本章小结

汉口，顾名思义，即汉水入江之口。在明成化初年汉水改道形成稳定的汉水下游入江主道之前，汉口并不是固定在某一处的地名，仅指当时实际的汉水入江口岸而已。也因此，在漫长的历史岁月里，汉口更多地是作为军事要隘而存在，并因之在《梁书》《北史》《陈书》《隋书》《宋史》《元史》等史书中因为战争或地方叛乱而被反复书写。同时，因为汉上风光旖旎，汉口亦成为唐宋以来诸多文人骚客反复吟咏的对象，从而被记录在许多诗篇中并流传至今。明成化汉水改道称得上是汉口作为商业市镇崛起的先决条件。虽然不能用地理决定论来看待明代汉口的勃兴之路的起点，但仍可以确定的是，正是成化初年汉水下游水文形势发生巨大变迁形成稳定的入江水道，才使得"天时""地利"与"人的因素"相结合，推动明后期汉口创造出辉煌的商业市镇发展史。明万历朝至清道光年间文人士子，以及民国学人均试图从他们各自在汉口的生活经验或地理观察出发，结合地方志书和文人笔记对汉口的记载，就"成化汉水改道与汉口兴起"的问题进行广泛思考。对此，无论是"汉口地势宜于葵财"的风水论，还是"元明时期市场继续向汉阳趋重"的理性分析，都提醒我们——对汉口的兴起原因不宜只限于对自然地理环境变迁的考量。

成化前的"汉口"虽然与后来的汉口市镇，乃至今天的汉口市区看似没有直接关系，但是汉口的兴起除了与明成化汉水改道息息相关外，三国至明初的江汉大市场的久远商业积淀，亦是改道后的"新汉口"能够凭借优越的商贸交通条件迅速崛起的重要原因。也就是说，如果没有江汉市场逐渐向汉口所在的汉阳地区趋重，明中后期汉口商镇的勃兴将会是另一番历史景象。同时，明晚期全国市场的形成为汉口在万历朝成为明廷指定的粮食、食盐等大宗民生物资转运码头以及在天启、崇祯二朝的强劲发展，成为与河南朱仙镇、江西景德镇、广东佛山镇齐名（甚至更具商业盛名）的"大镇"，提供了良好的外部商贸环境。换言之，如果不能借助这样的"天时"与全国各地市场发生广泛的商业贸易联系，仅仅依靠汉水改道形成的优良港湾带来的"地利"，晚明汉口的兴盛程度必将大打折扣。还需强调的是，还应将明中期以来汉口商镇的迅速勃兴与清代乾嘉之际汉口繁华至极的商业景观联系起来思考。即真正认识到，清中期已荣膺"九州名镇"之美誉的汉口，其发展的根基在明朝，绝不能因为明清改朝换代而割裂地看待清代开埠前的汉口发展史。

此外，强势崛起的晚明汉口商镇展现了不可小觑的商业辐射能力。一方面，它凭借强大的商品运销能力，吸引全国各地的商人和破产农民（含灾荒造成的流民）继踵而至，形成"五方杂处"的人口稠密之移民市镇；另一方通过商业贸易力量带动周边的县、镇、村发生不同程度的经济变革，一些家庭手工业产品和农产品通过商人收购得以进入商品流通环节，促使农民不得不调整农业生产、家庭手工业生产的目的，不得不面对农产品市场和手工业产品市场。这在一定程度上促进了乡村自然经济的局部解体。

综上可知，明代中后期汉口的兴起和发展绝不是作为清代汉口走向繁盛的铺垫或背景而存在，而是以近乎一骑绝尘的姿态宣示了它在近两个世纪（1465—1644）的时间里，由荒滩到船码头，再发展至"天下名镇"的强势崛起历程。借助成化初年汉水改道而勃兴的汉口商镇在明代的发展路径有其独特性，既不同于宋元以来交通要道的草市，或以墟集转化而来的传统市镇，也不同于明清时期江南地区的许多专业性市镇，而是凭借卓越的埠际贸易区位优势，乘着全国商品经济空前活跃的东风，利用明廷在漕粮交兑、食盐分销等方面的政策倾斜带来的利好，迅速发展成为以物资转运为主导的全国性商品集散中心。

更重要的是，明中后期汉口奠定的商业贸易为主导的市镇经济发展模式，以及分坊和设巡检司的市镇管理制度，在清代（开埠前）并没有发生根本性的改变。换言之，清中期汉口商镇臻于鼎盛，在很大程度上就是续写了它在晚明时期创造的"寰区巨镇"的辉煌。与此同时，亦有必要对明代中后期汉口的勃兴之路背后甚少被关注的问题进行剖析，以便对此形成较为符合实际的历史认知。

# 第二章
# 明代中后期汉口商民的负重前行

大致而言,明代中后期汉口镇的兴起与发展阶段是指成化汉水改道前夕开始有人定居到明末这段时间。正是在此期间,汉口由最初的荒滩跻身为明末"天下四镇"之一。明代汉口勃兴和走向繁盛的发展历程,为清中期汉口臻于鼎盛打下了坚实的商业基础。清代中期旅居汉口的盐商范锴将汉镇这段发展历史准确地概括为:"兹汉镇人烟数十里,贾户数千家,蓰商典库,咸数十处,千樯万舶之所归,货宝奇珍之所聚,洵为九州名镇。然肇于有明中叶,盛于启正(祯)之际,其间屡遭兵燹。"[①] 前述明成化初年汉水改道造就的优越贸易区位环境只是汉口兴起的自然地理动因,即"盖当地处天下之中,贸迁有无,互相交易,故四方商贾,辐辏于斯"[②]。同时,江汉大市场的久远商业积淀和晚明全国大市场的形成则为汉口商贸的兴盛提供了良好的外部环境。不过,如果只看到晚明汉口商镇人口剧增、市肆鳞次栉比、商品琳琅满目呈现出来的"升平富贵景象",很容易形成明代汉口商镇的崛起之路似乎颇为顺利的刻板印象。然而,只要虑及明后期日益黑暗的政治大环境便可

---

① (清)范锴撰,江浦等校释:《汉口丛谈校释》卷三,湖北人民出版社1999年版,第138页。
② 同上。

知，汉口的发展道路并非坦途，而是饱经"人祸"和"天灾"之磨难。在这种历史境遇下，正因为尚有一些地方官员在政治理念上和政治实践上积极有为，以及广大汉口商民的长期辛苦打拼，驱动明中后期汉口商镇得以在曲折中负重前行，并在明末长期位列"天下四聚"之首。

## 第一节 嘉靖朝商民、藩王及官府的博弈[①]

台湾学者萧新煌在《东亚的发展模式：经验性的探索》一文中谈道："人类历史充满着不确定性。探求对过去历史的解释更是如此。正如中国一句古语所说，历史上的任何重大事件无不决定于三个条件：天时，地利，人和。"[②] 明中后期汉口镇的崛起历程亦是如此。如果说成化汉水改道带来的得天独厚的水网运输条件，明中后期全国市场形成和发展的契机是汉口崛起背后的"地利"与"天时"，那么"人和"则指的是对该时期汉口社会经济变迁有着各种影响的不同阶层的活动。[③] 正是不断移居到新水口南北两岸荒滩上的垦殖居民，众多从事长短距离贸易的商人，服务于手工业、商业活动的诸般雇佣人员，以及藩王、地方官员等共同塑造了汉口早期发展的社会经济面貌和政治环境。这是汉口市镇兴起的关键因素。因此，关注明中后期汉口商民的开拓史，以及

---

[①] 本节的主体研究内容已公开发表，详见拙文《商民、藩王及官府的博弈：嘉靖碑记凸显的汉口勃兴历史信息》，《武汉学研究》2019年第1期。

[②] 萧新煌：《东亚的发展模式：经验性的探索》，载罗荣渠主编：《现代化理论与历史经验的再探讨》，上海译文出版社1993年版，第418页。

[③] 参见拙文《明中后期汉口商镇勃兴原因探析》，《重庆交通大学学报（哲社版）》2014年第6期。

明代藩王和官府对汉口初期发展的影响,具有不可忽视的历史意义。①

## 一、嘉靖《汉口地课碑记》

虽然有关汉口镇早期的历史资料,用凤毛麟角来形容实不为过,但幸运的是,我们可以在相关地方志书中觅得吉光片羽。万历《汉阳府志》收录的《汉口地课碑记》(以下简称"碑记")和康熙《汉阳府志》收录的明嘉靖二十五年(1546)《汉口地稞旧碑记》,是今天所能看到的有关早期汉口历史信息极宝贵的第一手资料,特录碑记全文如下:

汉口地课碑记②

湖广汉阳府为陈肤见,以□裨国用事。嘉靖二十五年,奉守、巡二道案验,蒙□钦差巡抚湖广等处地方、兼赞理军务、都察院右副都御使

---

① 就学术研究而言,决不能因为清代开埠之后汉口的发展格外令人瞩目(堪称享誉亚洲的商业贸易大都会),并且史料相对丰富,而将研究目光都聚焦在开埠之后的汉口历史,仅将开埠前的汉口市镇发展历程当作背景铺垫来看待。因为开埠之后的汉口的繁荣不是陡然发生的,它有赖于明成化汉水改道以来直至开埠前数百年的市镇发展。况且,开埠前的汉口即使经历了晚明政治黑暗、明清鼎革、水患、火灾等"人祸天灾"的磨难,依然取得了辉煌的商贸和市镇发展成就,拥有"天下四镇之首"的称誉即是明证。

② 国内学界对这通嘉靖二十五年汉口基地争端相关的碑文不太重视,笔者仅见汤黎在《人口、空间与汉口的城市发展(1460—1930)》一书据此碑记估算官方记载的第一批汉口居民数目(参见汤黎:《人口、空间与汉口的城市发展(1460—1930)》,中国社会科学出版社2010年版,第55—56页)。《汉口地课碑记》录于万历四十一年(1613)刻本《汉阳府志》卷六《艺文志》,因该府志为孤本,目前比较方便利用的是武汉地方志办公室编《万历汉阳府志校注》卷六《艺文志》之《汉口地课碑记》,武汉出版社2007年版,第239—241页;另可见于武汉市汉阳区地方志办公室编《康熙汉阳府志》卷

姜案验，准户部咨前事，内开一款汉口基地。先该抚、按衙门会议，查系江夏县民萧廷机始祖萧一，承佃汉阳县三沧河泊所十八墥蚊子马场湖南侧地土。西至郭师口，东至大江。天顺年间，百姓张添爵等父祖在彼筑基盖房，每年认萧一课银三分。

成化年间，被武昌护卫军孙广、邢琏投献江夏王府。每年上岸基地一间收鹅一只，下岸一间收鸡一只。比时民因微租，不曾告争。弘治十年，又要加征课银，各民不肯认纳。孙广、邢琏转投献楚府。每年上岸一间征银三钱六分，下岸一间征银一钱八分。各民惧府势力，不敢抗违。嘉靖四年，该府差已处决承奉张庆等丈量出上岸张添爵等六百三十户，共房基一千零三十五间，每间每季该银九分，共该银九十三两一钱五分。下岸徐文高等六百五十一户，共计地一千零九十一间，每间每季该银四分五厘，共银四十九两零九分五厘。李勤等七十三户，新筑基地二百八十一间，每间每季征银六分，共银一十六两八钱六分。丁太等二十户偏僻地八十二间，每间每年征银一钱，共银八两二钱。王彦澄、李

---

（接上页注释②）

四《食货志》之《汉口地稞旧碑记》，湖北人民出版社2014年版，第268—269页；（清）陶士契修，刘湘煃纂：乾隆《汉阳府志》卷十二《形势志》，江苏古籍出版社2001年版，卷十二第3—6页（全书第129—131页），据清乾隆十二年（1747）刻本影印；汉阳历史文化丛书编纂委员会编：《乾隆汉阳府志：校注本》卷十二之《形势志》，武汉出版社2014年版，第155—156页。在此，需加以说明的是：经认真审读和比勘后，三通碑记名称、碑文内容用字存在差异，但联系上下文和古文一般阅读常识来看，以上列举的万历和康熙二志书的汉口碑记用字更合理，句读处理上相对更通顺，涉及的银钱数目亦更准确。是故，笔者在此引用《万历汉阳府志校注》卷六《艺文志》录《汉口地课碑记》，但在句读处理上充分参考了康熙《汉阳府志》卷四《食货志》之《汉口地稞旧碑记》处理方式，并仔细核对了二通碑文中关于汉口上下水岸的征税分项数额和总额。

仕英等一十一户开垦园地一十一段，每年收银三两五钱八分。通共每年该银六百四十七两二钱。嘉靖二十四年二月内，江夏王因楚王薨，听信校军校纪銮、吴大贵、徐友富、单廷华、王文智、石荣、陈忠、张滨拨置，捏称前地系该府官地，楚府白沙湾、犁头嘴等处柴地抵换等情，挟启世子出给票帖占管。徐文高等不甘，连名告行汉阳府踏勘明白，具呈分巡道，覆委武昌府覆勘明白，并不系该府钦赐地土。节行长史司查吊册籍，并无明文可证。今奉□明旨，亦当裁革横敛，以解倒悬之民。况册籍未明，难以断给前项地基。天顺年间，民居始盖房屋。洪武年间，何由拨给？合无再加酌议，将前项房租减半征收。每年上岸一间征银一钱八分，下岸一间征银八分，通共每年征银三百二十三两六钱。征解布政司收贮，听候补给禄粮。委为官民两便。合候□命下，准行抚、按衙门转行该府长史，将前项占管民房尽数查给各主，不许听从下人拨置争占。仍照例起科征银解布政司，以补各王府缺禄粮之数。若不遵依，听抚、按官指实参奏，庶利归公用，民沾实惠矣。

题奉□圣旨，准备札到府，拟合刊刻石碑，以垂永远。为此合行晓谕该镇军百姓等，一体遵奉施行。嘉靖二十五年十月十三日，奉□巡抚都御史姜、巡按监察御史伊、案行布政司左布政管、右布政刘、按察司孙、都司指挥佥事刘、分守道右参政邹、分巡道佥事朱、汉阳府知府贾、武昌府知府何、同知张、通判丁、推官郝、武昌府经历张、知事徐、汉阳县知县董、典史肩，会议明白。该户部尚书王，题奉□圣旨："准议行，钦此。"钦遵外，刊碑谕众同知。嘉靖二十五年立。

这则碑文系嘉靖二十五年（1546）由各级官员会同商议明确后，再合撰刊刻示众。因为，汉口基地争端已经演变为惊动了嘉靖皇帝、督察院和户部，并经湖广三司介入的大案。碑记内容涉及明朝廷及其辖下的汉阳府、武昌府和汉阳县两级官府、地方藩王府和汉口居民，主要围绕征收汉口上、下岸基地房屋的税收问题展开，即以何种标准征收，由谁来征收，所征税移交何处，将如何使用这笔税款等。碑记所载房屋数量和征税额的反复变动，既表明了汉口早年发展速度，又生动地展现了商民、官府和藩王之间的利益博弈过程和结果，为管窥早期汉口的发展历史提供了可能。在其他相关史料几近阙如的情况下，如欲探究汉口早期发展状况，无论怎样强调这篇碑记的价值都不为过。

## 二、从嘉靖碑记管窥汉口的勃兴速度

据以上录碑记可知，汉阳府的官员亲自踏勘汉口居民户口与房屋数目，武昌郡城的多名大员代表朝廷主持这次汉口基地踏勘事宜的案验和开报工作，并审理这起税收纠葛案件。由于这次踏勘和刻碑记录，今天得以看到早期汉口市镇人口规模的官方统计数字，即在嘉靖四年（1525）由楚王府差人丈量出汉口上岸（水口南岸）张添爵等630户，房基1035间，下岸（水口北岸）徐文高等651户，房基1091间，还有丁泰等20户82间，一共1301户，2146间房。按每户4口人的保守算法，此时汉口的居民约5200余人。如果再加上在汉口进行贸易的外来商人和小贩以及在码头营生的劳动力，实际在此活动的人数当远远不止这个数目。这时距离成化初年汉水改道才几十年的时间，可见汉口早期的扩展速度十分可观。

不过，这则碑记还告诉我们一个非常重要却易被忽视的历史信息，即在成化汉水改道前夕，就已经有居民在后来的汉口所在地界上建房。汉口有居民始于明英宗天顺年间（1457—1464），即碑记中所言"天顺年间，百姓张添爵等父祖在彼筑基盖房"。在此之前，汉口系汉阳屯地，即便无人居住，但附近其他县人民可以来此垦种和渔猎。碑记中

"查系江夏县民萧廷机始祖萧一承佃汉阳县三沧河泊所十八塯蚊子马场湖南侧地土，西至郭师口，东至大江"之记载，说的便是在明英宗天顺年间有人前来建房居住之前，就有武昌府辖下的江夏县籍百姓萧一前来汉口承佃大片土地。前引《续汉口丛谈》曰："汉口在明代本屯地，为汉阳十九屯之一，隶在城里。"① 当然，汉口虽地势低洼，但总有隆起在湿洼处之上的高地。天顺年间开始有人来此定居，当是选择一些地势相对较高处建筑房屋。也因此，碑记中才会提到天顺年间来汉口筑基建房者需要"每年认萧一课银三分"。

成化初年（1465—1470）新的汉水入江水口刚形成时，因为水口两岸都是荒滩，有不少低洼的塘、汊、湖，确实不宜栖居，但这完全不妨碍附近之汉阳和武昌民众陆续来此开发水口两岸的基地。对此，可以从康熙《汉阳府志》之《汉口地稞旧碑记》后另补充的一段文字中略窥一二，文曰："查汉口业甲萧廷机，原系武昌府江夏县籍，先朝承顶本县三沧所湖课钱粮，管收基地、湖业等项。嗣后仅存后湖柴草地土。廷机子萧茂、裔孙萧良珩、萧次文取办纳粮。"② 这也是为何会出现碑记中所言"成化年间，被武昌护卫军孙广、邢璡投献江夏王府"的重要原因。即是说，成化年间，作为汉水入江新水口的汉口已成为炙手可热的具有广阔发展前景的土地。

相比而言，汉口的快速勃兴在万历年间（1573—1620）表现得更为耀眼夺目。前引《汉口丛谈》中"明万历元年（1573），题准湖广、

---

① 王葆心著，陈志平等点校：《续汉口丛谈》卷一，湖北教育出版社2002年版，第26页。
② 武汉市汉阳区地方志办公室编：《康熙汉阳府志》卷四《食货志》之《汉口地稞旧碑记》，湖北人民出版社2014年版，第269页，底本为（清）陈国儒修、王世显等纂清康熙八年（1669）刻本。

衡、永、荆、岳、长沙漕粮，原在城陵矶交兑者，改并汉口水次"之记载，并前述万历年间汉口因地理区位优势跃升为全国食盐分销大码头之史实，均揭示了明万历朝是汉口向全国大镇演进的关键时期。也因此，万历进士秦聚奎在其编纂的《汉阳府志》卷十二中专门提到："汉镇士民，不事田业……前此商船四集、货物纷华、风景颇称繁庶。"①甚至有学者认为，汉口十六世纪的发展规模已超过隔江对望的省城武昌，成为湖北最大的城市。② 这种估计虽有夸大之嫌，但亦从侧面反映了明后期汉口的迅猛发展势头格外引人瞩目。

与此同时，应特别注意的是，在明中后期朝政日益黑暗的大环境下，作为新兴市镇的汉口，其快速发展并非一帆风顺，同样遭受来自官府、藩王的盘剥和压榨。宗藩制度③是明代重要的政治制度之一，分封的藩王众多，全国名城大都藩王府林立必然会给地方社会带来很大的影响。明代湖广地区的藩王亦不例外。只是明代汉口曾遭到楚王和江夏王轮番控制的情况很少进入研究者的视野。通常人们多关注清中期以后，特别是乾嘉时期汉口的繁荣和独领风骚的盛况，以及鸦片战争后，汉口

---

① 武汉地方志办公室编：《明万历汉阳府志校注》卷二《疆域志》，武汉出版社2007年版，第51页，该志书以秦聚奎总纂万历四十一年（1613）《汉阳府志》为底本。另外，后文专门论及的万历朝"永丰堤""王公堤"之修建，其实也从侧面表明：正因为万历朝汉口发展为"人口数万家"之"大镇"，为改变商民因地势低洼而不断遭受水患侵害的困境，亦为避免阛阓镇繁华尽付汪洋大水，汉阳府、县官员积极动员汉口民众齐心协力修筑堤防工程。

② （美）罗威廉著，江溶、鲁西奇译：《汉口：一个中国城市的商业和社会（1796~1889）》，中国人民大学出版社2005年版，第36页。

③ 宗藩制度是明代政治制度的重要组成部分。早在明太祖朱元璋建立明朝时，就确立了在全国推行"宗藩制度"的政策，即将他的儿子们和部分近亲宗室封为"藩王"，再各给"藩王"配置一定数量的兵力，目的是让众"藩王们"率精兵驻扎在明朝疆域内诸要隘之地，并且悉听命于皇帝，以拱卫朱氏王朝。

被强行纳入对外开放口岸行列,以长距离贸易形成辐射范围广泛的贸易网络,呈现出全新的发展局面的历史面貌。① 事实上,通过考察明末汉口在曲折中前进的复杂历程,可以清晰地感受到其作为商贸市镇的勃兴并非一蹴而就。更重要的是,嘉靖汉口碑记凸显了在传统中国市镇兴起的多样化模式。即是说,明代以来河南朱仙镇、江西景德镇、湖北汉口镇、广东佛山镇的勃兴都离不开各自的地理环境和经济发展中的人文环境,但实际上各自兴起和发展的模式又存在一定的差异。其中,以商贸为发展载体(特别是借助发达的水道网络开展长距离贸易)的汉口镇尤为突出。总之,清中期以来汉口成为"楚中第一繁盛,九省通衢"之巨镇的发展格局,与明中期以后快速且不乏曲折的兴起历程息息相关。或者说,没有明至清初商贸的积累和移民的增加,就谈不上清代中期汉口的繁荣。至于汉口在经历明清鼎革战乱破坏之后又于清初迅速复兴,以及1861年汉口被迫开埠后的别样繁华,亦离不开明代中晚期的开拓和发展。

## 三、碑记展现的商民、藩王及官府之博弈

在追溯基地开发和此前的征税历史时,碑记明示:最早这里由三沦

---

① 纵观明清史研究学界,无论是美国学者罗威廉的两本有关汉口的专著(前引已提及),还是众多与汉口沿江相关的学术论文,基本上都是聚焦清中期以降的汉口发展状况,特别是开埠(1861)之后的汉口,鲜有专门用力于明代成化初年汉水改道以来汉口强势崛起之研究。即便是2010年由中国社会科学出版社出版的汤黎著《人口、空间与汉口的城市发展(1460—1930)》一书,虽然将明代汉口纳入写作范畴,但亦不过是作为背景铺垫,着墨甚为有限。不过,对此亦不应苛责,因为这部时间跨度长达470年的汉口长时段城市研究,总字数为25万字,加上重点聚焦清代开埠后的汉口的人口、空间与城市发展问题,对明代汉口关注不够是可以理解的。

河泊所①将自西至东临大江的大片土地、湖泊租给来自江夏县的萧廷机。萧氏很可能要缴纳一定的渔课。因为渔课是明代湖广行省的重要税赋之一，而河泊所的重要职能之一就是征收渔课。据碑记可知，天顺年间（1457—1464），汉口荒滩上就有定居者出现：张添爵等在此筑地基建筑房屋，并每年向先前承租此地的萧氏纳银三分。及至成化年间（1465—1487），汉口基地被郡城武昌的护军孙广、邢琏二人投献给江夏王府。也就是说，此时的汉口已变成楚地藩王江夏王的课税地盘。课税标准以每间房屋为单位，且汉口上岸（水口南岸）税率比下岸（水口北岸）税率高出一倍。这大概与水口南岸最早开发且靠近崇信坊不无关系。碑记专门提到此时征收的实物税相对微薄，当地百姓未曾因之向官府"告争"。及至弘治十年（1497），因江夏王府强行加税遭到基地居民强烈抗拒，上岸和下岸土地又被转投给楚王府。此后，上岸每间地基每年征收银3钱6分，下岸每间屋基1钱8分，仍维持了上岸征税标准是下岸两倍的旧例。尽管此时要缴纳的地租税额显著增加，但上、下岸居民畏惧楚王府的势力而不敢抗税。

明代藩王对湖北地方社会的经济影响集中体现在王府庄田和商税渔课等问题上。一般而言，藩国庄田的获取主要有钦赐、奏讨、纳献、强买和侵占等途径。作为新水口基地的汉口，先在成化年间被武昌城的军人势力投献给属于楚亲王系的江夏王（始封江夏王为楚王朱桢庶出第十子朱孟炬），后又被转投给得势的楚王府。这只是明中后期湖北藩王扩地（兼并土地）敛财行动的一个小案例而已。明武宗正德年间（1506—1521），汉口市场蒸蒸日上，使这个昔日荒洲身价倍增，楚端

---

① 三沦河泊所，在汉阳城北二十五里，负责征收渔课。嘉靖《汉阳府志》卷三《创置志》称："三沦湖河泊所在县治北二十五里，废。"参见（明）贾应春修，朱衣纂：嘉靖《汉阳府志》卷三《创置志》，上海古籍书店1963年版，第24页上，据宁波天一阁藏明嘉靖刻本影印。

王竟然宣称汉口江滩河滩于明太祖时已赐给楚王府,这显然是蛮横霸占之辞。新河口是成化初年因汉水改道才形成,绝无明太祖钦赐之理。楚王府在汉口实行超经济暴敛引起商民不满,在此经商的廖应魁站出来与楚王府进行争辩,楚王命人将其打得体无完肤。汉口商民不服,集体奔至汉阳府诉讼,但是汉阳府不敢与楚王府相抗,最后还是把土地判给楚王府。① 嘉靖四年(1525),明世宗正式认可楚王府对汉口基地的所有权。这是嘉靖皇帝对楚王在朝廷"大礼仪之争"中主动迎合圣意的恩赏。② 况且,明中后期,藩王向当朝皇帝上奏讨要田土或渔课并得到恩准的现象亦属常见。嘉靖初年,林俊在奏疏中一针见血地指出:"近年以来,皇亲侯伯,凭借宠暄,奏讨无厌。而朝廷眷顾优隆,赐予无节,其所赐地土,多是受人投献,将民间产业夺而有之。"③ 显然,嘉靖年间,楚王能够如此顺利地夺得汉口基地的所有权,与当时的朝局、地方社会的各种力量博弈之不均衡紧密相关。从更宽广的层面来看,长江中游汉口之兴起和发展,乃至其间经历的种种曲折遭遇,都与它所处的大环境紧密相关。

此外,由碑记可知,单就基地房屋年征税总额为647两2钱,这在当时应是不小的一笔数目,因为十七年后,也就是嘉靖二十一年(1542),汉阳府在汉口带征的商业税每年四个季度总额才160两,仅为

---

① 张建民:《湖北通史·明清卷》,华中师范大学出版社1999年版,第59—93页。

② 楚端王参加了"确定兴献王朱祐杬尊号"的朝廷讨论,并很明确地迎合了明世宗意图尊崇本生父母的心思。

③ 参见《崇祯长编》卷四十一,转引自顾诚:《明末农民战争史》,中国社会科学出版社1984年版,第5页。

刘家隔商税之一半。① 而且，楚王府开创了对汉口南北岸实施四季征税的先例。嘉靖二十四年（1545），楚愍王朱显榕被世子朱英耀杀害。楚王府因子弑父之"大逆"行为而失去圣宠。军校纪銮等人借机挑唆楚王府旁系江夏王向楚王府争夺汉口地租。为此，江夏王府炮制了在汉口的楚王府征税地原本是江夏王官地的辩辞。此时，面对楚王式微局面，水口南岸的居民徐文高等不甘心居地多年来所属不明的处境，遂联名上告至汉阳府，请求予以"踏勘明白"，并将文告送到省城武昌巡抚、司道一级官员手中，恳请予以"复勘明白"。汉阳府则借此机会设法取得对汉口商民地租的合法征税权，并得到朝廷的认可，将汉口基地居民每年房屋地租总税额减半。

对居民徐文高等来说，这次诉讼的结果意味着他们居住的汉口水口上下岸地段不再容藩王染指；纳税额和征税机构也正式确立，并以碑记方式晓谕全镇，要求所有人等都须遵守。同时，汉阳府汲取藩王征收重税的教训，将居民地租税额减半为323两6钱，自然减轻了汉口居民的负担。这无疑对汉口市镇的发展和移居于此的拓荒者有利。不过，此次争讼最大的赢家是汉阳府。虽则碑记透露出在此案发生之前汉口就被官方称为市镇，实际上除南岸的崇信坊之外，水口北岸还有循礼、居仁等坊，均由至迟在嘉靖年间已经设立的汉口巡检司管理。由是观之，自汉口兴起到此碑开立为止，近一个世纪里其地租被江夏王和楚王轮番掐

---

① 嘉靖《汉阳府志》卷五《食货志》之"商税"条载："本府带征汉口四季税钞存留折银一百六十两征解；刘家隔门摊税钞折银三百二十二两六钱，遇闰（月）加银一十两。"参见（明）贾应春修，朱衣纂：嘉靖《汉阳府志》卷五《食货志》，上海古籍书店1963年版，第7页下、第25页下，据宁波天一阁藏明嘉靖刻本影印。另根据第一章中关于刘家隔镇的注释之引文可知，该市镇在明代极具商业声誉，至少在万历前比汉口的经济地位更为重要。

断，治安管辖则由设立在汉口水口南岸崇信坊的巡检司负责，汉阳府不过是偶然带征汉口四季度商业税。由于这次变故，藩王势力被彻底清除出汉口地界，汉阳府对汉口的经济控制明显加强。碑记措辞也表现出地方政府还是希望将税负维持在汉口居民可以接受的范围内，以维持地方稳定。该案例亦表明，最初汉口的兴起并不引人瞩目，而是随着居民逐渐增多和商业日渐发展才引起楚地藩王觊觎和地方官府注意，由于引发较大争端才引起朝廷的重视。

从上述对嘉靖碑记的分析可以了解到，在明代汉口的兴起过程中，各级政治势力的渗透呈现出很复杂的局面：有拓荒移民、商民与楚地藩王之间的利益冲突，也有楚地藩王之间的明争暗斗，以及汉阳府与藩王府之间的微妙关系，甚至体现了国家最高掌权者与藩王和汉口地方官府之间的政治博弈。也就是说，即便是主要依靠外来移民进行初步拓展的早期汉口，亦不能逸出明代独特的时代氛围，其社会经济生活受到各层级政治力量的影响。但就征汉口基地税来说，这是一把双刃剑，既会增加居住者的负担，也会推动官府承担起安定地方社会环境的职责，促使人们更加勤勉地创造财富，从而促进汉口经济持续发展。需补充说明的是，地方官府按照一定财政规定对辖区征税与强征暴敛有很大区别。收税和保障地方治安、稳定社会秩序是前现代中国基层政府最重要的职责，汉口也不例外。汉阳府负责征收其商业税和基地房屋税，吏部委任的巡检司维护汉口镇的治安和社会秩序并向汉阳知县汇报。① 这样一来，通过立碑刊文，汉口得以明确归汉阳官府管辖。

嘉靖碑记亦表明，早期汉口主要是由外来移居的民户在水口南北两

---

① 据乾隆《历代职官表》可知，巡检是最低级官吏，却由吏部正式任命，主要职责是预防犯罪、捉拿罪犯和"叛逆分子"，其行动须向知县汇报。

岸定居并逐步开发的。① 汉口是汉水和长江的交汇处，地势低洼。一如日本学者斯波义信据社会人类学者冀朝鼎教授运用水利社会论撰写的《中国历史上的主要经济区》一书总结出："（自古以来的中国人）具有始终如一的定居低地趋向性情结，中国人历来是低地之民，而且是逐水而居之民"，"在中国人的定居史上，其移民之际不仅经常充分利用四通八达的河川水系的功能，以提供交通的便利，而且河川水系由于自然的冲击作用而形成分流点，在河口部营造出肥沃的土壤，及与土壤有关的自然资源得天独厚，从而导致为人类的定居创造了条件"。② 位于水陆交通要冲的汉口吸引了众多拓荒者到来。最初的定居者以利用湖汊和大片水洼地带发展渔业和从事农耕为主要营生，这在碑记细则部分已有所揭示。不过值得注意的是，此时汉口拥有的巨大商业潜力已初见端倪。前面提及的嘉靖二十一年（1542）汉口的商税总额是刘家隔商税的一半便是明证。宣德至嘉靖年间（约1426—1547）正是汉阳下辖汉川县刘家隔市镇最为繁荣的阶段，可谓明中期汉阳府辖下最繁荣的市场。③ 对于肇兴伊始的汉口来说，在几十年内就能在商税缴纳上赶上时人称为"连舻縻舰，百货云来，重屋累栋，五金山积，日易数千缗犹未艾"④之刘家隔商税总额的一半，即嘉靖《汉阳府志》卷五《食货

---

① 汉口的发展起初以水口南岸崇信坊为主，但明中后期逐渐积重于北岸四坊（仁义坊、循礼坊、大智坊、崇信坊），南岸遂归汉阳县管辖。

②（日）斯波义信著，方键、何忠礼译：《宋代江南经济史研究》，江苏人民出版社2011年版，第10—11页。

③ 参见林清清：《刘家隔：一个长江中游市镇的社会经济变迁史（1403—2001）》，2002年武汉大学硕士学位论文。

④（明）贾应春修，朱衣纂：嘉靖《汉阳府志》卷三《创置志》之"明礼部尚书黎淳记"，第42页上，据宁波天一阁藏明嘉靖刻本影印。另见嘉靖《湖广图经志书》卷三《汉阳府文类》录黎淳《刘家隔巡检司记》。

志》之"商税"条载:"本府带征汉口四季税钞存留折银一百六十两征解;刘家隔门摊税钞折银三百二十二两六钱,遇闰(月)加银一十两。"① 这已是非常了不起的商业成就。可惜尚未见到有关此时汉口商业具体开展状况的文献记载,无法对之形成细致的了解。如果没有嘉靖碑记提供的关于商税总额的权威、确凿数据,自然很难对当时汉口商镇的发展状况做出较为恰当的判断。据此碑记,完全有理由推想,即便将上引《刘家隔巡检司记》所述繁华景象打一定折扣,嘉靖时期汉口商贸繁盛状况亦已蔚为大观。其中必然包含碑文中涉及的徐文高、廖应魁等大批商民创业与开拓的艰辛。至于破旧渔村与繁华商贸并存的景象,也是前现代中国早期城镇化的典型特征之一。

还需补充说明的是,虽然自嘉靖二十五年(1546)汉阳府接管汉口后减少了税收额度,有利于汉口商业的发展,但是在晚明政治日益黑暗的大环境下,汉口的勃兴之路同样充满曲折。小至汉口各坊保长、大至朝廷派出的矿监税使,都曾肆无忌惮地对当地商民进行诸多盘剥,加上频繁爆发的水火灾害的破坏,对汉口的经济发展产生了非常不利的影响。即使在这样的境遇下,晚明时期的汉口镇依然在商民和有为地方官员的共同努力下,展现出极为强劲的发展势头,取得令人瞩目的商业成就。此外,也有学者从土地权利的视角考察明清汉口兴起的过程,认为基于地权收益的汉口地域管辖权在河泊所、藩王与州县之间传递,随着王朝更迭得到固定。② 这种说法确实有一定的合理性。不过,更应该看

---

① (明)贾应春修,朱衣纂:嘉靖《汉阳府志》卷五《食货志》之"商税"条,上海古籍书店1963年版,第7页下,据宁波天一阁藏明嘉靖刻本影印。
② 参见陈玥:《从水域到市镇——土地权利视角下明清汉口的兴起》,《武汉学研究》2020年第2期。

到，因为汉口的早期开发主要依靠附近县域民众的自发行为（例如嘉靖碑记中从武昌县前来汉口谋生的萧氏家族），对于明成化前后的汉阳府、县官员来说，汉口到底能发展至何种程度，他们不可能对此进行先行评估和预期。也就是说，明代汉口的崛起其实有一定的偶然性。

总而言之，在汉口的早期开发历史过程中，在被明代藩王染指之前，移民在基地上按照契约向先来此租地的萧氏承佃，建造了为数不少的房屋，奠定了汉口镇最初民居规模的基础。从弘治到嘉靖年间（1487—1566），汉口的商业也有了相当程度的发展，但也因此更加激发了藩王势力的贪欲，即在楚王府运作下，汉口成了江夏王和楚王轮番掌控的敛财之地。汉口商民亦尽力抓住一切可能的机会进行抗争，甚至为此付出血的代价。以嘉靖二十四年（1545）为分水岭，此前基本上是藩王势力占上风控制了汉口地租税。汉阳官府也因畏惧王府势力而不惜牺牲商民利益。直到嘉靖二十四年，汉口商民利用楚王府势衰之机，联名控告藩王实行经济掠夺的暴行。随后在各级官员的操作下，案件惊动了深宫中的嘉靖皇帝。经朝廷晓谕武昌省城及汉阳府县诸官员对一系列基地房屋进行实地踏勘和复验后，汉口才得以最终脱离藩王控制，改由汉阳府来征收租税和商业税，并且将租税定额减半，税银统一解往布政司，王府因此短缺的收入则另由湖广布政司专门拨给。至此，这场旷日持久的商民、藩王、官府三方力量的博弈，方实现某种形式的均衡。这从侧面反映出，早期汉口商镇正是在各种力量的纠缠博弈中曲折发展，艰难地崛起。①

---

① 参见拙作《明中后期汉口商镇勃兴原因探析》，《重庆交通大学学报（哲社版）》，2014年第6期。

## 第二节 晚明汉口遭遇的"人祸"与"天灾"

在明帝国走向没落的前夜,尽管政治腐败、社会动荡等"人祸",以及频仍的水火"天灾",均给汉口的发展带来这样或那样的阻力,但它依然展示了独特且极富韧性的商业勃兴之路。也正因如此,人们很容易注意到汉口商镇在明末发展迅速的辉煌面相,而对该时期汉口商民的痛苦遭遇缺乏历史之同情,从而对晚明汉口商镇的勃兴路径缺乏全面的认识。除了依据嘉靖《汉口地课碑记》得以深入观察到江夏王府和楚王府轮番对汉口上、下水岸居民的长期盘剥,以及在嘉靖二十四年之前汉阳官府屈服于楚地藩王势力助纣为虐之外,汉口在商业势头一路高歌猛进的晚明时期同样遭到了来自地方和朝廷的深重压迫。在这样的境遇下,汉口商民承受了沉重的赋役剥削,阛镇商业贸易也因此受到重创,甚至一度出现商户寥落、经济凋敝的惨淡景象。

### 一、万历末年汉口商民承受的沉重赋役

早在正德年间(1506—1521),汉阳县就曾因掌印太监刘瑾专权用事而遭"楚镇宦大肆骚扰,鸡犬不宁";尽管有出身锦衣卫、宽和爱民的汉阳知县与之周旋,民众得以"五年不征税,粮储道临,并举年荒民穷,涕泣以免",但好景不长,"甲戌,按察陈公奉委追赋,百姓多

鬻子女、市田宅、死棰楚"。① 前述嘉靖二十四年《汉口地课碑记》所记官民与藩王之博弈，只是解决了汉口上、下岸基地居民摆脱楚地藩王盘剥、确定房屋租税定额、今后由谁带征四季商业税等问题，这并不意味着从此以后汉口镇由船码头迅速跃升为全国名镇便再无征派无度之掣肘。实际上，透过"万户鳞集""商船踵至"等繁华图景背后的历史信息可以看到，万历以降汉口商镇的勃兴之路同样充满了艰难险阻。万历四十一年（1613）刻本《汉阳府志》之编纂者秦聚奎在志书中沉痛地写道：

汉镇士民，不事田业，惟贸易是视。前此商船四集，贸易纷华，风景颇称繁庶。自矿税之使出，而商贾希有，民间生意消索，又连年苦涝，富者亦趋于贫矣，较十年前之风景，盖不啻星渊也。郡邑供应取诸本镇者十九。胡不抚循、休养、嘉与，还之昔日之盛哉？②

万历《汉阳府志》的编纂者秦聚奎向我们提供的有关汉口镇在万历年间的政情民事记载有很高的可信度。一是因为他主持纂修的万历《汉阳府志》是明清时期四部《汉阳府志》中最为珍贵的（体例完备、内容丰富、旁征博引）；二是因为他本籍汉阳（出生在今武汉市蔡甸区），不仅有任职地方官和京官的仕宦经历，而且生性端庄凝重，在官

---

① 武汉地方志办公室编：《明万历汉阳府志校注》卷七《宦迹志》，武汉出版社2007年版，第348页，该志书以秦聚奎总纂万历四十一年（1613）《汉阳府志》为底本。

② 武汉地方志办公室编：《明万历汉阳府志校注》卷二《疆域志》，武汉出版社2007年版，第51—52页，该志书以秦聚奎总纂万历四十一年（1613）《汉阳府志》为底本。

场既不肯攀附得势的阉党,也不肯阿附他人,乃"真不立党者"。① 秦氏首先指出万历年间汉口镇的商业活动已很兴盛,在此谋生者几乎不事农耕,而主要仰仗汉口便利的码头水运条件进行商业贸易,也因此汉口在万历三十年(1602)左右已经成为"商船四集,贸易纷华,风景颇称繁庶"之大镇。接着,他又指出自万历朝"矿税使出",商业蒸蒸日

---

① 秦聚奎,字仲默,又字因应,湖广汉阳(今蔡甸)人,万历二十八年(1600)庚子科中举,二十九年(1601)辛丑科中进士,授安徽绩溪知县。在任期间,他"斥豪右,惩赌博,恤孤独,禁假命",耐心开导兄弟抵悟告官者,使之感化而归,捐俸代赎因完赋而被鬻之妻子;因县处要道疲于接待供应,为此特撰一联云"道里冲繁一切夫马差役苦,山城瘠薄百般品物购求难"。镌此对联于城门,院道遇邑不轻入城。后调任吴江县,民为立祠以示爱戴。吴江去职后,先赴陕西盩屋(今周至)任教职,后升任刑部主事。万历三十九年(1611),秦氏因不满朝廷考察京官过程中有考察官借公泄私愤而受牵连,不得不带职回老家住闲,一住就是十年。回老家后,秦氏应汉阳知府马御丙之邀参与纂修《汉阳府志》并作序,该志于万历四十一年(1613)刊刻。明光宗继位,下诏起用因直言遭免的大臣,遂经尚书周嘉谟推荐任光禄寺丞,旋又因夫人仙逝辞官。明熹宗天启三年(1623),秦氏服阕入朝,遭朝廷谏官攻击,不得不称病离朝。五年后(1623),又被重新起用为顺天府丞,第二年再升府尹,后因直言得罪魏忠贤为首的阉党而被夺职。当朝有识之士评价曰:"其前不苟同于君子,后不浼污于小人,是真不立党者。"另可参见前引万历《汉阳府志》序(秦聚奎撰);《明史》卷二百二十四《列传第一百一十二》;黄友灏、黄澈:《明万历朝京察申辩禁令下士大夫鸣冤的新方式——以〈万历辛亥京察记事始末〉的成书历史为例》,《学术研究》2020年第11期。康熙《汉阳府志》卷九《人物志》曰:"秦聚奎,字仲默,一字因应,先世自南昌徙居汉口。生而岐凝端重……得旨致仕,优游林下,足迹不入公府,齿不挂时事。惟地方厉害,则移书当事,以身先之。"参见武汉市汉阳区地方志办公室编:《康熙汉阳府志》卷九《人物志》,湖北人民出版社2014年版,第437页,底本为(清)陈国儒修、王世显等纂清康熙八年(1669)刻本。

上的汉口成为郡邑加派沉重赋役的主要对象,即"郡邑供应取诸本镇者十九",以致"商贾希(稀)有,民间生意消索(萧索)","富者亦趋于贫"。进而他将此时(约万历四十年至万历四十一)汉口之凋敝与十年前汉口之兴盛相比,认为相差"不啻星渊"。最后,他向地方官府和朝廷诘问道:"胡不拊循、休养、嘉与,还之昔日之盛哉?"据此可知,万历朝末期汉口商民被迫承担超出他们实际承受能力的赋役,以致陷入贫困境地,同时市镇的发展进程亦遭到重创。①

秦氏编纂万历《汉阳府志》时,还花费颇多笔墨记载了途经汉口的"考察去任者",以及官府是如何敛取财物、汉口不同经济处境的商民各自遭遇何等残忍盘剥的情形,并且对汉口此后的发展前景深感忧虑,因而不吝给出比较人性化的建议。现将相关记载移录如下:

曩有考察去任者,于土物无所不摄取,而汉口滋多,价止给十之一二,献纳稍迟,辄盛怒加笞。民畏棰楚,不得不典鬻以应。每年豆麦出,则以官舫敛载而归。逐十一之利,民间小有盖藏,检括一空,较水洗殆有甚焉。愚民无知,岂能免于怨讟?不宁惟是,本镇门摊之设,原为排门夫作苦而以此苏之者也。然其初,上户不过以钱计,既乃中户亦钱矣,近又渐增而两矣。有力者各图优免,一切编派惟在贫民。彼穷黩薄本,其朝夕糊口之不给,顾安得赢余,了此不急之供耶?由是征之而应,则为割肉剜心;征之而无以应,惟听棰楚而已。夫昔无而今有,昔轻而今重,此何以故?且长此安穷,仁人君子盖有佞佛饭僧,以图福利

---

① 事实上,早在嘉靖朝就有汉阳籍官员在给本朝《汉阳府志》写的序言中指出,汉口所在的汉阳县虽然地广民稀,土地贫瘠,却"形胜称楚之最,而供亿倍焉"。参见武汉市汉阳区方志办公室编:《康熙汉阳府志》之《序第一(戴金)》,湖北人民出版社2014年版,第16页,底本为(清)陈国儒修、王世显等纂清康熙八年(1669)刻本。

者矣,胡不如此际一发慈悲,计虽不能尽蠲,或姑从减焉,以还故额不可乎?①

由该段引文可知:万历朝中期汉口镇的贸易生财能力极强,又是水陆交通要冲之地,比之周边相对穷苦和偏僻的地区,更容易招惹各层级势力对之抱以贪婪之心,遂有"每年豆麦出,则以官舫敛载而归",以及"曩有考察去任者,于土物无所不摄取,而汉口滋多,价止给十之一二,献纳稍迟,辄盛怒加笞"之乱象,导致"民间小有盖藏,检括一空,较水洗殆有甚"之恶果;于滥征各种实物之外,赋税差役不断加重、负担分配不均等弊政丛生,迫使"有力者各图优免",最后变成"一切编派惟在贫民";然则汉口底层商民"穷赍薄本,其朝夕糊口之不给",鲜有余财,由是"征之而应,则为割肉剜心",若"征之而无以应",则"惟听棰楚而已"。

该段引文中还提到"门摊之设,原为排门夫作苦",后演变为官府按等级征收之门摊银的对象。据万历《汉阳府志》卷五《食货志》和乾隆《汉阳府志》卷二十三《食货志》可知,存留汉阳府的汉口门摊银高达700两,而清乾隆朝汉阳府领汉阳、汉川、黄陂、孝感四县,其额办门摊银340两6钱,实征门摊银350两9钱。② 仅此一项,就可以窥见晚明时期地方官府对汉口盘剥之深重。由是观之,与嘉靖朝时受到

---

① 武汉地方志办公室编:《明万历汉阳府志校注》卷二《疆域志》,武汉出版社2007年版,第52页,该志书以秦聚奎总纂万历四十一年(1613)《汉阳府志》为底本。

② 武汉地方志办公室编:《明万历汉阳府志校注》卷五《食货志》,武汉出版社2007年版,第100页、102页,该志书以秦聚奎总纂万历四十一年(1613)《汉阳府志》为底本。另见(清)陶士契修,刘湘煃纂:乾隆《汉阳府志》卷二十三《食货志》,江苏古籍出版社2001年版,该卷第22页、23页(全书第257页),据清乾隆十二年(1747)刻本影印。

藩王征租盘剥相比，万历末年汉口商民的生存境遇更为险恶，汉口商镇的发展态势呈现出经济凋敝的状态。①

这种近乎"杀鸡取卵"的征敛方式不仅不可取，而且不具备可持续性，遂引起了熟谙社会发展窒碍的地方精英的深刻忧虑。秦聚奎熟悉近十年间（约万历三十年至万历四十年）汉口商镇的各种加征不断加重的趋势，征敛过度给汉口商民带来的深重苦楚，及其对汉口总体发展的严重阻遏。作为一个有良知、饱读儒家"经邦济世"典籍的回乡暂住官员，他强调即使不能全部免去汉口市民承担的沉重赋役，但可以考虑"或姑从减焉，以还故额"，以便让汉口有喘息之机，从而重新回到繁荣富庶的发展轨道。为此，他在编纂万历《汉阳府志》时还专门记录了汉阳县有识之士王光裕对汉口一镇之于汉阳县、汉阳府之重要性的深刻认知，以及力劝地方当政者应对其"倍加爱护"的观点。王光裕说道："开国建汉阳郡邑，即经制汉口镇，上下交相承恤，以图永久。官家所取，岁有常额，额有常直。轸念民瘼者，须倍加抚爱，庶乎泽不竭而续可渔。不然民贫且散，则无汉口，无汉口，则无汉邑，而郡且不可为郡矣！"王光裕进而一针见血地告诫汉阳的郡县官员必须意识到

---

① 万历朝官至礼部尚书的冯琦在给明神宗的奏疏中写道："窃闻帝天之命，主于民心……欲承天意，当顺人情。近来天下赋税之额，比二十年以前，十增其四；天下殷实之户，比二十年以前，十减其五。"（明）冯琦撰：《为灾异迭见时事可虞恳乞圣明谨天戒悯人穷以保万世治安疏》，载《皇明经世文编》卷四四〇《冯北海文集一（疏书）》。对万历朝加重赋税导致民间经济凋敝的情况，身为朝廷命官，冯琦的措辞还是比较克制。如果考虑到万历朝矿监税使为给皇帝敛财而荼毒天下，万历朝税赋之重，至少在那些被盘剥甚深的地方，肯定会超过这则疏文所言之程度。

"故培养一镇而所利赖者大",绝对不可以"传舍视之"。① 显然,王氏敏锐地观察到商业蒸蒸日上的汉口商镇是汉阳县、汉阳府的经济输血纽带,后者要想持续得到汉口一镇的滋养,地方官员必须用心培养和爱护汉口,而不是为眼前利益,推行"饮鸩止渴""为渊驱鱼"之恶政。

此外,康熙《汉阳府志》卷一《舆地志》在转述万历旧志所云汉口商民赋役之沉重情形外,还紧跟一段按语述及汉口各坊之乡约、保长等,在临期责办物资、分派繁杂差役时假公谋私、无所不用其极的恶劣行径,现将有关文字摘引如下:

汉镇士民不事田业,惟贸易是视②,商船四集,货物纷华,风景颇称繁庶。无奈郡邑供应,取诸本镇者十九。小民小有盖藏,捡括一空。不宁惟是,本镇门摊之设,原为排门夫之作苦而以此甦之者也。然其初上户,不过以钱计。既乃中户,亦钱矣。……按每坊乡各设有乡约,又有保长。乡约即古党正读法之属,汉三老、亭长之任,而保长即道人以木铎徇于路道者也。今保长所职,大凡官府兵马经临,其屏帐、几榻、盘盂、盆桶、槽鍬、夫草之类,临期责办。一有不给,棰楚随之,其役

---

① 该段所引万历《汉阳府志》王光裕之观点均出自武汉地方志办公室编:《明万历汉阳府志校注》卷二《疆域志》,武汉出版社 2007 年版,第 51—52 页,该志书以秦聚奎总纂万历四十一年(1613)《汉阳府志》为底本。

② 需说明的是,"不事田业,惟贸易是视"并非明清汉口商镇独有的现象。"在工商业发达的地区,如'江南大贾,强半无田,盖利息薄而赋役重也',不再经营土地。他们主要从事贩卖,或贱买贵卖,或长途贩运,大规模批发。有的还兼营高利贷、典当或开设钱铺、兑店及牙行经纪等金融机构,并形成会票制度。有的甚至操纵金融,囤钱取利。也有个别商业资本投入手工业部门,加工谋利。如有的闽商'货湖丝者,往往染翠红而归织之',在湖州买丝,至芜湖染色,然后运到福州织造。还有一些江南富商大贾'贸丝织缯绮,通贩贸易',购来原料,直接加工成商品,再行贩卖。"参见曹大为:《明清农耕文明的鼎盛及其在世界工业文明潮流中的陨落》,《史学理论研究》2002 年第 4 期。

亦云苦矣。然有那（挪）移侵没之弊，有卖富差贫之弊，有假公济私之弊，有隐匿商税之弊，有包藏奸宄之弊。至民间鼠牙雀角，投缳溺水，彼证此质，张狐戴鬼，其神通更有出人意表者。一年役满，复行佥报，愚者贿之以求脱，黠者买之以居奇。改头换面，从前恶绩一笔勾消矣。此弊乡村犹少，而汉镇为最甚。社狐沙蜮，役虽贱而流祸无穷，牧民者所宜详察也。①

由上可知，万历末年汉口的居仁房、由义坊、循礼坊、大智坊、崇信坊等五坊②的乡约、保长已经沦为配合权势阶层任意摊派的得力工具，"大凡官府兵马经临，其屏帐、几榻、盘盂、盆桶、槽鏾、夫草之类，临期责办。一有不给，棰楚随之"。不仅如此，在赋役征派引发"挪移侵吸""卖富差贫""假公济私""隐匿商税""包藏奸宄"，乃至"一年役满，复行佥报"等诸多弊政方面，"汉镇为最甚"。康熙《汉阳府志》的编纂者还指出，汉口各坊的乡约、保长官职不大，但祸害地方的能量颇大，遂希望郡县地方官员对此能心中有数，即"牧民者所宜详察"。这与前述万历《汉阳府志》纂修者秦聚奎与汉阳士人王光裕提出应爱护汉口商镇，而不是致使其凋敝的主旨是一致的。

事实上，万历朝虽然是保甲法已在全国大范围行、机制日益完善的

---

① 武汉市汉阳区地方志办公室编：《康熙汉阳府志》卷一《舆地志》，湖北人民出版社2014年版，第115页，底本为（清）陈国儒修、王世显等纂清康熙八年（1669）刻本。另（清）陶士契修，刘湘煃纂：乾隆《汉阳府志》卷十二《形势志》，江苏古籍出版社2001年版，该卷第1—2页（全书第128—129页），据清乾隆十二年（1747）刻本影印，亦有与《康熙汉阳府志》相似记载，只是存在一些用字不同、修饰词不同的差异。

② 万历时期，汉口已经建有五坊，分别为：居仁房、由义坊、循礼坊、大智坊、崇信坊。参见武汉地方志办公室编：《明万历汉阳府志校注》卷二《疆域志》，武汉出版社2007年版，第39页，该志书以秦聚奎总纂万历四十一年（1613）《汉阳府志》为底本。

重要时期，但是地方保长、甲长的处境也很艰难。每遇差派繁多时，便"上下苦不接应"。此外，徭役分配差异极大之外，胥吏还利用底层百姓不懂书算使坏。汉阳郡陈明德针对这种情况撰写的一段按语被记录在万历《汉阳府志》中。按曰："朱公（嘉靖《汉阳府志》纂修者朱衣）时原额已重，加耗不轻。五年均徭，十年甲首，分日计时，轮为接应，名曰当值。口粮值于斯，马匹值于斯，雇募于斯，所以充下陈、效奔走者，必悦乎上，然后可有。如一时众务并临，上下苦不接应矣。嗟嗟，何值之穷也！故产业厚者，值以旬日，不得过十两；命途舛者，值以数时，几费百余金。何者？马毙也，差繁也，小民不谙书算，胥吏因而为奸，强有力者神其钱，积有年者力其笔，轻重倒置，先后移那（挪），徭之不均者有日也。"①

面对这样黑暗的地方政治生态，汉口官民并非听之任之，而是借助一切可能的渠道发出他们的呼声。某些对汉口的政治生态和经济发展环境日渐恶化深感忧虑的官员呼吁地方主政者务必"审由俗之政，以施变通之术"，以便"责有所归"；一些士民则深切盼望万历皇帝能够采取"丈量以清其源，条编以均其派"治理方式，从而实现天下"愚民职其略，察吏职其详，法与乾坤不毁"的愿景。② 即使如此，这些建议或期待都是针对附着在土地上的编户齐民而言，似不涉及如何治理汉口这样的新兴移民商业市镇的问题。至此，就可以理解为何秦聚奎和王光裕在面对汉口被沉重的赋役压榨，以致商民不堪负荷、市镇经济整体凋敝的惨

---

① 武汉地方志办公室编：《明万历汉阳府志校注》卷五《食货志》，武汉出版社2007年版，第107页，该志书以秦聚奎总纂万历四十一年（1613）《汉阳府志》为底本。

② 同上，第106—107。

况时，根本不可能寄希望于"贪财黩货"①的万历皇帝减少赋役征派，而只能在指出汉口作为商贸大镇对汉阳县、汉阳郡至关重要的基础上，以"不可竭泽而渔"的常识苦口婆心地规劝地方牧首务必爱护汉口。这是因为，汉口是凭借地理区位优势因商成镇，与传统的依赖自然经济缓慢发展而因集市成镇的情况迥异。地方官员缺乏在汉口实行休养生息的具体良策便是情理之中的事了。

## 二、万历朝矿监税使对武汉商民的侵害

明朝，矿业作为国家经济的重要组成部分，受到朝廷的高度重视。明前期，无论是金、银等可以充当硬通货的贵金属，还是铜、铁等可以满足国民生产和生活需要的重要矿产资源，都归国有，一律由政府进行经营管理，严格限制私人开采矿业，对私自开矿的民众，直接以寇盗罪论处。然而，随着明中后期商品经济的发展，私有制经营扩展至许多领域，加上官营矿业本身存在诸多弊端，利用矿产原料生产的很多产品并不直接面向市场，竞争能力受限，官营模式逐渐走向衰弱。及至明万历朝，与官营矿业式微、大量官营矿场面临倒闭的情况相反，民营矿业却得到了长足发展。在这样的社会背景下，一些官员在万历初年就明确主张让民众自行组织开矿，政府直接收取税利，即所谓"开矿以济困乏"，"矿税由此大兴"，遂成为万历皇帝"敛财纾困"的重要渠道。

需说明的是，矿税是明朝初期已有的税种之一，也称坑冶之课，包括金、银、铜、铁、铅、汞、青绿（珍贵的矿物颜料）、朱砂等矿产物

---

① 顾炎武《日知录》载："神宗以来，黩货之风日甚一日，国维不张而人心大坏，数十年于此。"参见（清）顾炎武著，黄汝成集释：《日知录集释》卷十三，上海古籍出版社1985年版，第1060页。

质课税,是专门针对一些有色金属征收的特别税,但主要是针对金、银课税。不过,通常所讲的矿税则是明朝万历年间开矿、榷税两者之合称。万历二十四年(1596),明神宗万历皇帝为扩展收入来源以应付日益膨胀的各种内廷开销,以及庞大的军费开支,开始派遣亲信太监外出采矿,榷税也就应运而生。据《明史》记载,万历二十年(1592)先是"宁夏用兵,费帑金二百余万",紧接着"其冬,朝鲜用兵,首尾八年,费帑金七百余万",后有"二十七年,播州用兵,又费帑金二三百万",结果"三征踵至,国用大匮";再加上"二十四年,乾清、坤宁两宫灾",以及"二十五年,皇极、建极、中极三殿灾",而"营建乏资,计臣束手,矿税由此大兴矣";"其遣官自二十四年始,其后言矿者争走阙下,帝即命中官与其人偕往,天下在在有之","山西则张忠,河南则鲁坤,广东则李凤、李敬……湖广则陈奉",举凡"通都大邑皆有税监"。①

然而,代表万历皇帝四处搜刮的开矿内监们既不懂堪舆知识,也没有运营开矿事务的实际能力,最后所谓开矿增收计划就演变成殃及全国的敲诈勒索运动。打着皇帝旗号的矿监税使们趁机中饱私囊。这些被万历皇帝派遣到地方的矿监税使,以天子特使自居,无视地方官府,在地方任意横行,所作所为实属祸国殃民。正如《明史》卷三〇五之《宦官二》载:"大珰小监纵横绎骚,吸髓饮血,以供进奉。大率入公帑者不及什一,而天下萧然,生灵涂炭矣。"② 矿税并不能从根本上缓解晚

---

① 《明史》卷三〇五《列传第一百九十三·宦官二》之"陈增传",中华书局1974年版,第7805—7806页。另见(明)袁中道撰《赵大司马传略》曰:"万历中,两宫三殿皆灾,九边供亿不给,外帑空虚。天子忧匮乏,言利者以矿税启之,乃以内侍充矿税使,分道四出。"参见(明)袁中道撰:《珂雪斋集》卷十七《赵大司马传略》,上海古籍出版社2019年版,第774页。

② 《明史》卷三〇五《列传第一百九十三·宦官二》之"陈增传",中华书局1974年版,第7806页。

明时期"国用日匮"的恶劣财政状况，而税监当中却不乏借此敛财巨万以致"富甲京师者"。他们惯用的手段是，每到一地先物色巨富之家（甚至中人之家亦不肯放过），再随意指称其家祖坟下有矿脉，然后利用人们千百年来断不肯祖坟被刨的禁忌心理，使用各种招数，不惜殃及妇孺，势要敲诈一大笔钱财方肯罢休，遂有"今开矿遍天下，生民罹其毒"和"矿税流毒，宇内已无尺寸净地"之说。①

矿监横行天下，"不市而征税，无矿而输银"，勒索无已，广大百姓深受其苦。一些官员对此深感忧虑，在明知呈递的奏疏很可能按惯例被留中搁置的情况下，仍然坚持上疏力陈开矿税实乃祸国殃民，恳切希望万历皇帝能够尽快中止这一恶政，以免朝廷失去民心。例如，万历朝

---

① 《万历野获编》卷二《列朝》之"矿场"条载："今开矿遍天下，生民罹其毒。说者以始祸归罪张新建相公。因考永乐十三年，太监王房等督夫六千人于辽东黑山淘金，凡九十日，得金八两。又永乐十五年，有言广西南丹州矿发者，（上）命内臣开采，岁余得九十六金，旋变为锡乃止。时胡文穆当国，江西吉水人。成化十一年，湖广宝庆府开金矿，岁役夫五十五万，湖南民为水淹死，及为虎豹所食无算，仅得金三十五两。"《万历野获编》卷二《列朝》之"矿害"条曰："今天矿偏天下，为世乱阶。然权属内珰与无赖奸宄，故致纷纷耳。……堂堂天朝，安用经刀锥之利？然皆令为政，间闻受害犹浅。今日则敲朴善良，必足其数，发塚夷山，以为协取之术矣。"《万历野获编》卷六《内监》之"陈增之死"条载："矿税流毒，宇内已无尺寸净地，而淮徐之陈增为甚。增名下参随守训者，徽人也，首建矿税之议。自京师从增以出，增唯所提掇……是时山东益都知县吴宗尧，疏劾陈增贪横，当撤回，守训乃讦宗尧多藏巨万，潜寄徽商吴朝俸家。上如所奏严追。宗尧徽人，与朝俸同宗也。自是徽商皆指为宗尧寄藏之家，必重赂始释。又徽州的大商吴养晦者，家本素封荡尽，诡称有财百万，在兄叔处，愿助大工。上是之。行抚按查复，守训与吴姻连，遂伪称勘究江淮不法大户，及私藏珍贵之家。出巡太平安庆等府，许人不时告密问理。凡衣食稍温厚者，无不严刑拷诈，祸及妇孺矣。……守训暴敛，所入什百于公（陈增），公（陈增）以半献之朝，以半归私帑，其富可甲京师也。"以上有关"矿场""矿害""陈增之死"三条引文，详见（明）沈德符撰：《万历野获编》（上册），中华书局1959年版，第69页、70页、175页。

官至礼部尚书的冯琦在一封"谏止矿税"疏中指出："（百姓）呻吟未息，而矿税之议已兴，貂珰之使已出。不论地有与无，有包矿包税之苦；不论民愿与否，有派矿派税之苦。指其屋而挟之曰：'彼有矿！'则家立破矣。指其货而吓之曰：'彼漏税！'则橐立倾矣！以无可稽查之数，用无可畏惧之人，行无天理无王法之事。大略以十分为率，入于内帑者一，剋于中使者二，瓜分于参随者三，指骗于土棍者四。而地方之供应，岁时之馈遗，驿递之骚扰，与夫不才之官吏指以为市者，皆不与焉。陛下但知利源易开中贵易信，岂知彼在外剥害小民至于此！"①这实际上揭示了矿监税使打着皇帝旗号在外大肆剥夺民财，扰乱正常社会秩序之黑暗现实。《明神宗实录》卷三四五之"万历二十八年三月庚戌条"亦载："税监陈增委官程守训等率虎党王文、洪修之等百余人到扬州、仪真，假托奉旨提人，纵听流棍项九川、吕尚文等诳枧通俄漏税虚情，斩门擒捉、抄产毒刑数百余家。小则破家，大则绝命。逞强娶妾，逼人投水。"②

明成化至万历年间，湖广地区同样备受矿监税使之荼毒和侵扰。沈德符《万历野获编》卷二《列朝》之"矿场"条载："成化十一年（1475），湖广宝庆府开金矿，岁役夫五十五万，湖南民为水淹死，及为虎豹所食无算，仅得金三十五两。"③可见，湖广宝庆府开矿掘金，

---

①（明）冯琦撰：《为旱灾异常备陈民间疾苦恳乞圣明亟图拯救以收人心以答天戒疏》，载《皇明经世文编》卷四四〇《冯北海文集一（疏书）》。

②《明神宗实录》卷三四五，万历二十八年三月庚戌条。

③（明）沈德符撰：《万历野获编》（上册），中华书局1959年版，第69页。

不仅周期长，而且发动和折损民夫甚众，所获得不偿失。① 这显然不能满足矿监税使之胃口，更不能满足万历朝内廷开销日甚②之需。因此，

---

① 明中后期宫中内监亲赴矿场督导开矿"得不偿失"之例并不鲜见。《明史纪事本末》卷六十五载："给事中程绍工、杨应文言嘉靖二十五年七月命采矿，自十月至三十六年，委官四十余，防兵千一百八十人，约费三万余金，得矿银二万八千五百，得不偿失，（上）不听。"参见（明）谷应泰撰：《明史纪事本末》卷六十五，第3页，钦定四库全书文渊阁影印本（文渊阁第364册）。

② 以"宫中御膳所费不赀"和"朝觐官进献"为例，足以管窥万历朝内廷内藏不足，然则开销日增的窘况。《万历野获编》卷一《列朝》之"御膳"条载："人主御膳用素，惟孝宗朝为甚，每月必有十余日斋。然皆光禄寺节省旧例以进，而内庖自行供给。又因给事中徐昂言，仍发膳银与光禄，以补上供之缺乏。至世宗久居西内，事玄设醮，不茹荤之日居多，光禄大烹之门既远，且所具不精，故以烹饪悉委大珰辈。闻茹蔬之中，皆以荤血清汁和剂以进，上始甘之。所费不赀。行之凡三十年，而至先帝以逮今上，俱仍为故事。且奉斋日少，玉食加丰，自司礼、掌印大珰以下，轮日派直。常见一中贵卖一大第，止供上飨飧一日之需，往往攒眉陨泣而不敢言。盖先朝横赐无纪，奉赐所得又多，以馀力办此不难。而今上驭下最严，凡岁时例赏亦行裁剪。暬御辈平居无策，惟以吏、兵二部为外府，居间所入，半充牙盘进献。乃大臣执法不能尽从，大珰恚怒，往往中旨诘责，或至龃龉不安其位，真可慨也夫。"《万历野获编》卷二《列朝》之"朝觐官进献"条载："近以国用匮乏，议加田赋、加关税，以至搜索赎锾，且有无碍官银之说。夫既曰官银，那有无碍之理，真掩耳盗铃也。……朝觐官各有路费及馈遗私帑，宜令进献馀以佐国计，且限为定制。布政司三百两，按察司二百两，苑马行太仆一百两，运司府正二百五十两，府佐一百两，州县正官二百两，州县佐五十两。上曰进献非事体，且国用不借此，其勿许，且并禁入朝官员不得借觐名科派。大哉王言，兴岁进月进者天坏矣。"此二则引文详见（明）沈德符撰：《万历野获编》（上册），中华书局1959年版，第27页，第62—63页。另有明代笔记小说《涌幢小品》卷十七载："一大贵人奉六斋，嫌味薄，怒捶厨人。乃以腥汁合作清澹色素品和之，贵人甘甚，诧曰：'奉斋何不佳，而人乃嗜荤?'贵人之侄，余主之家。一日饭素，亦怒甚吓，厨人凡易十余品皆不称，余笑曰：'何不开斋?'其人一笑而止。'"这个小品文故事讽刺了"贵人"食斋之伪及其背后的浪费，和"御膳"条明朝皇帝所谓斋饭如出一辙。参见（明）朱国桢撰：《涌幢小品》卷十七，载《明代笔记小说大观》第四册，上海古籍出版社2018年版，第3517页。

该时期湖广一带除了遭受矿税盘剥外，还要经受"店税"之荼毒，譬如"（上）命锦衣卫千户韦梦麒同御马监奉御陈奉，征收湖广等处店税，征银六万有奇"，况且"（湖广）各府原设有税课司，有门摊商税，有茶盐油布杂税"，如此一来"不夺市民，将安取乎？"①

万历二十七年（1599），明神宗派矿监税使到各地开矿征税，御马监陈奉被派往湖广地区。宫中派出的内监抵达地方后，往往是地方官员当中的一部分与之同流合污，而另一部分则希望能在一定程度上节制宦官在地方上的"肆意妄为"；最常见的办法就是所谓的"以阉制阉"，即利用诸如在地方的守备太监与这些税使的矛盾，以期达到相互牵制、减少对地方社会的危害的目的，但是这种操作的实际效果往往不如人意；以湖广承天府为例，地方官员听说陈奉将至，考虑到承天府的守备太监杜茂在地方作威作福已久，便寄希望于借陈奉之手来遏制杜茂，然而最后的结果是御马监陈奉抵达承天府后，很快与杜茂沆瀣一气，互为勾结②；"盖税监毒痛，皆本地奸民之拨置，而奸民投充，皆由备监诸阉之引荐，声势相倚久矣"③。

陈奉抵达湖广，不仅令商民遭殃，而且在遭到地方民众集体抗争后不惜诬告地方官员。据《明史》卷三〇五载："陈奉，御马监奉御也。万历二十七年二月命征荆州店税，兼采兴国州矿洞丹砂及钱厂鼓铸事。

---

① （明）谷应泰撰：《明史纪事本末》卷六十五，第5页，第7—8页，钦定四库全书文渊阁影印本（文渊阁第364册）。

② 参见（明）朱国桢撰：《皇明大事记》卷四四《楚事》，转引自巫仁恕：《民间信仰与集体抗争：万历承天府民变与岳飞信仰》，《江海学刊》2005年第1期。

③ （明）王禹声：《直陈激变始末揭》，载《郢事记略》第16a页，转引自巫仁恕：《民间信仰与集体抗争：万历承天府民变与岳飞信仰》，《江海学刊》2005年第1期。

奉兼领数使，恣行威虐。每托巡历，鞭笞官吏，剽掠行旅。商民恨刺骨，伺奉自武昌抵荆州，聚数千人噪于途，竞掷瓦石击之。奉走免，遂诬襄阳知府李商畔、黄州知府赵文炜、荆州推官华钰、荆门知州高则巽、黄州经历车任重等煽乱。帝为逮钰、任重，而谪商畔等官。"① 这里提到的"商民恨刺骨"，确有其历史依据，即"稍与抗，即告之奉，上疏以抗旨逮。水陆诛盈，搜肉见骨。下至鸡豚蔬果之属，皆遭攘夺"。② 有官员连上三道奏疏，指明"楚故犷悍，又以横政驱之"，将会导致"税使扰民，必至生变"之局面，均被搁置不报。③ 可以说，正因为有万历皇帝的支持，"奉抵荆州"便肆意搜掠，引起"商民鼓噪者数千人，飞砖击石，势莫可御"，以致"道府诸臣，身犯其冲，殚力防护"，接着"又税课襄阳，商聚徒鼓噪"，继之"开镇荆门，增设税课，而荆门故非巨镇，往来商船颇少"，均令陈奉不满，不仅于走免后上疏"诬知州阻挠"，而且在万历皇帝的支持下公报私仇。④

与荆州商民的反抗相比，陈奉在武昌引发的多次民变同样令人侧

---

①《明史》卷三〇五《列传第一百九十三·宦官二》之"陈增传"，中华书局1974年版，第7806页。

②（明）袁中道撰：《珂雪斋集》卷十七《赵大司马传略》，上海古籍出版社2019年版，第775页。另见（清）陈诗著，姚勇等点校：《湖北旧闻录》（中）之《事变》，湖北人民出版社1999年版，第1023页。

③（明）谷应泰撰：《明史纪事本末》卷六十五，第9页，钦定四库全书文渊阁影印本（文渊阁第364册）。

④（明）谷应泰撰：《明史纪事本末》卷六十五，第9—10页，钦定四库全书文渊阁影印本（文渊阁第364册）。另参见《明史》卷三〇五《列传第一百九十三·宦官二》之"陈增传"，中华书局1974年版，第7806—7807页；《明史》卷二三七《列传第一百二十五》之"华钰传"，中华书局1974年版，第6179页。

## 第二章 明代中后期汉口商民的负重前行

目。据袁中道《赵大司马传略》记载,陈奉在省城武昌开府,出门乘坐排场几如天子步撵,人称"千岁",另有许多江南无赖人员入奉府执役,既在大小市场肆意抽税,又以开矿获金为名掘人祖坟,以致无论商人、富民、生员,还是百姓均深受其害,遂曰:"三楚富儿殆尽,括十乃进一奉,奉又仅上一。诸税官缘引日益多,民坊酒食,皆不敢征钱。浆酒霍肉,占歌舞妓,或强淫民子女,甚有污儒生妻,而捽儒生几死者。民皆怨恨思乱。"① 在这种情形下,万历朝已是"商船四集""贸易纷华"之"大镇"的汉口,必定成为矿监税使争相搜刮和侵害的惹眼目标。相应地,当汉阳民众纷纷加入武昌民变队伍时,汉口商民自然也会奋起抗争,遂有后文提及的"陈奉入楚,始而武昌一变,继之汉口"。

陈奉乃市井赌徒出身,最是无行。② 在万历朝众多手段狠辣、敛财无数的矿监税使当中,被视为"其最横者(陈)增及陈奉、高淮"③。驻武昌期间,"税监陈奉恣横","掊克万端,至伐冢毁屋,刳孕妇,溺婴儿"④。其横征暴敛激发了汉阳、武昌民众之抗争精神,遂爆发了多次民变。万历二十八年(1600)十二月,因陈奉党羽或"直入民家,

---

① (明)袁中道撰:《珂雪斋集》卷十七《赵大司马传略》,上海古籍出版社2019年版,第775页。另见(清)陈诗著,姚勇等点校:《湖北旧闻录》(中)之《事变》,湖北人民出版社1999年版,第1023页。

② 陈愚谷著《道听录》载:"万历中,矿使四出,而使楚者为陈奉。奉市井无赖,最无行者也。所至,土人皆持瓦砾御之,胜者,方不敢入其境;不胜,则入据之。"转引自(清)范锴撰,江浦等校释:《汉口丛谈校释》卷四,湖北人民出版社1999年版,第246页。

③《明史》卷三〇五《列传第一百九十三·宦官二》之"陈增传",中华书局1974年版,第7806页。

④《明史》卷二三七《列传第一百二十五》之"冯应京传",中华书局1974年版,第6174页。

奸淫妇女"，或将妇女"掠入税监署中"施暴，甚至连生员"王生之女""沈生之妻"都被他们强行污辱，遂引起"士民公愤"；据称市民相从助威者万余人"甘与奉同死"，哭声震天动地；于是乎，愤怒的人群涌至陈奉在武昌的公署，争相向陈奉投石砸瓦，待诸司驰援，陈奉方得脱身。① 武昌市民怒不可遏，转而绑缚税监爪牙数百人，全部投入长江，汉阳民众听闻后，"亦捆缚其使如武昌"。有史料记载，每投江一人（多为无赖帮凶），两岸居民都拍掌大笑，而且投三四日不尽。② 即使武昌、汉阳已经民情激愤到了这种地步，并且有不少官员据实再三上疏陈情，亦未能触动万历皇帝做出任何表态。这让深知万历皇帝是其最大保护伞且以"千岁"自居的陈奉完全不把该次民变放在心上，反而伺机报复不肯唯命是从的地方官员和市民。

万历二十九年（1601）正月，陈奉"寻置酒邀诸司，以甲士自卫，遂举火箭焚民居"，不甘被迫害的民众"群拥入奉门，奉遣人击之，多死，碎其尸，掷诸途"；随后又因湖广佥事冯应京"疏列其十大罪"，陈奉诬奏冯应京"抗皇命""陵敕使"，以此激怒万历皇帝，结果冯应京先被处以降为杂职、调往边方的惩治；后因许多官员牵扯进来，或上疏为冯应京求情，或是交章弹劾陈奉恶行，更加激怒了万历皇帝，竟将冯应京逮捕问罪。③ 陈奉得到万历皇帝的支持，更加张狂恣肆，于是激

---

① 《明史》卷三〇五《列传第一百九十三·宦官二》之"陈奉传"，中华书局1974年版，第7807页；《明史》卷二三七《列传第一百二十五》之"冯应京传"，中华书局1974年版，第6174页。

② （明）袁中道撰：《珂雪斋集》卷十七《赵大司马传略》，上海古籍出版社2019年版，第776页。

③ 《明史》卷二三七《列传第一百二十五》之"冯应京传"，中华书局1974年版，第6174—6175页。

起了更大规模的武昌民变。市民得知冯应京遭到严惩,"相率痛哭",陈奉见状却火上浇油,"乃大书应京名,列其罪,榜之通衢",导致"士民益愤",数万人聚围陈奉藏身的衙署;愤怒的市民便抓住十六名爪牙并全部扔进长江,还伤及奉命前来逮捕冯应京的"缇骑",并詈骂时任湖北巡抚(支)可大助纣为虐,遂"焚其府门,可大不敢出";陈奉并未就此罢手,而是"潜遣参随三百人,引兵追逐,射杀数人,伤者不可胜计";面对如此暴行,市民并未就此退缩,在民愤汹汹之际,"应京囚服坐槛车,晓以大义,乃稍稍解散";陈奉这才感到畏惧,赶忙逃至楚王府中"逾月不敢出,亟请还京"。①

谷应泰《明史纪事本末》卷六十五亦载:"二十九年春正月,武昌、汉阳民千余集抚、按门,陈税监陈奉之毒。抚、按不敢理,民情益愤。"② 这等公然向市民挑衅的恶劣行径,引发了包括汉口商民在内的千余人赴府按三司衙门集体抗争事件。此次武昌和汉阳之集体民变,不可等闲视之。它不仅如同其他地区的民变一样引起大规模的地方骚动,而且因为万历皇帝的刻意纵容让陈奉更加肆无忌惮,以开矿收税为由,在湖北的汉口、黄州、光化县、青山镇、阳逻镇、仙桃镇,湖南的宝庆府、潭州府与德安府等地,陆续激起了十次民变,险些酿成大变。③ 由此可知,湖北成为晚明社会民变的风暴中心之一并非偶然,应当是万历末年民生矛盾空前尖锐所致。

尤为值得注意的是,陈奉及其爪牙在楚地大肆搜刮、奸淫妇女的恶

---

①《明史》卷二三七《列传第一百二十五》之"冯应京传",中华书局1974年版,第6175页。

②(明)谷应泰撰:《明史纪事本末》卷六十五,第11页,钦定四库全书文渊阁影印本(文渊阁第364册)。

③《明神宗实录》卷三四四,万历二十八年二月庚寅条。

行引起官、民公愤，乃至万人誓愿与陈奉同归于尽，如此大规模的激烈的民变情节，不仅在前述诸多文献中得到详略不一的记录，而且连被明廷刻意多次修改的官书《明神宗实录》亦未予以隐晦，甚至可以说其对武昌民变之历史书写堪称官书"秉笔直书"之典范。① 据该书卷三四三之万历二十八年正月戊申条载，时任湖北巡抚支可大奏曰："楚地辽阔，民情犷悍，易动难安。近自采木，又益抽税开矿，追取黄金，搜刮积羡。小民赔累不堪，嚣然思乱，乃有积棍指称税监吓诈噬人如刘之良、宋大工者，遂致武昌、汉阳土民数百奔赴抚按，击鼓声冤，旋噪税监门，拥众攻打。……因与该监陈奉反复思维，众方祸乱反侧未安，锋不可犯。"② 湖北巡抚支可大的奏报可谓措辞四平八稳，甚至有将民变主要归结为"楚民犷悍"所致的嫌疑。陈奉背后的支持者万历皇帝亦对此不闻不问。同时，局势并没有因陈奉规避民众之正面攻击而趋于和缓。面对这般情形，大学士沈一贯出于为皇权的稳固和湖广地区的稳定着想，在奏折中直指武昌民变责任都在陈奉，力劝万历皇帝应尽快下旨将陈奉治罪，然后另选老成忠慎的人员前往安抚楚民，防止发生更大的变乱，避免形成难以挽回的局面。现将大学士沈一贯在万历二十八年四月进呈的奏疏引录如下：

臣伏病在寓，知楚事更多，不敢不奏。武昌之乱，因陈奉既参冯应京去任，即大出告示，数其过恶，夸张得意。小民家家痛哭，追送应

---

① 《万历野获编》卷一《列朝》之"国初实录"条直言："《神宗实录》初为黄鲁直、章文潜辈所修，至绍圣而章、蔡辈改之，尽收原稿入内以灭其迹，世间遂无旧本，后赖梁师成从秘府传出，始行人间，所谓朱墨本者是也；至南渡以后章、蔡本为诬罔，命再修，则《神宗实录》凡三开局矣。"参见（明）沈德符撰：《万历野获编》（上册），中华书局1959年版，第5页。

② 《明神宗实录》卷三四三，万历二十八年正月戊申条。

京，因而互相杀伤，以激此变。陈奉见势危急，躲入楚府，否则奉为齑粉矣。小民恨巡抚曲护陈奉，随车痛骂，放火烧其衙门。昨巡抚疏中但言失火，讳之也。今小民群聚围绕，实未尝散，就使暂散，安知不复聚而相击乎？不独省城，即通省无不怨奉，故道途皆梗，消息不通，众怒有如水火，不可犯也。盖武昌之民，前年已曾遭乱，冀奉犹有改图。今日甚一日，决然不与俱生。臣虑奉必遭毒手，奉不足惜。如国体何耳？今皇上必早发一谕，治奉之罪，另选老成忠慎者往以安楚，不宜待百姓杀奉而后图也。楚民素悍，好勇乱，且陈友谅子孙甚繁，兼以苗夷杂处，易动难安，皇上宜万万加意。且今税使满天下，而为天下所共指詈者，独三四人而已。陈奉不能悦皇上之心，而反令皇上惹恼生忧。皇上亦何爱陈奉而不以安楚四千里地，活楚百万生灵以定反侧之谋乎？出一旨意，易一税使，而乱民以定，国体以尊，且税亦未尝少，其利甚大。臣在床蓐，千回万转，草此揭以请。伏祈皇上万万留意，幸甚，幸甚！①

大学士沈一贯的奏疏可谓忧国忧民之至，然而急于满足内廷巨大开销的万历皇帝不肯轻易放弃对湖广地区的搜刮，自然是不愿听从臣工劝诫，非但不召回陈奉，还听信其诬告，导致继武昌民变后，汉口、襄阳等地爆发民乱。现将《明史》卷三〇五相关内容引录如下：

南京吏部主事吴中明奏言："奉吓诈官民，僭称千岁。其党至直入民家，奸淫妇女，或掠入税监署中。王生之女、沈生之妻，皆被逼辱。以致士民公愤，万余人甘与奉同死，抚按三司护之数日，仅而得全。而巡抚支可大，曲为蒙蔽。天下祸乱，将何所底！"大学士沈一贯亦言："陈奉入楚，始而武昌一变，继之汉口、黄州、襄阳、武昌、宝庆、德

---

①《明神宗实录》卷三五八，万历二十九年四月壬午条。

安、湘潭等处，变经十起，几成大乱。立乞撤回，以收楚民之心。"帝皆置不问。①

除大学士沈一贯外，南京吏部主事吴中明以及武昌兵备佥事冯应京②、王之翰等地方官员也纷纷冒死上书弹劾陈奉之罪行。为更好地感受当时包括汉镇商民在内的武汉地区的市民集体抗争的复杂情况，并了解事件的最终走向，现将《明史》中有关武昌、汉阳官民群起反抗矿监税使的经过引录如下：

武昌兵备佥事冯应京劾奉十大罪，奉随诬奏，降应京杂职。奉又开枣阳矿，知县王之翰以显陵近，执不可。奉劾之翰及襄阳通判邸宅、推官何栋如，缇骑逮讯，并追逮应京。应素有惠政，民号哭送之。奉又榜列应京罪状于衢。民切齿恨，复相聚围奉署，誓必杀奉。奉逃匿楚王府，众乃投奉党耿文登等六人于江。以巡抚可大护奉，焚其辕门。事闻，一贯及给事中姚文蔚等请撤奉，不报。而御马监监丞李道方督理湖口船税，亦奏奉水沮商舟，陆截贩贾，征三解一，病国剥民。帝始召奉归，而用一贯请，革可大职。奉在湖广二年，惨毒备至。及去，金宝财

---

①《明史》卷三〇五《列传第一百九十三·宦官二》之"陈奉传"，中华书局1974年版，第7807页。"（万历）帝皆置不问"，乃是因为陈奉以"孤忠"得信于他的主子。《明神宗实录》卷三五七之"万历二十九年三月戊申条"载："湖广监税太监陈奉以孤忠，势莫自奋，宸命日耀难承上请。奉旨：'湖广通省税银额数止于六万两，前锦衣卫千户王体仁捏奏湖广遗漏船料，每岁可得七万两。尔今查明本省船料通省仅有万余……如有仍前鼓噪，坐视观望，不行禁戢的，准尔指名奏来，该地方官一体重治。'"

②乾隆《大清一统志》卷一二四曰："冯应京，盱眙人。万历中，以佥事分巡武昌。税监陈奉横恣，应京以法抗，疏列奉九大罪，忤旨逮问。民聚噪毙奉党，并伤缇骑。应京坐监车晓以大义，民号送，为位祀之，复诣阙诉冤。"参见乾隆《大清一统志》卷一二四，第28a页，钦定四库全书本。

物巨万计。可大惧为民所掠,多与徒卫,导之出疆,楚民无不毒恨者。奉至京师,给事中陈维春、郭如星复极言其罪。帝不怿,降二人杂职。三十二年始释应京归,之翰卒瘐死。①

这则引文中"奉在湖广二年,惨毒备至"之语与御马监丞李道对陈奉在湖广对商民所作所为的评断颇为一致。李道在江西、湖口等地督理征税事务,对湖广矿监税使"陈奉实征三倍,未解一倍"的行为颇为不满,遂向万历皇帝进言:"臣驻扎之处,与湖广奉御陈奉壤地相接。奉之在楚也,水则阻塞舟商,陆则拦截贩贾,所辖十五府,官尽与为寇仇,周历数千里,民咸剥其肤肉";并强调"奉旨陈奉征多解少,水陆重征,垫塞商民,欺匿国课,好生可恶",进而"请乞更,以息怨仇"。② 正是在这样是可忍孰不可忍的情况下,武昌和汉阳的民众心怀"切齿恨","复相聚围奉署,誓必杀奉",并且在"奉逃匿楚王府"的情况下,"众乃投奉党耿文登等六人于江"。据此不难管窥武昌、汉阳民众反抗税监陈奉及其追随者恶行的场面之激烈。不仅如此,武昌及其周边的商民均不堪负荷,最终酿成湖广地区更广泛而持续的民变。正是在这种情况下,才会有江西税监李道"亦奏奉水沮商舟,陆截贩贾,征三解一,病国剥民",万历皇帝才肯"始召奉归"。最后,在陈奉离

---

① 《明史》卷三〇五《列传第一百九十三·宦官二》之"陈奉传",中华书局1974年版,第7807—7808页。

② 《明神宗实录》卷三五八,万历二十九年四月乙酉条。另见《明神宗实录》卷三五八之"万历二十九年三月甲子条"载:"湖广巡抚支可大言:'冯应京去任之日,百姓群聚呼号,欲逐陈奉,奉乃盛陈兵卫,招摇都市,砍李廷王等二人,闯入楚府,命参随三百余人引兵追逐,躬杀数人,伤者不可胜数,薄暮乃解。奉肆行已极,民怨日深,亦自愿还,乞即掣回。'不报。应京既被逮,奉大书应京之名,榜其罪状,悬于通衢。众群聚欲杀奉,奉逸匿楚府,逾月不出。又执奉左右耿文登等六人,投之江。"

开武昌返回京师时，已经搜刮"金宝财物巨万计"，巡抚支可大"多与徒卫，导之出疆"。

此外，该则引文里还值得注意的是，在促使万历皇帝终于正视陈奉在湖广引发民变问题的奏报中，有"奉水沮商舟，陆截贩贾，征三解一，病国剥民"之句。最便于陈奉及其爪牙实施"水沮商舟，陆截贩贾，征三解一"之"病国剥民"行径的地方，自然是汉阳县下辖的"帆樯林立""货物纷华"之汉口商镇。因此，武昌民变后，"继之汉口"发生民变乃是情理之中的事了。在相当程度上，陈奉在湖广两年（万历二十七年和万历二十八年）的大肆侵夺恶行，可视为前述秦聚奎在万历四十一年刻本《汉阳府志》记载的汉口商民遭受沉重赋役压榨之历史前奏。

另需专门指出的是，尽管《明史》《明神宗实录》《万历野获编》《明史纪事本末》等明代官修史书或私人著述，并未对成化、嘉靖、万历等朝矿监税使对湖广地区民众行敲骨吸髓之恶政予以掩饰，官修史书甚至对武昌和汉口所在的汉阳地区的商民抗争进行了较为客观的记载，但是我们更应从中看到，内监陈奉及其爪牙们敢于如此明目张胆地破坏地方经济，对汉口这样以贸易著称的商镇进行残酷的超经济掠夺，是因为他们背后有万历皇帝代表的至高无上的专制皇权之大力支持。同时，晚明时期商品经济的发展促进市民阶层扩大和重商思想的影响加剧①，是推动武昌、汉阳、汉口的商民对万历朝矿监税使展开多次集体抗争的根本原因。虽然湖广地区，特别是汉口这样的新兴市镇之发展进程因此遭受了极大挫折，但广大商民在反抗过程中展现了不畏惧专制强权、团

---

① 明中后期商品经济的发展使得重农抑商、重义轻利等传统的主流思想受到很大冲击，以及"工商皆本"观念的兴起，有利于推动市民个性的解放和集体抗争意识的养成。

结一致反抗压迫以求生存的气性。这种集体抗争精神，是汉口商镇在晚明恶劣的政治环境中仍然能够负重前行的重要驱力。

## 三、"天灾"与"战乱"对汉口的破坏

除遭受"沉重赋役"和"矿监税使"之经济掠夺等"人祸"之外，明后期汉口商镇还因其地理环境和相对较为密集的人居环境而频遭水灾、火灾等"天灾"的侵害，给汉口的勃兴带来非人力可抗的阻遏。雪上加霜的是，明正德朝刘六、刘七统领起义军"焚劫汉口"，以及明崇祯朝满天星张大受、张献忠等先后率部袭掠汉口，使这个蒸蒸日上的中国中部商业市镇多次遭受"战祸"，给当地商民造成无可挽回的经济损失和身心创伤。

汉口地处长江和汉水交汇之处，水口两岸地势低洼，诸如河、湖、汊等构成的水网每遇连日大雨便易积水成涝。是故，《汉口丛谈》指出："汉水经其南，湖水绕其西北，大江横其东。旧志谓每值夏秋水涨，四面巨浸。"① 也正因此，最初在汉口定居的民众多采取在水口两岸筑地基的方式来搭建房屋以避洪水冲击。汉口所在的汉阳县，地势相对高的山乡地区易受旱灾，地势低平的地方则常遭水患。据明代地方志记载，弘治七年、弘治十三年、弘治十五年、正德二年、正德十一和十二年、嘉靖六年、嘉靖九年、嘉靖十六年、嘉靖三十九年、嘉靖四十五年汉阳地区均发大水；其中弘治十三年秋天，大水灌入汉阳城内，要泛舟才可通行；正德二年，汉阳水灾过后又引发老鼠成群祸害庄稼的次生

---

① （清）范锴撰，江浦等校释：《汉口丛谈校释》卷一，湖北人民出版社1999年版，第49页。

灾害；正德十一、十二两年连发大水，也是大水涌入汉阳城内，须乘舟通行，并且这次大水对农业的破坏很严重，以致"无麦无稻"。① 当有城墙回护的汉阳城内只能依靠"舟行"时，地势颇低且无任何城墙阻遏的汉口自然难以幸免。万历《汉阳府志》卷五《食货志》曰："汉阳府属川县泽邑也，倚堤垸为命。汉阳虽附郭乎，然清丈图籍班班具焉。上田则无几，中、下最多。而山乡之忧旱，水乡之忧涝，靡有宁息。□原树艺，雨泽不调，则倚耜而索枯，平陂耕耨，滂沱不休，则吞声而听没。又有自三峡来者曰川水，自郧西来者曰襄水，自洞庭来者曰辰水，罹兹水患，阳十五、川十七，当其冲也。"② 这里说的"水乡忧涝"当然包括无城墙护挡的汉口。万历三十六年（1608），汉口在经历大规模的火灾之后，"又遭亘古未有之大水灾"，"（汉阳）府治仪门外登舟，天水相连，止存别山，万户鳞集山居，民复疫疠"。③ 面对来势汹涌的大水，汉阳民众其实难有招架之力，积累的财产可能会在大水席卷之下瞬间消失殆尽，故有万历朝汉阳郡人李宗鲁《舟中伤洪涛》一诗曰："波撼城头风雨飘，楚人生计片时消。"④ 明末汉口还会遭遇雨雹齐下的

---

① 武汉地方志办公室编：《明万历汉阳府志校注》卷五《食货志》，武汉出版社2007年版，第112页，该志书以秦聚奎总纂万历四十一年（1613）《汉阳府志》为底本。

② 武汉地方志办公室编：《明万历汉阳府志校注》卷五《食货志》，武汉出版社2007年版，第95页，该志书以秦聚奎总纂万历四十一年（1613）《汉阳府志》为底本。

③ 王葆心著，陈志平等点校：《续汉口丛谈》卷一，湖北教育出版社2002年版，第17页。

④ 武汉地方志办公室编：《明万历汉阳府志校注》卷六《艺文志》，武汉出版社2007年版，第185页，该志书以秦聚奎总纂万历四十一年（1613）《汉阳府志》为底本。

灾害天气。清人范锴《汉口丛谈》卷一载:"崇祯十六年,五月晦,大雨雹。"① 须指出的是,即使在崇祯年间地方官员在汉口主持修筑了著名的袁公堤水利工程,亦不能使汉阳和汉口完全免于水患侵害。是故,清嘉庆《汉阳县志》卷八《堤防》依旧强调:"汉阳为滨江大郡城……湍波箭击直啮城根,所赖护城堤为捍蔽。汉沔善曲,夏涨奔腾,中带泥沙,抵江后复为江水所阻滞,纡洄演漫入诸湖;其沌水所分江流又复夹汉沔川原之水,浸淫荡决,汉阳实为众水之壑。夏秋之间,重湖浩渺,一望无际,田在水中。"② 这种情况,乃至近现代亦然。③ 汉口在汉阳低洼之处,遭受水患之"浸淫荡决"当更不在话下。

自成化以降的汉阳府县辖区,包括汉口在内,灾异不断。有学者根据明代存世汉阳府县志相关记载统计,自成化至崇祯止,约两个世纪里汉阳地区共发生各种灾害66起,按爆发多寡依次为水灾26次、旱灾18次、火灾13次,以及虫灾7次,其中弘治、正德、嘉靖、万历年间的灾异最为频繁。④ 诸多自然灾害中,旱灾是明代汉阳地区爆发频率仅次

---

① (清)范锴撰,江浦等校释:《汉口丛谈校释》卷一,湖北人民出版社1999年版,第45页。

② (清)裘行恕纂修:嘉庆《汉阳县志》卷八《堤防》,第1页,中国国家图书馆藏嘉庆二十三年(1818)刻本。

③ 至今,汉口依旧不能摆脱夏季洪水的威胁。这是因为"汉口高出海平面约三十五公尺有奇,距海岸线约六百里,江湖交错,地势洼下,云天最多,晴天次之,雨天又次之","故降水日数,占全年四分之一","全年降水量数,可达两千粍以上"。详见周荣亚等编纂:《武汉指南》,汉口新中华日报社,出版年不详,第1页。转引自汤黎:《人口、空间与汉口的城市发展(1460—1930)》,中国社会科学出版社2010年版,第39页。

④ 参见汤黎:《人口、空间与汉口的城市发展(1460—1930)》,中国社会科学出版社2010年版,第41页。

于水灾的自然灾害，例如弘治元年，汉阳大旱，竟至"人相食"；弘治十六年，汉阳大旱，"伤禾稼"；嘉靖朝汉阳发生了四次旱灾，其中嘉靖二十三年大旱，农业歉收，引发大饥荒；万历十六年，汉阳"四季全无雨泽，田园尽枯，人乞糠糟充口不得，斗米纹银一钱六分，饿殍满道，民间疫疠。"① 长时间的干旱对农业、农民危害很大，主政的地方官员往往会因担心旱灾引发饥荒和流民问题，对旱灾不敢掉以轻心，撰写情辞恳切的祈雨文，进行虔诚的祷告。例如，洪武时期汉阳知县王叔英曾为百姓祈雨祷神，志曰："值岁旱，斋沐，遍诣神祠恳祷，其雨随降，又恐其过为伤灾，祷于神，即霁"，其"忧民之诚如此"，撰"有祈雨文，并祷晴谢神文"。② 强度大的水患和旱灾确实足以将靠天吃饭的广大老百姓推向"衣食俱忧"，甚至"家破人亡"的境地。地方官员无论是出于政绩考量，还是受儒家"经邦济世"传统价值观念的驱动，不得不对辖区内的灾异问题格外留心。也因此，明代汉阳地方志书中对自然灾害，尤其是水、旱灾情的记录颇多，为我们了解这些天灾对汉阳地方社会的破坏和抗灾与救灾等情况提供了珍贵的史料。

为了更直观地呈现明代汉阳地区的"水旱灾害"之频繁，现以万历《汉阳府志》为据，绘制表2-1如下：

---

① 武汉地方志办公室编：《明万历汉阳府志校注》卷五《食货志》之"灾异"条，武汉出版社2007年版，第112—113页，该志书以秦聚奎总纂万历四十一年（1613）《汉阳府志》为底本。

② 该表依据武汉地方志办公室编：《明万历汉阳府志校注》卷五《食货志》之"灾异"条，武汉出版社2007年版，第347页，该志书以秦聚奎总纂万历四十一年（1613）《汉阳府志》为底本。

表 2-1 万历《汉阳府志》记载的汉阳"水旱灾异"情况①

| 时间 | 灾异 | 后果或次生灾害 |
|---|---|---|
| 成化七年 | 发大水 | 无记载 |
| 成化十一年 | 发大水 | 无记载 |
| 成化二十三年 | 天大旱 | 无记载 |
| 弘治元年 | 天大旱 | 旱灾过后,粮食不足,"人相食" |
| 弘治七年 | 发大水 | 无记载 |
| 弘治十三年 | 秋天大水,水灌入城中 | 人们只能乘小舟通行 |
| 弘治十五年 | 发大水 | 无记载 |
| 弘治十六年 | 天大旱 | "伤禾稼" |
| 正德二年 | 发大水 | "田鼠食禾稼,民大饥" |
| 正德四年 | 五月至秋八月,天不雨 | 无记载 |
| 正德十一、十二年 | 大水入城 | 须泛舟通行,当年麦、稻均无收获 |
| 嘉靖六年 | 发大水 | 无记载 |
| 嘉靖七年 | 天大旱 | 无记载 |
| 嘉靖九年 | 发大水 | 无记载 |
| 嘉靖十四年 | 天大旱 | 无记载 |
| 嘉靖十六年 | 发大水 | 无记载 |
| 嘉靖十七年 | 天大旱 | 无记载 |

① 该表依据武汉地方志办公室编:《明万历汉阳府志校注》卷五《食货志》之"灾异"条,武汉出版社 2007 年版,第 112—113 页,该志书以秦聚奎总纂万历四十一年(1613)《汉阳府志》为底本。

续表

| 时间 | 灾异 | 后果或次生灾害 |
| --- | --- | --- |
| 嘉靖二十三年 | 天大旱 | "民大饥，民间火" |
| 嘉靖三十九、四十五年 | 发大水 | 无记载 |
| 隆庆五年 | 发大水 | 无记载 |
| 万历十一年 | 天大旱 | 无记载 |
| 万历十六年 | 四季全无雨泽 | "田园尽枯，人乞糠糟充口不得" "饿殍满道，民间疫疠" |
| 万历三十六年 | 是年大水，从古未有 | "府治仪门外登舟，天水相连，止存别山，万户鳞集山居，民间复疫疠" |

紧跟在"水灾""旱灾"之后的是火灾。因为汉阳多木构建筑，一旦发生火灾如扑灭不及时，很可能会酿成惨烈后果，例如弘治十二年（1499）正月，"沙窝火延城内，死者四十七人"；又如万历元年（1573）和万历五年（1577），大火两次焚烧汉阳城内著名的南纪楼。[①] 晚明时期汉口商镇亦多次受到火灾重创。万历以降，随着汉口商业的迅猛发展，移民不断涌入，人口密度大增，而汉水入江口岸能够供民居和市廛伸展的余地有限。在这种情形下，汉口鳞次栉比的竹、木建筑自是最怕火灾侵袭。据万历《汉阳府志》卷五《食货志》载："三十六年（1608）正旦，自汉口崇信坊火起，延烧东阳坊一带，至莲花堤转入

---

① 参见武汉地方志办公室编：《明万历汉阳府志校注》卷五《食货志》，武汉出版社2007年版，第112页，该志书以秦聚奎总纂万历四十一年（1613）《汉阳府志》为底本。南纪楼，即汉阳城的南纪门楼。在明中期汉水改道之前，南纪门内外已是汉阳有名的商业区，系棉花、布匹为主的农产品和百货之集散地。参见方天宇：《明代武昌、汉阳双城研究》，《武汉文博》2013年第2期。

城,毁朝宗楼及门内人户。"① 天启三年(1623),汉口又发生火灾,"伤人无数,至有一家死五十三口者"。② 这也是清代汉口特别注重发展公共消防事业的重要缘故。

另外,汉口作为水陆交通枢纽,历来是兵家必争之地,在明中期成长为商贸重镇后,一旦被迫卷入战乱,亦不得不承受"人为火灾"之多次破坏。譬如,前述明正德六年(1511),河北之刘六、刘七率众起义,一路由北向南,夺舟往来江上,除欲夺汉阳城之外,还"焚劫汉口"。③ 尽管尚未能见到因这次农民起义使汉口突遭焚劫之"人祸"的具体记载,但从"焚劫"二字不难想见,在急于突围和获取尽可能多的后勤给养的紧要关口,刘六、刘七及其部众在杀红了眼的情况下对汉口商镇的破坏之深自不待言。不幸的是,同样的战乱悲剧于明崇祯朝在汉口再次重演。崇祯八年(1635)正月,河北诨号满天星的张大受率部众由湖北麻城进抵汉口,并对汉镇居民进行了残酷的杀掠。范锴《汉口丛谈》载:"崇祯八年正月,河北贼满天星张大受等自麻城抵汉口,杀掠殊甚。"④ 另有明

---

① 武汉地方志办公室编:《明万历汉阳府志校注》卷五《食货志》,武汉出版社 2007 年版,第 112—113 页,该志书以秦聚奎总纂万历四十一年(1613)《汉阳府志》为底本。另有王葆心著,陈志平等点校:《续汉口丛谈》卷一(湖北教育出版社 2002 年版,第 17 页)亦提到万历三十六年正月初一,大火自汉口崇信坊起,延烧至东阳坊一带,最后转入汉阳城,烧毁著名的朝宗楼,殃及城内许多民户。

② (清) 范锴撰,江浦等校释:《汉口丛谈校释》卷一,湖北人民出版社 1999 年版,第 43 页。

③ 正德六年(1511)五月,河南"流盗"乘舟入湖广,由应山破云梦,掠黄州。第二年(正德七年)三月,刘六等率部"由团风夺船至溯流至夏口……既而贼焚劫汉口"。参见《明武宗实录》卷八十七,正德七年五月丙寅条。

④ (清) 范锴撰,江浦等校释:《汉口丛谈校释》卷一,湖北人民出版社 1999 年版,第 34 页。

末清初士人赵吉士①在《寄园寄所寄》卷九《裂眦寄》之"流寇琐闻"条中，不仅痛心疾首地指出明末"流寇起自崇祯元年，迄于明亡，大抵皆边盗逃兵，土寇饥民，此扑彼兴，不可胜计"，他们"破城屠邑，迄无宁日"，结果"生民遭毒，良不可言"，而且也记录了崇祯八年正月"河北贼满天星张大受向麻城，抵汉口"杀掠一事。②即使明末风起云涌的"流寇"暴动有种种不得已，甚至不少人乃因生计全无被迫加入"寇掠"群体，但"抵汉口，杀掠殊甚"之行径极不人道。

如果考虑到明代汉口商镇没有城防，民居和商铺在水口两岸自然分布和伸展，极具开放性，对突如其来的群体性"杀掠"没有招架之力，肯定会使众多在汉口胼手胝足谋生的商民受到重创。这一情况于崇祯十六年（1643）汉口再遭张献忠部数日蹂躏时得到印证。《汉口丛谈》曰："十六年，癸未，正月十五日，献贼（张献忠）破汉川县，连陷蕲水、蕲州、黄州，杀戮甚惨。四月十六日抵汉口，十七日登城，已虚无人矣。昼鼓吹行掠，夜归汉口营。十八日，省兵陈于江，夜二鼓，舟中

---

① 赵吉士（1628—1706），字恒夫，号寄园、渐安，安徽休宁人。顺治八年（1651）举人，康熙朝历任山西交城知县、户部给事中、国子监学正。他不仅将自己的园子命名为寄园，而且将少年到壮年所记之古今见闻进行分类编排，整理为12卷，分别题名为《囊底寄》《镜中寄》《倚仗寄》《捻须寄》《灭烛寄》《焚麈寄》《獭祭寄》《豕渡寄》《裂眦寄》《驱睡寄》《泛叶寄》《插菊寄》；全书共有条目约1800余条，其中绝大部分条目是从古今书籍中采摘而来，涉古之事约十之二三，记明末之事者十之七八，内容博杂，涵盖国家治乱、道德伦理、天文地理、山川名物、奇人异事等等，因为征引有据，被清人赵士麟称之为"言必有据，事必有征，章章缕缕，极备极奇，诚大观也"（见《寄园寄所寄》叙）。

②（清）赵吉士撰：《寄园寄所寄》卷九《裂眦寄》之"流寇琐闻"条。

发伏郎机，铅子落贼营，贼惊，宵遁。"① 从"杀戮甚惨"和"已虚无人矣"可以感受到汉口受害之惨烈。众所周知，明末"流寇"群首之中，狠毒贪婪之至者莫过于张献忠。也因此，其率部抵汉口后，原本帆樯林立、市肆栉比的繁华商镇很快被屠掠殆尽。前引赵吉士《寄园寄所寄》卷九《裂眦寄》之"流寇琐闻"条，先提及清人蒋鸣玉《政余笔录》记录了"汉口两岸村落，各二十里，商船千艘，女妓千余班，箫鼓彻夜不绝，流寇（即张献忠部）至，无一存者"之惨烈境况，接着提到《文水公日记》记载了"流寇破汉口，尽驱而陷之江，江水为塞。予母舅江伯宣死于难，尸无存"之恐怖情境。② 清人范锴在谈到汉口在明代的兴起和发展历程时，亦不忘指出"其间（汉口）屡遭兵燹，人民散亡十之八九"③。

总之，明中后期以来的各种"天灾"，以及"战乱"造成的"人祸"，都给汉口商镇的发展带来了程度不一的破坏。就水灾而言，汉口地势低洼，北枕后湖，南临汉水，东面大江，在崇祯八年修堤防工程（袁公堤）之前，一旦汉水或长江发洪水，或因连雨造成严重内涝，自然对汉口商民的生存和发展极为不利。就火灾而言，无论是因用火不慎导致，还是战乱中的人为放火焚烧，都会对汉口商镇造成巨大破坏。这是因为，明末汉口贸易日盛，移民日众导致人口愈加稠密，加上密集分布的民房多为木建，况且街道大多狭窄车舆不便通过，一旦发生火灾，如不能及时扑灭，后果必不堪设想。不过，大规模的水火灾害发生频次

---

① （清）范锴撰，江浦等校释：《汉口丛谈校释》卷一，湖北人民出版社1999年版，第34页。

② （清）赵吉士撰：《寄园寄所寄》卷九《裂眦寄》之"流寇琐闻"条。

③ （清）范锴撰，江浦等校释：《汉口丛谈校释》卷三，湖北人民出版社1999年版，第138页。

毕竟有限，诸如前述万历三十六年正月发生惨烈火灾，后又暴发亘古未有之洪灾，这种雪上加霜的境遇，大概率是罕见的情况。不然，无论汉口有多强大的商业聚合能力，也经不起这样的水火灾害频繁交替摧残。相比人力难违的"天灾"，刘六、刘七起义对汉口的"焚掠"，张大受率部在汉口"杀掠殊甚"，以及张献忠部"破汉口，尽驱而陷之江，江为之塞"之惨无人道的暴行，给明中后期万户鳞集的汉口造成的惨痛经济损失和人口创伤，更加令人不忍卒读。

  人们总是容易想到汉口是以转运贸易为主导的商业市镇，以为灾后重建和市场恢复相对而言并不太难，同时也更愿意记住明晚期汉口作为商业巨镇名满天下之"光彩照人"的一面，但并不能因此忽略明代汉口商民真切遭遇的各种"天灾人祸"，尤其不能想当然地以为"商船踵至""百货云集"之明代汉口繁华景象代表了它作为新兴市镇成长的全部面相。或许正因汉阳县境内的汉口地势低洼，加上水旱灾害频繁，不宜于耕种，在某种程度上助力该镇"九分商贾一分民"之经济格局的确立。更重要的是，明代汉口商镇取得的商贸成就有赖于从全国各地来此打拼的大量移民和少数有为地方官员的共同努力。只有回归到人的层面，才可以更好地理解明代中后期汉口勃兴历程的复杂性和曲折性。只有认识到这一点，才能真正体会"人的因素"在明代汉口商镇的兴起与发展历程中发挥的无可替代的基础性作用。

## 第三节　明代有为官员与汉口商民的勠力经营

  在明中后期在汉口辛苦谋生的贩夫走卒、行商坐贾都曾经历水患、火灾等"天灾"的侵害，以及各种"人祸"的重压，特别是楚地藩王、途经官员、矿监税使等恶劣政治势力的盘剥，以及数拨起义流民的掠杀，的确使汉口的发展遭受了严重的阻遏。这些"天灾人祸"在相当程度上凸显了汉口作为"百货山集""市肆鳞次栉比"之繁华商业市镇背后不堪细窥的苦难。不过我们也要看到，因为一些地方官员有良知、肯作为，以及广大商民摩顶放踵之辛苦打拼，仿若黑暗中的一束强光，照亮明嘉靖朝以来的汉口商镇在曲折道路上顽强地负重前行，并在明末奋力成长为拥有居民数万户的"天下名镇"。

## 一、积极有为的政治实践与政治理念

在古代中国，城镇地区和乡村世界欲拥有稳定的社会秩序和相对宽和的发展环境，多半仰仗政治声望良好、勤政爱民的地方牧首为之保驾护航。同时，最能损害地方经济和基层社会民心的，则莫过于贪官污吏之"不作为"和"乱作为"。对明代汉口商镇勃兴过程中面临的地方政治环境亦应作如是观。幸运的是，明代汉口所在的汉阳府和汉阳县曾涌现出不少律己、勤政、恤民的官员。正是因为有这些积极有为的官员主政，才使明代多灾多难的汉阳县和汉口市镇得以保持总体向好的发展趋势。毫不夸张地说，在明王朝的政治生态日趋恶化的艰难时世，有为官员的政治努力，是支撑地方社会正常运转的关键所在。对于汉阳县管辖的汉口商镇来说，亦是如此。当然，这样讲并不是要抹杀广大民众的艰辛努力为明代汉口发展做出的不可替代的基础性贡献，而是强调在那样的时代背景下，如果没有一批"良吏"对地方社会的政治、经济、教育等诸方面的用心治理，士农工商之努力可能都要付诸东流。在此，特以万历《汉阳府志》卷七《宦迹志》中的相关记载为依据，先将明代自洪武年间至万历年间为政有道的"汉阳府知府"行状，制表呈现如下表2-2：

### 表 2-2　明代"政声卓著"之汉阳知府简况①

| 时间 | 官员基本情况 | 为政表现 | 备注 |
|---|---|---|---|
| 洪武 | 程瑞，汉阳郡人，洪武初年任汉阳知府。 | 万历《汉阳府志》曰："肇建廨宇，修立城楼，招抚流移，居民安堵，政声大著。" | |
| 洪武 | 苏恭让，广平人，国初为知府。 | 万历《汉阳府志》曰："爱民如子，吏不忍欺。廉干有为，公私不扰，至今民思慕之。" | |
| 洪武 | 凌辂，由进士擢守汉阳。 | 万历《汉阳府志》曰："建五美楼。其文章、政事，绰然著声。" | |
| 洪武 | 张寿，开封府陈州项城人，进士，丁忧起复后，调守汉阳郡。 | 在任期间，"廉明公正，吏不敢欺"。 | 丁忧之前，任江西宪副 |
| 永乐 | 徐述，严州建德人，永乐中由稽勋主事擢守汉阳。 | 在任期间，"首新学校，劝课农桑，创建谯楼，修葺遗坛，政教大行"，"公明有守，吏民怀服"。 | 体恤民情，爱护黔首，甚得民心 |
| 宣德 | 王静，徽州黟县人，任汉阳知府。 | 在任"廉明公正，宽猛并行，以德礼导民为善"。 | |
| 成化 | 何淡，广东顺德人，成化朝中期任汉阳知府。 | 任汉阳知府九年，"宅心凯亮，敷政廉平，不苟察而明昭疑隐，无棘欲而事了公家"。 | 离任后，汉阳百姓甚思之 |
| 成化 | 沈熊，浙江人，进士，成化年间任汉阳知府。 | 具体政绩不详，但万历《汉阳府志》编纂者据一些诗文推测其当为光明磊落之人。 | |
| 弘治 | 张锐，秦州人，进士，弘治年间任汉阳知府。 | 明人张天瑞云："秦州（张锐）谙于刑名，劳于荒政；扶风张弛有序，操履不苟。" | 获赞"秦州张、扶风张好官" |

---

① 本表制作依据的史料，参见武汉地方志办公室编：《明万历汉阳府志校注》卷七《宦迹志》，武汉出版社 2007 年版，第 323—330 页，该志书以秦聚奎总纂万历四十一年（1613）《汉阳府志》为底本。

续表

| 时间 | 官员基本情况 | 为政表现 | 备注 |
|---|---|---|---|
| 正德 | 何亮，山东登州人，进士，正德九年由南京户科给事中来任。 | 在任获得很高的评价曰："言论从容，敦尚清约，锄强兴废，志颇专切。有所兴作，无取于民。"他不仅严于律己，还"率僚吏誓于城隍"。 | 最后"守郡未久，以劳捐生"，闻者流涕 |
| 正德 | 徐朝元，卫辉府汲县人，进士。 | 正德年间任汉阳知府，为官刚明严正。 | 在任时间很短 |
| 正德 | 欧阳诰，江西吉安府太和县人，进士，正德年间任汉阳知府。 | 在任期间，人称"温良长者，守己爱民，不事赫赫声"。 | 后升山东转运使，蒙冤去官 |
| 嘉靖 | 刘本用，江西安福县人，进士，嘉靖九年任汉阳知府。 | "心行平实，政事不扰"，"措处谯楼、南纪楼，民不知劳"，"表节、兴教、试士、传经"。 | 被赞誉"有古良吏之风" |
| 嘉靖 | 樊景麟，四川新樊县人，进士，嘉靖十四年任汉阳知府。 | "耿介，不事时尚，加志穷民"；"水啮城址，节财惜费"，"与家僮共负巨石，转运江岸"。 | 被赞誉为"绰有古风" |
| 嘉靖 | 贾应春，直隶真定县人，进士，嘉靖二十四年升守汉阳郡。 | 在任期间"兴发举坠，诸皆就绪"，并纂修了嘉靖《汉阳府志》，乃郡之不朽盛事。 | 上任之前有丰富的仕宦经历 |
| 嘉靖 | 陈珪，广东高州府化州人，进士，嘉靖二十六年任汉阳知府。 | 在任期间"兴学、育材、识拔，多所成就"。 | |
| 隆庆 | 陈金，直隶歙县人，进士，隆庆五年就任汉阳知府。 | 为人清廉耿直，不取于民。 | 离任告归，仍不忘留下谏文 |

续表

| 时间 | 官员基本情况 | 为政表现 | 备注 |
| --- | --- | --- | --- |
| 万历 | 万钟绿,江西抚州府东乡县人,进士,万历六年任汉阳知府。 | 志书赞曰:"慈祥恺悌,民有余思。" | |
| | 徐一忠,浙江人,万历十五年就任汉阳知府。 | 志书赞曰:"平明得体,雅好诗文。" | |
| | 傅道统,福建晋江人,进士,万历二十八年就任。 | 起初很有作为,后来因"奸民告争远年田产,一概受理,以致民间大扰"。 | 后"败官而去" |
| | 王宗本,南直休宁人,举人,万历三十三年就任。 | 志书赞曰:"待士夫以礼,学校中苦志者,加倍培养之,以故丙午一科获隽者众。" | |
| | 舒体震,江西临川人,官生,万历三十七年就任。 | "有才力,若申黜秽监,勒石垂戒,及词讼委巡司,起解不差人骚索"。 | |
| | 马御丙,陕西绥德人,举人,万历三十九年就任。 | 志书赞曰:"公关西世家,练于事体,折狱不俟多言。喇唬之奸,闻风屏息。信赏罚、讲约则,人怀震惧,俗习无哗。" | 除拒绝贿赂,还致力于组织汉阳府志纂修工作 |

需说明的是,表2-2中列举的从明洪武朝到万历朝后期就任汉阳知府人数,只是该时期汉阳知府任职者的一部分。因为志书编纂同样讲求"惜墨如金",遂对"政声绰然"者或"有一二事可纪"者才有所称赞,譬如在万历三十三年(1605)冬到万历三十四年(1606)冬,带头捐资并主持修建了方便汉口和汉阳往来的"王公堤"之汉阳知府王宗本,在表2-2有关他的"善政"中,根本看不到任何有关他耗费一年督修"王公堤"的记录。相反,这桩利民德政被记录在郭正域《王公堤记》一文中,收录在万历《汉阳府志》卷六《艺文志》中,以及嘉庆《汉阳县志》卷八《堤防》。至于其他无甚突出表现者不过是略记姓名、籍贯、到任时间而已。另外,万历《汉阳府志》中记载的"为

政有道"的官员当然不限于汉阳知府,还有同知、通判、推官、经历、知事、教授、训导等各级官员。他们作为知府的副手或下级,其中自然不乏"行善政""保民生""有懿德"之良吏。譬如,宣德初年任汉阳府同知的潘文奎,在任期间"清慎宽厚,有恺悌之德",其后任王恭则"历练老成,宽和爱物,民多怀之",颇有声望;又如宣德初年任汉阳通判的余绍,被赞"慈祥宽厚,抚字有方",于是"民皆德之",其后任童复"性质倜傥,处事详明,上下称美";另有隆庆五年就任汉阳推官的宋万叶,"奉旨清丈,躬历山薮,不避寒暑,赋税一均,至今赖之"。① 这样的例子还有很多,为行文简便起见,不再一一列举。崇祯八年(1635),汉阳通判袁焜主持修建了保障汉口市场和民居不受大水侵浸的大型堤防工程,是汉阳府官员积极有为的绝佳例证。这将在后文有专门的论述,故不展开。

明代知府为正四品官员,多通过荐举、外放、推升等方式选任,掌一府之政令,总领各属县,凡宣布国家政令、治理地方百姓、征收赋税、审决讼案、稽察奸宄、考核吏员等一切政务皆为其职责。明朝汉阳知府亦不例外。正是因为有表 2-2 中的这些"政声绰著"的汉阳知府,以及不少"民皆德之""民皆怀之"的汉阳府同知、汉阳府推官等官员们的努力,才能让频遭天灾的汉阳地区保持正常的发展态势。如果考虑到汉阳知府及其副手毕竟要掌管汉阳、汉川二县事务,那么对于汉口镇来说,汉阳县之"循吏"助力其发展的影响当更加直接。现根据万历《汉阳府志》卷七《宦迹志》中的相关记载为依据,特将明代自洪武年间

---

① 参见武汉地方志办公室编:《明万历汉阳府志校注》卷七《宦迹志》,武汉出版社 2007 年版,第 330—342 页,该志书以秦聚奎总纂万历四十一年(1613)《汉阳府志》为底本。

至万历年间甚得民心的"汉阳县知县"行状,列表呈现如下表2-3:

表2-3 明代有"懿德佳行"之汉阳知县简况①

| 时间 | 官员基本情况 | 在任表现 |
| --- | --- | --- |
| 洪武 | 赵廷兰,洪武初年任汉阳知县。 | 有才能,创置县治,不劳民伤财。 |
| | 王叔英,天台县人,洪武年上任。 | "文章政事,大著于时",遇天旱,斋戒沐浴,遍诣神祠恳祷,诚心爱民,有古贤之遗爱,民至今怀其德。 |
| 正德 | 段钦,陕西籍锦衣卫人,举人,正德初年任汉阳知县。 | "自奉俭约,民以无扰。言多柔婉,政务慈惠,故累得人之欢心"。 |
| 嘉靖 | 邓镛,江西丰城人,举人,嘉靖五年任汉阳知县。 | "其治邑检律详审,吏事精纯,政自己出,无人敢哗","卓卓可行,多见详允",人称"国朝第一令公"。 |
| 隆庆 | 梅继勋,直隶宣城人,举人,隆庆年间任汉阳知县。 | 在任上"兴学育材,政先首务,补偏救弊,弘济时艰"。 |
| 隆万之际 | 夏子谅,四川涪州人,举人,隆庆元年任平江县知县,后调今任。 | "本君子恺悌之德,敷父母怀保之政","蠲赋恤刑,疲民多赖"。 |
| 万历 | 刘纪,四川人,由举人于万历三十五年任汉阳知县。 | "驭下最严,衙役不敢肆","大水灌城,民几胥溺,多方赈籴,赖以生全"。 |

表2-3中,有关正德年间汉阳知县段钦"累得人之欢心"之赞誉须做补充说明。段钦在汉阳知县任上,确实因为出身于锦衣卫之故,可以与镇守楚地的宦官相处以礼,即"钦善赖宦,与人言,每称家里公

---

① 本表制作依据的史料,参见武汉地方志办公室编:《明万历汉阳府志校注》卷七《宦迹志》,武汉出版社2007年版,第347—351页,该志书以秦聚奎总纂万历四十一年(1613)《汉阳府志》为底本。

公，楚镇亦礼之"，也因此汉阳"邑人颇有所恃而不恐"，竟至"五年不征税，粮储道临，（钦）并举年荒民穷，涕泣以免"。这种做法对强化段钦"政务慈惠"的官声是有利的，也确实在相当长的时间里减轻了汉阳县百姓的税赋和粮食完缴的负担，但依规收税是知县的重要本职工作。连续五年不征税，显然违背了统治者的利益，自然会被清算。于是出现了按察司奉命一次性追缴拖欠五年的赋税，百姓或卖儿女、田宅以补缴，或因不能完税而被棰楚至死的局面，即"甲戌，按察陈公奉委追逋赋"，"百姓多鬻子女、市田宅，死棰楚"，以致"识者谓以姑息遗后祸"。[①] 除了段钦这一复杂的特例之外，表2-3中所列举的汉阳知县都是有担当、有德行的地方官，特别是在县域遭大灾的情况下，知县就是百姓命途所系的"父母官"，如前述万历三十六年汉阳"大水灌城，民几胥溺，（知县刘纪）多方赈粜，赖以生全"。

同样地，汉口的兴盛亦仰仗地方官员有所作为，尤其需要他们尽力保障地方社会秩序，给汉口商镇提供比较稳定的发展环境。大致可以总结为以下两个方面：

第一，政治实践上的积极有为。前述嘉靖二十四年汉阳府、县地方官员敏锐地抓住商民与楚地藩王就水口两岸基地房屋征税问题展开博弈的契机，巧妙地利用嘉靖皇帝的介入，成功地纠正了此前汉口的商业税任由藩王肆意加征的乱象，并明确汉口商税的征收额度、解往何处，以及作何种用途等重要问题，终结了楚王和江夏王轮番压榨汉口的历史。这其实就是汉阳地方官员积极有为的政治表现，并且也确实为后来汉口

---

① 本段引文全出自武汉地方志办公室编：《明万历汉阳府志校注》卷七《宦迹志》，武汉出版社2007年版，第330—342页，该志书以秦聚奎总纂万历四十一年（1613）《汉阳府志》为底本。

的发展赢得了更为宽松的环境。另外，前文已经专门叙及的嘉靖朝汉口巡检司的设置和二十六名弓兵的配置，也主要是为了保障汉口社会治安的稳定。①尽管明清汉阳地方志鲜有记录汉口巡检司的具体活动，笔者还是在《汉口丛谈》中留意到一则镇司积极配合汉阳府、县官员执行政务的史料，即康熙初年，汉阳知府杨必达、汉阳知县侯绍岐协同推行"诛茅之禁"，并"檄行郡县"，要求将竹篱茅舍"易以瓦甓"，以便降低火患对包括汉口在内的汉阳地区的破坏；当时的汉口"镇司王君，亦骏奔恐后，旬月之内，（汉口）向之黄茅白苇，一望而百堵皆兴"。②由此不难管窥汉阳各级地方官员对公共消防安全的重视，以及汉口镇司表现出来的"令必行，行必果"之政务素质。对于来汉口经营千行百业的小商小贩、中人之家的坐贾，乃至家资巨万的富商来说，安定的商业贸易环境和人居环境必然会是他们十分关切的问题。

第二，治理观念上的积极有为。尽管前面提到明万历朝后期汉口承受了沉重的赋役，并且发展势头也确实因此一度陷入停滞状态，但仍有万历《汉阳府志》的编纂者秦聚奎和汉阳有识之士王光裕这般有担当的在野官员（因为党争而暂时在老家赋闲），为了汉口的长远发展考虑，痛心疾首地呼吁"轸念民瘼者"，"须加倍爱护（汉口）"，不可"竭泽而渔"，"不然民贫且散，则无汉口，无汉口，则无汉邑，而郡且

---

① 需说明的是，汉口巡检司是直接管理汉口的基层官员，其负责与否直接关系到汉口的社会治安稳定。可惜，仅见康熙《汉阳府志》卷六《秩官志》记载了明代汉口巡检司 85 任巡检的名字，不及其他。具体参见武汉市汉阳区方志办公室编：《康熙汉阳府志》卷六《秩官志》，湖北人民出版社 2014 年版，第 322—323 页，底本为（清）陈国儒修、王世显等纂清康熙八年（1669）刻本。

② （清）范锴撰，江浦等校释：《汉口丛谈校释》卷二，湖北人民出版社 1999 年版，第 94 页。

不可为郡矣"！这为此后治理汉阳和汉口的官员们总结了血的历史教训、指明了再造往昔繁荣汉口的正确路径。即使在汉口商镇的实际发展过程中，这一地方治理理念并没有得到百分之百的贯彻，但不可否认地方官府对汉口商镇在赋税征收、差役摊派等方面，不可如万历朝后期那样不知节制有清醒的认知，的确对汉口"盛于天启、崇祯"之际有百利而无一害。

此外，一些官员以性命为代价为包括汉口商民在内的汉阳、武昌民众请命，可以看作是一些有气性、有节操的官员在暴政面前不肯屈服，情愿付出所有"为生民立命"。前述南京吏部主事吴中明、武昌兵备佥事冯应京，以及王之翰等地方官员因抵死为武昌、汉阳市民请命，或身陷囹圄数年受尽折磨才被释放，或直接殒命狱中，以及大学士沈一贯缠绵病榻之际仍不惧忤逆万历皇帝的"圣心"，上长篇奏疏指斥税监陈奉在湖广地区的诸般恶行、指出继续纵容陈奉的恶果、恳请万历皇帝召陈奉回京师并另派妥干实诚的官员前往督办相关事宜等，均是很好的例证。当然这些官员也因此赢得了地方民心和仕宦清誉，譬如"应京素有惠政"，被捕之际竟至"民号哭送之"。无论如何，这些官员在保护商民利益、扫清阻碍汉口工商业发展的恶势力等方面做了很大的努力，也取得了一定的效果，的确值得载入史册并受到称颂。应强调的是，备受以上官员同情和支持的武昌和汉阳大规模（上万人参与）市民集体抗暴斗争，不但在中国古代历史上鲜见，就是在世界早期近代化阶段也极为罕见。这一方面反映了与民争利为政不仁对工商业的摧残以及对工商业者的沉重压迫，另一方面也反映了包括汉口、汉阳在内的武汉地区受工商业高度发展的影响，城市市民阶层逐步兴起和壮大。

晚明时期，国家内外交困，政治环境日益黑暗，汉口商镇在此际的发展进程不可能逸出时代总体氛围之外。一方面，明中后期全国市场的形成和商品经济的发展,为汉口迅速成长为以转口物资贸易为主导的商业大镇提供了强劲的市场驱力,另一方面,随着政治环境的恶化和吏治腐败加剧,汉阳的官员不得不对途经汉镇的各色官员予以相当规格的接待,各种实物加征和力役加派接踵而至。同时,明廷为扩充军饷和满足宫廷巨大开销而派出矿监税使前往各地大肆搜刮,汉口作为水陆交通俱便的商镇很容易沦为肆意盘剥的对象。这好比是一面镜子的正面和反面,都对明代汉口市镇发展进程产生了重要的影响。在面对诸多"人祸"之逆境时,正因为有广大汉口民众和部分官员的协同努力,才得以驱动汉口借助商品经济发展的大潮,冲破时代的黑暗枷锁,最终凭借卓越的商业成就荣膺全国"巨镇"之美誉。

## 二、 督办堤防工程以保民生和促发展

晚明的"天灾人祸"并未能完全遏制汉口一路向前的蓬勃生机。万历朝之后的二十几年里,汉口的商业发展势头更劲。明末文人蒲秉权①在一篇游记中描述了他于崇祯四年(1631)六月二十五日自黄鹄矶渡江赴汉阳所见汉口盛况,文曰:

> 郡城之东为汉口,郧水出焉。两岸居民,不啻若九牛一毛。而万舰千艘,有如鞍者,如革履者,如箕如斗者。衔尾络绎,被岸几里许。以岳之城陵矶方此,彼直小巫耳。时余舟逆流,排挤而上,尽费撑持。及到人烟欲断处,而汉江江口夕阳斜矣。因小憩此。②

---

① 蒲秉权,明代永明(今江永县)人,字度之,号平若,万历朝进士。
② (明)蒲秉权撰:《硕迈园集》之《西游记》,崇祯四年六月二十五日日记,转引自王葆心著,陈志平等点校:《续汉口丛谈》卷一,湖北教育出版社2002年版,第13页。

## 第二章 明代中后期汉口商民的负重前行

由这段文字不难想见崇祯初年汉口商船踵至之繁华景象。商业贸易的繁盛自然会带动市镇人口规模的不断扩大。前文多次提及清中期流寓汉口的盐商范锴在《汉口丛谈》中言及：明天启三年（1623），汉口失火，伤人无数，甚至有一家死亡五十三口之多。这一火灾引发的惨案从侧面反映出，汉口这时已经有人口众多的大家族定居，且居住密度大。更值得注意的是，汉口的吸引力不仅限于那些来此拓荒的移民和谋生的各种社会底层人员，而且也赢得大家族的青睐，即举族迁徙而至，或者表明在此已发展出新的世居大家族。时至今天，还能翻阅到清代汉阳县 13 家家谱，他们的家族祖上的活动大多可追溯到明代——其中 8 家是在元末明初迁入，3 家是在明中叶来到汉阳，还有 2 家是在明清之际迁入的，这些家族均有成员在汉口活动，有些还取得了不起的成就，为明清汉口工商业的发展做出了不小的贡献，如著名的汉口劳氏家族、叶氏家族。①

晚明汉口商镇日臻繁盛，除了前述有为官员在政治实践和政治理念上的积极有为，以及广大商民的辛苦打拼之外，还与一些官员对汉口公共工程建设的重视有关。这是因为，起初，汉口商镇以汉水南岸的狭长地带为主，缺乏广泛伸展的余地。若要拓展市镇规模，就必须发展汉水北岸地带。汉水入江水口北岸东临长江，南濒汉水，西北面多湖泊沼泽。是故，要开发汉水北岸地带，必须解决如何防范水患的问题。康熙《汉阳府志》卷五《水利志》曰："郡城（汉阳）与武昌对峙，大江环抱，东南汉水合漤水、沔水、沌水，与大江汇于郡北，涨则弥漫于诸湖，为

---

① 参见（美）罗威廉著，鲁西奇等译：《汉口：一个中国城市的冲突和社区（1796—1895）》，中国人民大学出版社 2008 年版，第 265—266 页。

卑洼田地之害。"① 乾隆《汉阳府志》卷十五《汉阳堤防水利考略》明确指出："汉口虽为汉水泄流之地，但为江水汹涌横截其口，流不能泻，复逆折而上，故太白、新潭、马影……湖易以泛滥，而春夏水涨，郡治常苦浸淫之患。"② 嘉庆《汉阳县志》卷八《堤防》直接指出"汉阳实为众水之壑"，没有堤防民众将无所依赖，主政官员需要特别留心堤防工事，也因此"汉阳堤防一门较他邑为重矣。"③ 被汉水、长江和大湖环绕的汉口更易遭到洪水侵害，即使修筑了永丰堤、袁公堤，并且还有围垸、围圩等为屏障，亦不能完全免于水患之破坏。这也是为何明末清初汉阳（特别是汉口镇）非常重视修建和加强堤防工程的原因所在。

正是在这一背景下，明朝末年，汉口地方官员积极督办大型公共工程，从而大大促进当地社会经济发展，并因此改善了汉镇商民的人居环

---

① 武汉市汉阳区方志办公室编：《康熙汉阳府志》卷五《水利志》，湖北人民出版社2014年版，第276页，底本为（清）陈国儒修、王世显等纂清康熙八年（1669）刻本。《湖广通志》卷二十《水利志》亦曰："郡城与武昌对峙，大江环抱，东南汉水合澴水、沔水、沌水，与大江汇于郡北，涨则弥漫于诸湖，为卑洼田地之害。"参见（清）迈柱修，夏力恕等纂：雍正《湖广通志》卷二十《水利志》，第11—12页，清雍正十三年（1735）刻本。另有（清）陶士契修，刘湘焜纂乾隆《汉阳府志》卷十五《汉阳县堤防水利考略》曰："郡城与武昌对峙，大江环抱，东南汉水合澴水、沔水、沌水，入大江汇于郡北，涨则弥漫于诸湖，为卑洼田地之患。"详见（清）陶士契修，刘湘焜纂乾隆《汉阳府志》卷十五，江苏古籍出版社2001年版，该卷第8页（全书第154页），据清乾隆十二年（1747）刻本影印。

②（清）陶士契修，刘湘焜纂：乾隆《汉阳府志》卷十五《汉阳县堤防水利考略》，江苏古籍出版社2001年版，该卷第8—9页（全书第154—155页），据清乾隆十二年（1747）刻本影印。

③（清）裘行恕纂修：嘉庆《汉阳县志》卷八《堤防》之"堤防志叙"，第1页，中国国家图书馆藏嘉庆二十三年（1818）刻本。

境。《众姓修永丰堤路记碑》提到万历四十八年（1620）四月"众姓修堤及道路，勒石街道旁"。① 可惜尚未能见到这一碑记的具体内容，无法管窥当时的汉口百姓在地方官主导下如何协力修筑永丰堤的具体情节。不过，组织和推进这种公共事务必然要求官员有胆识且敢担当，也需要有相对宽松的政治环境让其施展儒家社会政治理想——为官一场，造福一方。笔者推测：明代汉口早期移居商民力量分散，没有清代诸商帮那般强大且具有组织性，鲜见自发组织兴办大型工程；同时，汉口是商业移民市镇，人员构成复杂，罕有士绅力量来主导地方活动。是故，明末汉口已经成为汉阳官府颇为倚重的人口数万户的大镇，由官府号召商民集体参与公益事业，实系众望所归。尽管关于万历朝汉口多次修筑堤防的记录在明代传世地方志书中几近阙如，但幸运的是，万历《汉阳府志》卷六《艺文志》之《郭正域王公堤记》，以及嘉庆《汉阳县志》卷八之万历《郭文毅正域记》，均记录了为便于汉阳和汉口民众往来不受水患阻遏，由汉阳知府王宗本带领民众于万历三十三年至万历三十四年（1605—1606）修建的大型公共工程"王公堤"②，及其附属工

---

① 王葆心撰：《汉浒金石小记》，武昌益善书局1933年版，第13页。
② 在有关汉口的研究成果中，明代汉口这一段本就容易因为史料相对稀少而被略写，在涉及明清汉口堤防问题时，最常见的就是将崇祯八年"袁公堤"视为汉口最古老的堤防建筑，与清代同治年间修的"汉口堡"、光绪末年修的"张公堤"并称明清汉口三大堤防工程（具体参见皮明庥、吴勇主编：《汉口五百年》之《袁公堤保境安民》篇，湖北教育出版社1999年版，第16页）。这一说法被很多学者不加思辨地予以采用。笔者则以为，前文已经提到的《众姓修永丰堤路记碑》专记万历四十八年（1620）四月众姓修堤及道路，勒石在街道旁，以及此处提及的万历"王公堤"之修建，至少说明在崇祯朝之前，为改善汉阳城北地区与汉口之间往来道路屡受水患阻遏的情况，汉阳府主政者早就进行了多次堤防修筑，且规模不小。况且，这样才比较合乎常理，因

程王公桥的修建过程和"防水患,利通行"之效果。现将万历《郭正域王公堤记》①全文摘录如下:

> 由汉城而北,抵汉口龙家湖,水出焉,相去几里余,舟楫不到,水涨为巨浸,汉口几万家朝夕于城,莫利来往。
>
> 先是,守兹土者蔡公、盛公、孙公创为堤,岁久尽圮。王公抵任之年,政理民和,问民疾苦,慨然曰:"是诚在我。夫因财于官,官帑竭;因力于民,民力疲,即人劝而户募之。民且不应,我其用人乎?"于是廉得省祭官熊士奇等可使也,召之庭下,酌酒劳之,簪花束彩,阶下大作乐,导之中门而行,名之曰"善人"。太守不以相苦,与若等共功德事,尔子孙且食报。于是大众踊跃,出曰:"我等何敢负公。"不期年,堤成。长二百七十丈,横裒二丈,中为石桥。桥一孔,桥以上翼以石栏,覆以甓,堤左右累石为基,如桥之长,高二丈有奇。桥旁为祠宇者三,堤曰"王公堤",桥曰"王公桥",祠曰"王公祠",志不忘王公也。王公捐餐钱若干,凡募得银若干两。工始于乙巳岁仲冬月,落成于丙午岁仲冬月。而诸生熊士章余友也,属余记之。

---

(接上页注释②)

为万历朝汉口商镇的人口和市镇规模均得到极大扩展,而汉口系汉阳之沿河、临江、枕湖之洼地,水患频仍,人口数万之大镇,不修堤防实在没法赖以生存,遑论迈向兴盛。

① 该堤记的作者郭正域系万历朝持正不阿、众望所归之名臣。据乾隆《大清一统志》卷一二四载:"郭正域,字美命,江夏人,万历进士,授编修,为皇长子讲官,历礼部侍郎。税珰鲁保请关防兼督织造,秦王请封其庶子为世子,阁臣沈一贯皆许,正域持不可,又建议夺黄光升许论吕本谥,不果行。会有讦楚王以异姓子嗣位者,正域请勘,帝以楚立久,不问,遂乞归。……正域博通载籍,勇于任事,有经济大略,自守介然,人望归之,扼于权相,遂不复起,居家十年卒。光宗即位,赠礼部尚书,太子少保,谥文毅。"参见乾隆《大清一统志》卷一二四,第38b页,钦定四库全书本。

余曰：王公以善养人矣。以善与人，人莫不为善。善人有为善之名，地方受为善之利。王公之善莫大焉。堤成之日，其直如矢，荡荡乎平，乘车荷担，昼往宵行，风雨晴霁，波涛靡惊。夫宁独一堤，以治天下可也。

王公讳宗本，字世端，徽之休宁人。诸善人有功者，各勒名于碑阴。①

这篇《王公堤记》详细说明了王公堤修建的过程及其效果，即历时一年修成的堤防工程"长二百七十丈，横衺二丈"，还辅修了一座单孔桥，不仅方便人们"乘车荷担，昼往宵行"，而且有了堤防为保障，从此"风雨晴霁，波涛靡惊"。因此，郭正域高度赞赏了时任汉阳知府王宗本带领民众完成此项公共工程的"善政"，指出"善人有为善之名，地方受为善之利"。值得注意的是，清顺治十二年（1655）冬月至十四年（1657）三月，汉阳知府邱俊孙在重修位于汉阳城北三里之"杨柳堤"（也称"免溺堤"）时发现，明万历朝"工始于乙巳岁仲冬月，落成于丙午岁仲冬月"之"王公堤"，其实是在明正德初年汉阳知县蔡钦主持修建位于汉阳县北三里的"杨柳堤"之基础上重修而成，并专门作文叙述了该堤作为勾连汉阳与汉口之交通要道的往昔盛况。现

---

① 武汉地方志办公室编：《明万历汉阳府志校注》卷六《艺文志》之《郭正域王公堤记》，武汉出版社2007年版，第233—234页，该志书以秦聚奎总纂万历四十一年（1613）《汉阳府志》为底本。另见（清）裘行恕纂修：嘉庆《汉阳县志》卷八《堤防》之"郭文毅正域记"，第15—16页，中国国家图书馆藏嘉庆二十三年（1818）刻本。需说明的是，笔者在将二堤防记进行比勘后发现，中国国家图书馆藏嘉庆《汉阳县志》将万历郭正域（谥文毅）撰写的《王公堤记》之名称改为《郭文毅正域记》，有名不副实之嫌，另外后者与前者确实存在个别字相异、个别增字和脱漏的情况，但完全不影响关键信息和整体意义。

将《邱俊孙记》引录如下：

> 夫桥梁道路，王政所先修理。堤防失时，有咎。汉郡治之东北隅，有杨柳堤者，踞龟山之左，傍月湖之右臂，东滨长江，北通冀关，西达景洢，南极潇湘，为士民九达之通途，舟车四集之胜地也。往时垂杨夹岸，高柳覆堤，暑月游人憩息其下，观风帆之来往，闻菱芰之芳香，顿忘烦热。毂击摩肩，水环山映，此堤之胜概也哉。往亦就圮，得前守王公宗本倡议修复，顿改旧观。……而岁月滋久，踩蹒特甚，洪涛巨浪又复与土木为仇。故蓊蔚者日渐凋耗，而坚好者日渐倾决矣，行者苦之。①

邱俊孙指出"王公堤"是在正德初年汉阳知县蔡钦创修的"杨柳堤"基础上建成，是有历史依据的。前引《郭正域王公堤记》全文中就有"先是，守兹土者蔡公、盛公、孙公创为堤，岁久尽圮"之句，其中"守兹土者蔡公"就是汉阳知县蔡钦，即为明证。同时，《邱俊孙记》中"汉郡治之东北隅，有杨柳堤者，踞龟山之左，傍月湖之右臂"，与《郭正域王公堤记》中"由汉城而北，抵汉口龙家湖"可以互为印证，即"王公堤"或"杨柳堤"都是在汉阳城东北三里，方便汉

---

① （清）裘行恕纂修：嘉庆《汉阳县志》卷八《堤防》，第12—13页，中国国家图书馆藏嘉庆二十三年（1818）刻本。康熙《汉阳府志》卷五《水利志》比较简略地提到"免溺堤"即"杨柳堤"，以及顺治十三年汉阳府知府邱俊孙重修该堤一事，曰："免溺堤，今名杨柳堤，在县北二里。明正德初，知县蔡钦筑。自铁门关接汉水亭，今亭废。义民周南佐以石桥，其亭所水涨不圮。顺治十三年，郡守邱俊孙修。康熙七年，郡守陈公重修。俱有记。"参见武汉市汉阳区地方志办公室编：《康熙汉阳府志》卷五《水利志》，湖北人民出版社2014年版，第281页，底本为（清）陈国儒修、王世显等纂清康熙八年（1669）刻本。

口民众往来汉阳县城的堤防工程。① 甚至可以说,杨柳堤其实就是为汉口而修,因为汉口恰好位于汉阳城北三里。② 此外,通过《邱俊孙记》一文确实可以深刻感受到"王公堤"除了抵挡洪水之外,还为汉口和汉阳人民带来了通行之便利,以及消暑休闲之美好去处,即不仅"为士民九达之通途,舟车四集之胜地",而且"暑月游人憩息其下,观风帆之来往,闻菱芡之芳香,顿忘烦热"。只是土石筑堤亦不能保证年深月久不崩塌,所以在"王公堤"竣工半个世纪后,又因"洪涛巨浪"之侵袭和舟车往来之"蹂躏特甚"而"渐倾决",以致"行者苦之"。于是,身为汉阳知府的邱俊孙又得主持堤防重修工作。更值得注意的是,邱氏作为汉阳郡牧首充分认识到:"夫桥梁道路,王政所先修理。堤防失时,有咎。"从中不难看出汉阳和汉口的"堤防建设"之重要性。③

此外,崇祯时期修建的汉口袁公堤成为后世记录较多的堤防工程。

---

① 乾隆《大清一统志》卷一二四亦载:"杨柳堤在府城(汉阳)北二里,明知府蔡钦创,名免溺堤。万历三十五年,知府王宗本修,因名王公堤。中为石桥,长二百七十丈,本朝顺治重修,高一丈三尺,阔一丈八尺。康熙八年,又修筑。"参见乾隆《大清一统志》卷一二四,第91b页—92a页,钦定四库全书本。

②《汉口丛谈》卷一曰:"汉口镇在(汉阳)城北三里。"(清)范锴撰,江浦等校释:《汉口丛谈校释》卷一,湖北人民出版社1999年版,第35页。

③ 雍正《湖广通志》载:"汉口虽为汉水泄流之地,但为江水汹涌横截其口,流不能泻,复逆折而上,故太白、新潭、马影、蒲潭、沌口、刀环等湖易于泛滥,而春夏水涨,郡治常苦浸没之患,其障御全藉大别一山,故从来未设堤防。"这里所说的"其障御全藉大别一山,故从来未设堤防"明显与史实不符,即使撇开万历年间专门为方便汉口与汉阳城区往来而建的"王公堤",单是崇祯八年在汉口修筑的"袁公堤"便可为证。雍正《湖广通志》卷二十《水利志》之"附汉阳县水利考略",第12页,钦定四库全书本。

崇祯八年（1635），由汉阳通判袁焴主持，在汉水的入江水口北岸修筑了一条半月形的十里长堤，世称"袁公堤"。该堤上起硚口，下至堤口（今汉口王家巷一带）。堤外因筑堤取土，形成一道宽约两丈的沿堤壕沟，由硚口引水入沟，从堤口将沟水排入长江，这条壕沟即是明清之际汉口著名的玉带河。春夏水涨之际，玉带河中可行小船，人们还在玉带河上架桥通往后湖。① 清人范锴在《汉口丛谈》中对汉镇商民"赖此堤为廛居保障"的缘由，以及其带来的实际民生效应均做了较为详细的阐述，现摘引如下：

袁公堤，明崇祯八年，通判袁焴创筑。自后居民渐集，即今之堤街也，在汉口镇后。镇为水陆要冲，烟火数百万家。汉水经其南，湖水绕其西北，大江横其东。旧志谓每值夏秋水涨，四面巨浸，仅赖此堤为廛居保障。里人岁加修筑，终未完固，水势若虐，即虑汛溢云。此昔时之形，今则民居鳞比，十倍于前，但名堤街，几不知为湖堤矣。

堤后深沟，广约一二丈，襟带堤街，由上路之大桥起，直至下路堤口，长十有余里，名玉带河。旧时大桥口下，襄水入河，别绕镇后，至堤口东南流入大江。……今大桥口外，沙涨日高，玉带河逐处淤塞，或有居民架屋于上，至于堤口，市廛相接，莫知出江之道矣。余昔年在汉，夏水涨入，犹见小艇往来，好事者做逭暑之游。②

汉阳通判袁焴创筑的"袁公堤"工程设计巧妙，使汉口的街市和民居免遭后湖水患，同时改善了汉口居民的生存环境，也为商民在水口北岸地带进行新的商业开发提供了更好的条件。引文中的"但名堤街，

---

① 参见皮明庥、吴勇主编：《汉口五百年》之《袁公堤保境安民》篇，湖北教育出版社1999年版，第16页。

②（清）范锴撰，江浦等校释：《汉口丛谈校释》卷一，湖北人民出版社1999年版，第49页。

几不知为湖堤矣"，以及"襟带堤街"，便是指沿着"袁公堤"建成的十里长街。正因为该堤对汉口市镇的发展居功甚伟，康熙《汉阳府志》卷五《水利志》曰："袁公堤，在汉口后湖。明崇祯八年，汉阳府通判袁焴创筑，自后堤上居民渐集。"① 嘉庆《汉阳县志》卷八《堤防》亦赞曰："袁公堤在汉镇后，镇为水陆要冲，烟火数百万家。……明崇祯八年，通判袁焴创筑此堤，为廛居保障，里人岁加修筑。"将"袁公堤"视为汉口市廛和民居之保障，并非夸饰之语。因为嘉庆《汉阳县志》的纂修者深知："汉水、南湖、大江夏秋水涨，（汉口）四面皆成巨浸。"②

透过以上内容，还应看到，明代汉口的发展是移居于此的人们不断与大自然做斗争、改造并适应生存环境的结果。在明成化汉水改道之前，后来的汉口所在地方只是汉阳的一片长满芦苇的荒滩沼泽地。明成化汉水改道后形成稳定的入江水口，在水口两岸逐渐集聚了外来移民进行垦殖、渔猎。天顺年间始有人户定居，但因地势低洼，每遇汛期，汉口又化为水乡泽国，人们只好选择地势相对高一些的墩台筑基盖屋，不过墩台也可能会被来势凶猛的洪水冲毁。为求生存，早期来汉口开拓的民众开始筑圩围垸以抵挡水患，于是修圩围垸成为汉口最早的水灾防御工程。③ 此外，特殊的自然地理环境，加上"九分商贾一分民"造就的

---

① 武汉市汉阳区地方志办公室编：《康熙汉阳府志》卷五《水利志》，湖北人民出版社2014年版，第281页，底本为（清）陈国儒修、王世显等纂清康熙八年（1669）刻本。

②（清）裘行恕纂修：嘉庆《汉阳县志》卷八《堤防》，第19页，中国国家图书馆藏嘉庆二十三年（1818）刻本。

③ 曾艳红、蔡述明：《明清时期汉口发展的地理因素》，《华中师范大学学报（自然科学版）》2002年第1期。

"因商成镇"之独特人文环境，使得明代汉口市镇的发展并无严格的规划，而是处于相对无序的自然发展态势。特别是与按照古代中国行政城邑格局筑有城墙、建有衙署、规划好街道的郡城汉阳、省府武昌相比，汉口的街市是在商业贸易驱动下，沿着汉水入江口两岸由南向北自然发展而成。在这种情况下，汉口商民必须通过填洼修基、筑堤围垸实现街市空间的拓展，从而推动汉口的街区由沿河（江）地带不断向内陆靠近。① 明末"袁公堤"的修建可以极大改善汉口每年被水患侵害的恶劣生存环境，吸引更多的移民前来谋生与发展。上引《汉口丛谈》所云"今则民居鳞比，十倍于前，但名堤街，几不知为湖堤矣"即是也。这也表明，对于汉口这样一个三面环水的洼地而言，在此大力兴修水利工程是汉阳府、县官员最应留心的地方政务之一。诸如免溺堤、袁公堤这样的大型筑堤工程的修建，为屡遭水患侵害的汉镇商民创造了相对稳定的人居环境。无疑，此乃晚明汉口获得迅猛发展的重要原因之一。

综上可知，在明帝国走向没落的前夜，社会动荡和政治腐败以及频仍的水火天灾给汉口镇的发展带来这样或那样的阻力，但在阖镇商民、工匠，以及有为官员的共同努力下，汉口仍凭借居天下之中、为四方孔道之便的埠际贸易优势，发挥着无与伦比的商品集散能力，吸引四面八方的商贾、各色移民和大批雇佣劳动力，市镇规模也因之不断扩大，从成化前夕仅有少量居民定居的荒滩一跃成为前现代中国著名商业市镇。正因此，我们才能从十分有限的史料中窥见这片水口地带曾在明代演绎的一幕幕腐朽与神奇并具的历史景观。

---

① 曾艳红、蔡述明：《明清时期汉口发展的地理因素》，《华中师范大学学报（自然科学版）》2002年第1期。

第二章 明代中后期汉口商民的负重前行

## 本章小结

从根本上讲，明成化汉水改道之后汉口的发展道路最终是由移居于斯的广大民众、来此进行集市贸易的四海商人与汉阳府、汉阳县、汉口巡检司等各级地方官员之合力共同铸就的，远非"商船四集，贸易纷华，风景颇称繁庶"①或"（汉口）当往来要道，居民填溢，商贾辐辏，为楚中第一繁盛处"②等总括性描述所能涵盖。汉口从最初无人居住的荒滩到人烟稀少的渔村和转运码头，及至最后成长为明末全国巨镇，委实遭遇了诸多"人祸"与"天灾"。换言之，倘若将汉口放到更宽广的历史背景中加以考察，就更能看清它在明代的发展历程兼具快速发展与不断遭遇各种阻力的双重特点。

在这样的情况下，汉口仍能一路奋进，这更加凸显了明代中国中部市镇的商业活力，以及汉口广大商民和地方有为官员的锐意进取精神。在明代汉口商镇的社会经济变迁过程中，商人和移居于此的民众是开拓者和建设者，他们是汉口兴起与发展的生力军；来自地方藩王、地方政府和皇帝派出的矿监税使等政治势力的超经济掠夺，还有地区动荡背景下遭遇的劫掠、水火灾害，则是制约汉口崛起的重大阻力。地方政府为稳定汉口的社会经济发展而做出的种种努力，如争取减少税赋、确立稳定的税收标准，包括为摆脱地方藩王控制的努力和对矿监税使的抗争，

---

① 武汉地方志办公室编：《明万历汉阳府志校注》卷二《疆域志》，武汉出版社2007年版，第51页，该志书以秦聚奎总纂万历四十一年（1613）《汉阳府志》为底本。

②（清）穆章阿等纂修：《大清一统志》卷三三八《汉阳府》之"汉口巡司"条，上海古籍出版社2008年版，第98页。

加上第一章提到的国家层面的宏观调控策略，如将湖广外运漕粮和湖广地区淮盐分销总码头及时定在汉口，以及汉阳地方官员通过号召民众兴修公共工程来改善生存环境和商业贸易环境，这些都是促进汉口经济发展的重要因素。正是交合在一起的各种力量共同演绎了既充满活力，又曲折不断的明代汉口的社会经济变迁历程。

还需强调的是，明万历年间是传统中国国内贸易的全面兴盛时期，九省通衢的汉口市镇正是在这股商业大潮中获得长足发展。同时，明中后期吏治腐败加深和贫富分化加剧带来的社会矛盾也十分尖锐。汉口不仅因置身这样的大环境中而经受了多重磨难，而且在万历朝末期甚至一度陷入整体经济凋敝的状态。明代汉口虽然"盛于天启、崇祯之际"，但明末的战乱，特别是张献忠率部对汉口进行惨无人道之"掠杀"，使得自万历朝便拥有人口数万之"大镇"，沦落至"人民散亡十之八九"。

由上可知，明中后期，汉口在全国商品经济发展的大潮中强势崛起；明亡前夕，已经臻于繁盛的汉口商镇又在农民起义风起云涌和王朝鼎革的战乱中遭到暴力摧毁。从某种意义上讲，明代汉口的兴衰之小历史就是明王朝大历史的缩影。纵使明末汉口之繁华顷刻间为战火毁灭殆尽，亦应看到：明代汉口商镇的发展历程和商品贸易发展势头，为其在清代开埠前夜臻于鼎盛奠定了不可忽视的商业基础，以及人文环境①。这提醒我们，对一个城市的繁荣历程的长时段考察，离不开对其发展源头和早期表现的充分认知。有关汉口的研究，乃至对今天武汉这样一个超大城市的研究亦应作如是观。从较长时段来看，明代汉口镇在曲折道

---

① 譬如，清代汉口商民依旧延续了明代汉口市民重商、趋利、逐奢的价值取向，清代汉阳主政官员则继续发扬前朝对汉口堤防工程建设的重视，在重修旧堤、旧桥之余，继续创筑新的、更大规模的水利工程以保境安民。

路中的奋进历程，对当前中国地方市镇的发展仍具有不可忽视的历史启示。即使在今天，一些明代汉阳主政者针对汉口困境提出的既务实，又有远见的地方治理理念，依然闪耀着不朽的人文思想光芒。

最后，仍需再次强调的是，晚明汉口商镇走向繁盛的道路虽充满曲折，但仍在很大程度上展现了该时期全国商品经济迅猛发展的力量。它不仅是明代长江中游市镇异军突起的典型，而且为清代（开埠前）汉口在未受到外来因素刺激下发展至鼎盛阶段奠定了坚实的经济基础和商业贸易运作的基本框架。更重要的是，晚明汉口商镇遭受的诸多"人祸"，给清代汉阳府、县官员治理这样一个独特的商业市镇以深刻的历史教训，这为清初汉口镇的快速复兴创造了较好的政治环境。是故，不能将明代一个半世纪（成化朝至崇祯朝）里汉口的兴起与发展与清代嘉道之际汉口焕发出更强盛的经济活力的历史割裂来看。可以肯定地讲，没有明成化初年汉水改道形成稳定的入江水道和优良的港湾，以及明代汉口从渔村到船码头，再到"天下名镇"的跨越式发展，就不可能有清代（开埠前）汉口走向全盛的辉煌画卷。

# 第三章
# 清代开埠前汉口商镇的变迁

在明代汉口的兴起和发展过程中，其优越的地理位置既给它带来了巨额的商业财富，不断涌入的移民，也引来了明清易代时期的兵祸荼毒。直至开埠初，汉口在相当长时期里是没有城墙保护且三面环水的市镇，东面的浩渺长江和自西北迤逦而来的汉水，使外来船舶可以从东西两个方向长驱直入，而且汉口北面的后湖亦可以成为船只畅行的通道。明清鼎革之际，社会急剧动荡，声势浩大的明末农民起义首先在陕北爆发，战乱迅速蔓延。明末已经是天下名镇的汉口作为华中财富重地，同时还是湖广粮食与淮盐转运的集散码头，况且与起义军和官军所在的陕西与河南等地均有水、陆路相通，遂成必争之地，自然难逃战火重创。经过多次焚掠，此际汉口镇不但处于一片恐怖之中，而且自明中期以来累积的工商业成就也因之转眼灰飞烟灭。这使得明末汉口的社会经济发展在短期内遭受巨大挫折。

入清之后，商民们在一片残破和满目萧条的情景中重建汉口，很快于清中期发展到全盛阶段。我们将会看到，清代汉口的重新崛起并不能简单地归功于商业贸易的恢复以及移民的增多，而是一个生命力极其旺盛的港口市镇，在战争结束后朝着社会经济结构更加复杂的层面演进的历史。

明清汉口商镇的社会变迁（1465—1861）

## 第一节　明清鼎革之际汉口承受的毁灭性打击

在古代中国，承平治世是社会稳定、经济发展、人民安居乐业的先决条件之一。一旦社会内部矛盾持续激化而引发长期动乱，正常的社会秩序和经济活动便会遭到严重破坏。明末农民起义就是明王朝内部矛盾恶化的结果。明朝灭亡前夜，各地起义军与明官军之间长达几十年的拉锯战争，不仅对明朝旧有的统治秩序产生了剧烈冲击，而且使得广大陷入战乱的地区在经济上、人口上均遭到巨大破坏。地处"天下之中，为四方要道"的荆楚地区势必成为各路起义军和明官军西进、东突、南下、北上的必经之地，因而东面大江、南临汉水的汉阳首当其冲。康熙八年（1669），《汉阳府志》撰序者之一湖广等处承宣布政使司刘显贵叹曰："楚自明末即遭兵燹，武（昌）、汉（阳）地居上游，而汉阳更当其冲，城社丘墟，生民涂炭……疮痍虽起，而望休养生息之道，正吸吸也。"该志书另一撰序者魏学渠亦云："自兵兴以来，所在萧条。"[①] 相应地，汉阳下辖的汉口这样水陆交通俱可畅达、人烟辐辏的富庶城镇，自然难逃成为起义军和官军轮番"劫杀"目标的厄运。正因为经历了这样不可抗拒的战乱破坏，明代汉口在一个多世纪里创造的商贸环境、积累的财富资本、聚集的人口规模等所有支撑它成为"天下名镇"的要素几乎都消失殆尽。

---

[①] 武汉市汉阳区地方志办公室编：《康熙汉阳府志》之湖广等处承宣布政使司刘显贵撰《汉阳府志序》、三楚视学使者魏学渠撰《汉阳府志序》，湖北人民出版社2014年版，第2页、第6页，底本为（清）陈国儒修、王世显等纂清康熙八年（1669）刻本。

## 一、 明末农民战争风起云涌之概况

明朝在万历后期已进入苟延残喘的历史阶段。① 政治腐败、土地集中和贫富分化的加剧、国家财政的持续恶化和赋役的不断加征、军制的败坏、灾害频发和水利失修等因素交织在一起,使得明末社会阶级矛盾丛生,农民起义就是在这样的社会背景下酝酿和爆发,点燃了摧毁明朝的烈火。一些明朝官员早就从民众的不满中窥见了王朝覆灭的危险信号,如前引大学士沈一贯在奏疏中恳请万历皇帝一定要重视矿监税使在武昌、汉阳激起大规模民变一事,并直言"众怒如有水火不可犯也"。另有万历朝官至礼部侍郎的郭正域在题为《法祖停税赋》的奏疏中直陈"自古乱亡之祸,不起于四夷,而起于小民",为君者"失百姓之心则失天下矣",希望以此来提醒统治者——朱明王朝已经到了很危险的境地,必须改弦更张以顺应民心,从而避免大厦之将倾。② 然而,此时

---

① 自万历十年六月内阁首辅张居正逝世后,万历皇帝亲掌大权的三十八年间是晚明政治恶化的显著阶段。万历皇帝亲政后,一方面依靠宦官亲信形成"事事由朕独断"的政局,另一方面又长期耽于酒色,宴处深宫数十年不肯上朝听政,以致百官不事其职,朝中"朋党之争"不断,外加边患日亟,到万历末年明王朝已元气大伤,为此后的王朝覆灭埋下了祸根。正如《明史》卷二一《本纪第二十一》"神宗二"曰:"故论者谓明之亡,实亡于神宗岂不谅欤。"参见《明史》卷二一《本纪第二十一》"神宗二",中华书局1974年版,第295页。另有明清史大家孟森先生指出:"明之衰,衰于正、嘉以后,至万历朝则加甚焉。明亡之征兆,至万历而定。"参见孟森:《明史讲义》,上海古籍出版社2002年版,第235页。

② (明) 郭正域撰:《法祖停税赋》,载《皇明经世文编》卷四五四,《郭文毅集》。孟森先生认为:"至万历之末而纪纲尽坏,国事亦遂不可为。有志之人屡议修复旧志,而君相已万无此能力,然犹延数十年后而亡。"参见孟森:《明史讲义》,上海古籍出版社2002年版,第18页。

明王朝俨然已经内部溃烂，离病入膏肓不过寸步之遥。况且，以"贪财好货"①"不理政事"②著称的万历皇帝根本听不进去这类劝谏，至死我行我素，将千疮百孔的烂摊子留给继任者。也因此，自万历朝至明朝覆灭前夜，各地爆发了规模不一的农民起义。③ 这些农民起义以天启初年为分界点，呈现了不同的态势。从万历朝到天启朝初年，尽管大大小小的农民反抗运动几乎都在萌芽期或者运动初期就被明廷扑灭，但造成农民纷起反抗的社会矛盾并未就此消失，反而在天灾人祸和崛起中的后金势力给予的外部军事压力的合力挤压下，使得明朝统治阶级与广大

---

① 第二章论述矿监税使对湖广地区的危害时已专门交代明神宗之贪财好货问题。

② 《明史》卷三〇五曰："初，神宗在位久，怠于政事，章奏多不省。"详见《明史》卷三〇五《列传第一百九十三·宦官二》之"魏忠贤传"，中华书局1974年版，第7817页。

③ 诸如，万历十六年（1588），刘汝国在安徽太湖宿松地区发动农民起义，自称"济贫王"，铸铜印自封"替天大元帅"，开富户粮仓以赈济饥民，饥民追随者达数万人，起义军多次击败官军，并且刘国汝坚决不肯接受明廷招抚，明言："豪家不法，吾取其财以济贫，此替天行道，而违之是逆天也。"同年，湖北也发生了抢米风潮，如大冶县"持斧破廒，所至皆空"。万历二十七年（1599），白莲教教徒赵古元在徐州一带组织起义，其教徒约定了起义日期，制定了先拿下淮扬，再克徐州，然后进军金陵，最后攻打燕京的反明计划，令明朝地方官员惊呼："黄巾、赤眉之祸，再现于目前。变生呼吸，可为寒心。"万历三十四年（1606），南京无为教教徒刘天绪率众密谋起义，并自号"龙华帝主"。天启二年（1622），山东白莲教徒在徐鸿儒的领导下开展了较大规模的农民起义运动，许多农民携家带口"争相赴之"，连续攻克了郓城、邹县、滕县等多个县城，还计划"北定神京，为帝为王，改元建号"。天启四年（1624）九月，杨桓、杨丛儒等在安徽砀山、颍州，以及河南永城等地密谋起事，"啸聚徒众，私相部署，伪称懿德元年"。参见顾诚：《明末农民战争史》，中国社会科学出版社1984年版，第21—22页。

农民之间的矛盾日益加剧。因此，自天启朝后期至崇祯朝终结，农民战争此起彼伏。通常，天启七年（1627）发生在陕西澄城县的农民起义，被视为明末农民战争的揭幕战。澄城在当时的陕西地区是一个"土瘠赋重"的贫困县，该县农民不堪负荷纷纷逃亡，丢下大片田土抛荒。隆庆、万历二朝，邻近县份的农民前来承佃垦种。天启朝，赋税压榨越来越重，加上天灾不断，该县户口凋敝比之从前更甚，民众感到与其死于地方官催逼钱粮，不如揭竿而起求得一线生机，遂聚众持器追杀县官；澄城县农民抗粮杀知县的消息迅速传播开来，各地饥民、饥军纷起效仿，如燎原之势席卷全国的明末农民战争正式拉开序幕。①

应专门说明的是，尽管明末农民起义军迫于生计而奋起反抗暴政在相当一部分学者看来是值得高度赞扬的，即农民用自己的行动证明了他们是旧秩序、旧制度的批判者，并提出他们的追求是政治上和社会上的平等、经济上的平均，②但不可否认的是，明末农民战争也有明显的消极作用。有学者研究指出：从天启七年（1627）澄城农民起义至崇祯十七年（1644）明朝覆灭，明末农民战争持续了近二十年（实际上清初仍延续了一段时间），不仅摧毁了明朝旧有的统治秩序，而且因为人口伤亡众多，使得作战地区的农业生产环境遭到严重破坏，农业再生产链条断裂。③商业贸易的繁荣与发展是建立在稳定的社会政治环境、充

---

① 参见顾诚：《明末农民战争史》，中国社会科学出版社1984年版，第28—29页。

② 同上，第340页。

③ 代永峡、樊志民：《明末农民战争对河南农业发展的影响》，《兰台世界》（旬刊）2015年第30期。

分发展的农业、发达的手工业、充裕的消费人口①,以及便利的水陆交通等基本要素的基础上。因此,近二十载连年战火对战区内市镇经济的破坏,以及全国商品经济发展的遏制,同样不容小觑。② 此外,农民军所过之处,当地士绅和儒士均遭到不同程度的打压,甚至是酷刑对待,部分私人藏书和书院馆藏的典籍都遭到破坏,或散佚,或直接尽毁之。③ 显然,明末旷日持久的农民战争不仅破坏了当时中国的农业生产和社会经济秩序,而且毁坏了地方文化典籍。

---

① 消费人口数量决定了消费需求数量,而总消费人口数量与全国总人口数直接相关。明末清初,在天灾、战乱的交互影响下,全国人口锐减。据《中国人口史》(第四卷)明时期第十一章《明末人口锐减》载:"17世纪上半叶,北中国进入一个日趋干旱的时期。……农民军、政府军以及清兵相互纠缠,将中国北部、长江上游及中下游部分地区变成了一个人口的屠宰场,中国人口大量死亡。"参见曹树基著:《中国人口史》(第四卷),复旦大学出版社2000年版,第405页。

② 学界较多关注明末旷日持久的农民战争对作战区的农业生产和农业产业链的破坏,甚少专门论及明末农民战争对商业发展造成的不利影响,但只要考虑到古代中国商业发展依赖的几大主要因素,即政治方面的国家统一和社会安定,经济方面的农业和手工业的高度发展,商贸政策方相对宽松的商品交易限制和较低的商税,较为便利的交通,稳健的货币和发达的金融机构等,便可以想见晚明高度发达的商品经济在明末农民战争冲击下势必受到相当程度的阻遏。对于不幸处在农民军和官军交战区域的商贸重镇而言,则很难避免受到战争的破坏。作为历史学者,决不能因为明末农民战争摧毁了业已腐朽的明王朝统治,便以功过三七开的方式,对其造成的实实在在的巨大破坏视而不见,亦不应基于阶级情感的立场将那些亲历战争苦难的明末知识分子留下的文字记载轻易斥为恶意丑化起义军的史料,而是应该站在尽可能客观的立场,基于当时的历史情境,对具体问题进行具体分析。

③ 张扬:《明末清初时期时事剧的散佚》,《湖南第一师范学报》2008年第2期。

## 二、 明官军和农民军对汉口的轮番破坏

在明末风起云涌的农民起义军当中，李自成率领的起义军是最重要的一支。针对崇祯朝土地高度集中和赋税繁重（剿饷、练饷加派无已）的情况，李自成向广大民众提出"均田免赋"的口号，待攻占西安后，又以"贵贱均田""五年不征"为号召，遂响应者甚众。在明官军的持续围剿下，李自成部经过十余年的流动作战，虽屡历低潮，但积累了丰富的作战经验，特别善于伺机扩展起义军的生存空间。崇祯十四年（1641）正月，李自成率众攻占洛阳，没收了"吝啬好货"的福王①积存的大量金银财宝、粮食，以及大批其他物资，并发布开仓赈济饥民告示，令附近饥民前来就食，很快赢得当地百姓的拥护。《豫变纪略》②卷四曰："福王者，神宗爱子也，几欲易储，怵于群言而不果。……王之为人，性鄙啬而酷嗜货财，守国（就藩之地称为福国）二十余年，无一事可称者。洎乎国变，连岁饥荒，民不聊生，盗贼遍野，王之粟红

---

① 福王，名朱常洵（1586—1641），明神宗朱翊钧第三子。万历二十九年（1601）被册封为福王，万历四十二年（1614）就藩河南洛阳。有关明神宗如何宠爱和厚赐福王朱常洵，以及福王贪鄙腐化的具体情况，可参见《明史》卷一二〇《列传第八》"诸王五"，中华书局1974年版，第3649—3650页。

②《豫变纪略》是记录明天启六年至清顺治二年间"豫变"的专著，作者郑廉，字介夫，号石廊，居河南归德府城东。作者亲历了明末清初河南地区的社会动荡，深感"野史所纪豫变之诬"，"是非颠倒，杂乱无章"（郑廉《柳下堂遗集》卷一《与李子金序》），于是缀辑闻见，成就是著。乾隆八年彭倚华为《豫变纪略》（八卷本）写的跋文曰："（《豫变纪略》）深辨诸纪之传讹，为解后生之迷罔，虽古良史，不是过也。"该书日益为明史、明末农民战争史研究者所重视，但较多引用的是三怡堂丛书本（非全本）。乾隆八年彭衢藏版《豫变纪略》八卷本的发现，为明末清初河南地区的农民战争史和地方社会史研究提供了更加翔实的资料。参见王兴亚：《彭衢藏版〈豫变纪略〉刻本的发现及其价值》，《中州学刊》1983年第2期。哈佛大学汉和图书馆有彭衢藏版《豫变纪略》珍藏本，为方便读者利用，开放该版本高清影印本。

贯朽自若。既而城破矣，身横鼎俎矣，向之朽贯红粟，贼乃借之以出示开仓而赈饥民。远近饥民荷旗而往，应之者如流水，日夜不绝，一呼百万，而其势燎原不可扑。自是而后，所过无坚城，所遇无劲敌。诸将皆望风走。即秉钺者以名节自许，亦不过以身予敌而已矣。"① 崇祯十五年（1642）冬，李自成率起义军在河南取得重大胜利，河南境内的明官军主力基本上被消灭殆尽，明末农民战争进入高潮。"天下大势"已如崇祯末年亲历战火者所言："是时，明室之亡决矣。"② 如果再考虑到后金对明王朝的军事威胁，此言甚矣！

当河南地区的局势大体安定后，为继续扩大战果，以及补充粮食和其他物资，李自成部40万军队经南阳入楚，一路夺襄阳、攻荆州、占承天。③ 崇祯十五年（1642）闰十一月，李自成军队攻打明朝将领左良玉镇守的军事重镇襄阳④，得到当地百姓的热心支持，或是主动带路，或是协助运送辎重，甚至纷纷"焚香顶礼，牲酒远迎"，而明廷"平贼

---

①（明）郑廉著：《豫变纪略》卷四，第5页，哈佛大学汉和图书馆藏乾隆八年彭衔藏版。

②《豫变纪略》卷三曰："是时，明室之亡决矣，外则防边，内则剿寇，无饷无兵而将不用命。士大夫袖手高谈，各立门户，虽贤者不免。不知圣处此尚有何计转移耶？"（明）郑廉著：《豫变纪略》卷三，第22页，哈佛大学汉和图书馆藏乾隆八年彭衔藏版。

③参见顾诚：《明末农民战争史》，中国社会科学出版社1984年版，第164页。另见曹树基：《中国人口史》（第四卷），复旦大学出版社2000年版，第425页。

④襄阳位于湖北省北部，与河南省南阳相邻，自古以"兵家必争之地"著称于世。清初地理学家顾祖禹在《读史方舆纪要》卷七十九《湖广五》之"襄阳府"条云："胡氏曰：'襄阳，上流门户，北通汝、洛，西带秦、蜀，南遮湖广，东瞰吴越，欲退守江左，则襄阳不如建业，欲进图中原，则建业不如襄阳，欲御强寇，则建业襄阳如左右臂也。'"参见（清）顾祖禹撰：《读史方舆纪要》卷七十九《湖广五》，第6—7页，中国国家图书馆藏清光绪朝抄本。

将军"左良玉则主动放弃襄阳这一牵动明王朝命运走向的战略要地,率官军狼狈逃跑。① 很大程度上乃是因为"良玉自朱仙镇之败,精锐略尽,其后归者多乌合,军容虽壮,法令不复相慑"②。况且,明末官军纪律败坏,正如冯钦明在《上家邺仙大司马书》中云:"今官兵所至,动以打粮为名,劫商贾,搜居积,淫妇女,焚室庐。小民畏兵,甚于畏贼。"③

果然,这伙败军于十二月十六日拂晓迅速突入汉口,汉镇民众来不及逃离,且因性刚勇遭官兵仇恨,遂被残酷洗劫和羞辱。两日后,这伙乱兵才离开汉口前往武昌城外的金沙洲。对此,可参见明人魏赏延《竹中记》中所载:

壬午冬,十二月十六日昧爽,左将军弃樊避贼,兵突至汉口镇,镇人不及逃。而郡城(汉阳)人素怔懦,已闻风空国矣。(左军)士甚强,马甚壮,戟门甚尊严。钟鼓帷帐,虽稍见夺于贼,犹甚惧也。而仇

---

① 参见顾诚:《明末农民战争史》,中国社会科学出版社1984年版,第164—165页。另外,左良玉之辈根本没有与起义军正面战斗的决心,因为他们将起义军视为保持自身富贵的政治资本,并且他们在屯兵期间对老百姓的劫掠"与盗贼无异"。对此,《豫变纪略》卷三曰:"当是时,贼尚可平也,遇官军犹不敢战。然诸将多养寇以自封,而刘元斌、左良玉为最,动曰朝廷善负人,贼既尽,何所用我,不如且留贼为富贵资。故不肯杀贼,每相遇,特稍稍斩获以报功而已。元斌追贼至归德,贼新创,踉跄西走。使其穷追,则草薙而禽狝矣。元斌屯兵于归德之东门者四十余日,劫掠数十里,与贼无异,但不放火焚屋耳。"(明)郑廉著:《豫变纪略》卷三,第22页,哈佛大学汉和图书馆藏乾隆八年彭衙藏版。

②《明史》卷二七三《列传第一百六十一》之"左良玉传",中华书局1974年版,第6997页。

③ 转引自顾诚:《明末农民战争史》,中国社会科学出版社1984年版,第17页。

镇人亦甚勇，于是居其居，因薪之；食其食，因粪之；财其财；妇其妇女，而男则筑以刀环而逐之。越二日，监军道皖城王扬基与大将军旧，迎之渡江，驻省城外金沙洲。洲人受其荼毒，与汉口同。二镇故并雄财货，甲于全楚。不数日，荡然焉。①

转瞬间"财富甲于全楚"的汉口商镇被左良玉部扫荡一空，而且妇女遭官兵奸淫（"妇其妇女"），男子被官兵追杀（"筑以刀环而逐之"），阖镇笼罩在极为残暴而又恐怖的气氛中。左良玉部之所以恣意抢掠地方，除前述明军早已纪律败坏，自朱仙镇大败精锐尽失后军中多乌合之众之外，还有一个重要的原因：虽然左良玉经招降纳叛拥兵二十万，但朝廷按名籍拨付军饷的只有两万五千名，超过饷额的十七八万士兵的军需主要靠搜刮地方民财来维持；一旦纵兵劫掠，实与流寇无异，给地方百姓造成极大的破坏。② 汉口也因此"不数日，荡然焉"。为渡江攻占武昌，左良玉部在汉口大肆抢掠船只，居民在惊慌失措中乘舟南逃。为具体感受武汉地区逃避战乱者无助且惊恐的情状，现将《明季北略》卷十八"左兵扰武昌"条内容引录如下：

冯生云：舟至兰溪，见有自上流来者，传言武昌兵乱。将近武昌，闻左兵数万从汉口抢船渡江，汉口居民逃散，江上舟楫不行。余船昏夜趁风过武昌，泊金沙洲。时腊月十八也。天明，见纷纷逃难者如蚁，皆南走，舟中携老稚妇女啼号徙窜者，络绎皆是。相传左兵所过，奸淫剽

---

① （明）魏赏延：《竹中记》，转引自王葆心著，陈志平等点校：《续汉口丛谈》卷一，湖北教育出版社2002年版，第14页。

② 参见顾诚：《明末农民战争史》，中国社会科学出版社1984年版，第164页。

掠，鸡犬不留。武昌城下，居民一空。又明日，已掠金沙洲矣。①

据这则引文可知，亲历左良玉袭扰汉口的"冯生"乘舟逃往今天湖北黄冈地区的兰溪，在叙述汉口居民在兵乱中沦为难民的惨况之余，还提及"相传左兵所过，奸淫剽掠，鸡犬不留"。这次逃难中的传言应当属实。因为，据《豫变纪略》相关记载可知，左良玉屯兵襄阳时，侦知李自成所率农民军将至，"纵兵大掠而东，所过焚庐舍，夷井灶，鸡犬无所留，千里一空，江左大震"。②此次纵兵抢掠，便发生在左良玉拔营东遁进抵汉口前夕。另外，《明季北略》所云左兵两日内抢完汉口，又抢掠金沙洲，与前引《竹中记》所言无差，而且从难民的角度更加具有画面感地呈现了明末汉口居民在"兵祸"中遭受的苦难。

左良玉部在汉口和金沙洲大肆搜掠后，得悉李自成即将率众进入武昌，便匆忙夺舟往江西方向逃窜。那些原本指望藏身运粮船中的难民顿时陷入绝境。《竹中记》云："（崇祯十六年正月）十五日，贼已破汉川县，吾郡距百二十里，不知也，惟左镇知之。十六日，掳两岸船几尽。先是小民不能自置舟者，辄挈室托于粮艘，凡数千家，以粮艘可恃也。至是概掠之。一卒登舟，百人请命，刀声人语，鱼乱水飞，可怜哉！十八日，全师东下，樯帆蔽江，酸泣之音，十里相接，两郡方幸得少苏息。"③连普通运粮船只都被急于顺江东下的左良玉部抢掠，那些富商

---

①（清）计六奇撰：《明季北略》卷十八"左兵扰武昌"条，第33—34页，中国国家图书馆藏古籍影印本。另可见（清）计六奇撰：《明季北略》（上）卷十八"左兵扰武昌"条，中华书局1984年版，第324页。

②（明）郑廉著：《豫变纪略》卷六，第18页，哈佛大学汉和图书馆藏乾隆八年彭衍藏版。

③（明）魏赏延：《竹中记》，转引自（清）范锴撰，江浦等校释：《汉口丛谈校释》卷四，湖北人民出版社1999年版，第223页。

大贾的大型船只当更不在话下。左良玉部自崇祯十五年十二月十六日凌晨突入汉口，至崇祯十六年正月十八日才挥师继续东遁，在汉阳和武昌两府盘桓的时日长达一月有余。多达二十万且大多系乌合之众的明官军在驻留期间"强行霸食""肆意掠财""奸淫妇女""杀人夺舟"，实属作恶多端，遂有前引《竹中记》所云汉口作为"甲于全楚"的富庶市镇，竟沦落至"不数日，荡然焉"之惨境。范锴在转录《竹中记》时写了一段按语，既谴责了左良玉部官军在楚地犯下的罪恶比农民军有过之而无不及，也分析了该书所记之事应当可信。按语云："左镇跋扈，拥兵自雄。鼓钟姬妾，备极侈华，而弃樊弃鄂，忍使流贼长驱直进。不有奇谋异策，先为防守，徒著士强马壮之名，已难反躬自问。乃纵军恣横，鱼肉楚民，竟甚于流贼，其罪可擢发数哉？魏君记之，微言三四，皆属身亲耳目，殆非虚诬。"①

不幸的是，左良玉部前脚夺舟逃往江西，李自成部后脚便取道汉川县大镇刘家隔，于崇祯十六年（1643）正月十八日攻克汉阳，"缴获"船只四五千号，十九日渡江进攻武昌。② 从汉阳府所辖地区来看，李自成部最有可能从位于汉阳县东北三里处帆樯林立的汉口商镇"缴获"大量船只。应说明的是，李自成部从汉口商民手中强行掠夺船只为渡江攻打省城武昌做准备，这一行径在战时并不稀奇，而且时至今日大可不必因为他们是农民起义军而刻意隐讳。尽管李自成自诩驭下纪律严明，对外宣称秋毫无犯，甚至比起其他起义军或左良玉统帅的明官军都要收敛得多，但实际上要满足动辄号称百万大军的李自成部之军需和日用并

---

① (清)范锴撰，江浦等校释：《汉口丛谈校释》卷四，湖北人民出版社1999年版，第223页。

② 参见顾诚：《明末农民战争史》，中国社会科学出版社1984年版，第166页。

非易事，部众烧杀掳掠亦在所难免。① 况且，李自成决定率部从"赤地千里，绝望人烟"②的河南转战湖北，其中一个重要原因便是考虑到湖广既是四通八达之地，又是盛产粮食的省份（所谓"湖广熟，天下足"）。是故，"掠汉口船只"非常有可能成为李自成部补充军事物资的重要途径。然则，船舶是明代汉口物资转运和居民与省城和郡城往来的核心交通工具，没有了船，汉口只是三面环水背靠龟山的孤岛，且不说商业贸易之维系，单是商民的日常生活亦会因之陷入困境。

明末时局充满不确定性，各路人马先后进入汉阳府或武昌府，驻扎时间长短不一。与武昌隔江相对、与汉阳隔水相望的汉口不可能逸出动荡不安的氛围，而且连遭兵祸的命运并未随着李自成部欲用从汉阳"缴获"的船只渡江攻打武昌而结束。前文已经提及在左良玉部溃兵扫掠汉口顺江东遁后不久，李自成部接踵而至，占据汉川县、汉阳府，欲兵锋直指武昌府，但最终因内部问题掣肘而作罢。这便给了另一支著名的农民起义军张献忠部从安徽进入湖广扩展势力的机会。张献忠部于崇祯十六年（1643）三月，克蕲水；四月入麻城，改麻城县为常顺州；五月初五日，先头部队从团风州渡江攻取武昌县；五月二十九日进攻省城武昌，活捉楚王朱华奎，没收楚王府积累的巨额财富，并在武昌建立

---

① 有关农民起义军杀掠事例甚多，在此就不一一列举。据《豫变纪略》卷五载："安平土贼刘其清入柘城县。焚杀月余，官民庐舍为之一空。""（崇祯十五年李振海部）北追薛、张八十里，至谷熟，又转而东三十余里，大杀掠，鸡犬无所遗，村落一空。"（明）郑廉著：《豫变纪略》卷五，第26页、27页，哈佛大学汉和图书馆藏乾隆八年彭御藏版。

②《豫变纪略》卷五载："臣乡自贼中来者，皆言百万。今且以人五十万、马五十万计，人食日一升，马食日三升，则是所至之处，日得八千钟粟也。中原赤地千里，望绝人烟。自兹以往，安所致此哉！"（明）郑廉著：《豫变纪略》卷五，第33页，哈佛大学汉和图书馆藏乾隆八年彭御藏版。

大西政权，改省城为京城，铸西王之宝。① 然而，两个月后张献忠只在武昌留下少量军队，命随同大西政权任命的地方文职官员留守，督率大西军主力向湖南进发；此时，早在三月就已陈兵襄阳的李自成，在得到陕西总督孙传庭即将出关的消息后，立即整兵北上河南，准备迎战明官军，没能转战汉阳和武昌，这又给原先望风而逃的明朝官军左良玉部以卷土重来之机；左良玉先派兵占领武昌地区，继而向明廷大肆吹嘘自己的"恢复"之功。② 对此，一位明朝官员一针见血地指出："左帅遂遣前锋收复武、汉、黄三府，而皆是献贼杀掠搜劫之余，空城仅存，委而去之，非云战胜攻取也。"③ 左良玉死后，麾下将领惠登相又引兵西上，进攻汉口。汉口民众在生员江油然指挥下，据后襄河拼死抵抗，战斗持续了六七日。④

顾诚先生在《明末农民战争史》一书第九章中力主为张献忠部恢复义军名誉，理由是：官方史料和当时一些文人笔记对张献忠部在武汉地区所作所为的描述，是出于维护自身阶级立场而有意歪曲史实，并且张氏有能力依靠没收明宗室（楚王）和官僚地主的财产筹集兵饷，还一度为收取民心，而拨出款项赈济汉阳、武昌的难民。⑤ 当然，顾诚先

---

① 参见顾诚：《明末农民战争史》，中国社会科学出版社1984年版，第185—188页。

② 参见顾诚：《明末农民战争史》，中国社会科学出版社1984年版，第188—189页。

③ 彭观民：《彭节愍公家书》，转引自顾诚：《明末农民战争史》，中国社会科学出版社1984年版，第189页。

④ 参见皮明庥、吴勇主编：《汉口五百年》，湖北教育出版社1999年版，第20页。

⑤ 参见顾诚：《明末农民战争史》，中国社会科学出版社1984年版，第188页。

生也并未因此而认为张献忠率部驻扎武汉地区两月有余,只有设立文教、安定民生之功,而全无扰民之祸。应当承认,农民,是天灾人祸的承受者,但陷入绝境后,为了生存也会不惜铤而走险,转而成为那些仍坚守在乡村的百姓的加害者;地主,特别是大地主是盗贼、流寇、匪患活动的重要目标,也是组织民众(诸如成立民防组织、修筑堡垒)防范此类活动的核心力量,在战乱波及家乡时会起到维护社会秩序的作用,避免地方社会彻底崩盘。① 乾隆朝史学家、思想家章学诚在《明季寇难传》一文中说道:"盗贼之祸,历代恒有,然皆随炽随灭,史册所载,未有若明末李自成、张献忠之酷者。而湖广与河南、陕西接壤,西控四川,南北延后,被祸尤烈。"② 以治学严谨、学问通达著称的章氏之所以这样说,是因为他有在湖北应城、天门等地生活、讲学,以及编纂湖北志书的经历,有机会接触湖广诸县地方志书、文人笔记等资料。平心而论,他在《明季寇难传》一文中既列举了李自成部和张献忠部在湖广各处的杀掳行径,也指出了明官军在面对农民起义军攻打时"逃避""观望"等不负责的行为;在陈述李自成手下的罗汝才部在鄂东地区活动频繁时,比较审慎地说道:"自是贼分枝蹂躏,往来如织,然未尝攻城,止肆野掠,毁房屋,杀掳人民无算。"③

---

① 《绥寇纪略》载张献忠部破武昌城后,"将男子十五以上二十以下录为兵,余连项就戮,贼持刀者腕为脱,乃佯开汉阳门纵之去。门逼水,人嚣呼蹈藉,铁骑围而麾之江中,自鹦鹉洲达于道士洑,浮胔蚁动,水几不流。逾月,人脂厚累寸,鱼鳖不可食"。(清)吴伟业撰:《绥寇纪略》卷十,第15页,钦定四库全书影印本。

② (清)章学诚撰,郭康松点校:《湖北通志检存稿》卷二《明季寇难传》,湖北教育出版社2002年版,第126页。

③ (清)章学诚撰,郭康松点校:《湖北通志检存稿》卷二《明季寇难传》,湖北教育出版社2002年版,第127—130页。

况且，明末魏赏延在《竹中记》里对左氏官军和张氏所率起义军在汉口等地的暴行留下相同态度的记录，并无偏袒任何一方的倾向。明末清初著名文人吴伟业在《绥寇纪略》卷十指出："汉口人周五（即周洪卿）者，首其地富人多亡匿，（张献忠）出兵搜牢，获千余舟，士女赴水溺者无算。"① 嘉道之际的汉口文人范锴在《汉口丛谈》卷一中也说到张献忠部在"连陷蕲水、蕲州、黄州，杀戮甚惨"后，于崇祯十六年四月十六日"抵汉口，十七日登城"，"昼鼓吹行掠，夜归汉口营"，以及"五月晦，大雨雹，是日张献忠陷武昌、汉地，杀掠甚惨"，在左兵和农民军的轮番掳掠下，"民有病不能行，蒙贼免者，兵不免之"；更可恨的是，"有市人严某避于乡，闻贼已去，父子归视其室，兵至肆虐，子受重创，而割其父头冒赏"；五月三十日，武昌城内"自王府至庶民，杀戮以数十万计"；"六月中，贼分要道掠之，凡得舟数万，所杀称是"；江汉地区陆居者为逃命，将"糇粮尽载于舟"，"又泊于最僻之处"，然而"至是亦掳去"。② 湖广承宣布政使司刘显贵在给康熙《汉阳府志》撰写之序言中感叹："楚自明末即遭燹，武、汉地居上游，而汉阳地当其冲，城社丘墟，生民涂炭。"③ 诚哉斯言！

实际上，突入汉口的朝廷溃军也好，起义军也罢，人员众多（左良玉统领的二十万明军，或李自成率领的百万农民军，至少二十万计的张献忠部农民军），每日所需给养，以及要补充的军用战备物资均很庞

---

① （清）吴伟业撰：《绥寇纪略》卷十，第16页，钦定四库全书影印本。
② （清）范锴撰，江浦等校释：《汉口丛谈校释》，湖北人民出版社1999年版，第34页，45页，225页，第228—230页。
③ 武汉市汉阳区地方志办公室编：《康熙汉阳府志》之湖广等处承宣布政使司刘显贵撰《汉阳府志序》，湖北人民出版社2014年版，第2页，底本为（清）陈国儒修、王世显等纂清康熙八年（1669）刻本。

大，劫掠汉口这样以"百货山集""粮船踵至"著称的大镇当属意料之中的事。美国学者罗威廉在考证有关史料后对张献忠部数入汉口的破坏行为作如下描述：

>如同两个世纪以后再度出现的情况一样（指太平天国运动对汉口的破坏），当时汉口屡遭起义军和帝国守卫者的破坏。在明王朝的最后十年里，起义军张献忠在转战中数次掠夺了汉口，并在1643年初打算长期占据。是年初，张献忠识破了明军设下的陷阱，对汉口发动了一场黎明前的突然袭击。市民们来不及躲避，也来不及掩藏他们的财物，就陷入了一片恐慌。据说，他们冷漠地对待起义军，拒绝提供给养或者其他合作；作为报复，愤怒的张献忠将城市付之一炬。明军追赶上来，但是太晚了，没能救下这个城市。四个月后，起义军最后一次返回这里，并把汉口作为他们的临时首都；但这一次是满洲征服者把他们逐出汉口。这个城市再一次遭到征服者的掳掠和破坏。①

值得注意的是，战乱对湖广，特别是武昌和汉阳的破坏，一直延续至清初。1644年，李自成建立大顺政权并率起义军攻克北京，埋葬了明王朝，但清军入关让他没能站稳脚跟，只能率部且战且退。清顺治二年（1645）二月，清军攻克潼关，杀马世耀及降兵，李自成"遂弃西安，由龙驹寨走武冈入襄阳，复走武昌"，"是时左良玉东下，武昌虚无人，自成屯五十余日，贼众尚余五十余万"。②

至此，我们可以较为清晰地勾画汉口在明清之际遭遇的浩劫：汉口先遭到明军左良玉所率部众的残酷杀戮和掳掠，其后是李自成部大规模

---

① （美）罗威廉著，江溶、鲁西奇译：《汉口：一个中国城市的商业和社会（1796~1889）》，中国人民大学出版社2005年版，第36页。

② （清）章学诚撰，郭康松点校：《湖北通志检存稿》卷二《明季寇难传》，湖北教育出版社2002年版，第131—132页。

抢夺船只，张献忠部几次入驻因民众不合作而放火焚烧这个人口密度和建筑密度均很高的市镇，最后是满洲征服者的掳掠和破坏。汉口在明清改朝换代之际的遭遇可谓惨烈不堪。这个原本在晚明时期极为繁荣的商业市镇，在一系列战祸蹂躏下归于死寂，"人民散亡十之八九"[①]，明中期以来累积的工商业成就倾刻化为乌有。

## 第二节　清初至乾隆朝汉口的迅速复兴与发展

明亡清兴的时代变迁，既有与此前中国历史上王朝鼎革的历史共性，也有"以夷变夏"的异民族（非汉民族）介入的历史特性；既是政治上的王朝统治易主，更是文化上的异质交锋；在明末清初的剧烈社会动荡与变迁过程中，中国城市（含市镇）在长期的战乱与灾异中遭受了巨大的创伤，诸如武昌、扬州、成都等大城市均面临战后重建的紧迫任务，即在逐步稳定全国的政治经济秩序，巩固新的异族政权的前提下，开启城市重建工作；清前期，城市的重建是以恢复为主题，并随着地方经济的复苏和逐渐繁荣，一些地方城市在重建中生长出比明代更多的活力，但仍局限在旧的社会秩序下，没有实质性的改变。[②] 明末清初饱受战乱的汉口亦不例外。由前述内容可知，汉阳和武昌经历明清之际战火的重创，人口锐减，经济残破，往昔"甲于全楚"之繁华汉口市

---

[①]（清）范锴撰，江浦等校释：《汉口丛谈校释》卷二，第138页，湖北人民出版社1999年版。

[②] 参见田凯：《清代地方城市景观的重建与变迁：以17—19世纪成都为研究中心》，巴蜀书社2012年版，第38页。

镇亦因之凋敝，即"自兵兴以来，所在萧条"①。虽然汉口在明末清初遭遇了严重的挫折，但在战火熄灭之后，随着清前期全国工商业经济的恢复和进一步发展，以及国内外市场的日趋活跃，昔日的商贸重镇奇迹般地得以迅速重建，并在清代乾隆朝展现出强劲的发展势头，最终得以在嘉道之际臻于鼎盛。汉口在清代的恢复与发展既呈现出了与明代汉口相似之处，也孕育出了新时期的别样风貌。因此，清代（开埠前）的汉口商镇的重建与再现辉煌并非对明代汉口的简单复制。

## 一、清初汉口：兵尘过后转繁华

有关清初汉口如何重建的历史信息几近阙如，这也是有关清代汉口的研究甚少涉及该时期汉口情况之论述的关键原因。幸运的是，我们仍能从清朝顺治、康熙二朝的一些语涉汉口的碎片化史料中略窥一二。顺治十五年（1658）湖广地区发生了严重洪灾，潜江、沔水、汉川等地的难民主动迁移至汉口居仁坊西面的"障地"谋求新生，汉阳县官员"奉上编入户口，名外五甲"。② 通常，一个市镇能够一次性吸纳大量灾难性移民，一定有相对不错的经济承载能力。当然，亦应承认，这些灾后流离失所的难民的到来，一方面有利于拓展汉口的居住空间，即汉口的编户人口不再局限于明代已设的居仁坊、由义坊、循礼坊、大智坊、

---

① 武汉市汉阳区地方志办公室编：《康熙汉阳府志》之三楚视学使者魏学渠撰《汉阳府志序》，湖北人民出版社2014年版，第6页，底本为（清）陈国儒修、王世显等纂清康熙八年（1669）刻本。

② （清）陶士契修，刘湘煃纂：乾隆《汉阳府志》卷十二《城郭坊镇》，江苏古籍出版社2001年版，该卷第1页（全书第128页），据清乾隆十二年（1747）刻本影印。

崇信坊等五坊区，另一方面迅速增加了定居人口，为清初汉口的复兴提供了一定的劳动力来源。

另外，康熙初年，生于汉阳、官至内阁学士兼礼部侍郎的熊伯龙①撰写的《四官殿碑记》记载了当时汉口镇"革故鼎新"之景象，特摘录如下：

五行皆生人知资。独火烈，民望而畏之，盖有神焉，不可度思矣。苟祝融煽祸，而当事者漫不经心，吉凶同患之谓何？何燮理之为也。楚介南服，火德居望，而汉镇又适当五达之衢，黔庐赭壁，何时蔑有。人共知其为竹篱茅舍之所致，而终莫敢有建议毁易者。盖凡民可与乐成，而难与虑始。自非有实心任事之监司，主持其上，奉行惟谨之守令，劝勉于下，求其能任德任怨也，夐夐难之。天佑南国，萃此吉人：方伯刘公，臬司陈公，监司饶公、王公、朱公，都阃钱公，商同守宪陈公，毅然下诛茅之禁，檄行郡县，易以瓦甓。维时太守杨公，邑侯侯公实左右之，下逮县尉李君，镇司王君，亦骏奔恐后，旬月之内，向之黄茅白苇，一望而百堵皆兴。苟非循良素著，何以得此于民哉？乃公等犹谓人事之已尽，未必天数之常亨，敬诣祝融，为民请命，爰是步自江浒，见有四官之旧庙在，辗然喜曰："有是哉，江汉合抱，洒沉澹灾，此真水火既济之乡，神灵凭依之所乎。"各捐俸金若干，并及本郡绅衿商民，量力资助，革故鼎新，而庙貌由是改观矣。②

---

① 熊伯龙，生于1616年，卒于1669年，字汉侯，号塞斋，别号钟陵，汉阳人。顺治五年顺天乡试（也称戊子科乡试）第一，顺治六年中一甲二名进士，历任国史院编修、侍读、国子监祭酒、内阁学士兼礼部侍郎等官职，有《熊学士诗文集》《无何集》传世。

② （清）范锴撰，江浦等校释：《汉口丛谈校释》卷二，湖北人民出版社1999年版，第93—94页。

由引文中"维时太守杨公，邑侯侯公实左右之"之句，结合康熙《汉阳府志》卷六《秩官志》之"国朝知府题名"条和"国朝汉阳县知县"条，可以判断"太守杨公"即顺治十六年（1659）至康熙七年（1668）任汉阳知府的杨必达，"邑侯侯公"即康熙元年（1662）至康熙七年任汉阳知县的侯绍岐。① 由是可知，这则汉口《四官殿碑记》当撰于康熙初年。学界利用该碑文时多据以论述当时汉阳官员努力改革民居建筑以防火患从而改善民生，而未能注意其中所提镇司一职背后的重要历史信息。按清规制，满五万居民的市镇，方设立有司衙门。可见顺康之际汉口市镇规模至少已恢复到明代万历末年时的水平。

康熙八年（1669）仲冬，时任湖广湖北等处提刑按察使司按察使阎廷谟在给康熙《汉阳府志》撰写的序言中说道："昔之称强大者，不逾庶、富二端。汉固泽国也，东南繁富之区有三，而汉镇居一焉。毂击肩摩，袂帷汗雨，不可谓不庶。醝艘绮舰，货廛蚨阓，不可谓不富。"② 康熙九年（1670）春，时任三楚视学使者魏学渠在给康熙八年刊刻的《汉阳府志》撰写的序言中提到，虽然明末清初战乱纷至，汉阳府境内一片萧索，汉上风物之盛俱成前尘旧事，但是经过顺治朝到康熙初年的重建，因"汉镇为天下四通五达之衢"，再现"商贾辐辏，舟樯鳞集"之景象，在视学使者魏氏看来，汉口已经"烟火数十万家，可谓盛

---

① 武汉市汉阳区地方志办公室编：《康熙汉阳府志》卷六《秩官志》，湖北人民出版社2014年版，第298页、第318页，底本为（清）陈国儒修、王世显等纂清康熙八年（1669）刻本。

② 武汉市汉阳区地方志办公室编：《康熙汉阳府志》之湖广湖北等处提刑按察使司按察使阎廷谟撰《汉阳府志序》，湖北人民出版社2014年版，第3页，底本为（清）陈国儒修、王世显等纂清康熙八年（1669）刻本。

矣"。① 当然，魏氏所言"烟火数十万家"并非确指此时汉口拥有商民数十万户，但重新恢复至数万口当是没有问题的。因为，在这篇《汉阳府志序》中还提到："（汉口）五方杂处，倡优、方技之辈游食其中，奸宄丛生，不可究诘。"显然，这时汉口镇仍依靠四通八达的水陆交通汇聚了全国各地而来的移民，而且随着地方社会秩序的渐趋稳定，凭借商业贸易迅速恢复经济，在满足商民生存和发展之外，还可以容纳"倡优、方技之辈游食其中"。②

---

① 武汉市汉阳区地方志办公室编：《康熙汉阳府志》之三楚视学使者魏学渠撰《汉阳府志序》，湖北人民出版社2014年版，第5—6页，底本为（清）陈国儒修、王世显等纂清康熙八年（1669）刻本。另据乾隆《汉阳县志》卷八《赋役》可知，"汉阳县原额人丁6587丁，豁除运夫故丁575丁，实在人丁6012丁。顺治十四年并康熙元年编审新增人丁1613丁；康熙十一年增人丁19丁；康熙二十二年增人丁45丁；康熙二十五年增人丁23丁；康熙三十年增人丁29丁；康熙三十五年增人丁27丁；康熙四十年增人丁20丁；康熙四十五年增人丁19丁；康熙五十年增人丁22丁；共实在人丁7830丁。"参见（清）刘嗣孔纂修：乾隆《汉阳县志》卷八《赋役》，第47—48页，中国国家图书馆藏乾隆十三年（1748）刻本。由此也可以深刻感受到，汉口作为商业贸易兴盛、手工业也日渐兴旺的巨镇，对移民的吸纳能力的确大大超过以农耕为主的县域。汉口虽然自明代就隶属于汉阳县，但自明晚期以来，因为贸易的迅猛拓展，自主进入汉口的以商业移民为主的外来人口不断增加，以致汉口虽然在行政管辖级别上属于一镇，但其人口规模和经济实力又绝非一般城市可比。清代乾嘉之际，汉口再次呈现一镇之综合实力超越其所在府县的风范。

② 汉口不仅因其卓越的经济活力吸引众多商民前往逐利，而且还会吸附周边地区灾难性移民的到来，进而带动汉口城区的开发和拓展。乾隆《汉阳府志》卷十二载："在居仁坊西，旧为障地，顺治戊戌大水，潜、沔、景、川难民移往甚众，奉上编入户口，名外五甲。"参见（清）陶士契修，刘湘煃纂：乾隆《汉阳府志》卷十二《城郭坊镇》，江苏古籍出版社2001年版，该卷第1页（全书第128页），据清乾隆十二年（1747）刻本影印。

## 第三章　清代开埠前汉口商镇的变迁

清前期，汉口重新发展为长江中游地区最大的商品集散地。康熙二十七年（1688）二月，《使滇日记》的作者徐炯过汉口，亲见其繁华富庶，曰："晚别寿民，登舟泊大江，渡口即汉口也。万艘云集，帆樯蔽江，市廛鳞次栉比约三十余里。风景繁庶，民不事田产，惟趋贸易，百货会集，商贾辐辏，称天下巨镇。"① 此景与前述秦聚奎在明万历《汉阳府志》中描述的汉口商业繁荣和居民多从事商贸的现象几无二致。随着清初汉口经济的迅速恢复，其市镇规模亦随之不断拓展，基层管理机构的设置也因之发生变化。乾隆《大清一统志》卷一二四载："汉口巡司在汉阳县北，旧在汉水南岸，后在北岸……明设巡司，本朝添设巡司，分仁义、礼智两司，移同知驻此。"② 有学者考证，清初之所以在汉口北岸增设巡检司，并将汉阳府同知移驻于此，乃是因为康熙朝汉口已是水口北岸发展成积重之势，原来设置在水口南岸崇信坊的巡检司移至北岸，而且随着市镇规模的继续扩大，为便于管理，于雍正五年（1727）将明嘉靖朝始设的巡检司一分为二，改设为仁义、礼智二巡检司③，并将本府同知移驻至汉镇，这反映了当时汉口市政之繁剧。④ 也因此，雍正末年，汉口循礼坊正街下岸之新安书院所在街巷，已经发展

---

①（清）徐炯撰：《使滇日记》，康熙二十七年二月初一日条，载《南阜山人学文存稿·使滇日记·使滇杂记》，上海古籍出版社1983年版，第283页。

② 乾隆《大清一统志》卷一二四，第90a页，钦定四库全书本。

③ 汉口的居仁、由义二坊归仁义巡检司管辖；循礼、大智二坊由礼智巡检司管辖。参见（清）范锴撰，江浦等校释：《汉口丛谈校释》卷一，湖北人民出版社1999年版，第35页。

④ 王葆心著，陈志平等点校：《续汉口丛谈》卷一，湖北教育出版社2002年版，第15页。

为"人烟稠密之通衢"。① 在商业贸易方面，清初汉口作为转运贸易为主的巨镇，除承明旧制负责淮盐分销外，还承担了清廷的滇铜采买和运输的重任。《皇朝经世文编》卷五十二载："雍正五年，滇厂获铜三百数十万斤，始议发运镇江、汉口各一百余万（斤），听江南、湖南、湖北受买。"② 雍正八年（1730），清廷似是意识到汉口的重要性，在此"增设水师外委千把总署，水师额外外委署"③。

清初地理学家刘献廷④撰《广阳杂记》卷四云："盖上游繁盛，古说荆襄……汉口之兴利在清初。"⑤ 此言不虚，且看康熙朝进士查慎行《敬业堂集·汉口》云："巨镇水陆冲，弹丸压楚境。南行控巴蜀，西去连鄢郢。人言杂五方，商贾富兼并。纷纷隶名藩，一一旗号整。胼胼驴尾接，得得马蹄骋。偩偩人摩肩，蹙蹙豚缩颈。群鸡叫咿喔，巨犬力

---

① （清）董桂敷撰，李经天等点注：《紫阳书院志略》卷六"马头基屋照"，湖北人民出版社2002年版，第228页。

② （清）王太岳撰：《铜政议上》，载（清）贺长龄、魏源等编纂：《皇朝经世文编》卷五十二《户政二十七》"钱币上"。

③ （清）范锴撰，江浦等校释：《汉口丛谈校释》卷一，湖北人民出版社1999年版，第36页。

④ 刘献庭，字继庄，别号广阳子，大兴人，生于顺治五年（1648），卒于康熙三十四年（1695），享年四十八岁。十九岁时，举家南迁，隐居于吴江。康熙二十六年（1687），经万斯同引荐，北上接受徐乾学之聘任，在京参加明史馆事，得以"遍历九州，览其山川形势"。康熙二十九年（1690）离京返吴，此后开启多次溯江西行之旅，并记下沿途所见所闻。康熙三十三年（1694），刘献庭从湖南东归吴江，途经汉阳，受到时任汉阳县令张寿民的款待。康熙三十四年七月，病故。生平著述甚勤，然皆散佚，仅有5卷《广阳杂记》存世。

⑤ （清）刘献庭撰：《广阳杂记》卷四，中华书局2007年版，第200页。

## 第三章 清代开埠前汉口商镇的变迁

顽犷。鱼虾腥就岸,药料香过岭。黄蒲包官盐,青箬笼苦茗。东西水关固,上下楼阁迥。市声朝喧喧,烟色昼暝暝。一气十万家,焉能辨庐井?两江合流处,相峙足成鼎。舟车此辐辏,翻觉城郭冷。"另见康熙朝以布衣举鸿博、充日讲起居注官的潘耒在《遂初堂集·汉口》一诗中云:"汉口通江水市斜,兵尘过后转繁华。朱甍十里山光掩,画舫千樯水道遮。北货南珍藏作窟,吴商蜀客到如家。"清初诗人吴淇曰:"雄镇曾闻夏口名,山河百战未全更。……十里帆樯依市立,万家灯火彻宵明。"① 查慎行《汉口》一诗绘声绘色地记录了康熙年间汉口之喧嚣繁华景象,极富画面感。潘耒《汉口》一诗则高度概括地写明了清初汉口商业贸易已经恢复得相当不错的实况,其中"兵尘过后转繁华"句极为精当地道出了汉镇自明末至康熙朝的兴衰变迁。吴淇诗中末二句指出了清初汉口商镇的船码头贸易之兴盛。清代诗人赵有成《抵汉口》一诗则道出战火熄灭后汉口市井日趋繁华之景象,诗云:"孤征穷水驿,今到汉江头。泽国舟为市,人家起竹楼。烽烟消鄂渚,士女习巴讴。如信湖湘美,山衔万井稠。"② 总之,这些私人笔记资料和诗文均表明:汉口在康雍时期已经走出战争破坏的阴霾,正奔赴全面复兴之路。

然而,清朝初年,汉口之所以能够快速复兴,与湖广地区较早结束战乱,以及顺、康、雍三朝统治者急于恢复社会经济以便稳定统治的国家大环境有着莫大的关系。在这样的背景下,尽可能"不与民争利",

---

① 本段所引康熙朝查慎行、潘耒、吴淇诗,均转引自(清)范锴撰,江浦等校释:《汉口丛谈校释》卷二,湖北人民出版社1999年版,第291页。

② (清)裘行恕纂修:嘉庆《汉阳县志》卷三十五《艺文下》,第22页,中国国家图书馆藏嘉庆二十三年(1818)刻本。

是清初汉阳地方官员比较乐于秉持的为政理念，汉口也因此获得休养生息的机会。例如，顺治十八年（1661），汉口基地最早承租者萧廷机之裔孙承顶的"后湖柴草地土"，"被贩马诸商纵放践食"，导致"钱粮无输"，遂"奔控前巡抚督察院杨"，结果奉批"造栏认草"，并且"既经断明，仰榜示，遵照在案"；再如，明朝嘉靖年间已踏勘明确的汉口基地一案，详载于前引嘉靖《汉口地课碑记》中，然而清"顺治年间兴屯，未悉始末，误开入藩产项下达部"，虽然"彼时士民未经辨改"，但"今奉圣恩，蠲除上价，民荷更生"。① 再如，康熙八年（1669），湖广等处承宣布政使司刘显贵在为康熙《汉阳府志》撰写的序文中叹曰："楚自明末即遭兵燹，武、汉地居上游，而汉阳更当其冲，城社丘墟，生民涂炭。本朝净扫氛逆，迄今皇恩久沛，疮痍虽起，而望休养生息之道，正亟亟也"，并且不吝称赞"当今日而上体朝廷爱民育士，分职设官，以图休养保障，复见羲皇之治"。② 正因为有了相对稳定的政局，以及"与民休养生息"的政策，才使得清前期汉口走出明末战乱破坏带来的阴影，在商民和地方官员的努力下得以快速复兴。遂在前引《使滇日记》中得以管窥康熙二十七年（1688）汉口"万艘云集，帆樯

---

① 本段引文全部来自武汉市汉阳区地方志办公室编：《康熙汉阳府志》卷四《食货志》，湖北人民出版社2014年版，第268页、269页，底本为（清）陈国儒修、王世显等纂清康熙八年（1669）刻本。

② 武汉市汉阳区地方志办公室编：《康熙汉阳府志》之湖广等处承宣布政使司刘显贵撰《汉阳府志序》，湖北人民出版社2014年版，第2页，底本为（清）陈国儒修、王世显等纂清康熙八年（1669）刻本。

蔽江，市廛鳞次栉比"，"风景颇称繁庶"之巨镇风采。① 王朝更替带来的时代变迁和地方社会的沧桑巨变，让巡抚湖广等处地方兼督理粮饷的韩天擎在为康熙《汉阳府志》撰写的序文中感叹道："凡沧桑之变幻，时物之行生，月异常而岁不同，此览方舆者有朝夕盛衰之感。"② 明末清初汉口之兴衰更迭，堪称"朝夕盛衰"之典例。

## 二、乾隆朝汉口商镇之蓬勃发展

乾隆朝是清代汉口迅猛发展的关键时期。据《湖北通志检存稿》卷一《食货考》可知，乾隆年间，汉口已是"上自硚口，下自接官厅，计一十五里，五方之人杂居，灶突重沓，嘈杂喧呶之声，夜分未靖。其外滨江，舳舻相引数十里，帆樯林立，舟中为市。盖十府一州商贾所需于外部之物，无不取给于汉镇，而外部所需于湖北者，如山陕需武昌之茶，苏湖仰荆襄之米。桐油、墨烟下资江浙，杉木、烟叶远行北直，亦皆于此取给焉"。③ 此时的汉口俨然成了长江中游商业贸易的核心区，并对周边地区产生深远的经济影响。而且，在"襟带江汉""资舟楫之

---

① 对清初汉口经济恢复之迅猛应予以理性看待，即只有少数把握商业机遇和顺应时代潮流的商业精英在汉口获得不菲的商业回报，大多数来汉口谋生的民众还处于居茅草加竹子建造的简陋房屋、每日为果腹之食奔波的境况。

② 武汉市汉阳区地方志办公室编：《康熙汉阳府志》之巡抚湖广等处地方兼督理粮饷、兼督察院右副御史韩天擎撰《汉阳府志序》，湖北人民出版社2014年版，底本为（清）陈国儒修、王世显等纂清康熙八年（1669）刻本，第1页。

③（清）章学诚撰，郭康松点校：《湖北通志检存稿》卷一《食货考》，湖北教育出版社2002年版，第37页。

利,通商贾之财","随山川形势而成都会,随都会聚落而大小市镇启焉"的湖广地区,众市镇中"其最大者莫如汉镇"。① 给予汉口一镇这样高的评价并非夸饰之语。乾隆初年,在全国人口猛增的背景下,汉口作为以商业为主导的市镇,其人口规模和街市空间比前朝均有显著的拓展。据乾隆《汉阳县志》卷六《城池》云:"汉口镇在城北三里,分居仁、由义、循礼、大智四坊,当江汉二水之冲,七省之要道,五方杂处。由额公嗣(祠)至艾家嘴长十五里,陆居则蜂房垤蚁,舟居则鱼鳞雁阵,小门曲巷,相聚辄十万余家。"②

畅达诸省的商路,以及多种大宗生活物资的转运贸易,亦会反过来促进乾隆朝汉口商镇蓬勃发展。乾隆十年(1745),湖北巡抚晏斯盛③在《请设商社疏》中铺陈了汉口商镇人口稠密、商业兴旺的情况。现将奏疏全文移录如下:

> 窃民间社仓,久经奉旨通行。闾阎僻壤,于青黄不接之际,升斗之需,不无小补。惟是大市大镇,商旅辏集,行业专家,祖孙聚处,大者千计,小者百什数。贸易而兴盛者有之,消乏者亦有之。其间负贩帮杂,而流落无归者亦有之。兴盛之家,衣食足而礼义生,恒产裕而恒心

---

① (清)章学诚撰,郭康松点校:《湖北通志检存稿》卷一《食货考》,湖北教育出版社2002年版,第34—35页。

② (清)刘嗣孔纂修:乾隆《汉阳县志》卷六《城池》,第29页,中国国家图书馆藏乾隆十三年(1748)刻本。

③ 晏斯盛,生于康熙二十八年(1689),卒于乾隆十七年(1752),字虞际,号一斋,新余浒江人。康熙辛丑进士;雍正朝历任陕西道监察御史、贵州学政、鸿胪寺少卿等官职;乾隆元年(1736)特授安徽布政使、乾隆七年(1742)擢升山东巡抚,乾隆八年(1743)三月调任湖北巡抚,次年正月升户部侍郎。晏斯盛为官清正廉洁,深谙"民以食为天"之道,关心积贮,深受百姓爱戴。有《梦蒙山房集》《禹贡解》《易经解》等著作传世。

不失。至于消乏之家，下及帮杂负贩流落无归之徒，窘迫颠连者出其中，好勇疾贫者亦出其中。若遇荒歉之年，生意冷淡，市米顿希，常社之粮，莫分余粒，未能安堵而高卧也。如楚北汉口一镇，尤通省市价之所视为消长，而人心之所因为动静者也。户口二十余万，五方杂处，百艺俱全，人类不一，日消米谷，不下数千。所幸地当孔道，云贵川陕粤西湖南，处处可通，本省湖河帆樯相属。粮食之行，不舍昼夜，是以朝籴夕炊，无致坐困。然而乾隆七年，水泛大歉，积雪连朝，遂亦甚匮。其时有好义乐善者，通商买米。而汉阳县知县，为之激劝鼓舞，遂得接济。第补救于一日，不能存积于平时；且平时有积，则补救又较易也。查该镇盐当米木花布药材六行最大，各省会馆亦多，商有商总，客有客长，皆能经理各行各省之事。请令盐当米木花布药材六行，及各省会馆，随力之大小，各建义仓，积谷米数万石，存贮汉镇。听其情愿捐输，不得官为勒派。一遇米贵，即行平粜。其平粜价银，一遇川南米船积滞，价贱之时，即行买补，所有盈余，亦即归仓，并在仓公用。一切出纳，择客商之久住，乐善而谨厚者为义长，听其经理，仍报明地方官查考。地方官亦留心照管，不使折本侵渔。如社仓法，行之有效，即推广于各市镇，一例通行，似亦保聚一方之一端也。夫农民力穑而积于其社，商贾牟利而积于其次，事亦相等也。是否可行，伏乞敕议施行。①

这份奏疏不仅揭示了乾隆初年汉口作为人口密集的消费型移民商镇，发展态势已甚为引人注目，即"楚北汉口一镇，尤通省市价之所视为消长，而人心之所因为动静者也，户口二十余万，五方杂处，百艺俱全，人类不一，日消米谷，不下数千"，而且表明了此时汉口的商帮组织已经很成熟，即"各省会馆亦多，商有商总，客有客长，皆能经

---

① （清）晏斯盛撰：《请设商设疏》，载（清）贺长龄、魏源等编纂：《皇朝经世文编》卷四十《户政十五》之"仓储下"。

理各行各省之事"。然而，仅靠这段引文还不足以了解更多有关当时汉口商镇的情况。幸运的是，中国第一历史档案馆藏《署理湖广总督鄂弥达等议复汉镇设仓以裨商民事奏折》，不仅记录了上述晏斯盛奏疏日期、关注的核心问题，以及乾隆皇帝的朱批指示，而且可以从中窥见当时汉口盐当米木花布药材六大行的商铺数量、经营资本等珍贵信息。现在将该朱批奏折移录如下：

乾隆十年八月三十日

署理湖广总督臣鄂弥达、湖北巡抚臣晏斯盛谨奏，为遵旨议复，仰祈圣鉴事。

乾隆十年五月初七日准湖北巡抚臣晏斯盛移到请设市镇社仓以安商旅事一折，奉朱批：若行之善，则今之一米商即可为乡社矣；若行之不善，是益一行为六行囤积之人，米必大贵。再与鄂弥达熟筹，酌妥奏闻。钦此。钦遵。仰见我皇上念切民依慎重周详之至意。臣一面悉心体访商当六行能否捐贮情形，并将来永远举行有无囤积病民之处；一面饬布政司、驿盐道查询去后。兹据布政司安图、驿站盐道曾口柱详确查复前来。据称汉镇为九省通衢，商贾云集，日销米不下数千石，皆赖四川、湖南及本省产米州县源源贩运，以资本镇日食及江湖商贩之需，是汉镇非产米之区，实为米粮聚集之都会。惟是米粮到镇，俱在船粜卖，不入栈仓，势不能囤积图利。从前偶值米贵，总因商贩未通，非奸商囤积所致。查现在商当等六行共六七百余家，询据伊等佥称，捐贮米谷有益商民，各行店久有同心，无不踊跃乐输，共襄义举，情愿捐谷二万四千石，将来尚可陆续报捐。又据伊等佥称，众商颇有身家，各营本业，岂肯借名义举图利病民，断不肯出此。等语。臣伏思积贮社仓，随时斟酌情形减粜，以佐常平之不逮，于民生甚有裨益。若奸商囤积，实属病民。但各商在镇开行年久,已成永业,必不借此囤积获利,自干法纪。即或有不肖之徒希图囤积射利,该地方官密迩查察,加以汛防营弁严密稽查,臣等驻扎武昌,一江之隔,相去不过数里,一有囤积,无不皆知,伊等断不能囤积,致使米贵病民,有负皇上加惠元元之盛意。如蒙俞允,臣等将一切应行事宜造册送部查核。

缘系奉旨筹酌事理,谨将汉镇捐贮社谷有裨商民不致囤积昂贵缘由,会同抚臣晏斯盛,合词恭折具奏。谨奏。

乾隆十年九月二十日奉朱批:果属可行,汝等妥协为之可也。钦此。①

前文已交代,明万历时期汉口已是"民不事田业,惟贸易是视"的商业巨镇,所需米粮全靠从湖北产米地区和其他产粮省份供给,而这则朱批奏折表明乾隆朝初期的汉口堪称再现往昔盛况,即湖广总督鄂弥达、湖北巡抚晏斯盛在奏折中所称:"汉镇为九省通衢,商贾云集,日销米不下数千石,皆赖四川、湖南及本省产米州县源源贩运"。也就是说,汉口是典型的商贸市镇,居民和商贩日食,"惟是米粮到镇,俱在船巢卖,不入栈仓"。然而,据前引《请设商社疏》可知,在抵达湖广巡抚任上不久,就经历了汉水和长江泛滥的大水灾,原本物资丰沛的汉口商镇,亦因"水泛大歉,积雪连朝,遂亦甚焉"。恰逢巡抚晏斯盛是一位非常注重地方粮食贮备的官员,出于粮食安全考虑,遂上疏请求"设市镇社仓以安商旅"。因此,在《署理湖广总督鄂弥达等议复汉镇设仓以裨商民事奏折》中可以看到,对于是否应在汉口建立社仓一事,

---

① 中国第一历史档案馆藏:《署理湖广总督鄂弥达等议复汉镇设仓以裨商民事奏折》,见哈恩忠选编:《乾隆朝整饬社仓档案》(中),《历史档案》2014年第6期。

在乾隆皇帝批复湖广巡抚晏斯盛须"与（湖广总督）鄂弥达熟筹，酌妥奏闻"后，他们随即查明，当时汉口"商当等六行共六七百余家"，"各商在镇开行年久，已成永业"，而且"众商颇有身家，各营本业"。同时，为消除乾隆皇帝对建社仓会招致奸商图利的担心，督、抚二臣还指出汉口商人一致表示："情愿捐谷二万四千石"成立社仓，帮助无米可食的居民，根本不屑于"囤积（粮米）获利"。仔细读这份奏折，不仅可以了解到乾隆十年（1745）汉口商镇已经有近700家经营已久且身家不菲的商铺，而且还可以字里行间清楚地感受到此时汉口商贾在面对地方官员时的自信与坦诚。

需补充说明的是，乾隆朝各省来汉口经营业务的商人不仅在按乡帮地域进行层级化管理上有很强的独立性（即前引《请设商社疏》云"各省会馆亦多，商有商总，客有客长，皆能经理各行各省之事"），而且在募捐兴修汉口街巷、码头等方面可谓不遗余力，展现了十分出色的街区建设责任感。例如，乾隆四年（1739）"邑人崔文元募修三善巷至艾家嘴大街"；同年"邑人徐谞捐修米厂、新码头、沈家庙、万安巷"。① 这既体现了该时期汉口商人拥有不俗的经济实力和乐善好施的慈善精神，也是《署理湖广总督鄂弥达等议复汉镇设仓以裨商民事奏折》中湖广总督和巡抚能够对汉口商人比较信任的重要原因之一。

清初汉口的快速复兴和乾隆朝汉口的迅猛发展，在清代便引起许多经过汉口的文人墨客或儒商思考原因何在。于是，在清代私人笔记里、汉阳官修志书中都记载了时人对汉口区位优势的思考，以及这种优势对

---

① （清）黄式度等修，王柏心纂：同治《续辑汉阳县志》卷三《疆域》，江苏古籍出版社2001年版，该卷第4页（全书第196页），据同治七年（1868）刻本影印。

汉口商贸发展的重大作用之深刻认识。这也从侧面反映了汉口在乾隆朝的发展不仅引人注目，还发人深思。康熙朝刘献庭《广阳杂记》卷四云："汉口不特为楚省咽喉，而云、贵、四川、湖南、广西、陕西、河南、江西之货，皆于此焉转输，虽欲不雄予（于）天下不可得也。天下有四聚，北则京师，南则佛山，东则苏州，西则汉口。然东海之滨，苏州而外，更有芜湖、扬州、江宁、杭州以分其势，西则唯汉口耳。"①刘献庭认为，与繁华的江南名城苏州相比，汉口能立于四大名镇之首，不仅因为其当天下之中而具有强大的转输贸易能力，而且周边没有足以削弱其商贸优势的城镇。须承认，刘氏的认识颇有见地。毕竟汉口附近诸如同归汉阳府管辖的汉川县刘家隔镇、一江之隔的武昌金沙洲那般交通便利的大镇（集），在晚明时期日趋衰败，也在明末战火中遭到劫掠，却未能如汉口一样在清前期再次崛起。乾隆元年（1736），金承统在《汉口徽国文公祠堂总图记》中写道："汉水发源于嶓冢，导漾而东，合沧浪三澨之流，至于大别，与岷江会，是为汉口。地隶汉阳，延袤四十余里，阛阓绣错，帆樯林立，雄踞吴越上游，南瞰滇黔东南，西通秦蜀，比达幽燕，四方之食货集焉。而去汴洛最近，盖亦适当地利之中云。"② 这段话直接点明汉口位居华中，依托江汉水道带来的地利之便，形式集散四方之货物的实质。清嘉道之际长期活跃于汉口的盐商范锴则以其亲身体会，在《汉口丛谈》中这样总结道："汉口东达吴会，

---

① （清）刘献庭撰：《广阳杂记》卷四，中华书局2007年版，第193页。
② （清）董桂敷撰，李经天等点注：《紫阳书院志略》，卷一《汉口徽国文公祠堂总图记》，湖北人民出版社2002年版，第124页。

西通巴蜀,是以瑰货方至,縑贿纷陈,鬻良杂苦,既引既迁。"① 这句话当中的"东达吴会,西通巴蜀","瑰货方至""既引既迁"之语非常精当地表明,汉口借助卓越的地理区位优势,形成了强大的商业贸易聚合能力。

汉口在乾隆朝初年呈现出来的强劲发展势头,同样引起汉阳府官员的思考,于是,在执笔纂修本朝《汉阳府志》时,不吝从地方官员的观察角度表达对这一问题的认知。他们不仅清楚汉口所在的武汉地区处于"九州之腹心",系"四方之孔道"是其能够"贸迁有无"的关键所在,而且意识到明代汉水河道变迁促使江汉市场的经济重心由金沙洲转移至汉口,是汉口得以兴盛的根由。于是,我们得以在乾隆十二年(1747)刊刻的《汉阳府志》卷十二《汉镇形势说》篇看到这样的分析:

> 汉镇一镇耳,而九州之货备至焉。其故何哉?盖以其所处之地势则然耳。武汉当九州之腹心,四方之孔道,贸迁有无者,皆于此相对代焉。故明代盛于江夏之金沙洲,河徙而渐移于汉阳之汉口,至本朝而尽徙之。今之盛甲于天下矣。夫汉镇非都会,非郡邑,而人烟数十里,行户数千家,典铺数十座,船舶数千万,九州诸大名镇皆有让焉。非镇之有能也,势则然耳。②

显然,乾隆《汉阳府志》的执笔者已经观察到,汉口这个开放型

---

① (清) 范锴撰,江浦等校释:《汉口丛谈校释》卷二,湖北人民出版社1999年版,第76页。

② (清) 陶士契修,刘湘煃纂:乾隆《汉阳府志》卷十二《汉镇形式说》,江苏古籍出版社2001年版,该卷第2—3页(全书第129页),据清乾隆十二年(1747)刻本影印。

的商镇,能够集散全国各地的货物,且户口繁密,"行户数千家,典铺数十座",船舶数以千万计;进而指出,汉口不过是一个商业市镇而已,既不是通都大邑,也不是行政中心城市,却繁盛甲于天下,究其原因当是汉口所在的武汉地区为全国市场的腹心之地,水陆交通畅达四方,只不过因汉水改道,原来的江汉商业中心逐渐转移到汉口了。显然,在乾隆《汉阳府志》的编纂者看来,汉口之所以成为天下名镇之首,实在不过是占尽地利的优势使然。乾隆十三年(1748)刻本《汉阳县志》之总纂、时任汉阳县知县刘嗣孔亦认为:"汉阳隶郡为首邑,路届七省通衢,轮蹄络绎,冠盖往来相望。江从巴蜀荆襄而下,峨岈之舳胜万斛以上者,立樯如麻。市肆鳞栉,鱼盐富估所交会,四方挟货贿,贸迁异物,辐辏南纪,雄风甲于全楚。"①

乾隆朝汉阳府、县地方官员普遍持这种看法并非只是泛泛而言。以大宗物资转运贸易为例,前引晏斯盛《请设商社疏》提及"查该镇盐当米木花布药材六行最大"时,将盐业摆在首位,其实有其深意,而且汉口的盐业转运贸易在乾隆朝的发展势头,确因其地居"九州之中"的优越地理位置而展现出超越明代的气势。据乾隆《汉阳府志》卷二十三《奏销》之"盐课"条载:"汉口为九州百货备集之所,而盐务一事亦足甲于天下矣。汉口一年所行之盐引八十三万道,课额一百余万,而货卖官引盐价六百余万,于十五省中亦未有可与匹者。"② 再以粮米

---

① (清)刘嗣孔纂修:乾隆《汉阳县志》卷一《汉阳县志序》,第1页,中国国家图书馆藏乾隆十三年(1748)刻本。
② (清)陶士契修,刘湘煃纂:乾隆《汉阳府志》卷二十三《奏销》之"盐课"条,江苏古籍出版社2001年版,该卷第3—4页(全书第247—248页),据清乾隆十二年(1747)刻本影印。

运销为例，前引乾隆皇帝给鄂弥达、晏斯盛的朱批奏折称："汉镇为九省通衢，商贾云集，日销米不下数千石，皆赖四川、湖南及本省产米州县源源贩运，以资本镇日食及江湖商贩之需，是汉镇非产米之区，实为米粮聚集之都会。"由此不难想见当时汉口米行贸易之兴盛。另据《皇朝经世文编》可知，"滇既与岁运京铜六百三十万（斤）"，"又益诸路之采买，与滇之鼓铸，岁运铜千二百万（斤）"，与前述雍正初年清廷议定由汉口、镇江受买各一百余万斤相比，增加了近六倍，而且乾隆三十五年（1770），改定运铜期限，"自永宁至通州，限以九月，其在汉口、仪征换篓换船"，由是足以管窥当时汉口码头的铜矿转运业务之繁忙。① 仅据盐业、米业、滇铜转运三项，就足资证明清代汉口荣膺"天下四聚之首"的称号，绝对实至名归。

此外，乾隆朝人口剧增，特别是乾隆二十年（1755）突破两亿人口大关，此后人口增加的步伐依旧迅速，这一社会背景对乾隆朝汉口市镇规模的扩大亦有显著影响。有学者根据清代地方志书统计出：乾隆三十七年（1772），汉口占籍在册居民已有32209户，99381口。② 在册登

---

① （清）王太岳撰：《铜政议上》，载（清）贺长龄、魏源等编纂：《皇朝经世文编》卷五十二《户政二十七》"钱币上"。

② 参见汤黎著：《人口、空间与汉口的城市发展（1460—1930）》，中国社会科学出版社2010年版，第57页。需说明的是，在此引用的乾隆三十七年汉口的户口数，是该书的作者根据民国《夏口县志》卷三《丁赋志》统计的汉口各坊户口数倒推得出来的。该志书说到汉口的户口编审终止年份就是乾隆三十七年，并且谈及民国汉口的人口增长情况的措辞是"较乾隆时已有增加"。详见（民国）吕寅东纂，侯祖畲修：《夏口县志》卷三《丁赋志》，江苏古籍出版社2001年版，该卷第1页（全书第39页），据民国九年（1920）刻本影印。

记人口户均不足 3 人，当与汉口乃移民商镇有关。不过，如果考虑到大量来汉口谋生和寻求更好的发展机会却未能占籍的商民，乾隆中后期从全国各地奔赴汉口的人口数当不止十万人。毕竟，早在乾隆十年（1745），湖广巡抚晏斯盛已在前引《请设商社疏》中说道"（汉口）户口二十余万，五方杂处"。人口聚集密度是一个地区经济能量的重要参照系数，也是市镇规模拓展的重要标志之一。

由以上史料的梳理和分析，足见乾隆朝汉口之兴盛。虽然乾隆皇帝在位六十年期间（1736—1795），因国力强盛、社会稳定、经济快速发展，人口迅猛增长，加上疆域辽阔，被颂称为"乾隆盛世"①，这种观点虽然遭到一些学者的诟病，认为从老百姓的实际生活水准来看，乾隆

---

① 有学者认为："乾隆朝共历时六十年，是清代的全盛时期。这个全盛之世是从康熙的奠基，雍正的调整过渡而来的……乾隆初年，人口既已逾亿，至四五十年代，人口总数接近三亿，仓储亦积有四千万石以上的米粮（见《清高宗实录》），岁入地丁银约两千九百余万两，其他盐课、茶课、关税、芦课、牙课、矿课等约一千八百余万两，共约四千七百万两。……每年尚可结余一千万两之数（见《清史稿·食货志》），因而乾隆朝完全可以如康熙朝一般，实行主动的、大规模的蠲复。另一方面，由于环境的安定，乾隆朝人口剧增，可统计人口较康熙朝几乎增加 10 倍。"参见鲍晓娜：《清代的蠲复》，载《耕耘集》，中共中央党校出版社 1998 年版，第 215 页。另有学者根据清代史料指出，乾隆六年，各省人口已达 1.43 亿，这是中国人口统计史上第一次人口超过一亿的记录；乾隆十八年，全国在册人口已经有 1.8 亿；乾隆二十七年，全国人口破 2 亿；乾隆五十五年，全国在册人口首次突破 3 亿大关；乾隆五十八年，统计出此时全国人口是康熙朝 15 倍。参见南炳文、白新良主编，林延清撰：《清史纪事本末第 6 卷（嘉庆朝）》之《乾嘉人口》，上海大学出版社 2006 年版，第 1909—1912 页。有关乾隆朝人口数剧增情况，还可见关文发：《嘉庆帝》（上）第五章之第一节"社会经济与洪亮吉的人口论"，吉林文史出版社 2004 年版，第 192—193 页。

朝（尤其是乾隆朝后期）应是"饥饿的盛世"①，但至少乾隆朝汉口的商贸发展态势确实在相当程度上展现了"盛世繁华景象"，正如乾隆《大清一统志》卷一二四载："汉口巡司在汉阳县北，旧在汉水南岸，后在北岸，当往来要道，居民填溢，商贾辐辏，为楚中第一繁盛处。"②章学诚亦在《湖北通志检存稿》中总结道："国家休养生息，百五十年来，群生休和，品物畅茂。居奇贸化之贾，比廛而居，转输搬运，肩相摩，踵相望者，五都之市，震心眩目，四海九州之物，不踵而走，殊形异物来自远方者，旁溢露积，至于汉镇而繁盛极矣。"③

## 第三节 盛极而衰：嘉庆至咸丰汉口的社会变迁

清嘉庆朝（1796—1820）不再有"康乾盛世"之光环，嘉庆皇帝继承的是乾隆皇帝留下的积弊难返的烂摊子④。不过，嘉庆皇帝还是通

---

① 张宏杰：《饥饿的盛世：乾隆时代的得与失》，重庆出版集团2016年版。关文发著《嘉庆帝》（上）一书亦认为："因为社会发展的不同历史阶段，它能容纳的人口量总是有一定限度的，在工商业并不发达的条件下，这个限度的大小，很大程度是由可耕地面积、生产技术、作物单产量以及对自然资源的利用等因素所决定。而清代的人口膨胀，实际上已经大大超过了当时社会生产所能供养的能力，这不仅造成了人们生活的贫困化，而且也直接影响着清王朝的盛衰。"参见关文发：《嘉庆帝》（上）第五章之第一节"社会经济与洪亮吉的人口论"，吉林文史出版社2004年版，第193页。

② 乾隆《大清一统志》卷一二四，第90a页，钦定四库全书本。

③ （清）章学诚撰，郭康松点校：《湖北通志检存稿》卷一《食货考》，湖北教育出版社2002年版，第35页。

④ 乾隆朝中后期，吏治日益败坏，贪污成风，许多省份出现亏空；六次南

过整饬吏治、整肃军队、改变方略等措施,积极尝试挽救清王朝的颓势,虽然未能借此根除政治腐败顽疾,以及根绝民间的反抗运动,但确实在一定程度上稳定了政局,避免了清朝的迅速崩溃。这为汉口的继续繁荣提供了相对稳定的社会环境。对于一个以转运贸易为主导的商业市镇而言,国家政局和地方社会的稳定是它拓展贸易范围、增加商品经营种类、扩展市镇区域、丰富市镇文化的重要前提。与乾嘉二朝相比,道光朝(1821—1850)是清朝由盛而衰的转折期。道光皇帝处在内忧外患踵至的时代,即内忧深重(腐败丛生,政务废弛,民生日绌,财政匮乏),外患降临(1840年爆发了中英鸦片战争),社会危机四伏,民间动荡不安。①当然,这不过是就清嘉道之际国家与社会的大环境而言。单就长江中游地区的汉口商镇来说,只要汉阳府和武昌府能够在相当长的时间里保持社会安定,本镇的商品转运贸易和手工业作坊便能正常运转,其在乾隆朝已经铸就的蓬勃发展态势也就不会轻易衰退,甚至可以

---

(接上页注释④)

巡,铺张浪费无度;乾隆皇帝好大喜功,连续用兵,耗费帑币甚巨,造成国库空虚;承平日久,军队的战斗力大减,军纪废弛。加上人口剧增,而耕地增加极为有限,官府征派不减,必致民穷财尽,最终激化了社会矛盾。也正因此,嘉庆皇帝亲政初期,就雄心勃勃地打出"咸与维新"的旗号,试图对乾隆末年积存的弊政进行改进,以重振朝纲。有学者研究指出,在乾隆中期以后,清代的社会经济实际上已陷入了停滞状态,因为全国耕地面积并没有多大的增长,而人口数字却以亿为单位不断膨胀。参见关文发:《嘉庆帝》(上)第五章之第一节"社会经济与洪亮吉的人口论",吉林文史出版社2004年版,第192—193页。

① 参见朱绍侯主编:《中国古代史教程》(下),河南大学出版社2010年版,第836—838页。另见冯尔康:《论道光朝社会问题》,载《冯尔康文集:清史专题研究》,天津人民出版社2019年版,第139—141页。

借助乾嘉以来人口剧增带来的自由劳动力骤增的人口红利①，发展至更加兴盛的阶段。

不过，嘉道之际清王朝由盛转衰愈演愈烈的历史走向确实影响了汉口随后的发展形势。尤其是道光朝后期经济发展的停滞和社会矛盾的持续加剧，导致咸丰朝（1850—1861）汉口的整体发展态势因太平天国运动的冲击而急转直下。此前汉口商民积累的巨额商业财富和市镇建设成就均在太平天国战争中化为灰烬。

## 一、嘉道之际汉口商镇臻于全盛

嘉庆元年（1796）爆发白莲教起义，湖北大别山区是该教发展迅速的区域。由于一场暴涨洪水的阻挡，起义军未能抵达汉口，从而幸运

---

① 朱绍侯主编《中国古代史教程》（下）指出："道光朝人口压力继续增大。道光元年，人口已增至355540258人，田地并没有增加多少。道光二年每人平均土地只有2.23亩，这意味着人均粮食产量的降低和人均口粮的减少。与此同时，各省贮存米谷数量也大幅度减少。……一般农民的生活也越来越困窘，生活无着的穷人只能卖儿鬻女。"参见朱绍侯主编：《中国古代史教程》（下），河南大学出版社2010年版，第837页。据此可知，嘉庆朝二十五年间，全国总人口在乾隆五十五年突破三亿人口大关的基础上，又增加了5000万，而耕地增长几乎可以忽略不计，百姓生计艰难成为不争的事实。在这样的情况下，农业劳动力向工商业领域转移，以及由农村向市镇转移，便成为解决生计的重要渠道。汉口作为"九分商贾一分民"的移民市镇，其人口在清中期迅速增加，无疑是这一情况的正向反映。应当承认，无论汉口在乾隆至道光朝怎样迅猛发展，推动它发展的基础性力量一定是生活在这片汉水入江口岸土地上的商民。是故，汉口在清中期走向全盛，自然离不开该时期全国市场依旧活跃的商业环境，但更应感谢的是从四面八方涌入汉口的移民的辛苦开拓，以及各省商帮的勤力经营。

地避免沦为遭受杀掠的战场。蒋邺《后湖感赋》云："嘉庆初元蜂蚁屯，一夜惊波飞霹雳。云车风马周围遭，贼心胆寒空营逃。汉口人家百万户，幸免赤立膏霜刀。"① 另需说明的是，嘉庆时期，在政声绰著的汉阳知县裘行恕（嘉庆十二年（1807）至十五年（1810）、嘉庆十七年（1812）至嘉庆二十一年（1816）、嘉庆二十一年（1816）至嘉庆二十五年（1820），三度任职汉阳知县，曾在嘉庆二十年短暂调离数月）的精心治理下，汉口商镇亦因之拥有了良好的政治环境，因而发展"尤为殷盛"。② 民国《夏口县志》卷四《职官志》曰："裘行恕，字慎甫，江西新建人……嘉庆间知汉阳七载，是时宇内恬和，物力丰饶，汉皋尤为殷盛。行恕修举废坠，不遗余力，邑遂郁然为壮县。"③ 汉阳知府赵玉在为裘行恕主持纂修的嘉庆《汉阳县志》撰写的《汉阳县志序》中称："汉阳视江夏为尤重，况汉口镇居天下四大镇之首，今五都之市也。"④ 总之，此时极负盛名的汉口商镇之重要性无需赘言。

此外，大概是吸取了明末战乱降临唯有藏入舟中仓皇逃命的惨痛教训，清中期汉口商民已深知自行保护本镇财产与人身安全的重要性。譬如，嘉庆初年湖广地区发生白莲教起义而清廷在该省驻兵十分有限的情

---

① （清）范锴撰，江浦等校释：《汉口丛谈校释》卷二，湖北人民出版社1999年版，第72页。

② （清）黄式度等修，王柏心纂：《续辑汉阳县志》卷十四《秩官表》，第35—39页，中国国家图书馆藏同治七年（1868）刻本。

③ （民国）吕寅东纂，侯祖畲修：《夏口县志》卷四《职官志》，江苏古籍出版社2001年版，该卷第57页（全书第73页），据民国九年（1920）刻本影印。

④ （清）裘行恕纂修：嘉庆《汉阳县志》之裘行恕撰《汉阳县志序》该序文第2页，中国国家图书馆藏嘉庆二十三年（1818）刻本。

况下,汉口商民并未束手坐等起义民众来袭。檀粹①在《守御后议》一文中提到:"汉口武昌皆效仿孝感。汉口有乡勇三千,武昌有乡勇五千,皆恃以无恐。"② 因此,在嘉道二朝社会矛盾丛生,农民起义时有发生,全国经济发展不可逆转地走下坡路的背景下,汉口依然借助卓越的商业贸易优势、不俗的手工制造业以及强劲的金融业,保持昂扬奋进的姿态,开创了清代(开埠前)中国中部市镇的全盛局面。成书于道光初年③的《汉口丛谈》称:"(汉口)区区一镇,尤胜于郡邑。"④

嘉道年间,儒商范锴⑤"业鹾客汉多年",其最负盛名的乡帮文献《汉口丛谈》六卷刊刻于道光初年,主要记录他在嘉庆年间寓居汉口近二十年的见闻与思考,涉及该镇的舆地形式、建置沿革、历史事件、名

---

① 檀粹(1705—1801),字岂田,号废翁,别号白石,安徽望江县人。清乾隆二十六年进士,著名学者、诗人、方志学家。曾在云贵任职,以及讲学,著述甚丰,有《滇南文集》《滇南诗话》《滇海虞衡志》《礼仪韵言》等著作存世。

②(清)檀粹撰:《守御后议》,载(清)贺长龄、魏源等编纂:《皇朝经世文编》卷八十九《兵政二十》之"剿匪"。

③ 从嘉道文人熊士鹏撰《汉口丛谈序》中说到"癸未人日"才见到《汉口丛谈》书稿,随后通读并为之写序,可知道光三年(1823)才付梓成书。

④(清)范锴撰,江浦等校释:《汉口丛谈校释》卷三,湖北人民出版社1999年版,第138页。

⑤ 范锴(1765—1844),清代藏书家、文学家、盐商,一生著述甚丰,其中《汉口丛谈》是他最负盛名的著作,是第一部专门书写汉口城市兴衰的地方文献。关于范锴的生平,《汉口丛谈校释》之"前言"谈到:"范锴,初名音,字声山,号白舫,又号苕溪渔隐。他出生于浙江乌程南浔镇的一个书香人家,其远祖在明朝曾当过主管高等教育的祭酒;祖父是清朝监生,精通中医;父宗镐亦是监生。范锴是例贡出身,本也可以为官出仕,然其淡泊孤傲的气质,使他未入仕途,而寓意盐策。中岁以后,便远游四方,'往来蜀楚者达三十年'之久。……范锴主要的活动时期是嘉、道年间。在这个时期,他为经营盐业而往来于淮扬楚蜀之间,尽管长期寄旅他乡,然'飘零书剑,清狂诗酒'(见《国朝湖州词录·范锴·鹊桥仙》),他的生活基本上是写意适性的。

胜古迹、街衢市井、大众娱乐、汉上名人的事迹与诗文作品等。在此，笔者欲先以范著之记载为据，呈现嘉庆朝汉口街衢巷陌、庙庵、茶肆、巡检司之分布实况，现摘引如下：

> 汉口自明以来，久为巨镇，坊巷街衢，纷歧莫绘。是以按邑志之图，尚有差池未尽，盖因其地形如眠帚，上直而下广。其广处则街巷重重，难以缕纪故耳。今就大略而言，则正街与堤街独长。自杨家河以下，始有河街，抵五采坊，止大马（码）头上下。旧时亦有河街，近因水决岸陨，逐年崩溃，直达正街矣。自大通巷后以下，始有后街，至升基巷后，复分有夹街，迨接驾嘴后，则夹街中更有夹街，因地广而人烟益稠密也。若堤街则自上关起，直至大智坊之堤口，迤逦由东而北，曲沿外江，形似帚末，又上广而下锐矣。堤街之后，夹以小河，名玉带河，夏秋水涨，可通舴艋，今半淤塞，未能直行，而上下多有木桥以渡，犹如故也。过桥，俗呼为堤外，昔时荒沙一片，嗣则居民丛聚，渐成街市。再后乃黄花地，上如天都庵、大观音阁，下如雷祖殿、三元殿之旁，咸筑堤以通后湖茶肆。堤街之前，为正街，沿江而下至于下关。兹姑先记正街坊巷之名，上自仁义司汛，下至礼智司汛地，列载于后，则河街、后街、夹街、堤街可寻而觅，不至迷途矣。僧寺尼庵，亦借以附焉。但余老懒倦步，未能周及，或其挂漏，览者幸勿哂之！①

---

（接上页注释⑤）

道光二十四年夏，范锴以客久而有落叶归根之意，准备挈家归南浔，又因中途变故而未果，遂寓居扬州，卒年八十余。"该"前言"还特别强调："（范锴的著作）计有二十三种，绝大部分是刊于嘉庆、道光年间。范锴虽是一个盐商，但他早年接受到教养是良好的，其同里友人刘疎雨的眠琴山馆藏书十余万卷，范锴朝夕过从，又阅读了大量的书籍，具有较高的文化素养。"参见（清）范锴撰，江浦等校释：《汉口丛谈校释》之"前言"，第1—2页。由是观之，范锴绝对可以称得上嘉道之际寓居汉口的儒商之典范。

① （清）范锴撰，江浦等校释：《汉口丛谈校释》卷二，湖北人民出版社1999年版，第74—75页。

从这段引文首句可以了解到，因为汉口的街巷是在市镇拓展过程中随着人口的增加自然形成的，并不是先有规划后建设的城市，导致其"自明以来，久为巨镇，坊巷街衢，纷歧莫绘"，并推测"盖因其地形如眠帚，上直而下广"，而"其广处则街巷重重，难以缕纪"。引文中间部分则分述了正街、堤街、河街、后街、夹街等街道的具体分布情况，以及分布在这些街巷里的主要建筑。据引文的末句可以看出，范锴在老迈之年不辞辛苦，通过步行亲自踏勘来精准掌握嘉庆时期汉口商镇的整体布局，这才让我们得以经由文字描述引导，"游览"当时人烟稠密、街巷复杂、商铺鳞比、呈"扫帚形"的长江中游巨镇的全景式面貌。

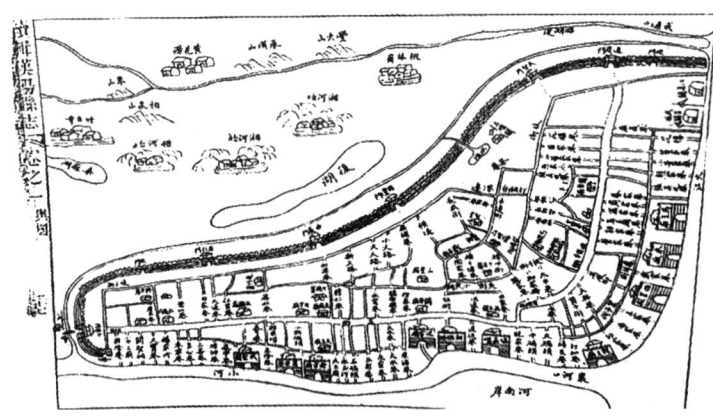

图 3-1 同治七年（1868）刻本《续辑汉阳县志》之《汉口镇图》①

在此，可以借助同治七年（1868）刻本《续辑汉阳县志》中绘制的汉口舆地图，更加直观地感受清中期以来汉口街巷的分布情况，详见上图 3-1。

---

① 图片资料来源：（清）黄式度等修，王柏心纂：同治《续辑汉阳县志》卷一《舆图》，第 26—27 页，中国国家图书馆藏同治七年（1868）刻本；另参见江苏古籍出版社 2001 年据同治七年（1868）刻本《续辑汉阳县志》影印，该卷第 26—27 页（全书第 182—183 页）。该卷第 26 页图右侧有字体硕大的竖排版"汉口镇图"四字题名，因排版原因将这幅图切割为两部分占用两页呈现。

另外，在前引《汉口丛谈》中有关汉口街巷分布的文字中，"昔时荒沙一片，嗣则居民丛聚，渐成街市"一句提醒我们，此时汉口的正街、堤街、河街等早先形成居民区的街巷已无法容纳更多住户，进入汉口的新移民只能在昔日荒芜沙地上拓建新的街巷。有学者据《汉口丛谈》相关记载统计出当时的汉口有街23条、巷64条。① 与许多逼仄、简陋的市镇相比，汉口在市镇建设方面很是用心，因而市容气派——"街道宽平，尽铺磐石"；居民构成则依旧延续了客居者多、占籍者少的特点——"五民处，客旅居多"。② 嘉庆朝汉口人口增长颇快，以著名的汉口堤街为例，"今则民居鳞比，十倍于前，但名堤街，几不知为湖堤矣"。③ 这既与嘉庆时期人口迅猛增加的社会大环境相关（从农村转移出来的人口也更多），也与汉口系商业移民为主的市镇，且水口北岸可供新移民开发的地段有限有关。据中国国家图书馆藏嘉庆十八年（1813）刻本《汉阳县志》卷十二《户口保甲》载，汉阳县开展了由保甲牵头，牌长（每十户选出一名忠厚可靠者担任）入户统计并填报的"人口普查"工作，经统计得出：汉阳县共计有103197户，428526口，其中汉口"仁义巡检司属居仁坊、由义坊、凤栖里共计16515户，76900口，保正21名；礼智巡检司属循礼坊、大智坊、丰乐里共计20414户，52283口，保正64名"，即汉口镇在册登记人口（含二巡检

---

① 汤黎：《人口、空间与汉口的城市发展（1640—1930）》，中国社会科学出版社2010年版，第57页。

② （清）范锴撰，江浦等校释：《汉口丛谈校释》卷二，湖北人民出版社1999年版，第132页。

③ （清）范锴撰，江浦等校释：《汉口丛谈校释》卷一，湖北人民出版社1999年版，第49页。

司保正）共计 129268 人，36929 户。① 此番人口统计最大的遗漏是没能统计汉口沿岸的众多"船户"②，并且汉阳县的地方官员也意识到即使对行栈、店铺进行严密登记，甚至连雇工都一并按户计入，但"汉口一镇贸迁之人僦屋而居，朝移夕易，较费编排"③ 亦属实。于是乎，模糊性的人口规模估算变成通行且广为接受的做法，例如嘉庆《汉阳县志》卷八《堤防》曰："（汉）镇为水陆要冲，烟火数百万家。"④ 另有清人钱泳《履园丛话》卷十四《祥异》之"汉口镇火"条专门提及"汉口镇为湖北冲要之地，商贾毕集，帆樯满江"，实乃"南方一大都会"，但曾经先是"失火烧粮船一百余号，客商船三四千只"，后于嘉庆十五年四月又失火，"延烧三日三夜，约计商民店户八万余家"。⑤ 虽是记录伤亡惨痛的火灾，但亦从侧面印证了嘉庆时期汉口"帆樯蔽江""市廛鳞比""人烟辐辏"并非虚夸之语。

即便如此，与乾隆朝汉口尚不足十万人的统计数据相比，嘉庆朝汉

---

① 参见（清）裘行恕纂修：嘉庆《汉阳县志》卷十二《户口保甲》，第18—20 页，中国国家图书馆藏嘉庆十八年（1813）刻本。另参见（清）黄式度等修，王柏心纂：同治《续辑汉阳县志》卷八《户口保甲》，江苏古籍出版社 2001 年版，该卷第 38—40 页（全书第 254—255 页），据同治七年（1868）刻本影印。须加以说明的是，嘉庆朝汉口南岸的崇信坊已经归汉阳县典史管辖，故其户口数未列入汉口镇，而是与其他同属汉阳县典史管辖的坊、乡一起统计入册。

② 明清汉口之"帆樯林立"盛况，除从外地驶入停泊之商船外，还有很多住在靠岸边以短距离船运为生的船户。

③（清）裘行恕纂修：嘉庆《汉阳县志》卷十二《户口保甲》，第 10 页，中国国家图书馆藏嘉庆十八年（1813）刻本。

④（清）裘行恕纂修：嘉庆《汉阳县志》卷八《堤防》，第 19 页，中国国家图书馆藏嘉庆十八年（1813）刻本。

⑤（清）钱泳著：《履园丛话》卷十四《祥异》之"汉口镇火"，中华书局 1979 年版，第 381—382 页。

口的人口数量有较为明显的增长。于是，寻找隙地、荒地开拓生活空间成为嘉庆朝汉口新移民必须面对的问题。譬如，总长十余里的玉带河实为明代修建的袁公堤后的深沟，到清代已经逐渐淤塞，一些流入汉镇的民众自行"架屋于上"，"至于堤口，市廛相接"，"过河谓之堤外，复有土人筑室聚居"，"近已上下成衢，且有招提、梵宇、会馆、公所，以愒游人"；又如，后湖一带除了茶肆众多外，"湖中远近，又列土阜数十处，乡人筑室聚族而居，以艺湖地菜麦者，故诸墩皆以姓氏名，如吴家墩、朱家墩之类，旁多植以杂树，远望若山林"。①墩这一地名在今日汉口仍有迹可循，展现了明清汉口移民在低洼潮湿的自然环境中的谋生智慧。清乾嘉时期，因全国人口滋生过快而耕地增长极为有限，驱动富于开拓精神的移民纷纷涌入汉口，促进了市镇居住空间、公共休闲空间、商业贸易空间的扩展。这既是嘉庆时期汉口臻于极盛的重要原因，也是汉口走向繁荣的重要表现。

随着人口的迅猛增加，嘉庆朝汉口大众的信仰空间亦呈现出复杂的多元面相。笔者据《汉口丛谈》卷二粗略地统计出，以汉口的正街和中路为主，兼及河街、中路后面地带，分布着以寺（通镇寺、铁佛寺、普贤寺、回龙寺、甘露寺、广福寺、大京南寺、迎水寺、清真寺等）、庵（兴龙庵、送子庵、长生庵、天宝庵、静室庵、海莲庵、十方庵等）、宫（武当宫、东岳宫、仁寿宫、土皇宫、太清宫、天齐宫、狄波宫等）、庙（宗三庙、天符庙、西关帝庙、沈家庙、老郎庙、龙王庙、大王庙等）、殿（关圣殿、四官殿、雷祖殿、三官殿、观音殿、南岳殿、老君殿、轩辕殿、帝主殿等）、阁（观音阁、长生阁、鲁班阁、斗姥阁、文昌阁等）、

---

① （清）范锴撰，江浦等校释：《汉口丛谈校释》卷一，湖北人民出版社1999年版，第49页、53页、55页。

观（太平观、大道观等）、祠（痘姥祠、蒙公祠等）、堂（炎官堂、海家堂）、院（紫极道院）等命名的宗教建筑不下 160 余处。这其实也从侧面反映了清中期汉口经济之发达、人口之稠密。因为只有经济富庶、人口众多的地区才有可能供奉如此密集且多样的神祇。

还应看到，虽然移民的显著增加，势必推动汉口的居住和商业空间不断延展，但汉水入江口北岸这块扫帚型的沿江沿河地带（如图 3-1）毕竟空间有限。长期从事盐业贸易的范锴已经注意到，在以船码头著称的汉口，沿河沿江供大量船舶停靠的渡口，既延伸了汉口商民的商业贸易活动空间，也成为连接汉口市镇和汉阳城区的关键所在。他据旧志指出："汉口渡有六：一在宗三庙，一在五显庙，一在老官庙，一在沈家庙，一在接驾嘴，一在四官殿也。又郭师口渡，在汉口西外五甲。平塘渡，在汉口上十里，一名琴堂，相传为伯牙弹琴处。蔡店渡，又在上六十里。此皆汉口渡河过郡城之路也。今则处处有渡，'招招舟子，卬须我友'矣。"① 也就是说，至迟在清嘉庆朝就已形成汉口北岸"石填街道土填坡，八马（码）头临一带河"②之渡口分布态势，而且每天都有大量的船只停泊在汉口沿江沿河口岸③。这里说到"今则处处有渡"实

---

① （清）范锴撰，江浦等校释：《汉口丛谈校释》卷一，湖北人民出版社 1999 年版，第 43 页。

② （清）范锴撰，江浦等校释：《汉口丛谈校释》卷二，湖北人民出版社 1999 年版，第 132 页。

③ 有学者认为此时汉口日常泊船量多达两万四五千艘，但并未给出该泊船数量的估算依据，具体参见汤黎：《人口、空间与汉口的城市发展（1460—1930）》，中国社会科学出版社 2010 年版，第 57 页。笔者通过反复检索相关资料发现，这一泊船数量很可能来自《汉口五百年》一书，其中《汉口成为名镇始于明末》一节提到："到了近世，有人曾作这一个粗略估计，以为汉水口两岸所停泊的船只常在二万四五千艘上下。"参见皮明庥、吴勇主编：《汉口五百年》，湖北教育出版社 1999 年版，第 21 页。

则表明此时汉口的码头水运业远胜前代,商业也因之更为兴盛。此乃汉口赢得"舟楫之津,钱刀之国"①盛名的重要原因。

如若从横向比较的视域来看,清中期汉口已在全国市镇中拔得头筹。嘉庆《汉阳县志》之《汉阳县志序》曰:"汉口镇居天下四镇之首,今日五都之市也。"②不仅如此,寓居于斯的商人范锴亦对这一时期汉口的兴旺发达颇感自豪,不仅认为"汉口渐盛,因有小河水通,商贾可以泊船,故今为天下名区",而且在长距离的商业实践中认识到"汉口之盛,甲于天下"。③范氏作为一名出生于浙江湖州南浔镇的盐商,可谓久历富贵之地,见惯富有之乡,但仍对汉口商镇的繁盛予以这样高的评价,彰显出清中期汉口臻于极盛之说委实可信。无独有偶,嘉庆二十四年(1819),赵玉在《紫阳书院志略序》一文中也颇为自豪地称汉口为"寰区巨镇"。④

及至风云诡谲的道光朝(1821—1850),汉口的社会秩序和营商环境虽不及前朝,但依旧保持了较好的发展势头。叶调元根据他第二次流寓汉口期间(道光十九年(1839)至道光二十九年(1849))的所见所闻,撰写了二百余首《汉口竹枝词》,并于道光三十年(1850)刊刻

---

① 此处引文出自前引图3-1《汉口镇图》左侧图说文字。参见(清)黄式度等修,王柏心纂:同治《续辑汉阳县志》卷一《舆图》之"汉口镇图",江苏古籍出版社2001年版,该卷第26页(全书第182页),据同治七年(1868)刻本影印本。

②(清)裘行恕纂修:嘉庆《汉阳县志》之汉阳知府赵玉撰《汉阳县志序》,该序文第2页,中国国家图书馆藏嘉庆十八年(1813)刻本。

③(清)范锴撰,江浦等校释:《汉口丛谈校释》卷一,湖北人民出版社1999年版,第37页、49页。

④(清)董桂敷撰,李经天等点注:《紫阳书院志略》卷七《艺文志》,湖北教育出版社2002年版,第279页。

问世，成为我们了解道光后期汉口市镇发展面貌的重要史料。① 他在《汉口竹枝词》之"自叙"中对这处繁华市镇不吝称赞道："汉口东带大江，南襟汉水，面临两郡，旁达五省商贾麋至，百货山集，贸易之巨区也。"② 与嘉庆朝相似，此时的汉口可谓车如流水，舟满码头，即所谓"廿里长街八码头，陆多车轿水多舟"，而且人烟更加密集，市民生活和商业活动产生的如山垃圾，"若非江汉能容秽，渣滓倾来可断流"。"汉口的街巷一般"后市前街屋似鳞"，"街名一半店名呼"，并且"四坊为界市廛稠"，人多地狭，以致"寸地相传值寸金"，遂有"华居陋室密如林"这般经济状况对比明显的街景。甚至连遭遇汉水和长江轮番泛滥冲击，呈现的竟是"汉水不消江水涨，人家百万水中萍"的受灾景象。至于"一镇商人各省通，各帮会馆竞豪雄"则体现了在汉口各商帮经济实力之强大。③

清嘉道二朝汉口的繁荣不止体现在人口增长④、市镇拓展、贸易发

---

① 叶调元，又名苕园，字鼎三，浙江余姚人，大约生于嘉庆四年（1799），卒年不可考。根据他写的《汉口竹枝词》之"自叙"可知，他曾于七岁至十六岁，以及四十岁前后两度流寓汉口。道光十九年（1839），叶调元第二次赴汉口，有感于"风气迥非昔比"，于是怀着愤懑的心情，"托诸嬉笑怒骂"，在十年时间里写了三百余首竹枝词，集结成册，于道光三十年（1850）刊印，遂有六卷本《汉口竹枝词》流传至今。

②（清）叶调元著，徐明庭等校释：《汉口竹枝词校注》之"自叙"，湖北人民出版社1985年版，"自叙"第1页。

③ 本段所引诗句全部出自（清）叶调元著，徐明庭等校注：《汉口竹枝词校注》卷一《市廛》，湖北人民出版社1985年版，第2页、第3页、第4页、第6页、第7页、第14页；《汉口竹枝词校注》卷六《灾异》，第178页。

④ 罗威廉根据教会资料，估计19世纪初汉口的人口总数接近100万，1850年前后几乎增至150万。参见罗威廉著，江溶、鲁西奇译：《汉口：一个中国城市的商业和社会（1796~1889）》，中国人民大学出版社2005年版，第50页。

达等方面,还包括它对周边地区经济辐射能力的增强,以及凭借商业和手工业俱发达的经济实力吸附更多的乡村剩余劳动力的到来。① 毋庸置疑,作为"甲于天下"之巨镇的汉口对周边乡村地区拥有较强的经济辐射能力。譬如,在汉阳城西八十里九真山下有一处集市名为老官渡集,"其西五里,有索河集,夏秋水涨,贸迁者甚辐辏,平时则收买白布转贩汉口镇市小民,夜成匹,朝则抱布以售焉"。② 再如,嘉庆《汉阳县志》卷十三《风俗》曰:"街居妇女多事剪绣,乡农之家勤于纺绩,每入夜登机,旦即成匹。……又汉镇男子多事贸易,女子多事针黹,或为冠为履,或成衣成袜,皆晓夜为之,无事纺绩,近镇市故。"③ 这表明,汉口市民与附近乡镇村民通过商品贸易建立了相互往来、彼此渗透的关系。若是没有周边乡村市民"抱布"来汉口零卖,汉口的小商小贩便不易获取可供他们赚取中间差价的"白布"商品,众多以针黹为业补贴家用的汉镇女性则难于获得可以直接加工鞋袜衣冠的布料;如果没有汉口这样一个对布匹需求旺盛的"超级市镇",以织布获取主要经济来源的附近乡村的农民便会失去让家庭手工业产品迅速变现的机会。

同样,作为经济高地的汉口商镇,对周边地区的剩余劳动力的吸附能力亦不容小觑。嘉庆《汉阳县志》的纂修者清醒地认识到,为何很

---

① 另应交代的是,清中期汉口工商业的发展、诸省商业会馆林立、追逐奢靡的风气等无不体现出其作为一个市镇的繁盛,但因后文将专门论述清代(开埠前)多元发展的汉口工商业市镇,以及清代(开埠前)汉口市民的消费文化特质的问题,兹不展开。

② (清)范锴撰,江浦等校释:《汉口丛谈校释》卷一,湖北人民出版社1999年版,第44页。

③ (清)裘行恕纂修:嘉庆《汉阳县志》卷十三《风俗》,第3—4页,中国国家图书馆藏嘉庆十八年(1813)刻本。

多无恒产安身立命的贫民愿意聚集在汉口这样一个房租昂贵、三伏天在拥挤难熬的出租房里中暑而亡乃寻常事的市镇，而不肯想办法去其他房租便宜、气候宜居的地方开始新生活，只不过因为汉口是首屈一指的商业都会，能够提供更多的谋生机会罢了。① 到了全国人口直奔4亿大关的道光年间，这种情况依旧如故。然而，随着该时期社会矛盾的增多，以及经济发展近乎停滞，不少乡村日渐凋敝，导致很多农民沦为赤贫人员，其中一些人涌入汉口后未能如愿获取谋生之道，成为街巷居民唯恐避之不及的"恶丐"。《汉口竹枝词》卷一《市廛》中云："下街宅宇总邻街，车轿喧阗室有埃。紧闭帘栊防恶丐，敲门始觉有人来。"② 显然，市肆繁华与他们实际经历的惨淡人生之间非但很难产生积极的共情连接，正相反，"货物山集""人烟辐辏"彰显的市镇富庶景观如同无处不在的镜子，时刻提醒他们是生存堪忧的"失败者"。当然，这并不

---

① 嘉庆《汉阳县志》卷十三《风俗》云："汉镇人烟稠密，地基价贵，多构楼居，小民赁以为栖止。每单瓦楼房一间，一岁可得租价数金。其租者男女卧榻、厨灶皆在焉。一至盛暑炎蒸之际，男女老幼如坐蒸笼鳖子中，病暑疾者不知凡几，尤有因热甚而致毙者，更可悯矣。然人不能弃此炎蒸之地以就清凉境界者，盖舍此而无恒产可以为生，就此逐末犹可以糊口耳。"参见（清）裘行恕纂修：嘉庆《汉阳县志》卷十三《风俗》，第4页，中国国家图书馆藏嘉庆十八年（1813）刻本。当看到这段史料时，笔者深感明清时期的汉口，作为"九分商贾一分民""本乡人少外乡多"的移民商镇，与今日在改革开放后迅速崛起的深圳这座土著人口几可忽略不计的巨型移民城市特别相似，前者因其四通八达的交通，发达的商业贸易，多种手工业作坊，为周边地区破产农民或地少人多家庭的剩余劳动力提供了新的谋生之地；后者亦因经济特区的身份在短短四十年间便已经成中国人均收入最靠前、年龄结构最年轻的超级城市，吸引数千万计的中青年前往这座潮湿、闷热的沿海城市"淘金"。

② （清）叶调元著，徐明庭等校注：《汉口竹枝词校注》卷一《市廛》，湖北人民出版社1985年版，第8页。

是说汉口商民嫌贫厌富到毫无同情心的地步。事实上，每遇灾荒年份，面对"贫民无屋又无田，饿殍流离只听天"的惨况，汉口商人"捐输赈恤逾百万"，遂招致"乞食都过汉口来"。① 这恰好体现了清中期汉口的商人团体在安顿灾民方面拥有不俗的救济能力。

## 二、咸丰朝汉口遭遇的重大挫折

咸丰朝只有短短十一年（1850—1861）。虽然咸丰皇帝自即位之后便力图拯救道光皇帝在鸦片战争（1840—1842）后留下的弊政丛生、社会矛盾恶化的统治危机，但此时清王朝已处于内忧外患不断的境地，从上至下整顿陋规、裁汰冗员之吏治改革几乎难于措手，以致前述道光朝的几大弊政非但未能革除，反而愈演愈烈。咸丰元年（1851）广西爆发了洪秀全领导的太平天国起义。1852年冬，太平军经湖南长沙北上，占益阳、克岳州（今岳阳），获得大批粮饷、军械、船只，并将几千名船民、纤夫悉数组成"水营"，然后水陆并进，兵锋直指武汉。结果，不仅郡城汉阳被太平军攻占，作为全国著名商业中心的汉口亦于1852年12月29日被攻陷，汉阳、汉口沿江的大小船只全部被太平军控制，以扩充其水军力量；此后1853年10月20日、1854年2月16日、1855年2月23日分别发生了太平军第二至第四次占领汉阳、汉口，以及以此为基础三克武昌的军事行动。②

然而，可以肯定的是，汉口在太平军的多次攻占过程中遭受的挫折

---

① （清）叶调元著，徐明庭等校注：《汉口竹枝词校注》卷六《灾异》，湖北人民出版社1985年版，第188页。

② 刘德政：《外来人口与汉口城市化（1850—1911）》，华中师范大学2006年硕士学位论文。

比它在明末清初经历的战火洗礼还要严重。因为，太平军在劫掠财物之余，还纵火焚镇，等于是将汉口数十万商民推向绝境——汉口密集的居民楼和临街店铺主要是竹木结构，根本经不起纵火焚烧。曾先后担任京师同文馆总教习和京师大学堂总教习的美国人丁韪良①（Alexander Parsons Martin）在《花甲记忆》一书中回忆道："夺取了汉口及其毗邻的两个城市后，洪秀全用一千艘平底帆船来运送战利品，像冬季的洪水那样沿长江呼啸而下，直至抵达南方的首府南京。"② 不仅汉口沿江的大小船只全部被太平军控制，极度依赖水路转输的商业命脉就此被扼制。同治《续辑汉阳县志》卷三《疆域》提到，"（汉口）地当江汉之冲，水陆交通，巨商大贾，百物云集"，本系"交易往来汇集之地"，然而"经咸丰乙卯（1855）粤逆一炬荡为平地"。③ 为了与清军抗衡，太平军在汉口这样的繁华市镇实施焦土战术，可以说手段之残忍超过了明末张献忠、左良玉对汉口的杀掠。前引《汉口镇图》左侧附题文中有"舟楫之渡，钱刀之国，巴渝维扬与此为极，盛极而衰，化为荆棘，剪刈豺

---

① 丁韪良（1827—1916），美国基督教长老会传教士，本名 Alexander Parsons Martin，1846 年毕业于美国印第安纳大学后加入新奥尔巴尼长老会神学院研究神学，1849 年成为长老会牧师。1850 年至 1860 年，他在中国宁波传教，因熟悉汉语，并擅长方言，遂在 1858 年中美谈判期间担任美国公使列卫廉的译员，参与起草《天津条约》。《花甲记忆》（*A Cycle of Cathay*）是他晚年写的回忆录，翔实地记录了他在华生活四十七年的感受和他亲身观察到的中国社会的方方面面，包括他亲身经历的晚清诸多重大历史事件：太平天国运动、《天津条约》的签订、洋务运动的兴起与发展、同文馆的创建等等。

②（美）丁韪良著，沈弘、恽文捷等译：《花甲记忆》，学林出版社 2019 年版，第 122 页。

③（清）黄式度等修，王柏心纂：同治《续辑汉阳县志》卷三《疆域》，江苏古籍出版社 2001 年版，该卷第 5 页（全书第 197 页），据同治七年（1868）刻本影印。

狼"①之语，指的就是汉口在太平天国运动中受到巨大创伤，一度呈现"盛极而衰"的局面。

毋庸置疑，社会安定是商业贸易活动顺利开展的重要前提。咸丰年间太平军与清军在汉口展开多年的拉锯战，不仅破坏了汉口在嘉道之际的市镇繁荣局面，而且将汉口几十万商民逼入绝境。有关"咸丰乙卯年（1855）官军粤寇之火"，《哀汉口》一诗云："楚客酕醄醉东鲁，停杯击筑歌汉口。……天吴蹴浪生紫澜，中有十万新鬼血。……张燕突起黑烟来，黄鹄凭陵寇氛恶。……坐使豺狼张巨吻，可怜民命轻于蚓。夺妇谁鸣委巷冤，搜牢莫雪商人愤。……屠剥纵横矢乱发，红颜满路惨仓卒。枉空热血溅湘裙，无数弓鞋蹈白骨。……编户昔称汉上豪，楚人痛绝悲陈陶。只今贼去焦土冷，犹看尸积青山高。……繁华一霎荆棘凉，半楚无存断瓦荒。"②有学人据此诗文并结合罗威廉《汉口：一个中国城市的商业和社会（1796~1889）》一书中对太平天国运动前后汉口盐商之比较研究指出："严酷而持久的（战争）灾乱，冲击的不仅仅是汉口的经济，还有其传统的政治控制、社会格局、商事习惯、文化取向等深层次内容。比如随着盐商的重创和盐路的阻滞，以及盐运的废引改票，此前占主导地位的盐业开始走下坡路，'汉口的盐业贸易再也未能从太平军占领期间所受的破坏中彻底复苏过来'，③垄断盐业的徽商的

---

①（清）黄式度等修，王柏心纂：同治《续辑汉阳县志》卷一《舆图》，江苏古籍出版社2001年版，该卷第27页（全书第183页），据同治七年（1868）刻本影印。

②王葆心著，陈志平等点校：《续汉口丛谈》卷一，湖北教育出版社2002年版，第20页。

③（美）罗威廉：《汉口：一个中国城市的商业和社会（1796~1889）》，斯坦福大学出版社1984年版，第106页。

社会优势也逐渐消退。即使在盐业内部，徽商的垄断性地位也逐渐让位于江西、湖北等地商人'太平天国后的贸易，几乎是由一些崭新的人物运作的'。①另外，此前积淀下来的商业秩序和商事习惯也面临严重危机，以致后人慨叹：'咸丰以前，人心古茂……今也不然……市道之衰，莫可底止。'"②

不过，即使在咸丰朝前期遭受如此惨痛的挫折，汉口作为商业市镇的人口与经济恢复能力仍很惊人。咸丰六年（1856）天京变乱后，清廷重新控制武昌、汉阳、汉口，江汉地区得以从兵乱中解脱。尽管在这之后的一段时日里，社会环境大不如战前，市场惨淡，但汉口的商业活动并未就此中断。随着地方官员对武汉地区进行战后重建，以及全国社会秩序的相对稳定，为汉口工商业的恢复和发展提供了较好的外部保障，遂有同治《续辑汉阳县志》卷三《疆域》云："虽经咸丰乙卯粤逆一炬荡为平地，而复业以后比屋鳞次，市廛之盛，肩摩踵接，东南于此称巨镇焉。"③虽说由此可以窥见汉口作为商业为主导的市镇展现出来的非凡商业贸易修复能力，但是它在这场战争中遭到严重的破坏亦是不争的事实。

---

① （美）罗威廉：《汉口：一个中国城市的商业和社会（1796~1889）》，斯坦福大学出版社1984年版，第118页。

② 转引自刘德政：《外来人口与汉口城市化（1850—1911）》，华中师范大学2006年硕士学位论文，第9页。

③ （清）黄式度等修，王柏心纂：同治《续辑汉阳县志》卷三《疆域》，江苏古籍出版社2001年版，该卷第5页（全书第197页），据同治七年（1868）刻本影印。

## 第四节　灾异频发与弊政丛生对清代汉口的侵害

明清鼎革之际，汉口遭受了深重的战乱创伤，以致明代中后期积累的辉煌商业成就在各种军事势力的反复蹂躏和掳掠中消散殆尽。汉口的快速恢复与重建显然与清初国家政局逐步稳定、汉阳府的积极治理、全国市场贸易日渐恢复并更趋活跃，以及汉口商民的努力密不可分。清代顺、康、雍三朝的汉阳地方官员一方面非常重视战后地方重建，另一方面懂得与民休养生息，为汉口市镇的复兴打造了较好的社会环境，汉口得以回归贸易兴盛的轨道。乾隆朝，汉口商镇在全国商品经济繁荣的大环境下，开启了商业蓬勃发展的势头。不仅盐当米木花布药材六行大宗商品转运贸易辐射范围遍及数省，乃至全国，而且街道上可资统计的商铺就有六七百家。在汉口经营业务的各省商人建立了以地缘为纽带的诸省会馆，以维护乡帮商业利益和商业秩序。同时随着全国人口的剧增，汉口的人户规模也在迅速扩大，成为熙来攘往、喧嚣繁华的"逐利胜地"。嘉庆朝，汉口商镇继续保持昂扬前行的发展势头，成为"甲于天下"的商贸名镇，并通过商业贸易之产供销流程促使汉口部分男女市民与周边乡村家庭产生业务联系。道光朝，汉口并未因为清王朝由盛转衰而衰败，而是依旧维系了"天下四聚之首"的商业地位。

总体而言，汉口镇在清代两个多世纪（1644—1850）里呈现出比晚明时代更具活力、更加多样化的市镇风貌，并在清中期走向全盛。然而，这并不意味着清代汉口商镇的复兴及其在乾、嘉、道三朝的迅猛发展完全没有受到其他因素掣肘，相反，在这看似无往而不利的两百年里，汉口同样遭遇了灾异的破坏，弊政的阻遏，以及鸦片泛滥的损害。

## 一、水火灾害频繁：既伤财物又伤人

　　清代（开埠前）汉口臻于全盛，单看官修《汉阳府志》《汉阳县志》，以及有关私人笔记史料等，很容易被其富庶光环吸引，但水火灾害的侵袭、贩夫走卒的焦虑和忧伤、穷民破户之悲惨等灰暗面亦是这个璀璨夺目的商业市镇的真实底色之一。在此，笔者想说的是，我们既要充分肯定汉口通过清前期的快速复兴和清中期的迅猛发展，创造出与汉阳、武昌两大郡城鼎足而立的经济奇迹，也要充分理解这个移民商业市镇发展过程的曲折性和复杂性。和明代一样，清代汉口也常遭到火灾和水灾的无情破坏。前引康熙初年《四官殿碑记》指出汉口是"真水火既济之乡"，可谓一语中的。尤其是嘉道以来频繁肆虐的水火灾害，几乎动摇了汉口作为转运贸易为主的市镇的发展根基。

　　就清代（开埠前）汉口遭受的火灾而言，平民之家大多为"竹篱茅舍"，富商巨大贾之豪宅亦多以木结构为主，稍有不慎便易引发火灾，而该镇人口稠密，居屋商铺"鳞次栉比"，沿河沿江的木船只成千上万艘，一旦遭遇火灾且扑救不及时，后果不堪设想。据《紫阳书院志略》卷八载："康熙庚寅（1710）八月二十六日，武汉二府，同日灾，汉口特甚。自晨至夕，毁万余家，火光烛天，河水皆炽。自市廛巷陌渡口，延烧巨舰小艇，夹岸濒河，焚溺踩躏，死者不可胜纪。书院墙垣高峻，幸无恙。附近民居，悉为灰烬。"① 清代汉口火灾频仍。《汉口丛谈》卷一指出汉口"火灾频闻"，并举例云："康熙二十六年（1687）

---

① （清）董桂敷撰，李经天等点注：《紫阳书院志略》卷八《杂志》之"纪火"条，湖北教育出版社2002年版，第293页。

丁卯六月十七日，江口失火，烧回龙寺、四官殿庙宇、房屋，何止数千？人民淹焚，何止千百？……近如（乾隆）丙戌年（1766）六月十八日，汉口由义坊失火，延及大智坊、杨林口无人居住处方止，人民水火死者不计其数。……（乾隆）戊子（1768）九月十日，江口失火，延及南岸，湖南粮船与红船、客舟，烧毁甚多，人民死者惨不忍言。"①康乾两朝百余年，汉口不慎遭遇火灾的次数远不止这些。另据民国《夏口县志》卷二十《祥异志》可知，"康熙三十七年（1698）戊寅，汉口火，延烧数千家"②；乾隆十二年（1747）正月，"汉口粮艘火，是夜西南风大作，因粮船失谨，延烧粮舟数十艘"；乾隆三十年（1765）年正月，"汉口粮艘火，湖南粮舟停泊汉口，盐店火延烧十三艘"。③乾隆朝汉口镇火灾频发，遭灾者当然不限于粮船客舟，普通居民亦深受其苦。随着汉口发展至更加兴盛的阶段，水火灾害频发引起当朝有识者的深度关切。乾隆《汉阳县志》卷六《城池》载《彭定求汉口募备水火二灾引》文曰："事之有功德于人间者，莫如救灾拯患为重且急也，而灾患之待夫拯救又孰有甚于水之溺、火之焚焉？……汉口为吴楚之要冲，商旅辐辏，居人稠密，时有祝融煽祸，绵延数百家。蓬户编民被灾尤酷，亲戚莫肯留止，宵啼露处，风雨飘荡，死者强半，此火焚之灾非他处可比也。又其地与省城相望，汉水、涢水合流奔湍往来武昌者，渡

---

① （清）范锴撰，江浦等校释：《汉口丛谈校释》卷一，湖北人民出版社1999年版，第39—40页。

② 《清史稿》亦载："（康熙）三十七年二月，汉阳汉口镇火，延烧数千家。"参见《清史稿》卷四十一《志十六·灾异二》，中华书局1977年版，第1565页。

③ （民国）吕寅东纂，侯祖畬修：《夏口县志》卷二十《祥异志》，江苏古籍出版社2001年版，第307—308页，据民国九年（1920）刻本影印。

船络绎，捆载百货，风涛猝起，漂覆每在呼吸间，此水溺之患亦非他处可比也。"①

嘉庆朝汉口多次发生大火灾，伤亡惨重。清人钱泳《履园丛话》卷十四《祥异》之"汉口镇火"条曰："汉口镇为湖北冲要之地，商贾毕集，帆樯满江，南方一大都会也。毕秋帆尚书镇楚时，尝失火烧粮船一百余号，客商船三四千只，火两日不息。嘉庆十五年四月十日，镇上又失火，延烧三日三夜，约计商民店户八万余家，不能扑灭，凡老幼妇女躲避大屋如会馆寺庙，亦皆荡然无余，死者枕藉。"② 这次大火（史称"庚午大火"），据称系夜间循礼坊失火延烧至大智坊，大火数日未灭，结果"数里之间，户口十余万，两昼夜悉成灰烬"。③ 与康乾时期的数次火灾比，此次汉口失火可谓伤亡惨烈之至，难以想象那些在火海中无法自救的汉口商民到底经历了怎样的绝望和伤痛。火灾亲历者李元复在《常谈丛录》中云："汉口镇，商贾居民凑杂，户以十万计。嘉庆十五年庚午春，大火延爇，殆数万家。街市中截，弥望尽成焦土。"④ 这次大火不仅使得汉口人员伤亡巨大，而且类似禹王阁这样位于"市盛之区"的宏伟建筑亦未能幸免；与从前火灾过后"频毁频修"的形势相比，此次火灾却造成"次第创造，已为竭蹶"之衰颓局面；嘉庆二十四年（1819），汉口再次遭遇火灾，以致"元气未复，民力亦艰，

---

① （清）刘嗣孔纂修：乾隆《汉阳县志》卷六《城池》，第30—31页，中国国家图书馆藏乾隆十三年（1748）刻本。

② （清）钱泳著：《履园丛话》卷十四《祥异》之"汉口镇火"条，中华书局1979年版，第381—382页。

③ （清）范锴撰，江浦等校释：《汉口丛谈校释》卷一，湖北人民出版社1999年版，第41页。

④ （清）李元复撰：《常谈丛录》，载王葆心著，陈志平等点校：《续汉口丛谈》卷一，湖北教育出版社2002年版，第18页。

市民迄今（道光初年）尚无倡捐者"。①

道光朝，汉口依旧火灾频发。《汉口竹枝词》卷六《灾异》云："火灾庚午已无伦，乙巳年中又一巡。怎似今年塘角火，既伤财物又伤人。"这是说，嘉庆庚午年汉口火灾非常严重，此前发生的火灾几乎没有能够与之相比的，但道光朝乙巳年（1845），汉口又发生大火；不料道光二十九年（1849），发生塘角大火，人与财物俱损。塘角大火对再次流寓汉口的叶调元刺激甚深，他在这首竹枝词后加按语云："塘角在省垣之东，各船停泊，汉口精华之所也。今己酉冬月十九夜，丑时尾，五帮②起火，烧至首帮，辰正方熄。"③ 塘角有70帮船停泊延绵廿余里，每帮"计大舟五六十号，小者不计"，以"铁猫（锚）竹缆连环锁"，大火延烧时，恰逢"风狂月黑，波浪如山"，即使有人想来救火，也"遭沉溺"，于是困守焚船内的人如"釜内游鱼"无处可逃。几百只船只延烧起来，水面上火焰腾空，将烟和木板燃烧产生的尘屑搅在一起带向空中，即"烟尘拉杂水飞空"④。火熄灭后，光打捞尸体就忙乎了一个月，并且捞上来的多是残损之躯，即"一月漉将尸数万，几人肢体得完全"⑤，足见此次火灾之惨烈备至。

塘角大火烧"毁船只八百余艘"，"焚、溺毙者数万"，使得汉口元

---

① (清) 范锴撰，江浦等校释：《汉口丛谈校释》卷二，湖北人民出版社1999年版，第93页。

② 用铁链、粗竹缆绳等将多条船只连环捆在一起，称之为一帮，目的是为了避免被江上风浪冲散，以及被盗匪围堵劫掠。

③ (清) 叶调元著，徐明庭等校注：《汉口竹枝词校注》卷六《灾异》，湖北人民出版社1985年版，第191页。

④ 同上，第192页、193页。

⑤ 同上，第193页。

气大伤;富客商豪遭受火灾之打击颇重,财产损失甚巨,气势锐减,即所谓"赀财千万作灰扬,富客豪商气不狂";除火灾中肉眼可见的诸商民之生命财产损失之外,与汉口发展命运攸关的淮盐运销几近全军覆没。因为,这次大火损毁的大型船只主要为两淮盐船——"塘角开一河……绵亘约十里,尤以两淮盐船屯泊最广"。① 为什么说这次淮盐商船被焚,对汉口的盐商资本打击特别大呢?姚莹《淮南变盐法议》曰:"二十九年十一月十九日夜,楚北停盐,忽遭火灾,焚去四百余艘,逃存三分之一。淮商课本,一炬而去四百余万,众商闻之,魂魄俱丧,同声一哭,相与签呈告退。通计淮商资本不及千万,今一炬失其大半。"② 经此重创,汉口的盐业贸易恢复之路变得举步维艰,因为"汉岸火灾之后,引滞商疲"③。

雪上加霜的是,除淮盐运销业务遭重创外,与之相关的汉口金融业和典当业也随之一落千丈。叶调元敏锐地观察到,"九九八归元谁受累,大东道主是西帮",并加按语曰:"塘角无与于汉口,汉口之性命

---

① (清)叶调元著,徐明庭等校注:《汉口竹枝词校注》卷六《灾异》,湖北人民出版社1985年版,第191—193页,第195—196页。塘角虽属武昌东面泊船之处,但是所泊船只运送的货物与汉口的转运贸易相关,与船上商人建立银钱往来的票号俱在汉口,所以叶调元才会在按语中说:"塘角在省垣之东,各船停泊,汉口精华之所也。"另见《续汉口丛谈》卷一曰:"自来汉口泊船,以裹河口为归墟。然淮南盐商行盐虽在汉口,因盐船绝稠而高大,则多泊之于对岸之塘角,曰下新河。终清之世,举如此也。"参见王葆心著,陈志平等点校:《续汉口丛谈》卷一,湖北教育出版社2002年版,第18页。

② (清)姚莹撰:《淮南变盐法议》,载(清)盛康辑:《皇朝经世文编续编》卷五一《户政二十三》之"盐课二"。

③ 咸丰元年户部《酌改盐务章程裕课便民疏》,载(清)盛康辑:《皇朝经世文编续编》卷五十《户政二十二》之"盐课一"。

存焉；火灾无与于票号，各行之倒账归焉。"① 这是说塘角看似与汉口无关，但此次大火烧毁的却是汉口商业的精华所在；火灾看似与汉口的票号没有直接关系，但是大火过后，富商巨贾陷入困顿，他们欠票号的银钱都收不回来了。换言之，汉口的票号行业遭遇了这场大火带来的灭顶之灾。与汉口商民生活紧密相关的典当业同样难逃厄运，即"十家典当九家关，捐得穷人没路钻。直一千文当三百，棉花铜锡尽丢还"。另附按语云："向有十五当，今止四家。"② 这是说，火灾过后汉口诸多行业受损，票号遭遇大批倒账，十五家典当行停业的就有十一家，仅存的四家也不肯将棉花、铜器、锡器等收当，而且原本可以当一千文钱的物品，此时也只能当三百文了，穷人的境况更加不堪。③

就水灾而言，有学者统计，顺治朝十八年间汉阳发生了 2 次水灾；康熙朝六十一年间汉阳共历 9 次水灾；雍正朝十三年间汉阳经历 2 次洪灾；乾隆朝六十年间汉阳遭遇 7 次水灾；嘉庆朝尚未见到大规模水灾之记载；道光朝三十年间汉阳经历 4 次水灾。④ 乾隆《汉阳府志》卷十五《堤防志》曰："楚为泽国，郡又地滨江汉，夏秋众流合汇泛涨之余，

---

① (清) 叶调元著，徐明庭等校注：《汉口竹枝词校注》卷六《灾异》，湖北人民出版社 1985 年版，第 195 页。

② 同上，第 196 页。

③ 有关道光二十九年（1849）塘角大火对道光朝汉口各行业的破坏之探究，还可参见刘德政：《外来人口与汉口城市化（1850—1911）》，华中师范大学 2006 年硕士学位论文。

④ 汤黎：《人口、空间与汉口的城市发展（1460—1930）》，中国社会科学出版社 2010 年版，第 41—42 页。此处引用的水灾次数的统计依据的史料为民国《夏口县志》卷二十《祥异志》，1920 年刻本，以及郭廷以编著：《近代中国史事日志》，中华书局 1987 年版。

不特田家垄亩尽付波臣，即城郭亦岌岌焉，有为鱼之忧。"① 简言之，汉阳是汉水入江下游地区水网密布的洼地，汉阳县境内东面长江、南临汉水、北枕大湖、河汊纵横的汉口则是"洼地中的洼地"。所以，只要汉阳遭遇洪水侵袭，汉口便绝对难逃"水淹"之灾。

不过，汉阳地方志书中对汉口水灾大多采用"某年水"或"某年大水"等略笔记载形式。幸亏清人董桂敷和叶调元分别在《紫阳书院志略》和《汉口竹枝词》中对雍正、道光二朝汉口市民遭遇水灾的情况有比较生动、细致的描写。例如，《紫阳书院志略》卷八载："雍正丁未（1727）六月初六日，江水暴瀁，堤岸崩溃。汉口街市，地处可行舟。堤内居民，水平檐角。皆架板为巢，汹汹焉有不可终日之势。"② 又如，道光十年（1830），汉口发生了很严重的水灾，洪水涌入观音阁并留下了淹没墙壁的水位线痕迹，而道光二十八年（1848）的汉口洪灾竟更加严重，水位比前次还高了一尺五。③ 在这样严峻的洪灾面前，汉口商民又是如何应对的呢？他们似乎对洪灾已经习以为常，在街巷积水中搭跳板通行，即"各街搭艓如秦栈，来往行人未觉稀"，甚至已经

---

① (清) 陶士契修，刘湘煃纂：乾隆《汉阳府志》卷十五《堤防志》，江苏古籍出版社2001年版，该卷第1页（全书第151页），据清乾隆十二年（1747）刻本影印。

② (清) 董桂敷撰，李经天等点注：《紫阳书院志略》卷八《杂志》，湖北教育出版社2002年版，第293—294页。

③《汉口竹枝词》曰："水患曾惊辛卯年，戊申谁料胜于前。观音阁内寻陈迹，旧尺量来尺五添。"参见 (清) 叶调元著，徐明庭等校注：《汉口竹枝词校注》卷六《灾异》，湖北人民出版社1985年版，第175页。《汉口竹枝词》卷六《灾异》第二六二首至第二八三首，一共有22首竹枝词专门写道光二十九年汉口水灾，道尽底层民众在大水围困下的悲惨境遇，以及其对汉口商业的冲击。

到了"习惯自然心胆壮,鼓楼麻雀不惊飞"的地步。① 实际上,洪水突然席卷而来,不仅造成大量房屋被淹,而且不少民众在哀号声中溺毙,有诗为证:"玉带河边百万楹,北风吹水梦魂惊。可怜人逐波涛去,隐隐犹闻救命声。"②

道光二十九年(1849)夏,大雨如注,汉口遭遇比头年更加凶猛的洪水,搭跳板行走的老办法已经行不通,富家还有钱举家迁移至地势更高的武昌避难,而"贫户始则无财,继则无路,待毙而已",遂有亲历者云:"岁当己酉水弥凶,板艇难施走路穷。富室迁移贫户毙,十家到有九家空。"该年大水之所以来势汹汹,乃是因为降雨周期长(闰四月到五月末,中间只晴了三日)、雨量大,即"月余大雨似盆倾,檐标长闻瀑布声",导致"汉水不消江水涨",汉口最底层市民居住的茅草棚、简陋低矮木屋都被大水卷走,有如水中浮萍,即所谓"人家百万水中萍"。③ 因为当时汉口地基高的多层房屋不到十分之一,而占六成左右的中人之家虽有在底屋基础上加盖一层楼,但大水突至,底楼全被淹没,不能住人,只能带上锅碗瓢盆与铺盖蜗居楼上,即"中等人家苦莫论,灶锅床帐一窝存";两三成家境较为贫寒的人家,往往所居房屋经不起直逼屋檐的洪水之长期浸泡,很容易垮塌,即"雨久水深,倒墙无算,或出或处,时遭覆压",就算"幸免,然家无四壁,晴则热,雨则寒,饥食画饼,渴饮腐水",凡"贫乏之家,至此山穷水尽";值得注意的是,不仅蓬门荜户被大水摧毁,连"竞豪奢"之会馆、簇

---

① (清) 叶调元著,徐明庭等校注:《汉口竹枝词校注》卷六《灾异》,湖北人民出版社1985年版,第176页。

② 同上,第176页。

③ 同上,第177—178页。

新之庙宇同样未能幸免,即"从上堤自在庵至下堤六度庵,会馆约十余所",即便是"雕墙好宇",亦"悉付风涛"。①

上述道光朝两次大水影响的地区当然不止汉口,而是遍及江汉流域,成千上万的百姓流离失所,以致武汉商民在大水退去后还须承担照顾外地涌入难民的道义责任。《续汉口丛谈》卷四曰:"道光戊申(1848),楚中大水,武汉成浸。己酉(1849)益甚。汉、黄、沔、鄂间,蓝褛属道。会垣据黄鹄矶,城不没者三版。居民编芦息其上。有面胭脂山而居者,初登楼,架木桥通出入,水渐及户楣如蚁封,急呼家人抉砖墙而出,就小舟。舟或触市瓦必覆,凡出者皆儌居山顶。天炎如炙,老弱俱病。及水落,无不生计萧条矣。程维周《纪事七律六首》有'城堞编茅成里社,戍楼垂钓即江湖'之句,可以见其概矣。"② 更可怕的是道光朝最后十年连年大水,武汉地区遭灾尤甚。湖北襟带江湖,全恃堤垸保障,然而自道光二十年至三十年,水患频仍,几乎岁岁冲决,以致灾民遍野,纷纷入城乞食。前引《汉口竹枝词》卷六《灾异》记录了当时汉口官民一起救济灾民的情况:因为灾后"贫民无屋又无田,饿殍流离只听天",于是"国帑百万,民捐廿余万,大口日给十文,小口五文"予以救助,并且赈济有固定时段,"起十月,终腊月,荒民之众可知";实际上涌入汉口的乞食灾民很难再回故里,只能在城中搭棚蜗居,遂有竹枝词云:"散粮期满又难回,乞食都过汉口

---

① (清) 叶调元著,徐明庭等校注:《汉口竹枝词校注》卷六《灾异》,湖北人民出版社 1985 年版,第 179—182 页。

② 王葆心著,陈志平等点校:《续汉口丛谈》卷四,湖北教育出版社 2002 年版,第 107 页。

来。湖地河坡人住满,芦棚多似乱坟堆。"①《续汉口丛谈》卷二亦云:"自二十九年九月始,筹捐收养江汉等处被水棚民";"棚民者,皆江汉上游灾民流入武汉","每秋冬后,棚民罔不充塞汉市"。② 刘德政在其硕士学位论文《外来人口与汉口城市化(1850—1911)》中《灾乱对汉口的冲击》一目中指出,此时"整个汉口,几为一个难民营"。③ 另需补充的是,清代汉口亦有不少沿湖堤种植稻、麦、高粱等农作物为生的农户,没有水患时从不愁"种植荒",因为湖地肥沃,沟渠众多,肥力和水源均充足,但是一旦遭遇连年大水漫灌,便"不收麦草与高粱"。④

显而易见,清代(开埠前)汉口不断遭遇水、火灾害的严重破坏,不仅造成许多商人和农民或经济损失惨重,甚至家破人亡,而且使得汉口的庙宇、会馆等建筑,以及农田或被冲毁,或被焚毁,从而对汉口的发展造成实质性的破坏。具体到汉口各阶层商民,惨烈的火灾和无情的水灾对他们的影响有明显的差异:富商巨贾可以在灾后经营大宗物资贸易的过程中重新崛起;中人之家亦有可能通过数年奋斗再次成为小康人户;贫寒之家则很可能因此沦为乞丐;至于位于社会最底层,住在低洼处茅屋、棚户中的赤贫人员,能在大灾之年保住性命便是万幸。换言之,在"帆樯林立""店铺数千家""百货山集","为楚中第一繁盛"

---

① (清)叶调元著,徐明庭等校注:《汉口竹枝词校注》卷六《灾异》,湖北人民出版社1985年版,第188页。

② 王葆心著,陈志平等点校:《续汉口丛谈》卷二,湖北教育出版社2002年版,第52页。

③ 刘德政:《外来人口与汉口城市化(1850—1911)》,华中师范大学2006年硕士学位论文,第8页。

④ (清)叶调元著,徐明庭等校注:《汉口竹枝词校注》卷三《后湖》,湖北人民出版社1985年版,第74页。

的汉口，还有不少头顶无片瓦遮身、脚下无寸土立锥的极贫之人。在重门豪宅、园林别墅、车马喧嚣的标志性街道景观之外，还有分布在汉口街巷中的蓬门陋室之逼仄昏暗。因此，真实的清中期汉口商镇乃是繁华和挫折同在，富庶与贫困并存。

## 二、积年弊政对汉口商业发展的阻遏

尽管与明晚时期恶劣的政治环境相比，清代（开埠前）汉口面临的地方政治环境比较开明，所处的时代大环境也总体上保持了比较平稳的局势，但实际上这一时期汉口的发展依旧受到地方弊政和时局变化的牵制，并非毫无掣肘。

先以顺康二朝为例，原本明朝嘉靖年间已踏勘明确的汉口基地一案，有关原因和最终处理办法记录在嘉靖《汉口地课碑记》中，然而清朝"顺治年间兴屯，未悉始末，误开入藩产项下达部"，迫于新政权的威势，"彼时士民未经辨改"，直至康熙时期才"蠲除上价"，使"民荷更生"。[①] 再以乾隆朝为例，尽管这一时期是汉口商业发展的上升期，取得了令世人瞩目的经济成就，但是关税（对进入汉口的商船征收的"船料银"）管理混乱之弊政多年未能改弦更张。据乾隆《汉阳府志》卷二十三《食货志》云："府治内汉口上十里宗三庙，大江上十里大巷，汉口外江下五里茶庵，三处征收船料银，向系武昌府同知征收，后系每年奉院委道员，或武汉二府知府，或亦委同知管理，无定制。又按

---

① 武汉市汉阳区地方志办公室编：《康熙汉阳府志》卷四《食货志》，湖北人民出版社2014年版，第268页，底本为（清）陈国儒修、王世显等纂清康熙八年（1669）刻本。

大清会典，此税不载于户部各省关税之下，载于工部杂税落地等税下，名船料银。康熙八年陈国儒旧志（即康熙《汉阳府志》）亦谓汉口关税地属汉阳，而税务乃属武昌职掌，当时创置之故不解云何。且汉口距汉城陆路不过二里，距武昌水路七里余，客商渡江讨票，跋涉颇远，且波涛之惊，风雨之阻，往往停滞数日始得成行。至于官府之号令不一，往来之奸充莫测，是诚地方积年一大弊政。绅士呈请题更，而当事惮于改弦，因仍莫察。甚矣，任事者之难也。"① 如此明显的关税征收弊政自然对汉口的商品集散贸易大为不利，在任者明知其弊却没有胆量下决心革除，只能年年因循不察。

实际上，清初至清中期汉阳地区的弊政远不止上述内容。像汉口这样三面环水且河湖密布的"巨浸之地"经常遭受水患侵害，迫切需要在它所属的汉阳地区进行整合性的水利工程建设，才能有效降低洪灾造成的损失。然而，笔者遍读康熙《汉阳府志》、乾隆《汉阳府志》、嘉庆《汉阳县志》，以及同治《续辑汉阳县志》发现，汉阳郡、县二级地方官员根本没有组织创修堤防的意图，只肯在明代免溺堤、杨柳堤等堤防工程基础上进行一定程度的修补或略加增扩；同时，明崇祯朝在汉口创建的著名的袁公堤非但没有扩修，反而任由居民在堤上建屋搭房，牛马负重碾压，导致堤基严重溃损亦不以为意。这其实就是一种不作为的懒政。其结果是，几乎每次大水过境，汉阳、汉口的底层百姓唯有坐以待毙，待水退去后，则主要靠汉口商人捐款赈灾和收敛尸首。另外，前引姚莹《淮南变盐法议》一文开篇直斥"嘉庆道光间，两淮盐法之弊

---

① (清) 陶士契修，刘湘煃纂：乾隆《汉阳府志》卷二十三《食货志》，江苏古籍出版社2001年版，该卷第4—5页（全书第248页），据清乾隆十二年（1747）刻本影印。

极矣","法半弊者犹可补救图全,今弊十之八九,如病者仅存一息";并慨叹:"商人困极,无如何矣。"① 众所周知,淮盐运销乃汉口盐业的支柱,盐法弊政必然会给汉口盐业转运贸易带来掣肘。

## 三、 鸦片的流入和泛滥对汉口的危害

严格地讲,鸦片的流入和吸食的泛滥亦是清中期弊政之一。早在雍正朝,清廷就已经下令禁止民间吸鸦片。此后乾隆、嘉庆、道光等皇帝也一直强调禁烟。然而,随着19世纪的到来,英国为了扭转贸易逆差,开始从印度向中国走私鸦片以获取暴利,紧接着中国云南、贵州、四川、山西、陕西各省逐步加入鸦片种植行列,使得市面上的鸦片价格开始急剧下滑。因此,鸦片便不再是达官显贵、富商巨贾们才能享用的奢侈品,转而变成"吸食者日众"的普通商品。光绪三年(1877)二月初八日,郭嵩焘在《请禁止鸦片第一疏》中陈述了鸦片泛滥始末及其对中国民众的巨大危害,疏文曰:"查鸦片烟之禁,始自雍正时。其初但充药品,贩运内地,所恃政教修明,官吏称职,民间懔懔畏法,无敢于吸食。至道光初年而其风始炽,浸寻由印度传至云南,而南土兴矣。辗转传至四川,而有川土。又传至甘肃,而有西土。由是而至贵州,由是而至陕西、山西。一二十年来,废田而种罂粟,岁益浸广,而西洋贩运中国亦逐渐增多。足见开种日繁,即吸食者日众,势将中国之人皆至失其生理,槁项黄馘,奄奄仅存,无异残废。"②

---

① (清)姚莹撰:《淮南变盐法议》,载(清)盛康辑:《皇朝经世文文编续编》卷五一《户政二十三》之"盐课二"。
② (清)郭嵩焘撰:《请禁止鸦片第一疏》,载《郭嵩焘全集4》,岳麓书社2018年版,第809—810页。

## 第三章 清代开埠前汉口商镇的变迁

汉口作为清中期物资贸易最为活跃的市镇，与云、贵、川、陕甘均有广泛的贸易往来，因而当鸦片在道光朝泛滥时，汉口市民亦很快陷入鸦片吸食风潮不能自拔。前引《汉口竹枝词》中提及汉口的一些妓女以擅长装鸦片烟泡作为招徕客人的手段之一，即"一方软枕靠身斜，玉手纤纤打泡嘉"，并且"用妇人候客者，名'花烟'"，所以被戏称为"花烟颠倒即烟花"。① 如果吸鸦片仅仅是个人消遣，损伤的是吸食者的身体，伤害的是吸食者的小家庭。但当吸食者因沉迷鸦片而不慎造成巨大的火灾，这就演变成了恨事。譬如前述"焚、溺毙数万人"之塘角大火，据称就是因为某船中的盐丁摊灯吸鸦片时不慎所致。现将这段史料引录如下：

> 岁十一月十九日，入夜，舟人醉饱者、安役者皆安寝矣。突有一大船中盐丁，摊一灯吸鸦片膏，一火倏腾，渐延及什物船篷，以至于焚樯竿。俄而火烛长川，船人竞起，理篙枻者、窜逸者皆自梦魂中，迷骇昏乱，不知所之。而又千船固结，仓促不可割分。上流火势剧烈，炎炎若飞炮；下流风逆，即解缆亦不得出。船塞江路，舟中兄弟夫妻儿女皆忍死相觅。声呼噪，渐至听闻皆迷。但见风声火声，交互敛欻。人皆惊投如羊豕，自窜水火。有上跃如猿，跃起仍堕水火者；有逃入水，水沸至糜其肢体者。有一新妇，新产未裹裳裤，母子互跳掷，相抱焚死者。有一船逃对岸，将停而轮回风迫入火中，十口无一存者。是夜火发，烧及次日辰末止。浮脂幂江波，腥臭不可闻。灾后无棺可殓骸，只以一席裹一尸，至数千百具，诚浩劫也。②

---

① （清）叶调元著，徐明庭等校注：《汉口竹枝词校注》卷五《杂记》，湖北人民出版社1985年版，第166—167页。

② （清）叶调元著，徐明庭等校注：《汉口竹枝词校注》卷六《灾异》之《哀塘角行》自注文，湖北人民出版社1985年版，第197页。另外，《续汉口

这段文字简直不忍卒读。扼言之，就是某盐船上的一名杂役人员沉迷鸦片，在点烟灯吸食时不慎引发一场滔天大火，最终毁船数百只，烧死和溺毙人员难以确算。"千船固结"本为防风浪毁船和防范强盗团伙打劫，却毁于一管鸦片烟灯。另外，鸦片战争结束后，全国的鸦片种植和销售并未因之得到遏制，相反愈演愈烈，自是不利于国计民生。

更糟糕的是，即使林则徐这样的有识之士出于对国家存亡之忧虑，坚决主张禁烟，并得到道光皇帝的支持，禁烟运动在汉口这样吸食鸦片者甚众的商镇仍彻底沦为成阳奉阴违之举。叶调元《汉口竹枝词》第四十四首云："卖烟不敢挂招牌，暗地机关刷满街。发卖镇君丸戒瘾君，戒烟人是吸烟来。"今人徐明庭等对这首诗进行注解："道光十八年（1838）秋天，湖广总督林则徐在武汉设立禁烟局，宽猛兼施，很快掀起了抓烟贩、搜烟土、缴烟枪和销毁烟土、烟枪、烟具的高潮。知情者纷纷举发，许多烟贩和吸烟者惧刑畏罪，投案自首，禁烟确实取得了很大成效。同一年冬天，林则徐被任命为钦差大臣赴广州后，武汉地区卖烟者又相继在暗地活动。但直到道光三十年（1850），即叶氏此书刊行时，卖烟者仍不敢在门口悬挂招牌。"并且，指出诗中"暗地机关"乃是说："（汉口）满街刷的是出售戒烟药物的招贴，实际上是变相地招徕顾客，暗示吸烟者到招贴上的地址去吸烟。"鸦片烟在汉口的泛滥加剧了中下层市民的贫困化。叶调元《汉口竹枝词》第四十五首曰："破房歪炕一灯燃，过引（瘾）人来竦两肩。几口呵完神气爽，带

---

（接上页注释②）

丛谈》卷一也引录了这段《哀塘角行》自注文字，用以说明此次大火是"巨灾之又一也"。参见王葆心著，陈志平等点校：《续汉口丛谈》卷一，湖北教育出版社2002年版，第19页。

头捋下押衣钱。"① 这是说长期吸食鸦片的市民不仅看上去瘦骨嶙峋、双肩耸立，而且沦落到无钱付吸食鸦片的费用，只好将随身穿的衣服脱下来抵押。由此可知，鸦片于道光朝在汉口的泛滥不仅戕害了市民的身心健康，还对整个市镇的发展十分有害。因为，汉口这样一个以转运贸易为主的商业市镇，对健壮劳动力的需求甚巨，一旦大量自由劳动力染上鸦片烟瘾，势必影响劳动效率，甚至危及劳动场所人财物之安全，前举塘角大火的惨痛事例就是由盐船杂役吸食鸦片时点烟灯不慎引发。

## 本章小结

对于在汉口谋生或寻求更广阔的发展前景的清代商民来说，汉口商镇的盛衰转折之命运与他们的实际人生遭遇紧密相关。明清鼎革之际，明官军、各路起义军都曾在汉口所在的武汉地区盘桓，汉口商民也因此饱受战乱之苦，市镇人口锐减，经济凋敝。经过清初近百年的地方社会重建，并且在全国市场日益活跃的外部环境支持下，汉口借助自身卓越的商贸区位优势得以迅速恢复昔日大镇风采。乾隆朝经济的繁荣和人口的剧增为汉口再次走向兴盛打了一剂强心针，食盐、粮食转运等大宗贸易成为该镇的商业支柱，遂成长为"楚中第一繁盛"的商贸巨镇。嘉道之际，汉口依旧保持了强劲的发展态势，人口持续增加，占籍人口超过十万，市镇空间也随之扩大，成为当时"盛甲于天下"的全国贸易中心。咸丰朝汉口经历了太平军和清军之间的长期拉锯战，不仅损失了大量财物、人口，而且太平军在咸丰五年（1855）最后一次撤出汉口时，将这个昔日繁华都会"付之一炬"，过往积累的商业成就全都化为

---

① 本段引用的诗句和注解，都出自（清）叶调元著，徐明庭等校注：《汉口竹枝词校注》卷一《市廛》，湖北人民出版社1985年版，第31—32页。

焦土。当然，即使在咸丰朝之前的二百年中，汉口从明末战乱中走向复兴并臻于全盛也并非一路坦途，同样遭遇了水火灾害的频繁破坏，各种弊政的掣肘，以及道光朝以来鸦片泛滥带来的诸多社会危害。

透过清代（开埠前）汉口的兴衰历程可以看到：唯有汉口商镇在相对稳定的社会环境中不断促进物资转运贸易的兴盛，才能给予汉口市民和他们身后的家庭（或家族）更广阔的生存和发展空间；只要持续的社会动乱得以平息，给予汉口以喘息的时机，它便能再次吸纳大量移民，重启商业贸易活动，然后再现经济繁盛景象。不过，还应强调的是，该时期汉口港埠的充分发展和水上运输业的空前繁荣，都是建立在众多船夫和码头搬运脚夫的艰辛付出和悲惨命运的基础上。船夫们为了蔽体之衣，果腹之食，冒着生命危险，行舟于风涛诡谲的大江之中，覆舟丧生之事多有发生。至于那些因为失去土地，又无本钱做生意，只好来船码头"力趁糊口"的人，他们在汉口无工可做时风餐露宿亦不鲜见。

还应补充说明的是，对于明清以来类似汉口这样的超大型商业市镇的变迁不应只停留在纵向历史层面的梳理，还应在经济、社会和政治等多个层面进行考察。从经济层面看，在晚明和清中期臻于极盛的汉口商镇是连接地方性市场（尤指跨地区的长距离物资贸易）和世界体系（洋货进入汉口市场，除供本镇商民消费之外，其余均转销他处）的节点，并且越来越具有超层级、跨区域和金融化的特点；从社会层面看，汉口商镇具有极大的开放性和包容性；从政治层面看，它是市民团体自治和国家权力渗透并行不悖的着力点。[1]

---

[1] 有学者认为，对于市镇的研究必须将其看作一种总体性的社会事实，考察其与具体制度和社会结构之间关联，因而对明清以来的市镇的演变必须予以多层面的分析。参见傅春晖：《明清以来的市镇：中国城镇化发展的历史姻缘》，《社会》2020年第1期。

# 第四章
# 清代开埠前汉口商镇的多元发展

作为以转口贸易起家的商业市镇，人们对汉口的关注多集中在商贸行业和为商业服务的各种行当，以及行业组织方面，往往忽略了它其实还有面向本地市场、服务本镇居民的多种手工业。简言之，长期以来在商业贸易之突出成就的遮蔽下，清代（开埠前）汉口的手工制造业鲜有受到应有的重视。① 事实上，及至清中期，汉口已发展成集商贸、手工制造与信贷金融业为一体的综合型工商市镇。② 相应地，多元化的经营，使得汉口的市镇经济面貌和人文景观之复杂性，绝不是"大宗物资转运贸易"或"商帮""会馆"这样的高频词可以完全涵盖的。因此，欲对该时期汉口有较为全面的认知，在关注商业发展历程之余，还应聚焦手工业、金融业、市镇公共服务等非商品贸易领域的发展情况，

---

① 皮明庥、吴勇主编《汉口五百年》一书中"百业匠作的手工业"标题下仅有一小段文字提到清代鸦片战争前汉口的手工业，其余数段文字的内容均与手工业毫无关系，但这反映出地方文化研究者已经注意到清中期汉口的手工业已有较大发展。具体参见皮明庥、吴勇主编：《汉口五百年》，湖北教育出版社1999年版，第29页。

② 笔者曾就这一问题撰写了拙文《鸦片战争前汉口工商业发展特点》，《昆明学院学报》2015年第4期。

以便深刻理解明清汉口市镇发展面貌的多样性和汉镇民众从业样态的丰富性。

## 第一节 商业与手工业并重的市镇经济格局

自明中期至清中期,汉口一路从渔村、船码头发展为"天下四聚之首",是名副其实的商业巨镇。近4个世纪(1465—1861)以来,除多次战乱和数不清的"天灾人祸"造成的各种掣肘外,汉口的商业贸易日趋繁盛,不仅陆上商品之"转输搬运,肩相摩,踵相接",而且水上贸易亦很兴旺,"其外滨江,舳舻相引数十里,帆樯林立,舟中为市",以致"十府一州商贾所需于外部之物,无不取给于汉镇"。① 于是乎,明清汉口市镇给人留下"商贾成群""百货山集""商业会馆遍布各街巷"的刻板历史印象。② 在这种情况下,商业贸易之外的汉口实际存在的其他行业很容易被忽略。清代汉口的商业和手工业实则"各领风骚",值得一窥究竟。当然,汉口其他行业的发展都会受到以商业为主导的市镇经济发展大背景的深刻影响。其中,手工业主要是为本镇市民的日常消费需求服务,经营者扩大再生产意愿不足,生产资本投入相对低迷,遂发展水平有限。

---

① (清)章学诚撰,郭康松点校:《湖北通志检存稿》卷一《食货志》,湖北教育出版社2002年版,第34—35页。

② 实际上,农业、手工业是商业发展的基础,商业的发展又会促进农业和手工业的发展,所谓"无农不稳""无工不富""无商不活"之说早已为明清时期的大众所熟知。

## 一、货物贸易与商帮组织

"不事田业,惟贸易是视"的汉镇商民在清代创造了惊人的大宗商品转运贸易业绩,并且至迟在清前期已经成立了维护同乡或同行商人利益的商帮组织。可以说,正因为清代汉口的商业精英掌控了市镇经济发展的咽喉,主导了汉口与全国各地商品贸易的走向,使得明清时期的汉口一直被视作典型的商业市镇。虽几经战乱破坏,但明清时期汉口大体上维持了格外兴盛的局面,主要体现在商业的繁盛方面。清代学者章学诚在《湖北通志检存稿》中将汉口刻画为当时中国最大的商品集散地。① 章氏所言非虚,这一点在随后进入汉口的外国观察者的记录中得到有力印证。1861年被派往汉口开辟商埠的英国使团在报告中说道:"这个城市不仅在外表上看来是个适宜居住的地方,而且有充足的证据表明——正像一般人所猜测的那样,是全国的大商业中心……来自中国各地的各式各样的商品,在这里大都可以看到。"② 是故,开埠后的汉口很快演变为备受瞩目的国际化商业都会。民国《汉口小志·商业志》曰:"古以汉口及河南之朱仙、江西之景德、广东至佛山为天下之四大镇,诚以形势之出于天然也。然至今时商业之昌盛,则信无有过于汉口者。"③

---

① (清)章学诚撰,郭康松点校:《湖北通志检存稿》卷一《食货志》,湖北教育出版社2002年版,第34—35页。

② 英国议会下院:1861年《英国议会公报》卷66,第340、342页。转引自(美)罗威廉著,江溶、鲁西奇译:《汉口:一个中国城市的商业和社会(1796~1889)》,中国人民大学出版社2005年版,第28页。

③ (民国)徐焕斗编撰:《汉口小志·商业志》,江苏古籍出版社2001年版,第5页,影印底本为1915年刊本。

## （一）"四海九州之物，不踵而走"

清代（开埠前）汉口商贸极度繁荣，其主要表现为大宗商品的远距离贸易，并且商品种类极多，数量巨大。国内有学者估计，清中叶汉口的年贸易额达到1亿两左右。[①] 另据晚清日本驻汉口领事水野幸吉统计，1904年汉口的年贸易总额达白银1亿4000万两，并且赞誉其商业贸易能量"夙超天津，近凌广东，现今已成为清国第二要港，几欲摩上海之垒"。[②] 也因此，使得明清时期以商业贸易为主导的汉口市镇对手工业经济的依赖程度不高。为什么这样讲呢？首先，在大量商品都可以通过水陆通道顺利抵达汉口的经济发展境下，来汉口谋发展的商民首先能够想到的生财之道自然是以经商为首选，以及其他主要为商业服务的行业。其次，汉口系明清时期中国中部地区最大的货物贸易集散地，这必然会在一定程度上消解对零起点发展手工业的迫切需求，导致汉口的诸多手工业的发展空间受限。

清代（开埠前）汉口货物贸易的繁盛情况引起很多文人士子的注意，前文也多有引述。其中，清人章学诚《湖北通志检存稿》卷一《食货考》云："湖北地连七部，襟带江汉，号称泽国，民居多滨水，资舟楫之利，通商贾至财，东西上下，绵亘八百余里，随山川形势而成

---

[①] 范植清：《鸦片战争前汉口镇商业资本的发展》，载《中南民族学院学报》1982年第2期；另见白寿彝主编《中国通史》（中古时代·清时期）之"天下四大镇"一节，亦提到清中期汉口年贸易额高达一亿两白银。

[②]（日）水野幸吉著，武德庆译：《中国中部事情：汉口》，武汉出版社2014年版，第1页、第128页。

都会，随都会聚落而大小市镇启焉。沿江上流，溯自四川巴州，接壤东湖，其市镇则有渔洋，长乐有龙潭，施南有建南镇，利川有南坪堡，不通江路，遥资转运。由宜昌而下荆州，枝江有董市，江陵有沙市、郝穴，公安有屠陵镇……江夏有金口，汉阳有汉口，黄陂有阳逻、团风，大冶有黄石港，蕲水有巴河，广济有田家镇……其中最大者莫如汉镇。国家休养生息，百五十年来，群生休和，品物畅茂。居奇贸化之贾，比廛而居，转输搬运，肩相摩，踵相望者，五都之市，震心眩目，四海九州之物，不踵而走，特形异物来自远方者，旁溢露积，至于汉镇而繁盛极矣。"① 清人董桂敷②著《紫阳书院志略》载金承统于乾隆元年（1736）撰《汉口徽国文公祠堂总图记》亦云："（汉口）地隶汉阳，延袤四十余里，阛阓绣错，帆樯林立，雄踞吴越上游，南瞰滇黔，西通秦蜀，比达幽燕，四方之食货集焉。"并且"国朝以来，繁盛称最。"③ 对于汉口何以能够成为全国商品集散地，及其作为大宗货物的转运中心的表现，民国《汉口小志·商业志》这样分析道："武汉之地得水运之便，当九省总汇之通衢，实为腹地无二之商市。其往来聚散重要物品，虽种类繁多不可胜计，撮其大宗数之，则如谷、米、煤炭来自湖南，运

---

① （清）章学诚撰，郭康松点校：《湖北通志检存稿》卷一《食货志》，湖北教育出版社2002年版，第34—35页。

② 董桂敷（1771—1828），安徽婺源人（今江西婺源县），字宗邵，号小槎。嘉庆十年（1805）进士，改翰林院庶吉士，散馆授编修，后因病归故里，主讲豫章书院，也曾在汉口紫阳书院（也称新安书院）任山长。平生治学博宗经、史，恪守程朱理学，著有《见闻赘语》《十三经管见》等。

③ （清）董桂敷著，李经天等点注：《紫阳书院志略》卷一《汉口徽国文公祠堂总图记》，湖北教育出版社2002年版，第124页。

往江南各处者；茶、鸦片、药材自四川运出者；茶、鸦片、药材自北部诸省经陕西出襄阳下汉水而来者；药材、棉布、海珠（多由日本输入）、人参、樟脑等物经上海溯长江而集于汉口者，盖一年之中江上风光无时不帆樯如织，而贾客舟人各熙熙攘攘也。"①

由是可知，明清时期汉口系名副其实的跨区域货物集散地，各种行业云集于此，其主要的行业就是俗称的"八大行"，即盐行、茶行、药材行、广（东）福（州）杂货行和油行、粮食行、棉花行和皮行。②这些货物从各自的产地运往汉口，再由居住在汉口行栈的客商转手运销全国各地。③为更清晰地呈现乾隆朝汉口"四方之货汇集"的盛况，特制表4-1如下：

---

①（民国）徐焕斗编撰：《汉口小志·商业志》，江苏古籍出版社2001年版，第5页，影印底本为1915年刊本。

②清代汉口"八大行"其实有变化，19世纪后期才演变为此处列举的八大行业。具体参见（清）叶调元著，徐明庭等校注：《汉口竹枝词校注》卷一《市廛》，湖北人民出版社1985年版，第4页；（日）水野幸吉著，武德庆译：《中国中部事情：汉口》之《商业机关》，武汉出版社2014年版，第119页。

③据水野幸吉统计，从四川地区运往汉口的货物主要有"药材、桐油、漆油、橘子、木耳、生漆、丝麻、白蜡、黄丝等"；从陕西运到汉口的有"牛皮、牛油、羊毛、鸦片等"；河南运到汉口的有"杂粮、棉花、牛羊皮、药材、桐油、牛油、皮油、麻油、黄丝、鸦片等"；湖南的米、茶；江西和福建的药材、瓷器、麻丝、麻布、茶、水果等；"上海及镇江的洋货、福广杂货、绵丝、棉布之类"，汕头商人的砂糖、洋广杂货等，不胜枚举（具体见本章表4-2）。虽然这是1905年前后的情况，但与表4-1乾隆朝汉口百货云集的情况相比，商品种类差别不是很大。参见（日）水野幸吉著，武德庆译：《中国中部事情：汉口》之《商业机关》，武汉出版社2014年版，第119页。

## 表 4-1  乾隆朝"九州之货"运抵汉口情况表①

| 商品种类 | 商品名称及主要产地 | 备注 |
|---|---|---|
| 盐 | 上梁盐、晒盘黑盐,来自淮安。 | |
| 谷 | 包谷、大小麦、小米、黄豆、绿豆、红豆、黑豆、饭豆、芝麻,来自四川、陕西、湖南及本境襄阳、勋阳、德安诸府。 | 汉口亦有部分自产粮食②。 |
| 海错 | 燕窝、海参、鱼翅、蛏虷、鲍鱼、鲞鱼、对虾、青螺。 | 海货主要供富户消费。 |
| 山珍 | 香蕈、蘑菇、笋、木耳、石耳。 | |
| 果糖 | 龙眼、龙眼、荔枝、橄榄、南枣、松子、核桃、落花生。冰糖、洋糖、结白糖,来自广东、福建。 | 不包括本地水果,其中糖属于"稀缺品"。 |
| 香料 | 胡椒、乌木、苏木、沉香,来自外洋。 | |
| 茶 | 六安、武彝(夷)、松罗、珠兰、云雾、毛尖,远来自福建、徽州、六安州,近出于通山、崇阳。 | 湖南湖北产的茶也进入汉口。 |
| 酒 | 金橘、佛手、女贞、百益、竹叶青、状元红、桂花、烧煤酒、柴酒,多本地窖造,木瓜、惠泉、若露、百花、橘酒,来自江南,绍兴来自浙江,汾酒来自山西。 | 清中期汉口有酒坊百余家。 |
| 畜 | 牛、豕、山羊、绵羊来自河南。 | 用于肉制品售卖。 |
| 油、蜡 | 桐油、白蜡来自辰州,青油、木油来自山西、陕西。 | |
| 药材 | 南(满)天星、半夏则出自荆州,苍术出自京山,桔梗出自黄陂、孝感,玉竹、五加皮出自兴国,艾出自蕲州,其他来自江西、云、贵、山、陕,而车前子、金银花、益母草、何首乌之类,又所在俱产,非尽来自他郡,参来自关东。 | 中药药材进入汉口的药材行。 |

---

① 本表绘制依据(清)章学诚撰,郭康松点校:《湖北通志检存稿》卷一《食货志》,湖北教育出版社 2002 年版,第 35—37 页。

② 有关明清(开埠前)汉口的农业、渔业发展状况详见第五章。

续表

| 商品种类 | 商品名称及主要产地 | 备注 |
|---|---|---|
| 布纱缎皮 | 布：徽布、楚布、布色毛蓝、京青、洋青、墨青、布纹斗纹、纸布、假高丽布，来自苏州、松江，小布来自黄陂、孝感，沔阳青、巴河青、监利梭则以其地著名，葛来自祁阳，通亦有之，夏布来自湖南浏阳、江西宜黄；纱：邓纱罗、秋罗、哆啰麻、细宁绸、宫绸、徐绫、庄绫、汴绫、沈绸、纺绸、棉绉、湖绉、大绢、丝布、绵绸、茧绸；缎：贡缎、洋缎、羽毛缎、广缎；又有大呢、哔叽、纱羽、绉花样、洋莲、拱璧、穿莲、八宝、百蝶、玉堂、富贵。皮：青狐、海狐、海龙、吉祥豹、乌云豹、紫貂、天马、银鼠、黑白羊皮、绒毡栽毛、氆氇，来自陕西口外。 | 织造朝衣、蟒袍、补褂、霞帔、摆带、荷包、帕头、锦绣、屏幛、繁华灯彩、围席、椅垫，来自江宁、苏州、杭州、湖州、汴梁，绢布则出自荆州。 |
| 纸书笔砚 | 纸：绢笺来自杭州、松江，竹连纸、切边纸、表青纸来自湖南，油纸、银皮纸来自谷城白河，金榜纸、卷连纸、改连纸来自兴国。书贾多出自江西，而福建、江宁、苏州来者无多，故古籍罕见。笔砚来自湖州、徽州。 | |
| 矿产金银宝玩 | 铜：白铜、红铜、黄铜、点铜，锡、铁来自云、贵、四川；朱砂、银来自辰州。碳来自四川，煤枯来自湖南，石膏产于应城。他如金银、珠玉、水晶、玛瑙、蜜蜡、翡翠、珊瑚、青金石、碧霞洗、古窑器、新瓷以及朝珠、念珠、手串、斋戒牌、如意盒、香囊。 | 碳、煤、石膏等充街填巷，云委山积。金银至香囊等无不云集。 |
| 木竹 | 木：柏、梗、楠、杉来自贵州；小杉来自长宁；小溪木、中溪木来自浏阳；松来自益阳、通州；花纹板材来自四川、建州。<br>竹：大者来自湖南，小金竹、乌啼竹来自兴国。 | |
| 烟草烟管鼻烟壶 | 烟草其名有奇品、白丝、金秋、切丝、白片、杂伴、油丝、头黄、二黄，多福建及江南泾县人制造，湖南来者曰衡烟，山东来者曰济宁烟，甘肃来者曰水烟。烟管有水旱二种，皆穷极工丽，又自海外来者曰鼻烟，闽广人以玻璃为瓶馈赠，极为珍贵，贵人以珠玉金宝为小瓶盛之。 | 来自明末福建人锉治，以火燃之，用管吸其烟气，至今人竞效之。 |

续表

| 商品种类 | 商品名称及主要产地 | 备注 |
|---|---|---|
| 土产 | 桃、李、樱桃、黄梅、枇杷、林禽、苹果、梨、栗、胡桃枣、柿、石榴、葡萄、佛手、柑橘、山药、慈菇、冬笋、莱菔子等 | 或土产或外来，汉镇所聚甚多。 |
| 水产 | 鲟、鲤、鲩、鮰、鲥鱼，亦惟汉镇沿江所产，种类多备。 | 河、湖亦产鱼虾。 |

按照章氏的记载和表4-1可知，乾隆朝运至汉口主要物资有食盐、粮食、竹木、纺织品、药材、山珍、海味、干鲜果品、烟草、鱼类、糖、香料、桐油、茶、酒、毛皮、纸张、文具、书籍，以及铜、铁、锡、石膏等矿产品，煤、炭等燃料，金银珠宝、水晶、玛瑙、蜜蜡、翡翠、珊瑚等奢侈品，以及土产，总共约有18大类，有具体品名的多达320余种，且多半数量惊人，如产于湖北应城的石膏，充塞街巷。这些商品绝大部分是从全国各产地运抵汉口，除生活资料和日常消费品外，也出现相当一部分生产性商品，特别是燃料（如煤、炭）、原材料（如铜、铁、锡、石膏，木材、桐油、竹、药材、茶叶）等。这些燃料和原材料的大量供应为汉口发展铜、铁、木器、竹器手工业生产，以及药材、茶叶、食品等加工行业提供了必要条件。

由上可知，尽管清代（开埠前）汉口的商业贸易在市镇经济发展中拔得头筹，而且也确实可能会因为"百货云集"而使得富商巨贾不太愿意将资本投向手工制造行业，以致扩大手工业生产的动力不足，但这并不意味着明清时期的汉口就不存在任何手工业。相反，因为原材料、燃料等易于获得，加上持续涌入汉口的大量廉价自由劳动力，使得清代乾嘉道三朝一些直接满足大众日常需求的手工行业的发展具备了良好的条件，亦因此才有铜器作坊、打铁行、木工行等行业的兴盛。

## (二) 商帮、会馆及公所

明清时期，商业发达地区的商人多以商帮为群体力量参与商业竞争。全国各地的大小商帮不计其数。汉口自晚明跻身"四大名镇"以来，因商业的繁荣吸引了大批外埠商贾前来经商，呈现了"本乡人少异乡多""九分商贾一分民"的现象。商人为了维护共同利益，以乡谊为纽带的商业自治团体应运而生。这些团体通常会推举同乡商人当中资产殷实、素有威望者主持修建会馆，并定期在会馆议事厅集体商议有关事宜，以便协调汉口众多商贾的商业行为，同时兼及其他事项；汉口同业公所的成立则主要为了便于管理、协调同行业之间的度量衡、运输、交易习惯、行市价格等，从而最大限度确保本行业的市场优势；清朝顺治十三年（1656），"由河南怀庆府商民在汉正街药帮巷兴建的药材行帮公所，是汉口创设较早的会馆、公所之一"，随着汉口的商业走向繁盛，"岭南会馆、徽州会馆、金庭公店、湖南宝庆会馆、黄州会馆等相继设立"，并且随着清代汉口工商业的快速发展，"行会和会馆遍布大街小巷，涉及工商业各个领域，一时'汉口会馆如林'"。①

有学者指出，明代的货运业中已有"帮"，例如明代漕粮运输便是按地区分成帮，同一个地区的漕船归同一个帮，但是漕运中的帮与商业活动无关；"商帮"之名在清前期福建盐运行业中出现后，并没有在商业活动中获得普遍称号；直至清后期，也未见汉文文献记载称"商帮"

---

① 参见武汉市硚口区档案局等编著：《武汉有个汉正街》，武汉出版社2016年版，第108页。

或"某某商帮",而是称为"帮"或"客帮"或"某某帮"。① 道光十一年(1831),上海泉漳会馆立碑称,"于乾隆年间,有两郡客帮人等公议",共同捐资建造泉漳会馆,这是截至目前所知较早的关于"客帮"的追述,然而在实际商业活动中,有关行业和地域"帮"的说法至迟在乾隆年间已经出现,譬如《广东碑刻集》所收乾隆二十四年(1759)《阖邑建造叙福公所碑》提到,广东崖州叙福公所"曾分创于陵水各帮"。② 前引叶调元自道光十九年(1839)至道光三十年(1850)间完成的《汉口竹枝词》中亦多次提及从他省来汉口做生意的商"帮",为将手工业和商业并列,统称"工商帮口",例如"只为工商帮口异,强分上下八行头";以及他们建立的"各帮会馆",即所谓"一镇商人各省通,各帮会馆称豪雄";有时也径直称"客帮",意为客居他乡的商帮,譬如"若是客帮无倒账,盐行生意是神仙"。③

清代文献中提及的"客帮"都和具体的地域名称相关,均指地域性的商帮,兹举三例:例如光绪二十年(1894),苏州圆金业兴复公所,特立碑纪事,言及"(同治)克复后,客帮寥寥,生意日清";又如晚清长沙钱店行,新举荐总管四人,"本籍客帮各二";再如光绪年间湖南一刀店条规,"客帮新开门面"应交牌费钱,"内外合伙新开门

---

① 参见范金民:《明清社会经济与江南地域文化》之《商帮探源述流》一节,中西书局2019年版,第205—206页。另见范金民:《商帮探源述流》,《浙江学刊》2006年第2期。

②《上海县为泉漳会馆地产不准盗卖告示碑》,载上海博物馆编:《上海碑刻资料选辑》,上海人民出版社1990年版,第233页;谭棣华等编:《广东碑刻集》,广东高等教育出版社2001年版,第986页;均转引自范金民:《明清社会经济与江南地域文化》,中西书局2019年版,第206页、209页。

③(清)叶调元著,徐明庭等校注:《汉口竹枝词校注》卷一《市廛》,湖北人民出版社1985年版,第3页、14页、18页。

面,与客帮同例"。① 光绪三十年(1904)二月,农工商部右侍郎杨士琦在考察南阳华侨商业后上奏称,在越南都市堤岸经商的华侨商人,"因省县之异,分为五帮,曰闽帮、广帮、潮帮、琼帮、客帮,各立公所,互分畛域"。② 清人徐珂编撰《清稗类钞》之农商类"客帮"条解释道:"客商之携货远行者,咸以同乡或同业之关系,结成团体,俗称客帮,有京帮、津帮、陕帮、山东帮、山西帮、宁帮、绍帮、广帮、川帮等称。"③ 这一解释大体指明了"客帮"的基本特点与功能,但仍未直接将这些冠以地域名称的商业团体称之为"商帮"。

晚清时期,日本出于情报搜集和利用需要,于1904年出版了由东亚同文书院调查编纂的《清国商业习惯及金融事情》一书,对汉口商帮、交易习惯、行帮及市场、会馆公所等,以及银号、银元局、钱庄、票号、货币种类、当铺等内容均有较为详细的记载。④ 前引成书于1907年的水野幸吉著《汉口》一书直接将"客帮"称为"商帮",并且对商帮进行了概念界定:"所谓的'帮'就是同乡商人相结合而形成的一个团体,并在这个商业团体的前面冠以乡里的名字,在汉口有名的

---

① 《圆金业兴复公所办理善举碑》,载苏州历史博物馆等编《上海碑刻资料选辑》,江苏人民出版社1981年版,第172页,以及《湖南商事习惯报告书》收录《钱店公议条规》和《刀店公议条规》,均转引自范金民:《明清社会经济与江南地域文化》,中西书局2019年版,第206—207页。

② 《农工商部右侍郎杨士琦奏为考察南洋华侨商务情形折》,载中国第一历史档案馆编:《清代中国与东南亚各国关系档案史料汇编》(第一册),国际文化出版公司1998年版,第151页,转引自范金民:《明清社会经济与江南地域文化》,中西书局2019年版,第207页。

③ (清)徐珂编撰:《清稗类钞》(第五册)之农商类"客帮"条,中华书局2010年版,第2268页。

④ 参见涂文学:《武汉沦陷史》,湖北教育出版社2018年版,第147页。

'帮'即商帮,主要有四川帮、云贵帮、陕西帮、山西帮、河南帮、汉帮、湖北帮、湖南帮、江西福建帮等。这些商帮唯一的商业机构就是会馆或公所。"① 另有1907年出版的由东亚同文会发行的《支那经济全书》,在介绍汉口的外地商人时,也称他们为"在汉口的商帮"。②

值得注意的是,水野幸吉以日本驻汉口领事身份搜集了多种情报资料,并且在此基础上绘制了汉口"各帮的交易情况"表,以及"八大行一年间的交易额"表。为直观地呈现汉口主要"商帮"和从事大宗货物交易的"行帮"之商品交易种类、年交易总额等情况,现将该二表转引如下:

**表4-2 晚清汉口"各帮交易情况表"③**

| 帮名 | 交易的货物 | 大商贾数 | 平均每家交易额 | 总交易额 |
| --- | --- | --- | --- | --- |
| 四川帮 | 药材、桐油、生漆、丝麻、白蜡、黄丝等 | 30家 | 30万两 | 1000万两—1500万两 |
| 云贵帮 | 木耳、生漆、桐油、白蜡、鸦片、木材等 | 30家 | 30万两 | 1200万两—1300万两 |
| 陕西帮 | 牛羊皮、羊毛、鸦片、牛油、生漆等 | 10家 | — | 700万两—800万两 |

---

① (日)水野幸吉著,武德庆译:《中国中部事情:汉口》之《商业机关》,武汉出版社2014年版,第120页。

② (日)东亚同文会:《支那经济全书》第2辑,第115页,转引自范金民:《明清社会经济与江南地域文化》,中西书局2019年版,第208页。

③ 本表格转引自(日)水野幸吉著,武德庆译:《中国中部事情:汉口》之《商业机关》中"各帮的交易情况"表,武汉出版社2014年版,第119—120页。另需说明的是:因原表中"汉帮"和"湖北帮"只列了帮名,其他内容阙如,故在此表中未出现。

续表

| 帮名 | 交易的货物 | 大商贾数 | 平均每家交易额 | 总交易额 |
|---|---|---|---|---|
| 河南帮 | 大豆、芝麻、小麦等农作物，牛羊皮、药材、核桃、鸦片等 | — | — | 1500万两 |
| 湖南帮 | 茶、米及杂粮等 | — | — | 茶：1040万两<br>米及杂粮：1000万两<br>其他：500万两<br>总计：2540万两 |
| 江西福建帮 | 茶、其他 | — | — | 茶：300万两<br>其他：700万两<br>总计：1000万两 |
| 江南及宁波帮 | 棉花、海产品、米、帽子、丝绸等 | 60—70家 | — | 3000万两—3500万两 |
| 山东及中国北部商家 | — | — | — | 500万两—700万两 |
| 潮帮、广帮及香港帮 | 海产品、黄白生丝、广货、桂皮肉、叶扇、夏布、荔枝、丝织品、象牙工艺、银制品、砂糖、蚕茧等 | 潮帮：30家<br>广帮：20家<br>香港帮：20家 | — | 3500万两 |

表 4-3　晚清汉口"八大行一年间交易额"情况表①

| 行名 | 行数（概数） | 一年间的交易额 |
|---|---|---|
| 盐行 | 10家 | 400万两—500万两 |
| 米粮行 | 20家 | 1800万两左右 |

---

① 本表全部内容转引自（日）水野幸吉著，武德庆译：《中国中部事情：汉口》之《商业机关》，武汉出版社2014年版，第120页。

续表

| 行名 | 行数（概数） | 一年间的交易额 |
|---|---|---|
| 杂粮行 | 20 家 | 1800 万两左右 |
| 棉花行 | 10 家 | 800 万两左右 |
| 油行 | 10 余家 | 2300 万两—2400 万两 |
| 茶行 | — | 1770 万两 |
| 药材行 | — | 300 万两 |
| 广福杂货行 | — | 600 万两—700 万两 |

虽然以上二表呈现的是汉口开埠三十余年后各商帮中大商贾和行帮组织受到外商力量冲击后的贸易表现，但依然能够从中窥见汉口商帮的卓越商品集散能量。各"商行"在汉口的交易市场并不是事先规划的区域，而是出于运输、销售的便利，根据多年来的习惯而形成的自发交易市场。市场交易没有通行的特定规矩，只有大家共同遵循的交易习惯；商行的货物交易总体上属于批发性质，其支付手段也多样，或用现金，或用庄票，或根据信用度，以交易双方约定的票据结算。①

另据前引水野幸吉对汉口"商帮"之界定可知，凡言及商帮或行帮，必然涉及会馆和公所。刊印于民国四年（1915）的《汉口小志》亦承袭水野幸吉之言曰："行之外，又有所谓帮者，皆同乡商人相结合而成以团体，各冠以乡里之名。在汉口，著名者为四川帮、云贵帮、陕西帮、山西帮、河南帮、汉帮、湖北帮、湖南帮、江西福建帮、广帮、宁波帮等。是等商帮为唯一之商业机关，各有会馆公所。"② 相应地，

---

① （日）水野幸吉著，武德庆译：《中国中部事情：汉口》之《商业机关》，武汉出版社2014年版，第121页。
② （民国）徐焕斗编撰：《汉口小志·商业志》，江苏古籍出版社2001年版，第37—38页，影印底本为1915年刊本。

会馆及公所作为商业机关，其推行的制度会影响具体的贸易运营。所谓会馆，不论其具体业务，都是在一定的规约下，集具有信用的同乡人于一体并支配其个人商业行为的一种自治团体；所谓公所，其特点是不限于是否乡里，所联系的是同行业人士，通过此公所制定的公约来约束与其营业相关的诸般问题（即人们惯常认知中的"同乡会馆"和"同业公所"）；不过，汉口的会馆与公所并没有这种整齐划一的界限，可以在同一会馆内设立同一行业营业者的公所，譬如在四川会馆里有药帮和船帮；汉口的一些名为公所（河南公所），实际上也是按照同乡设立的商业机构；这些均表明汉口的会馆和公所的界限并非畛域分明。① 内部兼有地域划分与行业划分的复合型商帮在清中期已不鲜见。以清代汉口的山陕会馆为例，包括众多区域帮商人和行业帮商人，即太原帮、汾州帮、闻喜帮、红荣帮、合荣帮、卷茶帮、西烟帮、雅帮、花布帮、西药帮、土果帮、西油帮、皮货帮、众账帮、核桃帮、当帮、皮纸帮、汇票帮、均烟帮、匹头帮等，地域色彩和业缘色彩并具。②

要言之，在四方商贾辐辏的汉口，为联络乡帮情感，加强地域商业团体的竞争实力，并对行业和市场进行必要的调节和规范，各地旅居汉口的商人纷纷结成以地域为纽带的"帮口"，各帮活动和议事的地方称为会馆或公所。从根本上讲，清代（开埠前）汉口的会馆和公所乃是市镇经济迅猛发展和社会分工细化的产物。有学者指出，自清初至民国，200多个同乡会馆和行业公所在以汉正街为主的街巷兴建起来，这些会馆和公所成为汉口商业空间形态和社会交往的核心所在；随着会馆

---

① （日）水野幸吉著，武德庆译：《中国中部事情：汉口》之《商业机关》，武汉出版社2014年版，第121页。

② 参见唐力行：《商人与近世社会》，商务印书馆2006年版，第44页。

和公所的大量成立，对同乡和同业的管理与救助的范畴日益扩大，在事实上起到了掌握和行使公共权力的作用，发挥了城市自治功能；会馆和公所对地方公益事业的组织和管理方面表现甚为出色，在防火、防治瘟疫、救助贫弱、兴办义学、教育同乡子女等方面可谓不遗余力。[1] 除了这些"共性"之外，汉口诸商帮之会馆和公所也有各自的"个性"：例如都有各自崇拜的神灵或先贤（山陕会馆供奉关帝、新安会馆崇奉朱熹）；又如经营业务的侧重点不同，信奉的商业信条有别等。

另应当指出的是，"行帮"并非只涉及商业贸易领域。《商业知识词典》指出："（行帮即）古代城市中商人、手工业者或其他劳动者的行会组织。按行业性质可分为商帮、手工帮、苦力帮。按照地域不同可分为本帮和客帮。早在唐宋时代已出现。明清时发展很快。在商业中，帮原是贩运贸易中商人的群体组织。后各城市中久主客商日多，便按乡土关系组成不同的行帮，如明清时代的徽州帮、山西帮、洞庭帮、陕西帮、山东帮、江西帮、龙游帮、宁波帮、广帮、潮帮、川帮等。同时，按商业行业不同组织的行帮有药材帮、皮毛帮、南货帮、北货帮、瓷器帮、竹木帮、茶叶帮、绸布帮等。同一行业往往有许多帮口，按行组织的帮口与按地区组织的帮口往往交织在一起，带有浓厚的封建乡土性。"[2] 前文列举的"药材行""茶行""米粮行""棉花行"等，以及汉口的手工业作坊和钱庄、当铺等都有各自的"行帮"组织对各自的行业经营加以规范和约束。这与当时汉口多种行业并行发展的社会经济格局是相匹配的。

---

[1] 涂文学、李卫东主编：《汉口母街城市客厅：汉正街文化建设》，武汉出版社2016年版，第14页。

[2] 叶全良、余鑫炎等主编：《商业知识词典》，湖北辞书出版社1987年版，第310—311页。

## 二、下八行头之手艺作坊

因为相关史料的匮乏，在此不能就明代汉口的手工业发展情况进行深入探讨，但可以基于常识对某些手工业进行合理的推测。前引康熙《汉阳府志》已经提及明朝万历年间"汉镇士民不事田业，惟贸易是视，商船四集，货物纷华，风景颇称繁庶"，但是"大凡官府兵马经临，其屏帐、几榻、盘盂、盆桶、槽镴、夫草之类，临期责办"，以致"郡邑供应，取诸本镇者十九"。这些紧急备办的木制品当中，很有可能有不少是由当时汉口镇的木匠作坊赶制的。鉴于晚明汉口对船只依赖甚重，当时汉口很有可能在沿江码头已有木船制造和修理作坊。至于其他诸如铁器、铜器制作、服饰缝制之类与市民生活紧密相关的手工业，在明后期的汉口也应当已经出现。因为，在一个移民人口不断涌入的"巨镇"，绝对不可能任何趁手需要之物品都能恰好在市场购置，并且以手艺谋生者也不会对汉口这样一个购买力强大的市镇视而不见。譬如，清代享誉全国的汉口叶开泰药店，便是在明崇祯九年（1636）"由江苏溧水县叶文机来汉行医，并以医荐药，在鲍家巷开设叶开泰药室"而创立，而且开业之初便"颇受市民欢迎"。①明清时期集医药知识、药品研制技术于一体的、面向广大市民的药店，与单纯售卖中药原料的药材行并不是一回事，完全可以定位为传统中医药的加工型业务。

乾隆至道光三朝，汉口的商业日趋繁盛，手工业也在此期间获得了显著发展。这一百多年是清代人口的高速增长期，四面八方涌入汉口的移民也越来越多。前文已经述及，至嘉庆朝汉口占籍人口已经超过12万，加上大量未占籍民众来汉镇定居，使得日常必需品的需求也随之大增。

---

① （清）叶调元著，徐明庭等校注：《汉口竹枝词校注》卷一《市廛》，湖北人民出版社1985年版，第25页。

在这种情况下，除依靠货物贸易来满足大众的物质需求外，手工制造业也成为服务汉口市民生活的重要渠道。在这期间，汉口街巷名以经营手工业得名者甚众。嘉庆朝盐商范锴注意到汉正街上有"打扣巷""剪子街""靛行巷""衣铺街"等街巷。① 道光时期文人叶调元在《汉口竹枝词》中指出汉口"街名一半店名呼"，并附注释云："纬子、衣服、袜子、剪子、芦席、草纸、打扣等街巷，皆以店名。"② 其中"衣服、袜子、剪子、芦席、打扣"等街名似都与手工业店面分布有关，而且都指向直接服务于汉口市民日常生活的手工作坊。单就"衣服"而言，按照古代中国的生活传统，新衣多为量身定做，需要大量制衣铺为之提供服务。后文会专门论及汉口女性市民十分热衷于穿戴用料考究、金线绲边、设计新潮的服饰，这些衣服不可能都以成衣形式出售，以"衣服""袜子"命名街巷也就不足为奇。甚至有成衣店的工人将为客户缝制衣服的衣料偷卖换钱，即所谓"夹街零剪铺相连，窃货衣工夜卖钱"。③

随着流入汉镇人口的不断增多（且大部分都是不能携家带口的单身男子），对加工食品的需求也随之增大。正是在这种情况下，乾隆朝在汉口开设的汪玉霞茶叶店，道光二十年（1840）后除了卖茶叶外，已经在店铺前后增设食品加工作坊，随后带动了一批自制自销食品店面的出现。④《武汉市工商经济史料（第一辑）》对此有更详细的介绍：

---

① （清）范锴撰，江浦等校释：《汉口丛谈校释》卷二，湖北人民出版社1999年版，第83页。
② （清）叶调元著，徐明庭等校注：《汉口竹枝词校注》卷一《市廛》，湖北人民出版社1985年版，第7页。
③ （清）叶调元著，徐明庭等校注：《汉口竹枝词校注》卷一《市廛》，湖北人民出版社1985年版，第32—33页。
④ （清）叶调元著，徐明庭等校注：《汉口竹枝词校注》卷一《市廛》，湖北人民出版社1985年版，第26页。

"汉口汪玉霞创建于清乾隆四年（1739），最初是汉正街灯笼巷的一个小店，至今有二百四十五年的历史，是武汉食品行业中最早的一家。汪玉霞出产经销的食品多带一个'酥'字。如酥京果、酥糖、酥月饼、咸酥饼等。有'绝酥'（意即酥中之绝）的美称。不仅誉满武汉，而且蜚声省外。"①

另有学人考证，前述明崇祯年间开设于汉口的叶开泰药室，传至第三代叶宏良，开始扩大营业规模，将以医推荐药的药室改为叶开泰药店；咸丰九年（1859）至1930年为该店的鼎盛期，店址先后迁往汉口最繁华的汉正街与大夹街，以自行研制的参桂鹿茸丸、十全大补丸、虎骨追风酒和八宝光明散等中成药享誉于世，曾与"广州陈李济""北京同仁堂""杭州胡庆余堂"并称全国四大药店。②清代（开埠前）汉口人口密集，加上冬天湿冷、夏季湿热的气候，需要缓解头疼脑热者不可胜数，中医成药店当然不止叶开泰一家，还有专营用于缓解病痛的"高黏除"牌膏药（属于秘方配置成药）的店铺，以及治疗暑热的中医成药——痧药的药店，前者最盛时在南京、镇江和沙市等地都有分店。③

乾隆朝，汉口长堤街上就已发展出专业的"打铜街""打扣街"和"剪子街"，主要是因为从云、贵、川、湘地区涌入汉口市场的白铜、黄铜、红铜、点铜、锡、铁、木材、煤炭（如表4-1第15行"矿产"所示）等矿产资料和燃料，为铜器、锡器、铁制品、木器作坊的发展提供了极大便利。道光朝，汉口长堤一带的手工业得到进一步的发展，"堤之上下，居民店面不齐"，但是"由体仁巷至福建庵一段，悉是木

---

① 邵强：《汉口汪玉霞发展史》，载《武汉工商经济史料》第一辑，武汉市政协文史资料研究委员会1983年版，第80页。

②（清）叶调元著，徐明庭等校注：《汉口竹枝词校注》卷一《市廛》，湖北人民出版社1985年版，第25页。

③（清）叶调元著，徐明庭等校注：《汉口竹枝词校注》卷一《市廛》，湖北人民出版社1985年版，第24页、25页、36页。

货、铜烟袋等店，锥斧之声日夜不息"，有诗云："湖堤中段最繁冲，列市金工与木工。锯屑霜飞撕板料，锥声雷震打烟筒。"与湖堤中段手工业发展势头甚旺相比，则"下堤不与上堤同，败絮残花弹不了"。①这不仅透露出铜器作坊业务繁忙，还表明在以木材为大宗商品并设有"木材行帮"的汉口，亦有兴盛的木器制造业，而且在长堤街下段还有加工棉絮的店面。值得注意的是，清代汉口的铜器制作水准相当不错。清代汉镇市民吸烟的铜烟管"皆穷极工丽"。②重庆巫溪附近的盐泉古镇，系明清时期十大盐都之一，据信这里保存至今可以精确分割69股卤水的圆口铜板是在清代汉口用铜料铸造而成。③无论是满足清中期汉口市民"逐奢"和"炫富"心态的华丽铜烟管，还是用于盐场分割卤水的铜板，均显示了清代汉口铜器制作的精良工艺和不俗规模。

不过，清代（开埠前）汉口商镇最具规模的手工制造业当属铁器行。嘉庆三年（1798），包世臣在《齐民四术》卷十《兵二·筹楚边对》中提到"（汉口）有铁行十三家，铁匠五千余名"。④据此可知，嘉庆初年，汉口平均每家打铁行拥有铁匠工人近400人。铁器制作行业呈现如此盛况，虽不排除从技术层面而言冶铁比炼铜要容易得多的因素，但更多的是与原材料和燃料易于获得，以及市场需求庞大有关。汉口易于从湖北大冶、湘南地区、陕西秦巴山区等地获得铁矿原料，从湖

---

① （清）叶调元著，徐明庭等校注：《汉口竹枝词校注》卷一《市廛》，湖北人民出版社1985年版，第35—36页。

② （清）章学城著，郭成康点校：《湖北通志检存稿》卷一《食货考》，湖北教育出版社2002年版，第36页。

③ 该卤水分割铜板是盐厂过往繁荣历史的见证之一。虽然随着岁月流转和世事变迁，盐泉古镇千年风华凋零殆尽，但遗存了盐厂的建筑骨架和昔日作为财富象征的铜板盐孔。

④ （清）包世臣著，潘竞瀚点校：《齐民四术》卷十《兵二·筹楚边对》，中华书局2001年版，第339页。

南湘潭、江西萍乡等地获取煤炭燃料。全国所需铁制农器（特别是其所在的湖广和邻近的川、陕、湘产粮区对各种农具的需求）以及国家武备冶炼需求巨大。清中期，汉口拥有如此庞大的铁器制造从业人员（即"铁匠五千余名"），其铁器制作产量自然十分可观。同年（1798），包世臣在与湖北巡抚陈祖望一同商讨如何应对此起彼伏的白莲教起义问题时，提到"派买（汉口）铁行之铁，督各匠昼夜赶造农器数十万事，约工价五万（两白银）"。① 此笔订单虽属于官府紧急订购、集中采买的特殊情况，亦足以证明汉口铁器制造行业拥有可观的生产能力和较好的工艺水准。清嘉庆朝，汉口之冶铁手工业的规模和产量虽不及在明代就已赢得"南国铁都""佛山之冶遍天下"美名的佛山铁器行，但也堪称当时中国中部的铁器制造中心。

此外，清代（开埠前）汉口制造业在全国处于领先地位的还有官办造船业和货币铸造业；同时，借布匹贸易兴旺之东风，汉口作为中部中国布匹加工业中心地位在乾嘉之际已经形成，除了"花布街""白布街""靛行巷"分立正街和中路，还有踹布作坊②专门从事棉布整理加工；遐迩闻名的"汉绣"也是汉口手工业一绝，咸丰初年在汉镇专门设立织绣局；其他诸如金银器制作、制鞋、染布、制帽等私人手工作坊则遍布汉口各处街巷。③ 清中期，汉口已经拥有了诸如"罗天源帽""何云棉

---

① （清）包世臣著，潘竞瀚点校：《齐民四术》卷十《兵二·筹楚边对》，中华书局2001年版，第340页。

② 踹布坊，又名"踩布坊"或"踏布坊"，亦称"踹坊"，是经营棉布加工整理的作坊。清代踹坊多由布号或包头开设，召集工匠居住在坊内，每坊可容纳数十人不等。参见（清）叶调元著，徐明庭等校注：《汉口竹枝词校注》卷五《杂记》，湖北人民出版社1985年版，第116页。

③ 参见拙文《鸦片战争前汉口工商业发展特点》，《昆明学院学报》2015年第4期。

鞋""洪太和丝线""牛同兴剪子""王恒丰烟袋""罗明德牛烛""马公亮香货""叶开泰丸药"等备受大众青睐的"手工制造名品"。①

叶调元还基于亲身观察总结了道光朝汉口商业贸易与手工制造业并行发展的情形，赋诗云："四坊界为市廛稠，生意都为获利谋。只为工商帮口异，强分上下八行头"；并且解释道："（汉口）镇设二司，自硚口至金庭公店，立居仁、仁义二坊，属仁义司。自此以下至茶庵，立循礼、大智二坊，属礼智司。银钱、典当、铜铅、油烛、绸缎布匹、杂货、药材、纸张为上八行头，齐行敬神在沈家庙；手艺作坊为下八行头②，齐行敬神在三义殿。"③"强分上下八行头""工商帮口异"，以及各自敬信的行业神祀也分别安奉在三义殿和沈家庙，这些均表明清代（开埠前）汉口的手工业和商业分别有维护各自共同经济利益的团体（帮口），而且二者之间似乎存在某种壁垒分明的张力。不过，它们本质上都是"生意都为获利谋"。学界通常据此注意到汉口上八码头的商业贸易和商帮组织问题，而忽略了下八码头的手工制造作坊及其行业神

---

① （清）叶调元著，徐明庭等校注：《汉口竹枝词校注》卷一《市廛》，湖北人民出版社1985年版，第24页。

② 行头，即工商业行会的头目。唐宋时便已盛行，但名目不同，唐代称"行首""行头""行人"等；宋代称之为"行头""行老"。他们的职责是承应官府的各种徭役征派，税捐等强制义务，然后分摊给行会成员承担，以及主持行内各种活动，诸如祭祀行业神、迎神赛会等。参见叶全良、余鑫炎等主编：《商业知识词典》，湖北辞书出版社1987年版，第310页。也有学者认为："宋代称'行行'或'行老'。清代又别称'呈头'。历代名称虽有不同，但实质上都是封建行会中的霸头。行首对政府承应所属行业的差役、捐税等，作为强制义务分摊给会员承担。"参见傅立民、贺名仑主编：《中国商业文化大辞典》（上），中国发展出版社1994年版，第143页。

③ （清）叶调元著，徐明庭等校注：《汉口竹枝词校注》卷一《市廛》，湖北人民出版社1985年版，第3—4页。

崇拜之史实。

另外,从前文述及嘉庆十五年(1810)汉镇失火延及"商民店户八万余家"的历史记录中亦可以想到,遭遇火灾的8万家店铺当中除商铺、酒肆、饭馆,以及少数钱店和典当行外,当有不少手工业店铺。同时,汉口开埠前夜铜器打制、打铁等手工行业的规模十分令人瞩目。据此可知,一些学者将清代汉口与佛山、景德镇相比,认为后二者既是商业大镇又是手工业大镇,而汉口不过是"纯"商业市镇,制造业很落后的论断,与当时汉口的实际发展情况并不相符。① 对此,有学者这样总结清中期汉口手工业的兴盛面貌:"伴随着商业的兴盛,为满足本镇居民生活所需的手工业也极一时之盛,百业匠作,争奇斗艳。当时汉口手工业作坊集中在长堤街一带,那里'民居店面不齐……悉是木货、铜烟袋等店,锥斧之声日夜不息'。汉口手工业多为家庭作坊经营,前店后坊,亦工亦商。同业之间往往聚在一起,前后相随,竞相叫卖,于是形成手工业一条街,以致'街名一半店名呼'。如棉花街、白布街、打扣巷都与纺织业有关,靛行街则是印染作坊密集的地方,

---

① 张建民著:《湖北通史》(明清卷),华中师范大学出版社1999年版,第455页。另有学者认为:"(开埠前的)汉口是典型的商业性市镇。其功能主要表现为商品流通,商品生产并不发达。这一时期,无论是早先的中国'四大名镇',还是后来的'天下四聚'中,与其他市镇相比,汉口都充分体现了它的'纯'商业特点。'四大名镇'中的佛山、景德二镇既有发达的商品交换,又有发达的商品生产。'天下四聚'中的北京是一个政治文化中心,兼商业中心的消费型城市;苏州和佛山则是手工业和商业并重;苏州以纺织手工业为重,佛山则是冶炼业为主;而汉口则是依靠自身的地理优势而成就的一个商业消费和中转贸易为主的纯商业城市。"参见邓双荣:《明清时期的汉口——"纯"商业市镇》,《武汉商业服务学院学报》2009年第1期。

砖瓦巷、板子巷、芦席街与土木建筑业有关,打铜街、剪子街与五金业有关。"①

就全国情况而言,手工业生产的发达,是明清江南市镇经济的显著经济特色之一;该时期江南市镇手工业无论在生产力还是在生产关系方面,都有突出发展与明显进步,从而有力地影响和推动了市镇及其周边乡村经济结构的发展与变化。② 实事求是地讲,与明清时期江南市镇的手工业发展态势相比,汉口的手工业作坊主要是为本镇市民生活和商业贸易服务,尚且不足以成为主导市镇经济发展的基础性产业,遑论推动汉口周边乡村经济结构发生显著的变迁。就武汉地区而言,甚至在开埠(1861)后,汉口的士人阶层仍可以敏锐地感受到,其工业发展"不及汉阳、武昌之有大制造场,但该地竹木金银之细工颇极精巧,声价亦甚啧。此是不独其工业也,而工业已可见之"。③ 就汉口市镇自身而言,其手工业发展状况应当受到充分关注。有学者指出,汉口六渡桥和玉带河桥附近是锡匠和铁匠交易的场所,"也是皮货商会的所在地,住着密集得难以计数的手工业从业者的家庭"。④ 光绪《汉阳县识》卷一《地理略》亦强调位于汉水北岸的汉镇四坊"市廛鳞比,工商云集"。⑤ 由

---

① 涂文学、刘庆平主编:《图说武汉城市史》,武汉出版社2010年版,第134页。

② 陈忠平:《明清时期江南市镇手工业的发展》,《南京师范大学学报(哲社版)》1987年第4期。

③(民国)徐焕斗编撰:《汉口小志·商业志》,江苏古籍出版社2001年版,第3页,影印底本为1915年刊本。

④ 涂文学、李卫东主编:《汉口母街城市客厅:汉正街文化建设研究》,武汉出版社2016年版,第13页。

⑤(清)张行简纂修:《汉阳县识》卷一《地理略》,第1页,中国国家图书馆藏光绪十年(1884)刊本。

是不难窥见清代汉口工商业并举之景象。

总之,生产资料易于获得、充足的廉价劳动力等有利条件为清代(开埠前)汉口铜器、铁器、造(修)船只等手工行业的发展提供了广阔的发展空间,促进了汉口多种手工业的蓬勃发展。同时,人口稠密、商业发达的消费型市镇环境又促进了木器店、染坊、服装(含鞋袜、帽子等)缝制、药丸研制(成药店)等与市民日常生活息息相关的手工行业的繁荣。因此,清代(开埠前)汉口可以称得上是工商业并重的市镇。

不过,这并不意味着明清时期汉口手工业如同商业一样兴旺发达。一般而言,商业与手工业在产、供、销上存在相互依赖、相互促进的关系。汉口毕竟是以商业为主导的市镇,许多货物可以直接从水陆通道直接抵达汉口,一部分在汉口自行消费掉,大部分转销他处。在这种情况下,汉口作为明清市镇的后起之秀,其主要以服务于本镇市民消费需求的手工作坊的生产水平和生产规模很难与江南地区以手工制造业著称的市镇比肩。譬如,嘉庆时期,汉口也曾经尝试按照苏州制造的水龙消防器材自行制造,以备本镇灭火之需,却因技术落后,"未能合式,特令捐资遣人赴苏购办回汉"。[①] 尽管商业越发达,越能将更多的农产品和手工产品通过市场流通变现,但明清(开埠前)汉口商人似乎更专注于物资转运贸易带来的商业利润,一些手工作坊更多的是为了满足庞大市镇人口的日常消费需要而存在,以致扩大手工业再生产、拓展手工业产品的销售市场之动力不足。

---

① (清)董桂敷撰,李经天等点注:《紫阳书院志略》卷八《杂志》,湖北教育出版社2002年版,第313页。

## 第二节 当铺、钱庄、票号等金融行业

清代（开埠前）汉口是中国中部地区最重要的流通枢纽市镇，与湖南、江西、山西、陕西、河南、四川、云南、贵州、广东、浙江等省的区域贸易十分频繁，遂在晚明和清前期赢得"天下四镇之首"的商业殊荣。得天独厚的地理位置、贸易区位、交通转输优势，促使汉口的市场辐射范围和货物流通规模不断扩大。这种情势带动了该时期汉口的金融服务业与时俱进，促使其不得不为适应商业发展需要而不断拓展业务范围，开辟新的服务领域。有学者指出：汉口的典当、银钱、票号等传统金融业务非常活跃，是在中国古代传统经济条件下的金融中心之一；伴随商业的繁荣发展，汉口的金融服务业不断扩展，从典当业的动产抵押借贷，到钱庄、票号的信用借贷；从单一的银钱兑换，到存放款、发行钱票、庄票；从本地汇划，到异地汇兑等等，出现了一系列新的变化，有助于开埠后中国金融业的混合制度变迁和经济的现代化转型。① 不过，也有人早已观察到：一方面，进入汉口的各省商人各自独立地与金融店铺相互联络，从而形成有组织的金融机构，因此在汉口的各省商人在金融业务的处理方面处于分散割据状态，另一方面，商人对金融机构的信用，"与其说重物，不如说更重视人格的信誉"，因而"对经营者或资本主在商界的名望和信誉的考察，往往胜过对其资金多寡的考察"。②

---

① 参见石莹：《清代前期汉口金融业的发展》，《中国经济史研究》2010年第4期。

②（日）水野幸吉著，武德庆译：《中国中部事情：汉口》，武汉出版社2014年版，第104页。

## 一、"典商重利易生财"

典当是一种非常古老的行业，我国亦是世界上最早出现典当行业的国家之一。当铺在古代中国还另有典铺、解铺、解库、质铺（库）、抵当所等不同的名称。一般认为当铺不晚于南北朝出现，但人们质押财物获得货币以解燃眉之急、待手头宽裕再赎回的典当行为早已存在。《西京杂记·第二》载："司马相如初与卓文君还成都，居贫愁懑，以所著鹔鹴裘，就市人阳昌贳酒，与文君为欢。既而文君抱颈而泣曰：'我平生富足，今乃以衣裘贳酒。'遂相与谋于成都卖酒。"①《西京杂记》据传系汉代刘歆著、东晋葛洪辑抄的古代笔记小说集，历代指为伪书，但从行文语气和载录内容来看，当是杂抄汉魏六朝佚史而成。撇开这些争议不谈，司马相如"鹔鹴（裘）换酒"就是典型的质押行为。"典当"一词最早见诸文字记载是在《后汉书·刘虞传》，书中描述"虞所赉赏典当胡夷，瓒数抄夺之"。② 这说的是：东汉末年，刘虞率军攻打幽州时与公孙瓒多次发生矛盾，积怨日深，当以节俭仁爱著称的刘虞想将所获封赏悉数典当给胡人换取资金时，以贪婪暴虐闻名的公孙瓒多次派兵将这些封赏全部掠走。由是不难看出，"典当"是一种常见的社会经济活动，而且擅长经商的胡人已经涉足该行业。

典当行或当铺至迟在南北朝时期已经出现，而且与佛教寺院经济有

---

① （晋）葛洪撰：《西京杂记·第二》，第2页，中国国家图书馆藏明朝沈氏野竹斋刻本。

② （南朝宋）范晔撰：《后汉书》卷七十三《刘虞公孙瓒陶谦列传第六十三》，中华书局2000年版，第2356页。

## 第四章 清代开埠前汉口商镇的多元发展

关。《南史·甄法崇传》载："法崇孙彬。彬有行业，乡党称善。尝以一束苎就州长沙寺库质钱，后赎苎还，于苎束中得五两金，以手巾裹之，彬得，送还寺库。"① 这里提及的"寺库"就是寺院经营的典当行。唐代，典当行业开始出现多种类型，有僧办、官办、民营等，名称亦多种多样，常见的有"质库""柜坊""寄附铺""质舍"等。宋代商业的繁荣推动了典当行业的强势发展，譬如北宋名画《清明上河图》中就出现了当铺。元朝僧办典当行大量减少，民办典当行迅猛崛起，而且主要由属于色目人的回回商人开办。明朝正式称典当行为当铺，并且随着全国商品经济的空前繁荣，进一步推动了典当行业的发展，呈现出寺院典当行业逐渐退出历史舞台，民当、官当、皇当三分天下的局面。值得注意的是，明代典当行已经开始出现地域性的行业分化，安徽、山西、福建三省的典当业务规模最突出，其中徽商当铺遍及全国，为行业龙头老大。清代是古代中国典当行业的蓬勃发展期，乾嘉时期发展至巅峰。

综上，当铺亦称典当行，是主要以财物作为质押进行有偿、有期借贷融资的非银行金融机构。典当行在世界各主要国家的历史上都曾出现过。一些国家至今仍有典当行存在。不同的民族语言都有固定的词汇称呼该行业。② 典当的本质特征和基本运作模式就是以物换钱。当户有资金需求时，将具有一定价值的物品交付给典当机构实际占有作为放款的担保，从而获得一定数额的现款使用。典当机构发放贷款的依据不是根据当户的信用程

---

① （唐）李延寿撰：《南史》（第15册）卷七十，第8页，中国国家图书馆藏毛氏汲古阁明崇祯十三年（1640）刻本；另见（唐）李延寿撰：《南史》卷七十《列传第六十》之"循吏"，中华书局1975年版，第1705页。

② 典当行或当铺的英文名称是pawnshop；法文名称是mont-de-piété；德文是leihhaus；日文是质屋。

度如何，而是以当物（质押物品）的价值大小为依据。典当行通常有两种途径获利：一是当户到期赎当，典商收取利息和其他费用营利；二是当户死当（当户既不赎当也不续当），典商处理当物用于回本并营利。典当是人类社会经济活动中的多种融资方式之一。其最突出的特点是，资金需求方与资金供给方不是信用借贷关系，而是质押借贷关系。

有学者指出，明清以来，武汉地区的典当行通常按照资本规模的大小，分为"典当铺""小押铺"与"代当铺"三种类型，其一是规模大的为典当，金色招牌上自称"某某典"，当期以六个月至一年为满，利率月息二分至二分五，只收正规衣服、金银首饰、铜锡器皿，古玩珠宝有的收，有的不收，其他什物一概不收；其二是"小押铺"，其招牌上是一个大黑色的"当"字，在当字上面以红色写一个小"质"字；其三是"代当铺"，"招牌上则以红色写一个小'代'字含有当铺代理店的意思"；代当本身资金很少，多半靠赚取当户的手续费、搬运费获利；小押与代当的满当期大多三四个月不等，凡是值钱的东西都可以收当，但对当物的估价甚低、收取的利率较高，一般为月息三分或三分半。① 可见，清代汉口的典当行本质上是以动产作为抵押开展借贷业

---

① 参见董明藏、谭光熙：《武汉典当业略谈》，载《武汉工商经济史料》第一辑，武汉市政协文史资料研究委员会1983年版，第209页。有关明代汉口典当行业经营的历史信息甚为罕见。也因此，笔者尚未见到有学者专门论及明代汉口典当业问题。笔者在阅读万历《汉阳府志》时发现一条珍贵的史料，与该问题相关，即前引"曩有考察去任者，于土物无所不摄取，而汉口滋多……献纳稍迟，辄盛怒加笞。民畏棰楚，不得不典鬻以应。"很显然，晚明汉口有典当业且方便了民众应急之需。参见武汉地方志办公室编：《明万历汉阳府志校注》卷二《疆域志》，武汉出版社2007年版，第51页，该志书以秦聚奎总纂的万历四十一年（1613）《汉阳府志》为底本。

务，只是不同类型的当铺在经营当物上和具体运营策略（当期、月息等）方面有所区别而已。

另有学者认为，正因为动产抵押借贷适合商业移民城市人口流动性大、相互很难知根知底的情况，所以当铺的经营风险较小，获利稳妥；加上清代典当行的当税极低，一座当铺一年只收5两税银，所以典当业得以迅猛发展。① 在此，需要指出的是，欲开一座正规的典当行，应办理的手续并不简便，并且缴纳的银钱远不止区区5两税银一项。明清时期若要开当铺，首先要有数家同行业人士担保，随后禀报知县衙门，由知县上报给知府，再经知府递送给布政使处报批，待布政使批准后，才会发给"部帖"（相当于营业执照），此所谓官府登记在册的"官当"；申领"部帖"需要缴纳"领帖费"（相当于办理营业执照的费用），汉口的典当行要缴纳"藩房规费（布政使的办公费）220两、府房规费（知府的办公费）100两、府料号费（知府挂号费）14吊、厅署请示费50两、厅料号费（厅挂号费、签证费）54吊等费用"；此外还要托人见官，也得花费几百两银子；即使如此费心打点，如果遭到前辈或同行老铺的阻挠，还是不能顺利开业，最后只能妥协，即"借之于某老铺名下或继承某老铺之业方能开业"。② 正因为开设"官当"不易，所以在官方文献和私人著述中提及的汉口当铺数量都有限。乾隆十年

---

① 参见石莹：《清代前期汉口金融业的发展》，《中国经济史研究》2010年第4期。

② （日）水野幸吉著，武德庆译：《中国中部事情：汉口》，武汉出版社2014年版，第107—108页。汉口开埠后，特别是最初几十年，传统当铺行业受到的冲击较小，故在此借用1908年问世的水野幸吉著《中国中部事情：汉口》一书中的相关记载加以说明。

(1745)湖北巡抚晏斯盛在奏折中提到,"楚北汉口一镇,共当铺三十九座"①,这与乾隆《汉阳府志》卷十二"(汉镇)典铺数十座"②,以及前引嘉庆朝范锴《汉口丛谈》卷三"鹾商典库,咸数十处"③ 的提法可谓不谋而合。

尽管开当铺手续烦琐且花费不菲,但由于在外来人口密集的汉口开设典当行易于获利,甚至可以说是一门稳赚不赔的生意(严重火灾、突发战乱等天灾人祸造成当铺亦遭毁灭的极端情况除外)。于是,凡殷实富足之家,对此都跃跃欲试。当铺成为热门投资行当的一个至关重要的原因是典当的月息非常高。早在清嘉庆朝,人们就已经注意到即使"当铺向例月三分",收益比盐商之利还要高出5至10倍。④ 这是因为:当铺收进质押品时会竭力踩价压价,一般都是按当时该物品实际价值压低至半价以下,即民间所谓"当半当半";衣物之类的常规当物通常只会给到实际价值的二、三成,即使是质地上好的全新衣物也只能给出五、六成估价;金银首饰等贵重品,也只能按当时市价的七、八折估值,而且还要除毛估算,并且另收保险费;除了估价由典当行的朝奉先

---

① 中国第一历史档案馆藏:湖北巡抚晏斯盛奏折,具奏日期:乾隆十年一月十日,乾隆朱批奏折1571—1573,转引自石莹:《清代前期汉口金融业的发展》,《中国经济史研究》2010年第4期。

② (清)陶士契修,刘湘煃纂:乾隆《汉阳府志》卷十二《汉阳县村镇》,第3页,中国国家图馆藏乾隆十二年(1747)年刻本。

③ (清)范锴撰,江浦等校释:《汉口丛谈校释》卷三,湖北人民出版社1999年版,第138页。

④ 据嘉庆《两淮盐法志》卷二三《课程七·成本上》载,乾隆六年有关盐商成本的奏疏称:"(盐商)就年利而计,不过十之三四厘,较之典商三分二分之利,轻重已属悬绝。"转引自石莹:《清代前期汉口金融业的发展》,《中国经济史研究》2010年第4期。

生酌定外，当票上签定的当物的质量亦由其估定，譬如衣服、棉织品等写票时冠以"破"字，丝织品注明"溃烂"，呢绒写上"虫破"，金银首饰亦会被冠以各种贬值性的词汇，还会让当户确认类似"天灾人祸，虫伤鼠咬，各安天命"等有利于当铺的免责条款，几乎无一不是朝着对典当商人有利的方面着手；再就每月典当利息来讲，一般都会比市面通行利率要高，譬如市面上借款月利率一分二，当铺会收月利率二分或三分不等，而且即使是上午收进当物，下午赎回，也要按月付给利息；每月超期免息以五天为限，超过五天则按多收一个月利息计算；满期的当物在满期后五天内还可以赎回，如果无力赎回可以付清利息，再另行转当，如果连利息也付不起，也可以转利为本，转换当票，然后形成复利；当天收取的赎当本息，当天付给其他当户，马上变成当本生息，经年累月，如此户多面广，当铺生意日隆。① 无怪乎道光朝文人叶调元在《汉口竹枝词》中发出"典商重利易生财"之感慨。

也正因如此，一些湖广地方官员也热衷于投身典当行营利事业。例如，雍正朝身居湖广布政司要职的黄焜在武昌、汉阳开设8家当铺，"全家人出入，与民争利"，经调查获悉，房屋及当铺银本高达"万金"，"资本相当充裕"。② 既然典当行是如此炙手可热的赚钱行业，有余力的商人自然会抓住时机，在本业之外，努力兼营典业。例如前述汉口"汪玉霞"食品店创始人之孙辈汪国柱，趁乾隆四十一年（1776）白莲教起义之际，把握因战争带来的桐油生意契机，一朝暴富，随即在武汉地区开设"店铺达一百三十六个之多"，其中"当铺三十六个"，

---

① 参见董明藏、谭光熙：《武汉典当业略谈》，载《武汉工商经济史料》第一辑，武汉市政协文史资料研究委员会1983年版，第211—213页。

② 转引自石莹：《清代前期汉口金融业的发展》，《中国经济史研究》2010年第4期。

成为经营多种商业,并兼营数十个当铺的"巨富"之家。① 汪国柱在暴富后立即开设36家当铺,一方面与他出身于安徽休宁擅长典业的家族有关,另一方面与典当行几乎稳赚不赔,且获利不菲有莫大的关系。须指出的是,无论是晏斯盛所言乾隆初年汉口有当铺39座,还是乾隆后期汉口休宁籍商人在武汉地区开设36家当铺,这些大抵是向官府注册领帖的有一定经营规模的典当行的数量;汉口作为中国中部地区的最大的商业港埠,于乾嘉时期早已跻身"天下四聚之首",不可能只有区区几十家当铺;显然,大量私设在深街曲巷暗处的质押小铺很难进入地方官府的统计之列。②

　　清代,当铺的收兑一般银、钱并用(即以银两和制钱为主要流通货币)。依据估价,三五两以上给银,以下给钱。不过,实际收兑情况却随着钱业的变化,而出现官方强势干预典当行业银钱给付的情况。乾隆初年,因钱文匮乏的"货币危机",导致流通不便,于是清廷要求各地多用银两少使钱,但这在典当行却很难落实。③ 前文多次提到的湖北巡抚晏斯盛在给乾隆皇帝的奏疏中提到,汉口"民商质当,多系零星,不能禁其使钱,惟价在三五两以上者,当给本色,取赎在二三两以上

---

　　① 邵强:《汉口汪玉霞发展史》,载《武汉工商经济史料》第一辑,武汉市政协文史资料研究委员会1983年版,第81页。

　　② 参见石莹:《清代前期汉口金融业的发展》,《中国经济史研究》2010年第4期。

　　③ 现代国家金融调控的基本功能之一,就是为市场提供充分而稳定的货币,除了主币(亦称本位币)之外,还包括日常交易中必不可少的辅助货币或小额货币(零钱)。然而,在十九世纪之前的前现代货币体系中,小额货币(辅币)的供给一直是困扰许多国家的带有普遍性的金融难题,即使在号称清代"盛世"的乾隆朝亦是如此。关于乾隆朝国家层面如何干预钱币(尤指银两之外的辅助钱币)流通问题的探究,可参见李强:《清乾隆年间制钱的流通与政府的应对》,《学术探索》2004年第5期。

者,亦照本色交还","各当积钱十串以上者,随令兑给钱铺";不久又改为按照"每日所出钱文之多寡",允许大当存钱150串,小当存钱80串,凡超出此数,必须兑给钱店,一律不得自存。① 这一"头痛医头脚痛医脚"的方法在现实中很难奏效。数年后,继任湖北巡抚唐绥祖面对的是"汉口等镇以及各典,不论多寡,概用钱文,巧侩或由此阴昂其值,以致市价之潜增;巨商或借此多责其偿,以图转移而渔利,是以钱文日耗,究无益于民用"的尴尬局面,遂不得不再次重申:"典铺当赎各项货价,自三两以上俱令用银,不许用钱。典铺分制大小,亦按日需之数酌量存钱。"② 其实,这已经充分说明:凭借行政力量强制推行"少用钱文多用银两"的货币流通策略违背了金融市场的基本规律。结果,不仅难以推行,而且因之滋生了许多社会弊端。乾隆十八年(1753),湖广巡抚恒文认识到这一问题的严重性,遂在奏折中称"各典当内,零星出入,或有数至一二百串者,一皆旋进旋出,仍复质散人间,尚无囤积钱文之事",自此不再对制钱流通设限。③

通常情况下,规模大、资本雄厚的典当行经营都比较规范,借贷额度大,其客户多为有一定实力的商人或富民。急需资金解燃眉之急,又旁借无门的小商小贩和升斗小民多半只能寻求私人质押铺,或不起眼的小当铺。小质小当不仅利息较典当行高,而且当物估值低、质押期短。

---

① 详见乾隆十年湖广总督鄂弥达、湖广巡抚晏斯盛奏疏,乾隆朱批奏折1622—1625;《宫中档乾隆朝奏折》第5辑,台北故宫博物院1982年印行,第512—513页;《清高宗实录》卷二三四,中华书局1985年版,第22—23页;全部转引自石莹:《清代前期汉口金融业的发展》,《中国经济史研究》2010年第4期。

② 转引自石莹:《清代前期汉口金融业的发展》,《中国经济史研究》2010年第4期

③《乾隆朝宫中档奏折》第5辑,台北故宫博物院1982年印行,第512—513页,转引自石莹:《清代前期汉口金融业的发展》,《中国经济史研究》2010年第4期。

然而，其灵活之处在于肯收大当铺不愿意收的东西，这确实在很大程度上方便了底层民众渡过眼前难关。例如，湖北巡抚晏斯盛在给乾隆皇帝的奏折中称："民间持物质当，多系些小衣饰器皿，需钱数十百文，应急使用。"① 当然，所谓应急并不限于平日里趁手之用。因沿河临江，水灾尤甚，一旦房屋被大水冲毁，汉口民众不得不"易米典青毡"以获得暂时安身之所。② 此外，作为长江中游地区的著名商业大都会，汉口往往成为周边县份灾后破产流民逃难的首选之地。汉口仁义司巡检司胡戢门为尽快遣返成群结队的流民，积极募捐钱粮，夫人"徐氏亦脱钗珥付质库"。③ 由此可知，尽管典当行业因利息较高而备受诟病，但该行业的存在对汉口这样的移民商镇有着多方面的助益。

前引"民商质当，多系零星"之语，大抵指的就是那些对质押物品要求不高的小质铺或小当铺。是故，汉口的小质小当的营业额虽然无法比肩典当行，但因数量众多，借贷利息更高，它们的总营收额甚为可观。叶调元在《汉口竹枝词》中写道："押头铺子住胡同，钱货都凭一穴通。九扣三分期百日，许多太上作财翁。"并且叶氏还附注云："俗呼军流人为'太上老'。"④ 这里所说的"押头铺子"即为前面提及的

---

① 乾隆十年湖北巡抚晏斯盛奏折，乾隆朝朱批奏折1571—1573，转引自石莹：《清代前期汉口金融业的发展》，《中国经济史研究》2010年第4期。

② "易米典青毡"诗句出自嘉庆时寓居汉镇的王彭泽著《尺木堂诗稿》之《堤决》篇，载（清）范锴撰，江浦等校释：《汉口丛谈校释》卷三，湖北人民出版社1999年版，第201页。

③ 汉口仁义司巡检夫妇积极募捐钱粮的大背景为："时淮之南北，频岁水涝，逃荒者以什百计，乞食武汉间。内有无赖子，恃饥民之名，率妇女横逆，汉口市廛不胜其扰。"参见范锴撰，江浦等校释：《汉口丛谈校释》卷五，湖北人民出版社1999年版，第312页。

④（清）叶调元著，徐明庭等校注：《汉口竹枝词校注》卷一《市廛》，湖北人民出版社1985年版，第30页。

当铺分类中的小押铺，又名小押店。至于"九扣三分期百日"则是指估价苛刻、利息高、押期短。① 小押铺子本小利大周转快，难怪老板都成"财翁"。相比之下，前述"官当"或规模较大的"民当"的业绩则主要取决于业主的声望，以及业主对当铺业务的熟知程度；任用勤勉、廉直、有职业进取心的管理人员也是成功经营这类当铺的重要原因之一，汉口的当铺大多用任用徽州人当管事。②

概言之，随着商业的日趋繁荣，清代（开埠前）汉口的金融机构诸如典当行、钱庄与票号等也日益兴旺。其中当铺出现最早，罗威廉称其为"汉口金融体系的终端"，并认为"（它）在汉口的金融体系中只占有非常小的份额"。③ 实际上，典当行是汉口千行百业中的热门行当。乾隆十年（1745），湖北巡抚晏斯盛在《请设商设疏》中称"查该镇（汉口）盐当米木花布药材六行最大"④，典当列居当时汉口六大行之第二位。嘉庆时期，汉口的典当行业发展至鼎盛阶段。道光末年，典当行业已跻身前述汉口商业界的"上八行头"⑤之一，与银钱一项并列八大

---

① 有关小押铺各种盘剥获利手段，可参见董明藏、谭光熙：《武汉典当业略谈》，载《武汉工商经济史料》第一辑，武汉市政协文史资料研究委员会1983年版，第211—214页。

②（日）水野幸吉著，武德庆译：《中国中部事情：汉口》，武汉出版社2014年版，第108页。

③（美）罗威廉著，江溶、鲁西奇译：《汉口：一个中国城市的商业和社会（1796~1889）》，中国人民大学出版社2005年版，第196页、197页。

④（清）晏斯盛撰：《请设商设疏》，载（清）贺长龄、魏源等编纂：《皇朝经世文编》卷四十《户政十五》之"仓储下"。

⑤ 前引"只为工商帮口异，强分上下八码头"诗句下，叶调元附注曰："银钱、典当、铜铅、油烛、绸缎布匹、杂货、药材、纸张为上八行头。"参见（清）叶调元著，徐明庭等校注：《汉口竹枝词校注》卷一《市廛》，湖北人民出版社1985年版，第3—4页。

行之首,遂有叶调元《汉口竹枝词》中"典商重利易生财"之说,并且附注指出"当铺月利三分","冬季减为二分"的典当利息规制,乃是"嘉庆中"湖广总督百龄"法外施恩"之德政。①

不过,盛极而衰,理所必至。前文已经专门论及的道光二十九年(1849)塘角大火,焚毁大小船只千余艘,"焚、溺毙者数万",累及汉口的诸多行业。与商业融资关系密切的典当业亦陷入困境,以致叶调元在《汉口竹枝词》中写道:"十家典当九家关,揹得穷人没路钻。直一千文当三百,棉花铜锡尽丢还。"并且附注曰:"向有十五当,今止四家。"② 至咸丰朝,如前所述,太平军数次占领汉口,并在最后一次撤离汉口时举火焚城,当铺悉数付之一炬。此后汉口凭借其地利优势很快恢复商业秩序,当铺也再次开业,却不复往昔盛况。这表明,清代(开埠前)汉口典当业的发展轨迹与汉口商镇的社会经济变迁基本一致。

另应指出,清代汉口典当业的功能和性质与当时中国其他地区的当铺并无二致。在以商业贸易为主导的汉口,前述诸种当铺经营的动产抵押借款业务,既能够为大小商人提供融资服务,助力他们度过资金周转的难关,也能为贩夫走卒、穷门小户等底层民众解决急需银钱应急的难题。常言道:"一分钱难倒英雄好汉。"仅就现金周转和临时筹措应急资金而言,典当业确实为商民开启了便利之门,有利于清代汉口商镇的经济发展和社会稳定。然而,典当业毕竟不是慈善事业,清中期汉口月息高达三分的典息以及各种附加典当条件的设置,决定了汉口典业的本质是以动产为抵押的暴利行业。也因此,一些富商大贾和地方官员均乐

---

① (清)叶调元著,徐明庭等校注:《汉口竹枝词校注》卷一《市廛》,湖北人民出版社1985年版,第18—19页。

② (清)叶调元著,徐明庭等校注:《汉口竹枝词校注》卷六《灾异》,湖北人民出版社1985年版,第196页。

于投资典当行，以便获取更多收益。还应强调的是，与钱庄和票号相比，汉口的当铺就是以收取动产作抵押进行款的高利贷机构；汉口的典当商（资金提供方）和当户（资金借贷方）之间不是信用借贷关系，而是动产抵押借贷关系。

## 二、"银号声名众口传"

钱庄是随着商品经济的发展，经历了长期历史演变在前现代中国晚期出现的金融机构，直至民国"废两改元"① 才退出历史舞台。起初，钱庄的主要业务主要是货币兑换，即银两、铜钱（制钱）的兑换，后来逐渐增加了存款、放款、钱票的签发和汇兑业务。在钱庄诞生之前，兼营或专营钱业的商业组织早已存在。唐朝就有经营货物存放、银钱拨兑业务的"邸店"和"柜坊"；北宋时期出现了专门经营银钱、钞引交易业务的"钱铺"；及至明代，全国各地普遍存在具体称谓不一的"钱铺""米钱铺""钱庄"等，并且可以操纵物价涨跌。② 钱庄的出现是中国古代社会经济发展的产物，其业务活动和发展进程均对明清时期中国的商业发展有着巨大的影响。

明清时期，汉口钱庄到底何时出现，至今并无定论。有学者根据各种史料推论，汉口的钱庄当产生于清代乾嘉之前。③ 有人认为汉口的钱

---

① 1933 年 3 月 10 日，国民政府财政部发布《废两改元令》，规定所有公私款项收付、契约票据以及一切交易，废用银两，一律改用银元，此之谓"废两改元"。

② 杨国安：《钱庄、票号与银行：清代以来汉口金融业的发展与变迁》，载《中国经济与社会史评论》（2018 年卷），社会科学文献出版社 2019 年版，第 4 页。

③ 同上。

庄在道光朝已经发展为独立的行业。① 据晚清时期日本驻汉口领事水野幸吉调查得知,进入汉口的诸省商人各自独立地与各钱业店铺相互联络,从而形成有组织的金融机构,多以地域为归属的"帮"经营(详见下表4-4),譬如有属于绍帮(浙宁帮)的钱庄,也有属于江西吉安帮、南昌帮的钱庄,以及属于徽帮的钱庄等,因而各省商人在汉口金融界处于割据状态;通常情况下,在汉口开设钱庄,需要五名以上同业者联名担保,以此担保文书向官府申请开业,得到批准后,申请者还要向官府缴纳400两捐纳银;如若钱庄倒闭,赔偿责任由营业主(也称东家)负责;钱庄的普通决算每年一次,每三年会进行一次大决算,以便进行利益分配;利益分配比例各钱庄会有些许差异,通行的分红方案有两种:一种是管事得一分,伙计得一分,东家得八分,另一种是管事一分,伙计一分半,公债半分,东家七分;汉口钱庄的资本金额少则两三千两,多则四五万两,本金超过十万两的钱庄甚少。②

通常,钱庄东家或股东们确实会以负"无限责任"为信用招牌来吸引客户,并以此在社会上赢得信誉,但在无力清偿的情况下,他们实际上并不会负"无限责任",客户也就不可避免地要蒙受程度不一的损失。即便如此,钱庄在清(开埠前)汉口商业贸易中占据非常重要的地位,而且工商行业都十分依赖钱庄。③

---

① 胡永宏:《汉口的钱庄与票号》,《武汉文史资料》1997年第4期。

②(日)水野幸吉著,武德庆译:《中国中部事情:汉口》,武汉出版社2014年版,第104—105页。

③ 杨国安:《钱庄、票号与银行:清代以来汉口金融业的发展与变迁》,载《中国经济与社会史评论》(2018年卷),社会科学文献出版社2019年版,第5页。

## 表4-4 汉口分属各帮的钱庄①

| 帮名 | 钱庄（钱铺）名 |
|---|---|
| 绍帮（浙宁帮） | 大丰、同大、源成、大成、信成、衡源、晋昌、德源 |
| 江西（吉安帮） | 厚裕德、义丰源、惠怡厚、阜昌隆、义名利、怡和生、聚和福、怡和兴、生泰昌 |
| 江西（南昌帮） | 裕大昌、杨裕昌、徐春茂、徐义茂、义生厚、杨裕成、豫元章、怡兴永、复泰、恒裕、宏昌祥、吉兴永、益昌祥、均大昌、万裕、兴茂、永裕 |
| 徽帮（安徽帮） | 汇康、启大、恒丰、怡生、怡生隆、谦福张 |
| 钱业本帮 | 益大、源茂隆、震隆、源丰、隆泰、济康、万鉴、生茂公、晋康、祥丰、椿兴豫、盛森裕、复兴庆、仁大、义通祥、保太、同兴裕、永昌祥、万泰公、福生恒、葆昌祥、义康、宏大、义盛、永丰、天福、裕德、恒孚、博泰、兴泰裕、顺昌、义祥、宏泰、同茂泰、德厚泰、庆余、厚生、仁丰、元泰、信顺、源生、源裕、义和源、义厚祥、厚记、晟亨、茂亨、德润生、晋泰、全源、慎余、晋安、利生、福祥、晟泰祥、源泰、恒康、阜祥、庆昌、有益、汇庆、德昌、晋和、源益 |
| 钱铺② | 谦益、源顺、宏顺、聚裕、同泰、兴泰、公安、刘祥和、复昌、春生、协顺、仁成、协昌、阜明隆、永昌祥、德厚福 |

清代汉口钱业依照本金多寡有钱桌、钱店、钱铺、钱庄和银号、银楼之分。钱桌、钱店、钱铺一般由江西帮经营。叶调元《汉口竹枝词》中有诗句云："本小利轻偏稳当，江西老表是钱精。"并且附注曰："（汉镇）钱店百余家，惟江西人经营最得法。"③ 这些规模较小的钱

---

① 本表资料来源为（日）水野幸吉著，武德庆译：《中国中部事情：汉口》，武汉出版社2014年版，第105—106页。

② 一般而言，钱铺的规模小于钱庄，除了经营银钱兑换业务之外，通常还兼营"银炉"，改铸银两或银块，以此赚手续费。

③（清）叶调元著，徐明庭等校注：《汉口竹枝词校注》卷一《市廛》，湖北人民出版社1985年版，第22页。

店,在经营银钱"兑换"业务之余,将绝大部分精力用在零星放贷业务上。本金雄厚的钱庄、银号的经营者则多为绍兴人。清代货币流通规则为银钱并用,大额用银,小额用钱。乾隆年间,湖北巡抚恒文奏称:"楚省民风,举凡交易,用银居多。"① 乾隆十年(1745),湖广总督鄂弥达和巡抚晏斯盛在奏折中称:"汉口等处买卖粮食,除斗石以下准卖钱文外,其余自一石以上俱用银交易,不许多卖钱文……粜卖粮食,令汉口等镇自二三石以上,及四川、湖南、本省大小各船自成石以上,用银交易。"② 这种交易习俗既与当时全国范围内钱文匮乏,导致"钱贵银贱"的现实有关,也与地方官府推行的货币流通控制政策有关。在这种情况下,随着商品贸易的日趋繁盛,汉口各行各业的市民对银钱兑换业务的需求也会与日俱增。前引叶调元《汉口竹枝词》称道光朝汉口有钱店百余家即是明证。然而,道光末年,随着汉口经济发展式微,原本易于获利的钱店生意一落千丈。有诗为证:"银钱兑换一毫争,钱桌当年获利频。此事近来收歇半,一张烟桌菜中人。"诗后附注曰:"街上摆钱桌者,近日颇少。盖生意不及往年矣。烟桌子代人称菜,每百钱抽三四文。"③

---

① 《宫中档乾隆朝奏折》第 5 辑,台北故宫博物院 1982 年印行,第 512—513 页,转引自石莹:《清代前期汉口金融业的发展》,《中国经济史研究》2010 年第 4 期。

② 乾隆十年湖广总督鄂弥达巡抚晏斯盛奏疏,乾隆朝朱批奏折 1622—1625,转引自石莹:《清代前期汉口金融业的发展》,《中国经济史研究》2010 年第 4 期。

③ (清)叶调元著,徐明庭等校注:《汉口竹枝词校注》卷五《杂记》,湖北人民出版社 1985 年版,第 116 页。

银号①的性质与钱庄相同，多由钱店发展而来，主要经营放款业务。在京、津、穗等地称为银号，汉口则银号钱庄并存；规模小的银号仅从事银钱兑换业务，其实就是"钱店"；规模大的银号，除了办理放款业务，发行庄票（一种视同现金在市面流通、对挂失止兑有严格规定的不记名的本票）之外，少数银号还发行银钱票。② 有竹枝词描写汉口钱庄的银房③之森严、谨慎有如军事重地，令人印象深刻，诗云："关防严谨是银房，胜似军机白虎堂。门上铜铃闲出入，一开一闭响琅珰。"④ 甚至传闻银房地板下泥土中有银屑，以致市民不惜争相买泥淘银，诗曰："银钱落地不粘鞋，地板重将木栅排。闻说金银能入地，有人重价买泥来。"作者附注云："银房木栅铺地，承以厚板。然久则银屑由板入地，买泥者淘之，多得银两。"⑤ 有学者认为，汉口的钱庄和银号还是有一定区别：一则银号（排除仅从事兑换业务的小银号）比钱庄的规模大一些，并有熔铸银两的业务；二则营业对象不同，钱庄业务以一般商人为主，银号业务主要针对行商、铺户、典当行等需要大额流动资金的殷实商人。⑥ 清代汉口流通的货币有银、制钱、小钱等，使

---

① 银号，又称炉房，多由原来的首饰制造铺发展而来，因为拥有制造金银首饰的技术，进而承揽了地方的银锭铸造业务，其中一些炉房又顺势发展成专门从事银两兑换、成色鉴定及银锭铸造的专业金融机构。参见徐潜主编：《中国古代金融与商业》，吉林文史出版社2013年版，第46页。

②（清）叶调元著，徐明庭等校注：《汉口竹枝词校注》卷一《市廛》，湖北人民出版社1985年版，第20页。

③ 银号专门保管银钱的库房。

④（清）叶调元著，徐明庭等校注：《汉口竹枝词校注》卷一《市廛》，湖北人民出版社1999年版，第21页。

⑤ 同上，第21—22页。

⑥ 石莹：《清代前期汉口金融业的发展》，《中国经济史研究》2010年第4期。

得商业贸易折算不便，货币兑换业务颇有市场，钱庄生意兴隆。信用放贷是钱庄营利的重要来源。钱庄在开展借贷业务时，特别看重"信用"，即以钱庄自身的"信用"作为担保向存款人收存款项，同时向具有"信用"的借贷方放款；汉口钱庄的"信用放款"是基于"跑街人"对放款对象的背景调查进行的，只要确认借贷方的"信用"可靠，就可以在没有抵押的情况下放款；这种放款的灵活性有利于工商业活动的开展，但也有一定的风险——只要借贷方的生意出了问题，又无任何抵押品清偿，钱庄借出的资金就会搁浅，轻则无法收回全款，重则引发金融连锁反应，钱庄、商铺双双倒闭，进而牵连整个金融市场，并波及其他行业。①

钱庄发行的庄票，是一种不记名的付款票据，按照付款期限的不同，一般分为即期和远期两种（前者为当即付款，后者一般需经过3个月或3个月以上，然后在指定时间付款）；远期庄票可作为有价票据在市面流通，遗失可以到发行的钱庄挂失。② 钱票由钱庄、银号等传统金融机构发行，本质上是一种可替代货币在一定范围内流通的信用票据。钱票的出现并广受清代汉口商民欢迎，乃是基于两大现实需求：其一，清代乾嘉以来汉口商业发达，商品市场规模不断扩大，贸易额激增，迫切需要流通货币量的相应增加，而实际的货币流通不是钱文短缺，就是

---

① 杨国安：《钱庄、票号与银行：清代以来汉口金融业的发展与变迁》，载《中国经济与社会史评论》（2018年卷），社会科学文献出版社2019年版，第11—12页。

② 杨国安：《钱庄、票号与银行：清代以来汉口金融业的发展与变迁》，载《中国经济与社会史评论》（2018年卷），社会科学文献出版社2019年版，第12页。该文还谈到，为便于交易和结算，汉口还通行支票，也称为上条，分记名和不记名两种（不记名的上面写有"来人"二字）；此外还有汇票，分存根与汇票二联，存根寄给解付钱庄，汇票给取款人，以便核对照付。

## 第四章 清代开埠前汉口商镇的多元发展

白银匮乏，无法满足加大通货总量的需求；二是清代全国范围实行复杂而紊乱的货币体系，使得银两在大额交易中存在辨别成色、换算、搬运、保全等诸多不便；于是钱票这种便于交易、结算、携带和融通的信用票据便在一些相互熟悉且信用良好的钱庄、银号和老客户间开始审慎地使用，并迅速发展起来。①

清代乾嘉之际系汉口钱庄和银号的兴起与发展的重要时期，钱庄或银号在该时期汉口的金融领域扮演了非常活跃的角色，这对该时期汉口商业的繁荣起到非同凡响的作用。钱庄作为清代重要金融机构之一，为商业提供多种形式的金融服务，其兴起和发展便利了商业活动中的金融调剂，加速了商品的流通。鉴于典当业基本上不经营商业贷款，而票号向来以汇兑为主业，不太重视商业贷款，因此在银行业未出现之前，汉口的钱庄、银号一直发挥着发放商业贷款的金融功能，即便后来银行业强势兴起，也未能完全取代钱庄、银号等传统金融机构。② 这是因为：汉口钱庄或银号的放款量一般都远远大于准备金，促使其信贷业务大为扩张，商业信贷关系由此衍生出来，并因此增加了汉口市场的通货总量，为商人扩大商品贸易提供了充足的流通资本；在商业经营秩序比较正常的乾嘉时期，信贷业务的拓展，为汉口商人携带、周转及贷款的结算、调剂、融通提供了简便、灵活、安全、经济的金融服务，使得长距

---

① 石莹：《清代前期汉口金融业的发展》，《中国经济史研究》2010年第4期。清代钱票的发行机构有钱铺、票号、银号、官银钱号（局）、当铺等。

② 杨国安：《钱庄、票号与银行：清代以来汉口金融业的发展与变迁》，载《中国经济与社会史评论》（2018年卷）社会科学文献出版社2019年版，第14页。另外，还可参见徐潜主编：《中国古代金融与商业》，吉林文史出版社2013年版，第46页。

离大宗物资的流通与交易能够更顺畅地进行。①

然而,钱庄或银号主营的信贷业务也是一把双刃剑,一旦过度扩张,便会出现信贷投机。一旦爆发信贷危机,便会连带一些商铺、钱庄乃至票号倒闭,甚至酿成金融危机。道光朝白银供应短缺,导致银贵钱贱,汉口银号的弊端亦因之显现。其中,最常见的便是滥发空票,危害甚巨。对此,叶调元在《汉口竹枝词》中写道:"银号声名众口传,朱提十万簿头悬。个中厉害谁能使,血本纹银仅六千。"并且附注解释道:"近日银号兑换无多,专恃放票,店本六千至一万不等。放票或至十余万,利轻害重,非乾嘉时比矣。"② 这表明,汉口银号的发展在道光朝出现了重大转折,不仅发展势头远比不上乾嘉时期,而且虚冒浮夸的弊端已经显现。早在道光十七年(1837)湖广总督林则徐就已经奏称:"臣查钱票之流弊,在于行空票,而无视钱。盖兑银之人,本恐钱重难携,每以用票为便,而奸商即因此为利,遇有不取钱而开票者,彼即喝以高价,希图以纸易银。愚民小利是贪,遂甘受其欺而不悟,迨其所开之票积至盈千累万,并无实钱可支,则暮夜关歇潜逃;兑银者持票控追,终或无著。此奸商以票骗银之积弊。"③

据上述史料可知,因为钱票使用方便、灵活,乾嘉时期汉口的钱庄

---

① 参见石莹:《清代前期汉口金融业的发展》,《中国经济史研究》2010年第4期。另可参见徐潜主编:《中国古代金融与商业》,吉林文史出版社2013年版,第46页。

② (清)叶调元著,徐明庭等校注:《汉口竹枝词校注》卷一《市廛》,湖北人民出版社1999年版,第20页。

③ (清)林则徐撰:《钱票无甚关碍,宜重禁吃烟以杜弊源片》,载《林则徐集·湖广奏稿》,转引自石莹:《清代前期汉口金融业的发展》,《中国经济史研究》2010年第4期。

或银号以其为信用票据,且信用良好,遂广受汉口商民的喜爱,在市场流通中得到广泛应用,钱庄、银号也因超额发行而获利颇丰。

然而,至道光朝汉口金融机构的"放票"行为日趋失控,即钱庄、银号都热衷于滥发钱票,将银钱兑换业务弃置一边,"专恃放票",甚至出现店本"六千至一万不等"者,竟大胆放票"至十余万"的奇葩现象。这是典型的信贷投机——完全不考虑是否有相应的通货准备而滥发空票。其恶劣后果是,钱庄或银号的现银钱准备不足,随时可能引发持票挤兑风潮。一旦发票钱庄或银号为了逃避责任而关店跑路,便会使得与之关联的商户或个人陷入破产境地,甚至引发连锁反应,造成金融市场恐慌和动荡。

湖广总督林则徐对汉口钱票滥发之弊可谓心知肚明,但他也清楚不能因噎废食禁止钱票流通。因为在他主政期间,湖北地区"近来纹银之绌,凡钱粮、盐课、关税,一切支解,皆已极费经营,犹借民间钱票通行,稍可济民用之不足";"若不许其用票,恐捉襟见肘之状,更有立至者矣"。① 这不过是两害相权取其轻罢了,即便钱票发行已经积弊日深,但出于增加纸币通货,降低实银硬通货数量不足带来的流通掣肘,以便维持汉口庞大而复杂的市场运转之考量,林则徐不得不保留钱票。这充分说明:清中期,在汉口这样以长距离大宗物资转运贸易为主导的"巨镇",用钱票替代现银作为信用凭证在市面流通,已是市场交易中不可或缺的支付手段和流通方式,对大宗贸易的结算和支付尤为重要;同时钱票也是增加汉口市场通货总量的重要途径;由此可见道光时期因白银短缺,钱贱银贵,汉口乃至整个湖北地区对银

---

① (清)林则徐撰:《钱票无甚关碍,宜重禁吃烟以杜弊源片》,载《林则徐集·湖广奏稿》,转引自石莹:《清代前期汉口金融业的发展》,《中国经济史研究》2010年第4期。

号、钱庄及它们发行的钱票依赖甚深；钱票这一新兴的金融信贷新事物既在清中期汉口市场得到广泛应用和认可，亦利弊尽显；直至太平天国起义前，汉口的银号每家仍"照例拥有六千到两万两的资本"，而且运营无虞。①

从根本上讲，钱庄、银号均很难抵抗社会经济变动带来的冲击，乃是由其先天缺陷决定的。据水野幸吉《中国中部事情：汉口》一书相关研究可知，在汉口本地多发行钱票——即由钱庄所发行的纸币，具有一定的流通力；钱庄发行的钱票未经地方官府许可获得发行权，相反官府对此没有任何限制，各自可随意发行，并在市场上辗转流通，堪称当时在其他国家难以见到的奇观；根据实际流通情况来看，汉口的钱庄有可靠的资本，而且能诚实经营的庄家较少，很多股东出资额有限，因此抗金融风险能力较差；在本金有限的情况下，不能轻易发放大额贷款，营收业务基本停留在铜钱与银两，或纸币（庄票）与小银货的兑换上，因而从主营业务来看，多股东的钱庄更像是"合资的兑换店"，所得收益是有限的贴水（兑换手续费）及兑换差价②；尽管钱庄的确存在一些不稳定因素，但其发行的钱票却颇受汉口市民的欢迎——在市场上，"钱票的实际价格比银票的表面价格要便宜"，而且"刻印精细，宛如纸币"，与银两和铜钱相比，便于携带和流通。③

不过，清代（开埠前）汉口钱庄、银号经历的最大劫难是来自太

---

① 石莹：《清代前期汉口金融业的发展》，《中国经济史研究》2010 年第 4 期。清代市面上流通的钱票主要有制钱票、京钱票、铜元票。

② 叶调元在《汉口竹枝词》中也记录了汉口的钱业经营"本轻利薄"但"获利迅速"的情况，有关诗云："银钱生意一毫争，钱店尤居虱子名。"参见（清）叶调元著，徐明庭等校注：《汉口竹枝词校注》卷一《市廛》，湖北人民出版社 1999 年版，第 22 页。

③（日）水野幸吉著，武德庆译：《中国中部事情：汉口》，武汉出版社 2014 年版，第 112—113 页。

平天国战争的摧残。在太平天国军队多次占据汉口的数年间,地方"官吏对银号加以很重的勒索,以致以银号为名义开办的组织,在很短时期便完全消失了";最具实力的山西票号亦撤出汉口;只有"官吏对之勒索较轻"的钱铺存活下来;因此在这段非常时期里,偌大的汉口市场,"每家只有几百两银子"的小钱铺成了"唯一的金融媒介"。①当然,这是非正常社会秩序状况下的清代汉口金融业态,当太平天国军队彻底离开武汉地区后,汉口凭借商业区位优势,商品贸易活动得以迅速恢复,金融业也不例外。

要言之,1861年开埠之前,银号、钱庄和票号堪称汉口金融市场的三驾马车,各领风骚;其中银号、钱庄操纵汉口的银钱行市,票号则把持国内汇兑业务并对钱庄、银号、典当行等放款,遂形成了各自的业务领域和市场分割。②

## 三、"生意无如票号佳"

票号,又称票庄,汇票庄或汇兑庄,其性质是由商业资本转化而来

---

① 参见《英国领事报告》1869—1871年版,第191—193页,转引自石莹:《清代前期汉口金融业的发展》,《中国经济史研究》2010年第4期。

② 参见石莹:《清代前期汉口金融业的发展》,《中国经济史研究》2010年第4期。笔者以为,之所以将银号、钱庄、票号视为清代(开埠前)汉口金融市场的三驾马车,而将同样表现出色的汉口典当业排除在外,乃是因为:首先,典当业本质上是动产抵押,不能算是真正意义上的金融业支柱,顶多对金融业起到"拾遗补缺"的作用,即在个人或商户(铺)融资未遂的情况下,可以通过质押物获取资金应急的渠道罢了;其次,清代典当业以物换钱的成本与效率明显处于劣势,虽然典当业采取了诸多措施,力争能够降本增效,但收效甚微,遂在清中期臻于繁盛后,于清末走向衰落。参见胡士俊:《明清典当业兴衰研究》,辽宁大学2018年博士学位论文。

的旧式金融信用机构,起初主营汇兑业务,后来也开展存放款和委托代理等业务。因为清代票号多为山西人经营,也称"山西票号"或"山西票庄"。《中国古代金融与商业》一书认为:"票号的产生,是中国金融史上的一件大事,它标志着近代金融业的三大基本业务——存款、贷款、汇兑,中国金融机构已全部具备,而且也表明中国近代金融业发展臻于成熟。"① 关于票号的起源众说纷纭,目前较通行的说法认为是由山西商人于道光初年创立。② 据《汉口商业月刊》载:"往昔没有汇兑事业,各商贾买卖货物的款项以及官饷运解,都是运送现银,但现银往返时常发生被劫的危险,商人们为安全起见,乃将现银交托镖局保送。在前清乾隆嘉庆年间,有山西平遥县人雷履泰,为天津日升昌颜料铺的经理,感觉现银运输,危险丛生,于是创行汇兑一法。凡各商往来现银,都可以接收代汇。其法写一支付票据,交给汇款人,汇款人持支付票据到汇往所在地的分号,可以如数兑换现银。因其出票兑款,所以称为票号。汇兑现银时,按各地银色高低,路途远近,银根松紧,于所汇数目外,另加汇费,称为汇水。这种省费稳妥的办法,各地商贾都称便利。所以日升昌的营业蒸蒸日上,利益日增,这是山西票号的起源。后来山西帮的各商贾,见日升昌汇兑利厚,群起仿效,亦获厚利。于是长

---

① 徐潜主编:《中国古代金融与商业》,吉林文史出版社2013年版,第58页。
② 票号诞生于清道光朝是由特定的时代条件决定的。第一,道光年间全国的埠际贸易有了更进一步的发展,商品流通的范围、规模等都在不断扩大,社会经济活动已远超出了地区的限制,全国性的跨区域贸易十分活跃,这就需要解决货币携带及贸易结算的问题,专营埠际汇兑的金融机构——票号便应时而生;第二,嘉庆朝民信局的问世为不同地区间的汇兑提供了便利的条件,票号借此得到极大发展。另外,晋商的崛起也是票号产生的重要原因。参见徐潜主编:《中国古代金融与商业》,吉林文史出版社2013年版,第59页。

江各埠经营绸缎皮货的,都办理汇兑,因此票号事业遍及全国。"①

另有学者指出:"清朝立国之后,市面流通者为制钱和银两,进出搬运极不方便。至道光初年,票号(也叫票庄)应运而兴,既为政府汇解丁赋协饷,也代私人通汇款项,后来并兼营存、放款。就全国范围而言,经营此业者分为南北两派,南派为绍兴帮,北派为山西帮。"②显而易见,票号的诞生与商业经营需要和商号③之间的往来需求密切相关。汉口作为明清时期全国最大的商品集散中心,票号的诞生恰好有助于解决商品流通和银钱流通的矛盾。是故,山西票号甫一问世,汉口即是当时全国试运营银钱汇兑业务的少数几个大商埠之一。据陈其田先生考证:早在经营天津日升昌颜料铺时,经理雷履泰因各分号之间以现银清算,长途押运不便,而首先在天津、北京、重庆、汉口的各来往分号之间试行以汇票清算的办法;后来由于该项业务获利不菲,遂在道光初年改为专营汇兑的日升昌票号;汉口发展票号的先发优势,主要得益于它拥有当时全国最大的物资集散中心之流通枢纽地位,以及蓬勃开展的大规模埠际物资贸易;同时,汉口已经具备了票号产生和运营的客观条件。④ 也因此,自道光初年票号一经出现便在汉口迅速发展起来。起

---

① 参见《汉口商业月刊》1935年第2卷第9期,转引自杨国安:《钱庄、票号与银行:清代以来汉口金融业的发展与变迁》,载《中国经济与社会史评论》(2018年卷),社会科学文献出版社2019年版,第19页。

② 引文为叶调元著《汉口竹枝词》中有关"票号"之校注内容,参见(清)叶调元著,徐明庭等校注:《汉口竹枝词校注》卷一《市廛》,湖北人民出版社1999年版,第18页。

③ 商号是有一定经营规模,并且已经登记在册(他人不得冒用名号)的商铺。

④ 详见黄鉴晖:《山西票号史》,山西经济出版社2002年版,第44—58页,转引自石莹:《清代前期汉口金融业的发展》,《中国经济史研究》2010年第4期。

先，汉口的票号专门从事异地汇兑业务，面向埠际贸易展开服务；随后，由于资本金额的积累，业务渐渐拓展至存放款；接受公、私金的存款，借贷则分为信用借贷和抵押借贷两种，抵押物多为田产、房产等，并且需要有信用的人做担保，但主要的放款对象是银号、钱庄、典当行、大茶庄，或其他大商号；故在金融业内其经营层次更高，规模更大，地位也更加重要。①

汉口的票号都是分号，交易量大但不复杂，起初附设在货号内，待营业发达，再立票号。据水野幸吉《中国中部事情：汉口》一书可知，汉口的票号有独资、合资之分，股东负无限责任，资本金额比钱庄雄厚，二三十万两至四五十万两不等；其开业流程为：首先由同业者对其信誉联名保证，然后以相关材料禀请道台衙门，得到允准后方可开业；不过官府并不会对开业后的经营情况予以监督；一旦出现经营业主无力支付债务的情况，所欠亏空由具名保证人出资填补。② 稍晚付梓的民国《夏口县志》亦载："（汉口）票号多山西人为之。其性质为合资营业，皆带无限责任。资本大者五十万两，小者二十万两不等。开业之始，须领取道帖，由同业中为之连名保结。如有破产不足相偿之事，凡连名保结者，须代负抵偿责任。"③ 因为约定了连带责任，票号的信誉度相对较高。"在汉口的票号，山西帮首屈一指；光绪二十年前后为其极盛时

---

① 参见石莹：《清代前期汉口金融业的发展》，《中国经济史研究》2010年第4期。另参见（日）水野幸吉著，武德庆译：《中国中部事情：汉口》，武汉出版社2014年版，第105页。

②（日）水野幸吉著，武德庆译：《中国中部事情：汉口》，武汉出版社2014年版，第105页。

③（民国）吕寅东纂，侯祖畬修：《夏口县志》卷十二《商务志》，江苏古籍出版社2001年版，第137页，据民国九年（1920）刻本影印。

期。这时山西经营票号来汉口设分庄的有三十二家之多,汉口的金融市场全被他们操纵。"① 汉口的主要票庄的店号情况,见下表4-5:

**表4-5 汉口的主要票庄之店号表②**

| 蔚泰厚 | 蔚丰厚 | 蔚长厚 | 新泰厚 |
| --- | --- | --- | --- |
| 志成厚 | 天成亨 | 协同庆 | 协成乾 |
| 中兴和 | 大德通 | 大德王 | 大德恒 |
| 存义公 | 三晋源 | 百川通 | 合盛元 |
| 长盛川 | 天顺祥 | 蔚生长 | 日升昌 |
| 恒丰裕 | 兴隆金 | 永泰庆 | 协同信 |
| 大盛川 | 乾盛亨 | 恒盛茂 | 日升裕 |
| 新裕厚 | 永泰昌 | 德和永 | 日升发 |

有学者研究指出,道咸之际(1820—1861),汉口成为全国票号兴起与发展的重镇之一,且颇具地方特色:第一,汉口不仅是早期票号业在长江流域的总管理处③,在中国中部地区占据十分重要的地位,而且自道光初年票号产生至咸丰年间因太平天国战争的冲击而被迫收庄,将近30年间,汉口一直是长江流域尤其是长江中下游及西南地区票号业的中心;第二,票号在汉口传统金融体系中可谓拔得头筹,资本最充足,实力最雄厚,前述每家银号或钱庄资本多为六千两到两万两不等,

---

① 引文为叶调元著《汉口竹枝词》一书中有关"票号"的校注内容,参见(清)叶调元著,徐明庭等校注:《汉口竹枝词校注》卷一《市廛》,湖北人民出版社1999年版,第18页。

② 本表源自(日)水野幸吉著,武德庆译:《中国中部事情:汉口》,武汉出版社2014年版,第105页。

③《英国领事报告》,第191—193页,转引自石莹:《清代前期汉口金融业的发展》,《中国经济史研究》2010年第4期。

而每家票号的资金动辄数十万两即为明证;第三,道光年间汉口票号业务发展迅猛,在全国的票号业网络中占有重要地位①;第四,至迟在1850年前后汉口的票号业务②已经具有汇兑和存贷款等主要的银行功能;第五,汉口的票号营业方式极具地方风格,业主刻意深隐街巷,力求低调谨慎,即"子金按月按时排,生意无如票号佳。街上不居居巷内,门悬三字小金牌"③,不屑于当街大张旗鼓招揽业务,足见票号生意之红火;第六,太平天国战争期间,汉口的票号曾于1853年和1861年两度因战争拉锯造成的社会动荡和巨大破坏而收庄,其在长江流域票号经营网络的中心地位遂被上海取代。④ 另外,前文多次提及的道光二

---

① 据道光末年日升昌、蔚泰厚和日新中三家票号遗留的总结账目(详见前引《山西票号史料》第39—43页,表1-1-7,表1-1-9,表1-1-10;另见张国辉:《晚清钱庄和票号研究》,中华书局1989年版,第35—36页)可知,截至道光三十年(1850),这三家票号已经在23个商业城市设立35处分号,初步形成了一个面向全国的票号汇兑网。其中,仅北京、苏州和汉口是这三家均设有分号的城市,成为全国票号网络的中心环节。据道光二十七年蔚泰厚苏州分号和道光三十年日新中票号北京分号的账目可以统计出:这两家票号的全年收汇银两共计819253两,分别汇往14个城市;其中汇至汉口的约93862两,占比11.5%。同期各分号的全年交汇金额739913两,汇自13个城市,而汉口占9.1%,金额约67461两;这一规模在当时中国南方地区仅次于苏州,位列第二。参见石莹:《清代前期汉口金融业的发展》,《中国经济史研究》2010年第4期。

② 票号在19纪世50年代左右迈入鼎盛阶段,并和清政府建立了联系,为其提供汇兑和财政贷款等金融服务。参见徐潜主编:《中国古代金融与商业》,吉林文史出版社2013年版,第59页。

③ (清)叶调元著,徐明庭等校注:《汉口竹枝词校注》卷一《市廛》,湖北人民出版社1999年版,第17页。

④ 关于清中期汉口票号经营六大特点的具体论证,详见石莹:《清代前期汉口金融业的发展》,《中国经济史研究》2010年第4期。

十九年（1849）塘角大火，"既伤财物又伤人"之余，还引发了汉口的诸多客商倒账（破产不能付账），不惟银号、钱庄受累，专门给银号、钱庄放款的票号也因之受到巨大冲击。叶调元在《汉口竹枝词》中写道："赀财千万作灰扬，富客豪商气不狂。九九归原谁受累，大东道主是西帮。"并附注曰："火灾无与于票号，各行之倒账归焉。"[①]

总之，清中期汉口开埠前，伴随着商业贸易的高度繁荣，特别是长距离大宗物资的流通，促进了汉口传统金融业的发展，即从动产抵押借款和银钱兑换等常规业务，逐步拓展到信用借贷和不动产抵押借贷、存放款、本地汇划、异地汇兑等新业务，汉口亦因此跻身全国闻名的金融中心之一。随着区域经济的发展和全国商品经济的繁荣，拥有得天独厚的贸易区位、水陆交通优势的汉口，迅速发展为全国首屈一指的物资集散地。汉口市场的商业辐射范围和货物流通规模也随之不断扩大，各种金融服务需求因之与日俱增。顺应这一情势，汉口的典当行、钱庄和票号等传统金融行业非常活跃。不过，典当行主营动产抵押借贷，这种传统的高利贷业务不仅所得收益无法与汉口金融市场体系中的其他行业相比，而且不能很好地满足汉口这样的全国商业中心的多样化金融需求，因此在汉镇金融市场体系中只占有很小的份额。[②] 钱庄、票号则开拓了

---

[①]（清）叶调元著，徐明庭等校注：《汉口竹枝词校注》卷六《灾异》，湖北人民出版社1999年版，第195页。

[②] 参见（清）叶调元著，徐明庭等校注：《汉口竹枝词校注》卷一《市廛》，湖北人民出版社1999年版，第18页、19页；另参见前引民国年《夏口县志》卷十五《人物志》（1920年刻本第16—17页）可知，当铺更多地服务于手头周转不济的汉口市民，而不是为商业融资服务。也正因当铺拘囿于通过动产抵押和高额利息获利，给了钱庄、银号、票号广泛的发展空间。

信用借贷和不动产抵押借贷，以及发行钱票、庄票的新业态。① 然则，传统中国社会经济条件下汉口的这些看似"日进斗金"的金融行业其实也有非常脆弱的一面，惨烈的火灾和连年战争都会给它带来濒临破产的损失。大体而言，汉口的传统金融业兴盛于乾嘉二朝，至道光末年趋于衰微，咸丰朝在太平天国运动冲击下走向衰败，这与前述清代（开埠前）汉口商镇经济发展的盛衰态势相吻合。

此外，乾隆至道光三朝，汉口的金融业即使无法与19世纪后半期（开埠后）的业绩相提并论，但也已显示：借助于自明中后期以来全国经济的持续发展和全面货币化（以白银货币为主，制钱为辅），以及商人与商业资本持续不断地涌入，一种日渐成熟的、自成体系的、服务于汉口社会和经济生活的传统金融业体系已在19世纪上半期发展起来，并且在乾嘉时期得到较大发展，至道光朝臻于鼎盛。正是在前现代中国自发孕育出来的一些现代性因素使得钱庄、票号在开埠后得以继续存在和发展，为中国近代金融制度的变迁提供了可能。换言之，汉口传统金融业的新变化，一定程度上为开埠后近代中国金融业的现代化转型准备了条件。②

## 第三节　民用邮政和公共消防等社会事业

明清（开埠前）汉口作为中国中部地区以埠际贸易为主导的商业

---

① 需说明的是，钱庄和票号的性质、组织和营业不同，但并行不悖；二者在具体业务上既有分野，又相互衔接。参见陈其田：《山西票庄考略》，商务印书馆1937年版，第157页。

② 石莹：《清代前期汉口金融业的发展》，《中国经济史研究》2010年第4期。

移民市镇,其行业种类用"千行百业"来形容绝不为过。因此,本章虽然着力呈现商业贸易之外的多种手工业,以及以当铺、钱庄、票号为代表的金融业,以此说明该时期汉口是多元发展的工商业重镇,但汉口真正的从业领域显然远远不止这些。鉴于有关汉口的渔业、农业、青楼酒馆等服务业,以及大众文化心态等内容将在后文一一呈现,在此,聚焦汉口的邮政、消防等社会公共领域,以期对明清时期汉口市镇的复杂社会面貌有更宽广层面的认知。

## 一、全国邮政中心之一

在电报、电话等现代通信手段尚未问世的传统中国社会,书信是最主流的联络方式,一般民间通信不是托人捎信,便是派专人送达,譬如汉代《古诗十九首》第十七《孟冬寒气至》一诗中有"客从远方来,遗我一书札。上言长相思,下言久别离"[1]之句。类似地还有古乐府诗《饮马长城窟行》:"客从远方来,遗我双鲤鱼。呼儿烹鲤鱼,中有尺素书。长跪读素书,书中竟何如?上言加餐饭,下言长相忆。"[2]古代交通不便,书信迟缓,人们还会把思念寄托给天上的飞雁和水中的游鱼,盼鱼雁传情。也有口头带信,诸如唐代著名的边塞诗人岑参《逢入京

---

[1] 隋树森编著:《古诗十九首集释》卷二第十七首,中华书局1957年版,第25—26页。现存最早的民间通信实物为秦简牍中遗存的私人书信,距今已有二千多年。其中比较著名的一封是秦出征士兵"黑夫"和"惊"写给兄长"衷"的家书,出自睡虎地四号秦墓。另外,2002年发现的里耶秦简里有不少私人书信内容,比如里耶7-4号秦简书信中提及赠送笔墨之事。参见杨先云:《简牍漫话:两千多年前的秦代家书》,发表于知乎网"发现湖南"专栏,网址:https://zhuanlan.zhihu.com/p/52738348,发表日期:2019年2月26日。

[2] 郭预衡等选注:《汉魏南北朝诗选注》,东方出版中心2020年版,第41页。

使》云："马上相逢无纸笔，凭君传语报平安。"① 中国古代民间通信有悠久的历史，哪怕是在唐宋时期已经有较为发达的官方邮驿系统，但专业化的、面向大众的民邮组织直至明清时期才出现。这与此前相对封闭的经济和社会状况紧密相关。只有当商品交换和人口自由流动发展到一定程度，全国性或区域性的市场联系达到一定规模时，才能推动"民间邮递"组织的诞生。②

明清时期，商品经济的繁荣和全国统一商品市场的形成，以及人口流动的加剧（得益于晚明以降人身依附关系的不断松弛和乾隆朝以来人口跨区域移徙日益频繁的人口激增），为埠际贸易发展提供了强劲动力，人口跨区域移徙日益频繁，于是民用邮政机构——民信局应运而生。民信局亦称信局，一般认为由明永乐年间（1403—1424）宁波商人首创，系私人经营的营利机构，不受官方约束，主营帮人送新信，包裹邮寄等业务，最远能送信至东南亚的侨民手中。清前期民信行业强势崛起，主要业务包括为商民寄送信件、票据、纹银、信件和包裹。可以说，清代票号出现之前，民信局就已经提供银两汇兑服务。③ 清中期，民信行业颇为兴盛，除了常规业务，还和票号、庄号、银号等大客户建立起长期合作关系，经办银两汇兑业务；顾客只要在封皮上写明银两数

---

① 天宝八载（749），岑参奔赴安西节度使高仙芝幕府书记官任职途中，恰逢入京使者，行马匆匆，无纸笔写信，只好拜托友人给家中亲人捎去报平安的口信。参见（唐）岑参著，陈铁民等校注：《岑参集校注》卷二，上海古籍出版社2004年版，第77页。

② 佚名作者：《早期的通信——民信局起源》发布网址：www.518yp.om/youpiaozixun/1799.html，发布日期：2020年7月31日。这虽然是一篇网络文献，但其内容质量很高，具有参考价值。

③ 从清代民信局除了寄送信函、票据外，还兼营包裹、银钱运送业务的情况可知，民信业与交通运输业、票号和钱庄的经营活动存在密切关系。

和内件价值,就可以如期送达;如果信件、包裹等在承运过程中遗失,就由民信局照价赔偿;民信局为了获得更多收益,也接受私人信件、包裹的派送。①

除了汇兑业务,民信局亦是钱庄、票号等金融机构各分号之间信息互通的"信使"。道光三十年(1850)正月初十,日升昌票号的往来信函提及,上年九月一日,日升昌票号收到了汉口商人交汇的3000两白银,由张家口分号在年标及四月标期分别支付的事项,并且交代了"自收银之日,各依各标口规与伊行息外,每千两贴伊六两"之存款业务办理信息;同一封信函中还记载了票号办理贷款业务的具体事项。②当然,信函寄送在商业网络中扮演的重要作用不限于汉口的金融业领域。因为,随着商业贸易日臻繁盛,汉口的商业情报网络也在18世纪至19世纪初得到迅速发展,主要表现为商人对全国范围内市场状况的极度敏感和商业信息的传递速度上,尤其是对商品价格和市场行情的监测与通报。这样一来,商业信息的传递速度成为商人是否能够占据营利先机的关键因素之一。施坚雅主编《中华帝国晚期的城市》一书提到:"报信人从南京的徽州会馆把市场与价格等情报送到汉口的徽州会馆。"③前引乾隆朝湖北巡抚晏斯盛呈奏之《请设商社疏》中有"如楚北汉口一镇,尤通省市价之所视消长,而人心之所因为动静者也"④之说,亦表明汉口商民对市场价格信息变动非常敏感。孔飞力《叫魂》

---

① 陈玉、董玉梅:《汉口邮政溯源》,《武汉文史资料》2003年第3期。
② 石莹:《清代前期汉口金融业的发展》,《中国经济史研究》2010年第4期。
③ (美)施坚雅主编,叶光庭等译:《中华帝国晚期的城市》,中华书局2000年版,第321页。
④ (清)晏斯盛撰:《请设商设疏》,载(清)贺长龄、魏源等编纂:《皇朝经世文编》卷四十《户政十五》之"仓储下"。

一书中也提及乾隆朝东南地区妖术谣言信息传递到汉口所在的汉阳府的惊人速度。①

在频繁的业务往来中,民信局逐渐赢得了各类客户的信赖。民信局在利用水陆交通开展业务方面可谓得心应手——充分利用马、驴、大型商船、运河小舟、脚夫等可以利用的运输方式,尽一切可能为大众提供便利的邮政服务;在营业时间上也非常具有灵活性,可以为业务需要将营业时间延长到深夜;民信局的服务费用比较低廉,还可以讨价还价,甚至让收信人(收件人)分摊部分邮费②;因此,民信局甫一问世,便获得民众的广泛拥护,从而得到迅速发展,全国各地设立相应的运营组织,且业务量和业务范围也不断拓展。③ 19世纪不仅是清代商业大发展时期,也是邮政行业最兴旺的时期,全国民信局有数千家,资本规模最大的有二三十万两,最小的也有四五千两。汉口作为当时商品贸易最为活跃、移民占比极高的商业大都会,在道光朝之前已有民信局,而且在获得实力雄厚的商人投资后,汉口镇的民营邮政事业发展十分迅猛。据民国时期铁道交通部交通史编纂委员编印《交通史·邮政编》可知,道光二年(1822),汉口创立了胡万昌民信总局,当年就沿着长江流域开设了汉口、沙市、宜昌、夔州、万县、重庆、成都等7个分局;其中,除了去往成都须由水路转陆路外,抵达其他城市都是走水路。④ 各

---

①(美)孔飞力著,陈兼等译:《叫魂:1768年中国妖术大恐慌》,生活·读书·新知上海三联书店1999年版,第31页。

②在付款方式灵活方面还不止这些,面对一些比较熟悉的客户,民信局甚至允许先记账等到月底再一起结算邮费。

③陈玉、董玉梅:《汉口邮政溯源》,《武汉文史资料》2003年第3期。

④同上。

民信局之间往往采取合作联营的方式，从而形成一个民间通信网，为广大商民提供便利的邮寄服务。

民信局是私人经营的商业组织，经营风格比较低调，没有华丽惹眼的门面装潢，大多因陋就简，一两间门面，铺面高悬招牌，写明某某信局或某轮船信局；当时轮船信局最具竞争力和业务吸引力，因为在近代公路和铁路尚未建成之前，轮船是运量最大且运速最快的载运工具，例如重庆到汉口通过邮轮寄递，时长8至10日，而重庆到成都，距离近得多，但因为走陆路，竟然需要7到9天；到19世纪中期，汉口已经有裕兴康、乾昌、协兴昌、全泰盛、太古晋、全昌仁、松兴公、政大源、金泰协、老福兴等10家民信局；随着时间的推移，这项事业的经营日渐规范化、服务更加周到，遂得以在嘉道时期成为当时全国的邮政业中心之一。[①] 相应地，汉口民邮事业的兴起与发展，为这个以转运贸易为主导的商镇与全国各地的城邑、港埠，乃至乡村集镇之间建立起更加灵活的商业联系，提供了更为便捷的信息沟通、金融汇兑服务。这无疑对嘉道之际汉口商业的繁荣，票号及钱庄等金融农业的隆盛有重要的推动作用。

在古老的邮驿系统日趋没落时，商业性的民间信局在18世纪中叶逐渐兴起，至19世纪中叶以后步入了长达半个多世纪的繁荣时期。[②] 汉口民信业务的发展也基本遵循了这一发展轨迹，但因为是全国性的商业巨镇，促使其早在18世纪初期就已经很兴旺，这不仅填补了官方邮

---

① 陈玉、董玉梅：《汉口邮政溯源》，《武汉文史资料》2003年第3期。
② 佚名作者：《早期的通信——民信局起源》发布网址：www.518yp.com/youpiaozixun/1799.html，发布日期：2020年7月31日。

驿不对民间开放邮寄业务①的巨大空白,而且对近代中国新式邮政行业的产生有着不容忽视的影响。更重要的是,清中期汉口民营邮政行业的兴起与快速发展,为汉口商镇在开埠前夜臻于极盛提供了便捷的信息沟通支持和异地汇兑服务。

## 二、 应对火灾的公共消防

明清时期,汉口的市镇空间乃是随着工商业的发展和人口的不断聚集而自然拓展,并非像今天的新城镇建设那样先统一规划再建设。商业的繁盛和居民的稠密使得汉镇成为寸土寸金之地,街巷建筑密度之大用"鳞次栉比"来形容毫不为过。除一些富商巨贾的豪宅和商帮会馆外,当时汉口最为常见的前店后屋建筑多为木结构,一旦市民用火不慎引发火灾,后果不堪设想。前述明末至清中期的多次汉口大火均造成"既伤性命又毁财"的恶果。其中,嘉庆庚午(1810)大火因破坏深重,伤亡惨烈,而被地方志书和文人作品反复记载。况且,嘉庆朝汉口多次发生规模较大的火灾,这使得公共消防的创设和运营提上日程。同治七年(1868)刻本《续汉阳县志》卷六《善局》附记之《水龙纪略》篇

---

① 邮驿制度,有史料可查的记载,最早出自《周礼·秋官》,曰:"行夫,下士三十有二人,府四人,吏八人,胥八人,徒八十人。掌邦国传遽之小事媺恶而无礼者。"待秦始皇统一六国后,为了传递军令和朝廷文书,在全国范围内十里设亭,每亭都有亭长负责,三十里设驿,建立起一个庞大的官方控制的邮政系统。此后历代王朝的邮驿制度都有程度不一、侧重点不同的调整,但基本上仍遵循秦王朝邮驿制度的框架。中国古代的邮驿制度,邮主要指传达官府文书文件,驿偏向于物资、兵力等调派,但不管是邮,还是驿,都不向民间开放,严禁邮驿私用。

写道："汉邑水龙之设，创自嘉庆年间。维时地方殷富，人烟稠密，偶一失谨，势成燎原，特置水龙星奔扑救，诚法良意美也。"① 民国九年（1920）《夏口县志》卷五《建置志》亦载："汉口水龙之设，创自清嘉庆年间。"②

18世纪末（嘉庆初年），为解决汉口建筑密集、人口众多，易生火患之棘手问题，汉口的徽州商人自行出资前往苏州购买先进的消防设备，并且雇佣专职消防人员（水夫）组建专业化消防队伍，给汉口这样一个火灾频发的市镇带来一场消防技术变革。③ 现将清人董志敷著《紫阳书院志略》卷八之《纪水龙》一文全部移录如下：

汉镇居民稠密，不下数十万户，火灾之患常有。虽开通火道，以便行汲往来，然仓卒之顷，难于施力。以一肩之水，敌方扬之火，势不能胜。又接续不时，指挥不及，往往连延栉比，甚者男女奔窜无所出，遂厄于一烬。于是汪君衡士与诸君议，以为书院兴修以来，诸利人之事，罔不悉举。惟救火之策无闻，宜增设水龙以备缓急，补书院之缺而为郡邑之倡。诸君皆谓善，从而怂恿之。乃募苏工之善制者，为水龙二，制成立之程式，凡用役夫二十二人，平居无事，月给工食白金七金，使各自治其业。有事而用之，则各衣皂衣，操水具，或挑或挽，各随其宜，而奋其力，火熄乃已。每水龙出，则给赏以四金，司盐之家给之。事宜

---

① （清）黄式度等修，王柏心纂：《续辑汉阳县志》卷六《善局》，第14页，中国国家图书馆藏同治七年（1868）刻本。

② （民国）吕寅东纂，侯祖畲纂修：《夏口县志》卷五《建置志》，第15页，中国国家图书馆藏民国九年（1920）年刻本。

③ 有关新安商人带来的消防技术革命的探讨，详见余论部分。

既定，闻之郡守长吏，颁示而行之。由是汉镇有火灾，水龙至，则视其高下向背，纵之横之，水势所逮，燎应手扑灭。附近民居，得以安息，其有益于人者如此。余维五行之相胜也，有时而穷。惟人巧能操必胜之权，虽造物鬼神，亦避之而莫能与争，而五行乃得各奠其位。金之克木也，钝则不入。木之克土也，拔则不受。制其锐，培其根，而金与木之胜固在。今夫水阳类也，火阴类也，阳之胜阴，常也。火上炎而烈，得风以助之，则阴者转窃阳之势以相陵。而水以柔顺善下，反处于阴弱无能，是阳转屈而阴转胜。有良工者，逆水之性而善用之，激一线之水以达于至高，而出乎烟焰之上，则刚阳得位，而窃其势者，遂失其据，而不能敌其衡而截之也。如斩蛇之剑，一击而中分。其悬而注之也，如将军之从天而下，飞瀑之自崖而泻。其遥而射之也，如养由基之发矢，穿杨叶，彻七扎，投无不中，中无不深。其猛而制之也，如钱塘之潮方怒，吴越王水犀万弩，突出齐发，弦响而涛声息。且夫龙为水属，人不得而狎之。然其嘘云喷雨，水下土，汩崖谷，有神于用者矣。取其用之神，而适得乎水之分，以制乎郁攸之威，此即古圣人所为立成器以为天下利，兴神物以前民用之遗意也。书院之有此举也，其利不诚普哉！汪君与诸君创之，其存心济物，亦可谓有加而无已者矣。①

上引《纪水龙》一文开篇即指出"汉镇居民稠密，不下数十万户，火灾之患常有"的现实困境。进而作者董桂敷对以汪衡士为首的汉口新安商人倡议为紫阳书院（亦称新安书院）添置新式消防器材并组建

---

① （清）董桂敷撰，李经天等点注：《紫阳书院志略》卷八《杂志》，湖北教育出版社2002年版，第297—298页。

新式灭火队，倍感欣慰和骄傲，而且对新式灭火神器——水龙的灭火效率颇为满意。不久，汉阳府又劝谕新安商人再添设两座新式消防设施（即水龙），并且让捐资人亲赴苏州采买。汉阳官府颁发的《水龙晓谕示》称：

> 特授湖北汉阳府正堂加三级军功随带加一级纪录十二次刘。特授湖北汉阳督捕清军府加十级军功加五级纪录十次木。为神明添设水龙章程，以防火患，而靖地方事。照得汉镇为商贾辐辏之区，人烟稠密，每多风火之虞。经本府于上年劝谕新安会馆众商，于原设水龙之外，复添设水龙二座。并因本地制造，未能合式，特令捐资遣人赴苏购办回汉，存贮公所。召募水头，给与工食，专司扑救在案。兹届隆冬，风高物燥，火烛尤宜预防。第恐奉行日久，原募水头人等，稍事怠玩，合将前议章程，再行胪列晓示于后。①

汉口自设置水龙消防机构即水龙局后，一旦发生火灾，专职消防人员出动水龙扑火的场面令时人印象深刻。道光时期流寓汉口的叶调元将其目睹情形诉诸笔端曰："传闻走水共惊猜，长柄灯笼挤满街。轿子飞跑锣乱打，各帮会馆水龙来。"并附注云："俗讳失火为'走水'。水龙局救火最为齐心，司事者得坐轿至火场。"②叶调元对汉口水龙局出动救火的场景观察十分细致，事后对相关情境的文字再现亦很生动。"长

---

① (清) 董桂敷撰，李经天等点注：《紫阳书院志略》卷八《杂志》，湖北教育出版社 2002 年版，第 313 页。

② (清) 叶调元著，徐明庭等校注：《汉口竹枝词校注》卷六《灾异》，湖北人民出版社 1999 年版，第 190 页。有关汉口消防溯源问题，还可参见侯海涛：《汉口水龙消防始末》，《中国消防》2004 年第 11 期。

柄灯笼挤满街"和"轿子飞跑锣乱打",分别体现了起用水龙救火的威严仪式和急迫的现场氛围。清代光绪十年(1884)刊行的《点石斋画报》乙集收录了吴友如绘《古迹云亡图》,展示的就是黄鹤楼的救火场景,从中依旧可以看到长柄灯笼、水龙、水夫运水,鸣锣报警和各执事人的形象。① 值得注意的是,"各帮会馆水龙来"则表明在汉口的许多商帮都重视水龙局的设置和灭火行动。不过,即便设置了水龙局,并不意味着在人口稠密、店铺密集,且建筑多用易燃材料建造的汉口能够幸免于火灾侵袭。前述汉口嘉庆庚午大火、道光乙巳年大火均为例证。②

即使如此,汉口水龙局的创建和在公共消防方面的努力仍值得称道。前文已经提及,咸丰年间,太平军先后四次进占汉口。太平军最后一次撤出汉口是在咸丰五年七月十八日,但在离开之前对汉口进行了焚杀,市民房屋多被焚为灰烬,即"咸丰乙卯,发逆肆虐,荡汉皋为平地,盛举就湮";"及收复后,地方官员面临重建汉口的重任"然而,"蓬户鳞次,尤为可虞";时任汉阳郡守刘倡"率绅商集资后置水龙六座,分布城镇"各处;不久汉口的绅商市民"向风慕义,修举废坠",纷纷捐资,均能"恤灾捍患,踊跃从公"。③ 现就咸丰年间汉口复建水龙局情况制表4-6呈现如下:

---

① (清)叶调元著,徐明庭等校注:《汉口竹枝词校注》卷六《灾异》,湖北人民出版社1999年版,第190页"水龙"之注释部分。

② (清)叶调元著,徐明庭等校注:《汉口竹枝词校注》卷六《灾异》,湖北人民出版社1999年版,第191页。

③ (清)黄式度等修,王柏心纂:《续辑汉阳县志》卷六《善局》,第14页,中国国家图书馆藏同治七年(1868)刻本。

## 表 4-6 咸同二朝复建水龙局名称及其分布情况表①

| 名称 | 所属善堂（寺庙）或所在坊 | 备注 |
| --- | --- | --- |
| 1. 公济堂水龙局 | 在居仁坊天符庙 | 因为建置者不一，经理者不一，这里列举的水龙局名称，仅为《续辑汉阳县志》纂修者当时所能亲见的水龙局之真实分布情况，并且纂修者如实指出，咸丰二年以前的水龙局建设情况因"记忆难周，实难缕记"。<br><br>另外，敦本堂水龙局、自新堂水龙局、培德堂水龙局、安善堂水龙局、墩实堂水龙局、敦善堂水龙局、乐善堂水龙局这七处水龙局均在所属善堂名下，并且《续辑汉阳县志》纂修者交代，"凡省各帮专建例不与焉"。 |
| 2. 凌霄书院水龙局 | 在居仁坊 | |
| 3. 普安堂水龙局 | 在居仁坊五显庙 | |
| 4. 怀安堂水龙局 | 在由义坊药王庙 | |
| 5. 里安堂水龙局 | 在循礼坊延寿庵 | |
| 6. 同安堂水龙局 | 在循礼坊三皇殿 | |
| 7. 从仁堂水龙局 | 在循礼坊长盛街 | |
| 8. 惠济堂水龙局 | 在大智坊戴家庵 | |
| 9. 德济堂水龙局 | 在大智坊四官殿 | |
| 10. 奠安堂水龙局 | 在大智坊小四官殿 | |
| 11. 沛安堂水龙局 | 在大智坊财神庙 | |
| 12. 道生堂水龙局 | 在大智坊回龙寺 | |
| 13. 水星祠水龙局 | 在大智坊鲍家巷 | |
| 14. 善济堂水龙局 | 在大智坊水符庙 | |
| 15. 普善堂水龙局 | 在大智坊八角亭 | |
| 16. 成善堂水龙局 | 在西阳坊祖天符庙 | |
| 17. 永静堂水龙局 | 在东阳坊 | |
| 18. 培安堂水龙局 | 在崇信坊 | |
| 19. 皇龙堂水龙局 | 在鹦鹉洲 | |
| 20. 翼翼堂水龙局 | 在蔡店镇 | |
| 21. 志善堂水龙局 | 在蔡店镇 | |

据上述文字和表 4-6 可知，咸丰同治时期众多水龙局的复建乃是汉阳县邑官员倡议、汉口绅商市民捐建之"义举"，带有浓厚的慈善性

---

① 本表内容系笔者据《续辑汉阳县志》卷六《善局》附记之《水龙纪略》内容绘制。具体参见（清）黄式度等修，王柏心纂：《续辑汉阳县志》卷六《善局》，第 14—18 页，中国国家图书馆藏同治七年（1868）刻本。

质。也因此，表4-6中除了外地来汉口的各商帮建置的水龙局外，二十余处水龙局均冠以善堂之名。当然，汉口的慈善事业远不止公共消防这一项。有的善局专门组织船队开展江上救生行动，道光三年（1823），敦本堂鉴于"大江风浪险恶，船多覆溺，特设救生船数只，无风则泊大禹功矶下，有风则游弋巨浪中，遇有不测，驶往拯救，积年全活无算"；其他民间救助之善举，"不拘大小，随时筹办，历由绅首经理，官吏不得过问"。①

## 本章小结

自明中期至清中期长达四个世纪的时间里，商业的持续繁荣（战乱造成的短暂中断除外）和商帮组织的发达，是以全国最大的商品集散中心著称的汉口得以长期保持昂扬向上发展势头的根本原因。在这个意义上讲，明清汉口镇是名副其实的商业巨镇。甚至可以说，对此怎样强调似乎都不为过。但是，还应看到，正是在耀眼夺目的商业光环的笼罩下，汉口镇更加丰富的社会面相则容易被遮蔽或被无视。

与明清时期江南市镇的手工业发展态势相比，汉口商镇的手工业作坊主要是为本镇的市民生活和商业贸易服务，尚且不足以成为主导市镇经济发展的基础性产业，遑论推动汉口周边乡村经济结构的发展。同时，作为凭借转口贸易崛起的商业市镇，长期以来人们对汉口的关注多集中在商贸行业以及为商业服务的各种行当，以及商帮或行业组织方面，往往忽略了服务本镇居民并面向全国的各色手工业。然而，生产资

---

① （清）黄式度等修，王柏心纂：《续辑汉阳县志》卷六《善局》，第11页，中国国家图书馆藏同治七年（1868）刻本。

料易于获得、自由劳动力充足、商品贸易发达等有利条件为清（开埠前）汉口铜器、铁器、造（修）船只等手工行业的发展提供了广阔的空间，促进了汉镇手工制造业的兴盛。同时，人口稠密、商业发达的市镇环境又促进了木器店、染坊、服装（含鞋袜）缝制、药丸研制（成药店）等与民生息息相关的手工行业的繁荣。然而，还应看到，汉口作为全国商品集散中心，加上地处中国中部，水陆交通俱便，产自他处的更具价格和质量竞争优势的商品也易于抵达汉口，在分销至其他区域的同时，也可以满足汉镇广大市民的需求，这就在一定程度上会抑制汉口充分发展手工业的动力。

区域经济的发展以及埠际贸易的加强，促使汉口的市场辐射范围和物资流通规模的不断扩大。因应其商业地位和发展态势，汉口的典当行、钱庄、票号等传统金融业分外活跃，为汉口的商业发展提供了动产抵押借款、不动产融资、存款、异地汇兑等金融服务。汉口也因之在清代乾嘉之际成为传统社会经济条件下著名的金融中心。特别是从单纯的银钱兑换到发行可以在市面上广泛流通的钱票、庄票，从本地汇划到异地汇兑等金融业务的新变化，为开埠后的汉口传统金融业的现代化转型奠定了基础。如果没有1861年开埠带来的外来因素的刺激，汉口是否能够自行走上现代化的道路，其传统金融业领域的发展情况似乎为探讨这一问题提供了某种可能性。

总之，至清中期，汉口已发展成集商贸、手工制造与信贷金融业为一体的综合型市镇。同时，汉口在商业大发展同时，以绅商为首的社会精英积极捐资创建了诸如市镇消防、水上救生等种类繁多的公共慈善事业。此外，汉口不仅以商业为主导，手工业发展亦不俗，而且新汉水入江水口形成后不久，便开启了渔业和农耕的生活篇章，堪称典型的多元发展的工商业重镇。

# 第五章
# 明清时期汉口商镇的渔业与农业

在明成化汉水改道之前，汉口只是隶属于汉阳的一处荒滩。因地势低洼，且处于汉水下游入江口两岸，多湖汊、水塘、河滩等水域资源，有利于渔业发展，遂在明朝初期，便不乏汉阳和武昌的民众前来渔猎。明嘉靖之前相当长的一段时间里，汉口归负责征收渔课的三汦河泊所管辖，与此有莫大关系。前引《嘉靖汉口碑记》已经提及，在明英宗天顺年间（1457—1464），已有从武昌管辖之江夏县渡江而来的萧姓农民，在汉口承租土地建房定居。不难想见，在汉水入江口两岸拓荒时期，他们极有可能靠务农和渔猎为生。民国《夏口县志》卷二《风土志》指出："楚有江汉川泽山林之饶，民食渔稻，以渔猎山伐为业。"[①]实际上，汉口为汉阳县境内洼地，本县居民前去捕鱼当更加便利。《汉口五百年》一书云："汉口地势虽低，总还有一些陆地，稍稍隆起水平面之上。而成化之前的汉水河道不大。汉阳人过河，只要驾着小舟，就可以到此捕鱼打猎。"[②] 在明成化汉水改道后的最初几十年里，即汉口

---

① （民国）吕寅东纂，侯祖畲修：《夏口县志》卷二《风土志》，第1页，中国国家图书馆藏民国九年（1920）年刻本。

② 皮明庥、吴勇主编：《汉口五百年》，湖北教育出版社1999年版，第7—8页。

未能因商成镇之前,它就是一个地道的渔村。随着移居人口的逐渐增多,通过开辟荒地、耕种粮食和蔬菜,以及饲养家畜来维系家庭或个人的生存与发展,成为许多无他业可傍身的汉口新移民之不二选择。

## 第一节 楚之渔业:"泽国之资,以补稻粱之不及"

"靠山吃山,靠海吃海"的民谚表明,鱼类是人类先民的主要食物和生活来源之一。在采集和渔猎占优势的蛮荒时代,人们主要依靠大自然的馈赠为生,鱼、贝、虾、甲壳类等水产品成为赖以生存的重要食物;即使在农业占主导地位的中国古代社会,乃至已经迈入现代化建设轨道的当代中国,尽管渔业在社会经济中的比重逐渐降低,但在沿海地区和江河湖泊分布广泛的流域,渔业始终占据程度不等的重要地位。[①] 征收渔课或渔业税则是增加地方政府财政收入的途径之一。是故,在中华民族的漫长发展历程中,不仅以鱼类为代表的水产是人们物质生活赖以保障的食用资源之一,而且渔业文化也成为人们精神生活的组成部分。

自古"楚为泽国",明清时期已是千湖之省、水产大省,发展渔业有得天独厚的资源优势,可谓鱼产丰富,鱼市兴旺。楚泽多鱼,唐宋以来湖广地区便形成了"鱼稻"共生的农业模式,楚人也养成了"饭稻羹鱼"的饮食习惯;经历元末兵燹,湖广顿成地广人稀之地,江河湖汊密集分布,鱼、虾、螺、蛙、菱芡等水产品遍及各处水域,渔业经济

---

[①] 李荣生指出:"渔业与人类生存的紧密关系由来已久,中国有句俗话'无鱼不成席',这充分表明鱼在我国人民生活中的地位多么高。""渔业是人类以采集、捕捞或驯化、养殖的方式向自然索取水生动物蛋白,满足自身对食物和营养需要的一个古老而又重要的产业。"参见李荣生:《论中国渔业发展与食物安全保障》,《中国农业信息》(半月刊)2012年第15期。

随之迅速发展;① 明朝建立后,逐渐形成了以洞庭湖和江汉平原湖泊群为中心,长江中游干流及其汉水、湘江等支流为补充的渔业生产格局;"与此同时,鲜鱼和鱼类加工品贸易也按照保鲜时长和运输距离形成了'府县——布政使司——全国'的鱼产品销售网络"。② 有学者研究指出,湖北的渔业经济在明代发展至鼎盛阶段,系该省经济的重要组成部分,并且直接、间接从事渔业生产的渔民(户)不可胜计。③

## 一、 明代汉口之渔业、 渔课和鱼市

在长江一带,渔业系普遍从事的古老行业。汉阳所在的江汉平原地区,面江沿河、湖泊众多、水网密布,渔业资源十分可观。这里集中了大量的湖泊群,加上江河交错,鱼饵丰富,淡水鱼种类很多;早在明前

---

① 对于明清时期湖广地区的渔业经济发展问题,有不少学者给予了关注,例如尹玲玲:《明清时期湖北地区的渔业经济——以武昌、汉阳、黄州地区为例》(《农业考古》2002 年第 2 期)、张建民:《明代湖北的鱼贡鱼课和渔业》(《江汉论坛》1985 年第 5 期)、徐斌《明代河泊所的变迁与渔户的管理——以湖广地区为中心》(《江汉论坛》2008 年第 12 期)、徐斌《国家与渔民:宋至清两湖地区渔税的性质、征收及其演变》(《清华大学学报(哲社版)》2019 年第 4 期)等文章对明清时期国家的渔政管理制度和渔税征缴、渔税的性质,以及河泊所建废的原因及其如何对渔户实施管理等问题进行了重点研究。另有江涛《明至民国湖北省渔业经济研究》(厦门大学 2009 年博士学位论文)对明代至民国期间湖北省渔业经济的诸多方面做了整合性研究。

② 项露林:《明代湖广地区渔业产销研究》,《曲靖师范学院学报》2017 年第 2 期。

③ 参见江涛:《明至民国湖北省渔业经济研究》,厦门大学 2009 年博士学位论文。郑望春《明至清前期湖北河泊所研究》一文亦认为:"明以降是湖北渔业发展最关键的时期,亦是渔政管理体系初立和逐步成熟之期。"参见郑望春:《明至清前期湖北河泊所研究》,云南大学 2016 年硕士学位论文。

期，汉阳地区的老百姓或"半耕半渔"，或专门以捕鱼为生，成为渔户，而在渔户相对集中的地方甚至形成远近皆知的渔村，渔业生产也因之呈现较为繁荣的局面。① 同时，前面已经提及楚人有"饭稻羹鱼"的饮食习惯，使得多种淡水水产成为汉阳老百姓餐桌上的常见食物。嘉靖《汉阳府志》卷五《食货志》中列举汉阳"土产"时，提到的水产有"鲤、鲫、鳊、鲌、鲢、鲹、鳝（多）、鲥、鮰（少）、虾、螺、蚌（多）、蟹（多）"等13种。② 万历《汉阳府志》卷五《食货志》之"汉阳县土产"条曰："古云江夏武昌鱼，不知一切来之汉阳。鲥鱼过仲夏不用，鳇鱼非大江不钩。大鲤之外，鳊、鲌已属刁（勺）杂。鲟、鲫、鲢、鳖、鳖、鳝、鳗，多之不足为贵矣。"③ 从中不难体会到万历《汉阳府志》编纂者对汉阳县鱼产丰富充满自豪感。同时，渔课或湖课的征收情况也反映了明代汉阳的渔业发展不可小觑。嘉靖《汉阳府志》卷二《方域志》载："（汉阳、武昌二）府以大江

---

① 项露林：《明代湖广地区渔业产销研究》，《曲靖师范学院学报》2017年第2期。

② (明) 贾应春修，朱衣纂：嘉靖《汉阳府志》卷五《食货志》，上海古籍书店1963年版，第20页上，据宁波天一阁藏明嘉靖刻本影印。万历《汉阳府志》卷五《食货志》之"土产"条亦提到水产有"鲤、鲫、鳊、鲌、鲢、鲹（多）、鳝、鲥、鮰（少）、虾、螺、蚌（多）、蟹（少）"等十三种，与嘉靖朝相比，只是鲹、蟹等水产数量的多寡发生了变化罢了。参见武汉地方志办公室编：《明万历汉阳府志校注》卷五《食货志》，武汉出版社2007年版，第122页，该志书以秦聚奎总纂万历四十一年（1613）《汉阳府志》为底本。

③ 武汉地方志办公室编：《明万历汉阳府志校注》卷六《艺文志》，武汉出版社2007年版，第154页，该志书以秦聚奎总纂万历四十一年（1613）《汉阳府志》为底本。

中为界,今渔人在东岸取鱼者,纳课武昌;西岸取鱼者,纳课汉阳。"① 实际上,明正德进士、官至兵部尚书的汉阳县人戴金早已直言:"楚壤半陂泽,渔罟之课与田赋等。"② 渔课的重要性竟可比肩田赋,汉阳府、县自然会对渔课征收问题十分留心。在此,特制表 5-1 呈现明代《汉阳府志》载录汉阳渔课征收情况如下:

表 5-1 明代《汉阳府志》载录之渔课征收情况

| 时间 | 渔课征收情况 | 备注 |
| --- | --- | --- |
| 永乐朝 | 永乐十年(1412),(汉阳府)额办渔课钞 92844 贯 359 纹、鱼油 51912 斤 9 两 8 钱 4 分、鱼鳔 667 斤 8 两 3 钱 6 分、鹅翎 22 万 6971 根、鸭翎 119623 根。③ | 汉阳府渔课覆盖汉阳、汉川二县,由各处河泊所征收。 |
| 嘉靖朝 | 嘉靖二十一年(1542),(汉阳府)湖课,起运两京干鱼、正银 263 两 4 分外,扛解银 9 两 4 钱 5 分 6 厘,鱼油、翎鳔、黄白麻、线胶、并改折生熟铜铁,通共正扛银 1469 两 1 钱 3 厘 7 毫。④ | 两京,指的是北京和南京。 |
| 万历朝 | (汉阳府)鱼课原额,河泊(所)11 处,起运两京干鱼、鱼汕、翎鳔、改折生熟铜、生熟铁、黄白麻、线胶、鲫鱼、椒料、鳇鱼、车脚等料,存留课钞,除篾桶水竹银 12 两于汉阳县赃罚内支解外,共银 2368 两 3 分 4 厘。遇闰加征铁、胶料银课钞,共银 84 两 3 钱 6 分 8 厘。北京,干鱼 6315 斤,共银 227 两 3 钱四分。扛银 9 两 9 分 3 厘 6 毫。南京,干鱼 1785 斤,共银 35 两 7 钱(扛银 2 钱 5 分 7 厘)。……鲫鱼、椒料银,55 两 7 厘 9 毫。鳇鱼、车脚银,240 两。汉阳县河泊所 8 所,共银 1688 两 1 分 2 厘。汉川县河泊所 3 所,共银 688 两 1 分 2 厘。以上俱照数征完。⑤ | 渔课当中存留府库课钞银,271 两 5 钱 3 分。另有安汉、沉下湖钞银,69 两 3 钱 5 分 2 厘,收存听支官吏奉钞。 |

---

① (明) 贾应春修,朱衣纂:嘉靖《汉阳府志》卷二《方域志》,上海古籍书店 1963 年版,第 1 页上,据宁波天一阁藏明嘉靖刻本影印。
② 同上,第 29 页下。
③ (明) 贾应春修,朱衣纂:嘉靖《汉阳府志》卷五《食货志》,上海古籍书店 1963 年版,第 2 页下—3 页上,据宁波天一阁藏明嘉靖刻本影印。
④ 同上,第 7 页下—8 页上。
⑤ 武汉地方志办公室编:《明万历汉阳府志校注》卷五《食货志》,武汉出版社 2007 年版,第 101—102 页,该志书以秦聚奎总纂万历四十一年(1613)《汉阳府志》为底本。

综合以上文字和表格资料,足以窥见渔业发展和渔课征收对明代汉阳郡的重要性。渔税之征收由来已久,"盖自汉时有陂池鱼课,宋初荆湖路承马氏之遗,湖潭陂塘聚鱼之处皆纳官钱,或遣官吏主之;淳化元年,始令市货卖乃收税;元置山场河泊之课,乃有专司"①,但在全国范围内大规模开征则是朱明王朝的一大特色。② 渔课的广泛征收其实也从侧面反映了明代渔业经济发展表现不俗。嘉靖朝,汉阳县有长江局河泊所、三沦湖河泊所、平塘湖河泊所、马影湖河泊所、蒲潭湖河泊所、新潭湖河泊所等"七所各置官河泊一员,攒典各一",专司征收渔课之职。③ 关于明代汉阳府诸河泊所征收渔课一事,万历朝汉阳郡人王光裕撰有《七所鱼课税》一文,现转录如下:

本朝自则壤成赋之外,泽梁虽有禁,未尝不酌鱼利之多寡,因年岁之丰歉,小民之便否,分制七所,各随地之所近,以便催征。自洪、永以来,以及宣德,先议钞,后议课米。开国之初,法禁甚严,小民畏威,尚未怀德,每有湖业,辄不敢领。故布为功令,凡大小湖池有名可查、有地可稽者,责军户闸办,各领为业,取鱼办课。其湖水泛阔,长且渺者,责令所官某、所吏某、同经纪某、商客某,招集大网户、浅网户、扒网户、岸罾户、手罾户、花罩户等,鱼利以月计钞,课以利计。各分浪业,众轻易举,行之三朝而均平长久之法定矣。汇造赤历,永为遵守。

---

① (清) 光绪《湘阴县图志》卷二一《赋役志十六》(影印本),《中国方志丛书·华中地方》第1105号,成文出版社2014年版,第329页,转引自徐斌:《国家与渔民:宋至清两湖地区渔税的性质、征收及其演变》,《清华大学学报(哲社版)》2019年第4期。

② 张建民:《明代湖北的鱼贡鱼课和渔业》,《江汉论坛》1985年第5期。

③ (明) 贾应春修,朱衣纂:嘉靖《汉阳府志》卷三《创置志》,上海古籍书店1963年版,第24页,据宁波天一阁藏明嘉靖刻本影印。

不期时异事殊，法久弊生，除各子湖缱埠约帖顶补，业有定主、课有定额者不敢混淆外，其余水面虽载在赤历而人无定主，其邻近土豪奸刁，可摄小民机变，可乱成法。小民一堕计中，惟言是听。由是数十里河水悉归兼并之家。又贿嘱吏书，将原载数百石课米捏作无征，不纳官府。逐年业总不过一二人，弱者不敢言，愚者不能察，以致鱼利并于奸豪，而虚赔累及业总。其欺上周下，弊孔日深，为此为业总者，甚则卖儿鬻女尚不能赔，遂以比并之故，或毙于笞杖，或毙于狱中，冤苦不可胜言。故复旧额、精考核，为渔课急务也。且各湖岁办，惟鲥鲢系庙寝御食，而麻铁等项则备边重务，干系甚大，可漫不加之意乎！①

从这篇《七所鱼课税》文可知明初至万历末年的一百多年间汉阳地区的渔课征收之显著变迁。明洪武至宣德年间（1368—1435），汉阳府对管辖地区的河湖水域稽查和管理甚严，因有"泽梁之禁"，百姓畏惧，导致承领湖业、河业的多为汉阳的军户；"招集大网户、浅网户、扒网户、岸罾户、手罾户、花罩户等"则表明在"湖水泛阔长且渺者"之水域，不同渔户捕鱼工具有别、捕鱼量有多寡之分，鱼税征收也因之有等差，且将大小湖池之稽查，以及"鱼利以月计钞，课以利计"之法"汇造赤历，永为遵守"。这既充分展示了明朝廷和汉阳地方官员对待渔课征收事宜格外用心，也从侧面说明渔业是朝廷和地方都应当予以

---

① 武汉地方志办公室编：《明万历汉阳府志校注》卷五《食货志》，武汉出版社 2007 年版，第 109—110 页，该志书以秦聚奎总纂万历四十一年（1613）《汉阳府志》为底本。另见武汉市汉阳区方志办公室编：《康熙汉阳府志》卷五《水利志》，湖北人民出版社 2014 年版，第 280 页，底本为（清）陈国儒修、王世显等纂清康熙八年（1669）刻本。因为《万历汉阳府志校注》一书中的句读、标点，以及考订文字方面确实不如《康熙汉阳府志》做得细致、精当。在此转录《七所鱼课税》文时，笔者在对二文进行认真对照后，主要采用《康熙汉阳府志》所载。

重视的事情。然而，宣德之后，特别是万历朝，渔课征收已经成为当时地方社会的一大弊政——善于欺上瞒下者则占据河湖资源获利甚多，并且想尽办法规避本应向官府缴纳的渔课，而那些实诚守法的少数几户"业总"则沦落至卖儿鬻女补渔课之不足的悲惨境地，甚至因无法足额赔付而被杖毙或冤死狱中。也因此，王光裕才在文末郑重强调"复旧额、精考核，为渔课急务"，而且各湖岁办物资"干系甚大"，或涉"庙寝御食"，或关乎"备边重务"，必须加倍留心。①

另外，考诸明代汉阳地方志书可知，《七所鱼课税》指出明代"凡大小湖池有名可查、有地可稽"，实属言之有据。现以嘉靖朝汉阳府诸河泊所②管湖、港、潭、潺、湾、坑、沟等水域资源为例，特绘制表5-2如下：

表5-2 嘉靖《汉阳府志》载录汉阳诸河泊所属管水域资源③

| 河泊所名称 | 水域名称 |
| --- | --- |
| 桑台河泊所 | 刀环湖、太子湖、重盛港、赤莲港、东西港、鱼门泾、梅家潺、蚌珠脑、黄堤口、杨湾港、易公寨、南苔湖、竹林潺、牛兰潺、曹家陂、马池口、石潭泾、白毛泾、东流港、北畈、南畈等，其中，刀环湖在汉阳县治西南五十里，太子湖在县治西十五里，嘉庆朝俱已废。|

---

① 渔课征收的诸多弊端是从明中期开始，至明晚期愈演愈烈，与明中晚期社会矛盾丛生、政治日益黑暗的现实基本同步。

② 郑望春研究指出："明以降是湖北渔业发展最关键的时期，亦是渔政管理体系初立和逐步成熟之期，渔政体制实施的核心机构便是河泊所。……河泊所自元已有之，明廷出于军事和经济目的，延续这一制度并在全国各地大量设置，尤以湖北为最，并在河泊所官署建设和官员选拔配置上形成系统完整的体系。其主要职能便是征收鱼（渔）课鱼贡和管理渔户。"参见郑望春：《明至清前期湖北河泊所研究》之"摘要"，云南大学2016年硕士学位论文。

③ （明）贾应春修，朱衣纂：嘉靖《汉阳府志》卷二《方域志》，上海古籍书店1963年版，第30页上—35页上，据宁波天一阁藏明嘉靖刻本影印。

续表

| 河泊所名称 | 水域名称 |
|---|---|
| 蒲潭（湖）河泊所 | 淡小湖、芦桐湖、燕坡湖、南鸤鹈、湾沟、茭湖沟、死鱼湖、柏叶湖、兰腰湖、土地湖、湾湖、渊子口、芦蒿涉、罐目口、东涉、西涉、东湖、深沟、横河儿、王家河儿、掘头湖、弥罗沟、连咄湖、南湖、北湖、么口子、周子塌、小湖、沌阳湖、桂木湖、长港、钱塘湾、粟林湾、中塞湖、五郎湖、大小官橑湖、瓦瑶湖、赤脸湖、鲹鱼湖、竹林塞、南昌湖、北昌湖、云桂湖、庙瀽、竹小坑、小麦湖、金熊湖、西港、父母湖、黄丝湖、大桐湖、小桐湖、土朱湖、独霜湖、不要湖、望沌湖、马公湖、山塘畈坑、龙坑湖、石子港、万家湖、官湖、利源湖、清水湖、左家港、应喷塘、茭湖、马头坑、前汉湖、后汉湖、百丈湖、陆瀽、黄连口、荷湖、大倘湖、郭遱塞、死人横、石港、木瓜矶、遱池湾、马昌湖、乌龟沟、南畈、陆畜沟、老鼠舌、棠林湖、相打畈等。 |
| 马影湖河泊所 | 贵子潭、贵子湖、天清湖、协山湖、丰门、西头湖、葛长湖、樊家、并春口、大麦河、龙船陂、张艳陂、夫人港、鲶鱼肚、老鸭陂、冗麦湖、团车湖、八公陂、协子、围车湖、杨树坑、大小鹿角湖、长丰、横溪湖、百步湖、高作陂、社林陂、望青湖、鲶鱼湖、竹条湖、南口湖、王三湖、乌鲤沟、四十湖、五十湖、曹公陂、杜林湖、钟成湖、秦折湖、湖至湖、白壁湖、独石湖、东庄陂、上下湖、状元湖、青嵩湖、崇阳湖、瓦罐湖、乌龟湖、长湖、良恩陂、良恩湖、大白陂、大白湖、金易三汊湖、东湖涉、庙林陂、庙林湖、唐家陂、杀牛坑、东港、五奴湖、小马影湖、上下凌坑、鸤鹈湖坑、草涉坑等。 |
| 新潭（湖）河泊所 | 大湟湖、古江湖、陡沟、大围湖、乾唐湖、宦子湖、石灰湖、磁器湖、魏家港、解家口、耿家口、口家、青草荡、易二湾、白塘湖、黄鲦湖、沙夹鸥儿湖、老渔湖、鱼公潭、江夹湖、小团湖、马影口、小池口、青水口、青泥湖、木林湖、胡师港、小林湖等。 |
| 平塘（湖）河泊所 | 鄀官渡、台子湖、古暮湖、张大渡、黄沙口、潭家院、东西杨树堤、正港、月湖、室女堤、万家湖、西尾湖、石湖、石湖水港、赵家堤湖、龙王湖、查水东湖、麦水湖、马家湖、穴堤口、李家堤、莲花堤、青草堤、山嘴堤、龙潭儿、三角湖、春口、张湖口、道士口、柘林堤、洲家堤、新开池、南湖春口、郭师口、万家堤、谢家堤、安儿凹、郑家堤、正港等。 |

续表

| 河泊所名称 | 水域名称 |
|---|---|
| 长江河泊所 | 新淤套、白水塪、虾子套等。 |
| 三沧河泊所 | 陆双港、丈母湖、蔡家陂、徐家湖、螺港、张脚湖、晋地湖、十丈湖、白马湖、静便湖、烧柴湖、住老湖、倒塞、腰胫湖、真港、陈家湖、陈赈湖、马养湖、石嘴、草港、张家港、院湾、水井湖、大小布袋湖、高台龙湖、麻苔黄白湖、大荷湖、小荷湖、索子港、磨湖、朱五塞、重鱼塞、金鸡塞、双塞、南北黄港、官湖、太白池、梵僧池、弹子莲湖、穿江池、小涧湖、马长湖、蛇头湖、渊子湖、末留湖、城门湖、退沙港、椰树滩、大别湖、泥舟湖、石羊湖、马四塞、白湖口、抢湖、蓼湖、牛湖、石湖、茄子湖、湾湖、赤历湖、筭瀿、小易港、小蒿湖、赖口湖、同台湖、鸡笼湖等（俱已零废）；石潭、鹅公口、祝池潭、分火潭、截径潭、清泥潭、下截径潭、山羊潭、金潭、黄土径、洞木潭、当挂埠湾、油湖潭、油湖港、沙河、石牌、溶子港、溶子潭、鸬鹚湖、石子湖、高湖、黄塘湖、曹公港、青蒿径、泥漫湖、周湖官、鸠港、大小陂湖、石子湖、白泥口、潭港、沙家口等。 |

当然，面对境内"湖多田少"①的现实，明代汉阳居民也会充分利用当地丰沛的水域资源，尽"擅舟渔之利"，"观江河鱼趣之乐"，"享鱼味之鲜美"。永乐朝进士吴廷用有诗云："估客帆樯天上落，渔人舟楫浪中行。"②这是说江汉地区除商船踵至之外，还有古老的渔业与之并存，商业和渔业并行不悖乃是当时汉阳县颇具代表性的日常画面。因为湖泊众多，以致明初地方牧首在吟咏"汉阳十景"时多有涉及"渔舟""渔歌""湖鱼"等内容，这亦从侧面证明明代汉阳渔业之活跃。

---

① 武汉地方志办公室编：《明万历汉阳府志校注》卷五《食货志》，武汉出版社2007年版，第95页，该志书以秦聚奎总纂万历四十一年（1613）《汉阳府志》为底本。

② （明）贾应春修，朱衣纂：嘉靖《汉阳府志》卷二《方域志》，上海古籍书店1963年版，第26页，据宁波天一阁藏明嘉靖刻本影印。

永乐年间，汉阳知府王静①在吟咏平塘古渡和江汉朝宗景观时，敏锐地注意到"鱼蹴浪花冲棹跃"和"鱼吹萍屬通金口"之鱼产资源丰富的景象。②宣德八年（1433）以七十高龄致仕回乡，曾任汉阳县教谕的赵弼写有"泽国春深水满湖，依稀浑似辋川图。烟霞泉石多幽趣，欲买扁舟学钓徒"的诗句。③永乐年间任汉阳府同知（后升任别驾）的潘文奎④在《兴国寺》一诗中写下了"石间扫叶开新径，竹下行厨脍白鱼"这般风流蕴藉的句子；万历朝，汉阳府别驾林梦鼎在朝宗楼上俯瞰大江，亦见"隔岸渔舟半灭明"；汉阳郡人尹应元在感慨"江汉滔滔万古流"时，还言及"时有江豚乍出没，中宵渔火清人骨"。⑤

明代汉阳渔民"获利颇厚"，并且鱼市兴盛。据嘉靖《汉阳府志》

---

① 王静，字永静，明永乐年间（1403—1424）以贡授御史之职，奉命巡视南北，也曾奔赴西域为朝廷买马，过雪山、踏昆仑、抵弱水，他的一生堪称"读书万卷，行路万里"。在汉阳知府任上，他饶有兴致地运用诗歌为"汉阳十景"一一命名，成为汉上雅事流传于世。

②（明）贾应春修，朱衣纂：嘉靖《汉阳府志》卷二《方域志》，上海古籍书店1963年版，第41页上，据宁波天一阁藏明嘉靖刻本影印；另见武汉地方志办公室编：《明万历汉阳府志校注》卷六《艺文志》，武汉出版社2007年版，第158页、160页，该志书以秦聚奎总纂万历四十一年（1613）《汉阳府志》为底本。

③（明）贾应春修，朱衣纂：嘉靖《汉阳府志》卷二《方域志》，上海古籍书店1963年版，第29页下，据宁波天一阁藏明嘉靖刻本影印。

④ 潘文奎（1367—1435），永嘉昆阳村人，字景昭，号愚庄。建文二年（1400）进士，擢升为大行人，奉命出使朝鲜、安南诸国。在汉阳府同知和汉阳府别驾任上，以为政"清慎宽厚"著称。

⑤ 武汉地方志办公室编：《明万历汉阳府志校注》卷六《艺文志》，武汉出版社2007年版，第162页、167页、173页，该志书以秦聚奎总纂万历四十一年（1613）《汉阳府志》为底本。

纂修者朱衣自述："衣儿时从人渔湖（郎官湖）中，利颇厚。"① 明中期，汉阳地区的渔业经济和鱼产贸易均十分兴盛，甚至到了"公私俱赖之"的地步。嘉靖《汉阳府志》卷二《方域志》云："近刘公州故处初洲存，洲北为郡城（汉阳）南岸，洲岸相界，中汇江水，冬春水落，四方舟楫聚焉。郡人一渔一薪，朝夕为市，公室之输，私家之养，多赖于此。盖郡土瘠而势污，耕渔失利，业在贸易。"② 其中"郡人一渔一薪，朝夕为市，公室之输送，私家之养，多赖于此"之论颇为精当；而"盖郡土瘠而势污，耕渔失利，业在贸易"之句则点出了汉阳、汉口的渔业须面向市场的根本原因，即汉阳土地贫瘠且地势低洼，不利于垦种，需要通过水产品贸易来弥补"耕种失利"之不足。另外，闻名遐迩的武昌鱼是汉阳鱼产之一，在明代就已颇受时人喜爱，不愁销路。明初诗人杨基《江上》一诗有"却是汉阳川上女，过江来买武昌鱼"之句。③ 汉阳佥事樊仿在《汉阳渡（其四）》一诗中云："亲舍未传衡岳雁，他乡懒食武昌鱼。"④ 除了本地鲜鱼市场外，江汉地区远距离的

---

① （明）贾应春修，朱衣纂：嘉靖《汉阳府志》卷二《方域志》，上海古籍书店1963年版，第28页上，据宁波天一阁藏明嘉靖刻本影印。另见武汉市汉阳区方志办公室编：《康熙汉阳府志》卷四《食货志》，湖北人民出版社2014年版，第101页，底本为（清）陈国儒修、王世显等纂清康熙八年（1669）刻本。

② （明）贾应春修，朱衣纂：嘉靖《汉阳府志》卷二《方域志》，上海古籍书店1963年版，第39页上，据宁波天一阁藏明嘉靖刻本影印。另见武汉地方志办公室编：《明万历汉阳府志校注》卷二《疆域志》，武汉出版社2007年版，第53页，该志书以秦聚奎总纂万历四十一年（1613）《汉阳府志》为底本。

③ （清）裘行恕纂修：嘉庆《汉阳县志》卷三十五《艺文下》，嘉庆二十三年（1818）刻本，第16页。

④ 武汉地方志办公室编：《明万历汉阳府志校注》卷五《食货志》，武汉出版社2007年版，第111页，该志书以秦聚奎总纂万历四十一年（1613）《汉阳府志》为底本。

干鱼贸易亦历史悠久。据宋人张耒《明道杂志》载："汉阳、武昌多鱼，土人剖之，不用盐，暴干作淡鱼，载至江西卖之。饶、信人饮食祭享无此则非盛礼。虽臭腐可恶，而更以为奇。"明代医家李时珍除了在《本草纲目》中引用《明道杂志》道出汉阳人制作和销售"暴干淡鱼"一事，还提及江汉地区"鱼性不一，恐非（入药）所宜"，但"其咸鱼近时亦有用者"。① 由是可知，鱼产丰富和大众喜食鲜鱼或干鱼（咸鱼）共同推动了汉阳鱼市贸易的兴旺。

在明代汉阳府颇为重视渔课的情况下，汉口的渔业发展情况应当不差，至少在该处因商成镇之前，捕鱼甚至可能是当时来汉口定居民众的主要谋生途径。在传统中国社会，这样的推测完全符合民间"靠山吃山，靠海吃海"的生存常识。在汉口两岸已经开始有人前来定居后，渔猎活动也很常见。前引嘉靖四年（1525）《汉口地课碑记》开篇就指出，明初"萧廷机始祖萧一承佃汉阳县三沌河泊所十八垸蚊子马场湖南侧地土，西至郭师口，东至大江"，这说的就是汉水入江口岸一带归三沌河泊所管辖的供渔户承租的区域。宣德八年（1433）致仕的汉阳教谕赵弼在诗中这样写道："茫茫汉水入江流，两岸芦花泊钓舟。"② 这是说成化汉水改道前的汉口是一片芦苇泽地，系泊舟垂钓佳处。嘉靖时人也说到，自成化初年汉水改道后"古道遂淤，今渔利略存"③。同样地，明嘉靖之前汉口从最初的渔村到船码头的发展历程，自然离不开渔业的支撑。尽管这一时期有关汉口渔民的历史记载几近阙如，但仍可以从常理出发进行思考，这些来汉口以渔业为生的民众，不可能只是捕鱼

---

① 转引自（明）李时珍著：《本草纲目：全手绘彩图典藏本》（下）卷四十四《鳞部·鲍鱼》，中国中医药科技出版社2016年版，第1943页。

② （明）贾应春修，朱衣纂：嘉靖《汉阳府志》卷二《方域志》，上海古籍书店1963年版，第38页上，据宁波天一阁藏明嘉靖刻本影印。

③ 同上，第27页上。

为食，同样需要将鱼获拿到市场交易获取银钱，以缴纳渔课和购买其他生活资料。

## 二、清代汉口之渔业、渔课与鱼市

清初，汉阳依旧到处可见渔民捕鱼为生的场景。康熙汉阳知府陈国儒对"汉阳十景"之一的"兴国（寺）远钟"之诗意描写云："寺届山水间，钟声清澈，乱渔舟之欸乃。"① 明清之际以诗文著称于世的嵇宗孟在《大别晴岚》一诗中写道："内方东尽接晴峦，溪鸟晴云共往还。唯有渔歌最清澈，橹声宛转到山间。"② 诗中所绘渔歌响彻大别山峦的画面读来十分触动人心。康熙《汉阳府志》卷四《食货志》载汉阳的鱼类物产有："鲫鱼、鳇鱼、鲤鱼、鳊鱼、鲌鱼、鲫鱼、鲇鱼、鳜鱼、鳘鱼、鮰鱼、河豚、鲚鱼、鳃鱼、鲭鱼、黄鲦鱼、蕉刺鱼、鳗泥鱼、鳝鱼、黑鱼、银鱼、油洞鱼、蟹、龟、鳖、虾、螺、蚌蛤、蚶。"③ 显然，与前述明代汉阳鱼产的种类相比要丰富得多，大抵与此时该地区的鱼市非常活跃有关。康熙初年，地方官员已经充分认识到：在汉阳这样的"水乡"，虽然有洪水泛滥之患，但当"波收浪静，水落潮平"

---

① 武汉市汉阳区方志办公室编：《康熙汉阳府志》卷一《舆地志》，湖北人民出版社2014年版，第123页，底本为（清）陈国儒修、王世显等纂清康熙八年（1669）刻本。

② 武汉市汉阳区方志办公室编：《康熙汉阳府志》卷一《舆地志》，湖北人民出版社2014年版，第123页，底本为（清）陈国儒修、王世显等纂清康熙八年（1669）刻本。

③ 武汉市汉阳区方志办公室编：《康熙汉阳府志》卷四《食货志》，湖北人民出版社2014年版，第274页，底本为（清）陈国儒修、王世显等纂清康熙八年（1669）刻本。

时，便可见"披蓑鱼叟，举网得鲜，垂发儿童，操舟度曲"；更重要的是，"鱼鳖蠃蚌、菱芡蒲苇之属，泽国之资，以补稻粱之不及"；①并指出汉阳百姓勤劳朴实，"孱弱之民，亦力耕渔"②。乾隆《汉阳县志》总纂兼汉阳知县刘嗣孔亦认为汉口所在的汉阳不仅市肆鳞栉，而且是倚仗鱼、盐贸易致富者交汇之地。③光绪《汉阳县识》卷一《地理略》提到，汉阳县临"沌河""滨大江"，"地势低洼"处的村落，"民贫土瘠，虽禾麦兼种而收成歉薄，多恃春刈草薪冬取鱼利，贩卖为业"，另有大量"河湖环绕"之地，虽然"土性尚腴"，但"岁苦水灾"，"花粮兼种，其资鱼利以济"；《汉阳县识》卷一《地理略》在述及汉阳名目繁多的村落的土地收成情况时，几乎都会提到耕种之余，百姓都要"资鱼利以济"，可见渔业收入成为当时汉阳农民维持生存必不可少的收入来源。④据此似可推测，清代汉阳县的鱼市贸易应相当引人瞩目。

不过，随着清前期社会经济的恢复与清中期商品经济的迅猛发展，清代汉阳府（县）志书对渔业和渔课记录之繁简、归类之用心程度均发生了比较明显的变化，无不真实地反映了在商业日趋繁盛的大环境下，汉阳的渔业日益边缘化的境况。当然，这只是说地方官员因为郡邑

---

① 武汉市汉阳区方志办公室编：《康熙汉阳府志》卷五《水利志》，湖北人民出版社2014年版，第275页，底本为（清）陈国儒修、王世显等纂清康熙八年（1669）刻本。

② 武汉市汉阳区方志办公室编：《康熙汉阳府志》卷一《舆地志》，湖北人民出版社2014年版，第121页，底本为（清）陈国儒修、王世显等纂清康熙八年（1669）刻本。

③（清）刘嗣孔纂修：乾隆《汉阳县志》卷一《汉阳县志序》，第1页，中国国家图书馆藏乾隆十三年（1748）刻本。

④（清）张行简纂修：《汉阳县识》卷一《地理略》，第3—6页，中国国家图书馆藏光绪十年（1884）刊本。

之经济重心向商业倾斜而不再如明朝那般重视渔业，并不意味着清中期渔业已经完全淡出人们的视线，因为民众对鱼产或其他水产的喜好依旧如故，渔业仍是渔民谋生的主业。也因此，清代亦不乏记录汉阳地区江上渔歌互答、湖中钓舟横斜的诗句。① 清末日本驻汉口领事水野幸吉了解到，"沌口黄沙港、磨子石、黄沙畈、黄陵矶等都属于汉阳县的内河，一年四季都产鱼"，"关湖、汤湖、茶湖、铜湖、关联湖等都是属于汉阳县的内湖，这些湖都产鱼"，"还有一些小湖也产鱼"，而且注意到"各湖的渔业均由湖主管理，湖主向政府缴纳渔税"。② 下面，就有关清（开埠前）汉阳县的渔课征收情况，绘表5-3呈现如下：

**表5-3 清代汉阳县征收渔课情况**

| 时间 | 渔课或湖课征收（起运）情况 | 备注 |
|---|---|---|
| 康熙朝 | 汉阳县湖州杂课原派正、扛银1674两2钱4分，遇闰加征80两5钱1分。<br>户部项下：起运北京鱼干正银159两9钱8分4厘，每两原议京扛银9厘，该扛银1两4钱3分9厘，均由汉阳县诸河泊所征收。长江局河泊所正银11两1钱9分6厘，扛银1钱零7毫6丝4忽。下零残河泊所正银19两6钱8分，扛银1钱7分。马影湖河泊所正银15两4钱3分，扛银1钱3分8厘9毫。平塘湖河泊所正银12两6钱2分9厘，扛银1钱1分3厘9毫。三沧湖河泊所正银26两6钱6分2厘，扛银2钱3分9厘9毫。桑台湖河泊所正银21两5分1厘，扛银1钱8分9厘4毫。沌河蒲潭河泊所正银15两4钱8厘，扛银1钱3分8厘6毫。本所黄字号正银14两4分，扛银1钱2分6厘。本所白府池正银12两6钱9分，扛银1钱1分4厘。新滩河泊所正银11两2钱2分，扛银1钱零1厘。 | 明清二朝，汉口河、湖、潭等水域资源的渔课征收归汉阳县的三沧湖河泊所管。 |

---

① (清) 裘行恕纂修：嘉庆《汉阳县志》卷三十五《艺文志下》，第26页，中国国家图书馆藏嘉庆二十三年（1818）刻本。

② (日) 水野幸吉著，武德庆译：《中国中部事情：汉口》之《畜牧业和渔业》，武汉出版社2014年版，第71页。

续表

| 时间 | 渔课或湖课征收（起运）情况 | 备注 |
|---|---|---|
| 康熙朝 | 江南干鱼正银二十五两一钱二分，每两原议京扛银九厘，该扛银二钱二分六厘，均由汉阳县诸河泊所征收。<br>礼部项下：鲥鳇椒料并车脚银 206 两 5 钱 7 厘 9 毫，均由汉阳县诸河泊所征收。<br>工部项下：黄麻正银 165 两 9 钱 3 分 7 厘，每两原议京扛银 9 厘，该扛银 1 两 4 钱 9 分，均由汉阳县诸河泊所征收；白麻正银 112 两 5 钱，每两原议扛银 9 厘，该扛银 1 两零 1 分 2 厘 5 毫。内平塘湖河泊所正银 37 两 5 钱，扛银 3 钱 3 分 7 厘 5 毫。三沧湖河泊所正银 75 两，扛银 7 分 5 厘；熟铁正银 684 两 4 钱 9 分 6 毫，扛银 6 两 1 钱 6 分，由汉阳县各河泊所征收，其中汉口所在的三沧湖河泊所征收额度最高，达正银 118 两 1 钱 3 分，扛银 1 两零 6 分 4 厘；生铁证银 6 两，该扛银 5 分 4 厘；熟铜正银 12 两 8 钱，该扛银 1 钱 2 分 4 厘；生铜正银 18 两 8 钱，该扛银 1 钱 6 分 9 厘；线胶正银 40 两零 4 钱 4 分，该扛银 3 钱 6 分 4 厘；黄白麻、生熟铜铁、线胶七项料银遇闰共加征银 60 两 8 钱 8 分。<br>额载本府渔课钞银 254 两 4 钱 2 分 4 厘；续议豁免三沧所（汉口境内）业甲萧茂蚊子湖等稞钞银 24 两 8 钱 1 分 5 厘；实编银 229 两 6 钱 9 厘；遇闰加征银 19 两 6 钱 3 分 7 厘。① | 明清二朝，汉口河、湖、潭等水域资源的渔课征收归汉阳县的三沧湖河泊所管。 |
| 乾隆朝 | 湖课项下：熟铁正、扛银 690 两 6 钱，生铁正、扛银 6 两 5 分 4 厘，白麻正、扛银 113 两 5 钱，渔课银 147 两 5 钱；湖课银 1275 两 6 钱；户部项下：盛京干鱼正、扛银 161 两 4 钱，江南干鱼正、扛银 25 两 3 钱；工部项下：黄麻正、扛银 167 两 4 钱，熟铜正、扛银 13 两 9 钱，生铜正、扛银 18 两 9 钱。② | |

---

① 武汉市汉阳区方志办公室编：《康熙汉阳府志》卷五《水利志》，湖北人民出版社 2014 年版，第 276—279 页，底本为（清）陈国儒修、王世显等纂清康熙八年（1669）刻本。

②（清）陶士契修，刘湘煃纂：乾隆《汉阳府志》卷二十三《食货志》，江苏古籍出版社 2001 年版，该卷第 20 页、23 页（全书第 256—257 页），据清乾隆十二年（1747）刻本影印。有关乾隆朝汉阳县的渔课征收情况，还可参见（清）刘嗣孔纂修：乾隆《汉阳县志》卷八《赋役》，第 23—24 页，中国国家图书馆藏乾隆十三年（1748）刻本。

续表

| 时间 | 渔课或湖课征收（起运）情况 | 备注 |
|---|---|---|
| 嘉庆朝 | 湖州杂课正扛银1379两9分9毫，遇闰加银80两5钱1分1厘20毫。① | 嘉庆朝已将湖课列入"杂项税课"项下 |

　　将表5-3与表5-1进行比较可以发现，与明代相比，清代（开埠前）汉口所在的汉阳县之渔课征收情况也颇为可观，只是随着乾嘉之际汉阳地区商业贸易蒸蒸日上，湖课或渔课在地方官员眼中最后沦为不值得专门关注的税项，而被归并入"杂项税课"名下。将表5-3第2列做纵向对比可以发现，乾隆《汉阳府志》和嘉庆《汉阳县志》对汉阳县鱼产、渔课的记录比康熙朝粗略很多。相应地，乾嘉时期，汉阳的地方志书对鱼产的列举也比较粗疏，只列举口感鲜美的几种鱼。譬如，嘉庆《汉阳县志》卷十四《物产志》云："鱼之属，（有）鲫鱼（附注：四五月出大江，味鲜美），鳇鱼（附注：出大江，味肥美，巨者千斛），河豚鱼（附注：白小，俗称面条，鱼出张王矶），□鱼（附注：形似河豚而小，秋间泽水退时最多，味鲜美而血子有毒），荷叶鱼（附注：名其形状，味近鳖尾，有毒刺去而烹之）。"②这段文字透露出汉阳民众不仅嗜好鲜鱼，而且深谙不同的鱼在烹饪时应注意的事项。由是观之，汉阳的鱼市贸易当颇受欢迎。前引光绪《汉阳县识》曰："鲫鱼，

---

①（清）裘行恕纂修：嘉庆《汉阳县志》卷九《赋役》，第30页，中国国家图书馆藏嘉庆二十三年（1818）刻本。

②（清）裘行恕纂修：嘉庆《汉阳县志》卷十四《物产》，第3页，中国国家图书馆藏嘉庆二十三年（1818）刻本。

夏孟仲之交出大江，入网者为第一鲜，争以重价购之。"①

在五方杂处、人口稠密的汉口，因河湖纵横，遂不乏以渔业为生的民众。康熙《汉阳府志》卷一《舆地志》云："汉阳汉口一带……俱以贸易为业，不事耕种。又多湖荡，资渔以生。"② 鱼市同样很受汉口市民的青睐。康熙朝邢昉《石臼集·离汉口》一诗有"银鳞日充市，食鲜每丰洁"③之句，清晰地表明汉口每日不缺鲜鱼供应。康熙《汉阳府志》叙及汉阳饮食风俗时，首先提到"汉镇水陆珍奇，舟楫捆载"。④乾隆时期，章学诚在《湖北通志检存稿》卷一《食货志》中谈道，在"繁盛已极"的汉口，"居奇贸化之贾，比廛而居，转输搬运"，因而"四海九州之物，不踵而至"，其中不乏"海参、鱼翅、蛏虾、鲍鱼、鲎鱼、时虾、青螺"等海货河鲜，但亦指出"鲟、鲤、鳇、鮰、时（鲥）鱼，亦惟汉镇沿江所产，种类多备"。⑤嘉庆时汉口盐商范锴在《汉口丛谈》中指出在游人如织、茶肆绕堤的汉口后湖一带，"若于盛夏，湖水平堤，夕阳初落，烟波森渺，灯影上下映射水间，渔榔远近，

---

① （清）张行简纂修：《汉阳县识》卷一《地理略》，第20页，中国国家图书馆藏光绪十年（1884）刊本。

② 武汉市汉阳区方志办公室编：《康熙汉阳府志》卷一《舆地志》，湖北人民出版社2014年版，第123页，底本为（清）陈国儒修、王世显等纂清康熙八年（1669）刻本。

③ （清）范锴撰，江浦等校释：《汉口丛谈校释》卷五，湖北人民出版社1999年版，第290页。

④ 武汉市汉阳区方志办公室编：《康熙汉阳府志》卷一《舆地志》，湖北人民出版社2014年版，第136页，底本为（清）陈国儒修、王世显等纂清康熙八年（1669）刻本。

⑤ （清）章学诚撰，郭康松点校：《湖北通志检存稿》卷一《食货志》，湖北教育出版社2002年版，第35页、37页。

响应沙溆"，这里的"渔榔"就是靠敲击发声的捕鱼辅助工具，而前引蒋鄩《后湖感赋》中亦有"夕阳两两鸣渔榔，渔翁七十头雪白"之句；其他汉皋文人有关后湖的诗中还有"来听渔歌月上时""打渔船泊柳荫堤""远山青上打渔船"等描写渔歌唱晚、渔舟泊堤等诗意胜景之句；甚至有旅居汉口的世家大族子弟因羡慕渔夫驾舟往来后湖之洒脱不羁，而抒发"幽情羡渔者，歌桨度前汀"的歆羡之意；进士黄承吉《烟波词八首》其末二首专写汉口，其中有"江陵网得鲫鱼来"之句；在介绍一位何姓九江籍盐商时用了"久客汉皋，鱼盐混迹"之语，亦从侧面反映了鱼盐之利对客居汉口的商人的重要性。①

市场受消费制约，鱼市亦不例外。渔民在清中期高度商业化的汉口市镇依旧有生存空间，除了这里河湖众多，渔业资源丰富之外，还与汉口市民喜食以鱼产为主的各种时令水产有莫大关系。鱼市贸易亦因之颇为兴盛。嘉道之际，范锴从自身在汉口的饮食经验总结出："汉水出荷叶鱼，形如荷叶，味似鳖。尾有毒刺，去而烹之；鲶鱼须，野菜也，三、四月出水滨芦苇中，味甚鲜；西番莲出汉上，花心圆圈，弄之回环不穷，取之不脱，有须一百八数；羊角菜，即橙芽，采初生者，濯以沸水，曝以供盘，可以下酒。"② 嘉道之际二度赴汉口寓居的叶调元在《汉口竹枝词》中亦不乏对汉口市民嗜鱼之记载。有意思的是，汉口市民不仅喜欢吃鱼，连鱼杂都成为底层民众趋之若鹜的佐酒食物，即所谓"鱼杂猪肠兼辣酱，别人闻臭彼闻香"。③ 可以说，鱼产品作为清中期汉

---

① (清) 范锴撰，江浦等校释：《汉口丛谈校释》卷一、卷五、卷六，湖北人民出版社1999年版，第52页、60页、72页、295页、296页、363页。

② (清) 范锴撰，江浦等校释：《汉口丛谈校释》卷一，湖北人民出版社1999年版，第45页。

③ (清) 叶调元著，徐明庭等校注：《汉口竹枝词校注》卷一《市廛》，湖北人民出版社1985年版，第34页。

口重要的食物资源,已经针对不同阶层的购买力而充分市场化。在一年中最受大众重视的春节期间,嘉道之际的汉口市民有吃剁碎鱼肉做的佘丸子,并加入鸡汤的习俗;四月里鲜嫩可口的鲥上市,人们竞相购买互为馈赠;五月端午节,除了以"艾糕若粽庆端阳",肥美的鳝鱼也成为家家喜食的佳肴,以致"鳝血倾街秽莫当";寒冬腊月,餐桌上既有"鳊鱼肥美菜薹香",也有刚出缸的腊鱼。① 叶氏还观察到,一方面汉口市民争相享用对他们而言较为稀罕的海鲜,导致"鸡鸭猪鱼不值钱",另一方面已形成"鱼虾日日出江新,鳊鳜鮰斑味绝伦"的食鱼体验;并且汉镇厨师以鲜鱼为食材制作"汁和葱姜得味深"的拿手菜肴,自信地"要向宾筵夸手段"——"鱼丸做出是空心"。②

明清(开埠前)汉口鱼产之丰富和鱼市贸易之兴旺虽然甚少见于地方志书之记载,但是开埠后汉口鱼获情况和交易量极大的鱼产内销和外运情形,还是引起了在汉口生活和工作的异国人士的注意。晚清日本驻汉口领事水野幸吉在《中国中部事情:汉口》一书中专门提到:"汉口本地居民所需鲜鱼都来自长江、汉水以及长江附近的湖泊,其鲜鱼种类甚多、产额甚高。"此外,该书记录了汉口的鲤鱼、鲭鱼、鳊鱼、鲶鱼等十几种常见淡水鱼类的食用方法和市场售卖方式,并且总结道:"夏季的汉口的鲜鱼市场一般为淡季,冬季鱼市场鲜鱼很多,其原因大概是由于涨水期打鱼困难之故,当枯水期来临,河湖水量减少,成为捕

---

① (清)叶调元著,徐明庭等校注:《汉口竹枝词校注》卷二《时令》,湖北人民出版社1985年版,第40页、47页、48页、61页。

② (清)叶调元著,徐明庭等校注:《汉口竹枝词校注》卷五《杂记》,湖北人民出版社1985年版,第171页、173页。

鱼的好季节。为此，咸鱼、干鱼的销售季节主要在夏季。"① 水野幸吉还细致地观察到："（汉口）渔翁垂钓于江边，如果鱼儿吞钩，扬竿即可捕获之。此外也有用麻鱲（类似于日本的四手网）捕鱼。其做法是：将麻鱲沉入水中，左右沿江拉网，将其架子放在船上，适时起网捕鱼。还可以使用麻撒网，其方法是渔夫立于船头，撒网于水中，起网捕鱼。……冬季水清，鱼浮游于水面，捕鱼量因此而大增。渔夫捕鱼有所收获后，必定要把鱼运到鱼市场贩卖，武汉最大的鱼市场在汉口，汉口的鱼市买卖，主要有两种方式：1. 基于汉口的风俗，在汉口无论旅馆、商团（号口、帮口、行、公司），还是富家、贵族皆在新年来临之际腌制年鱼②，以此馈赠亲友或作家宴料理，其所腌制之鱼每尾大约50斤以上，小于腌制所需的鱼，渔夫在武昌或汉口零售卖掉；2. 四川帮需求最多，所谓四川帮就是由四川商人所集合起来的商团，他们买鱼之后，进行腌制，之后装入木桶运往四川，在四川商帮里恒裕公、同兴公等巨商购鱼量最大。"③ 鉴于1861年开埠后汉口渔业仍是传统作业方式，鱼市贸易也基本没有太大的改变，遂通过水野幸吉的认真观察和谨

---

① 本段所有关于水野幸吉对汉口鲜鱼市场的论述，参见（日）水野幸吉著，武德庆译：《中国中部事情：汉口》之《衣·食·住》，武汉出版社2014年版，第16—17页。

② 湖北号称"千湖之省""鱼米之乡"，迄今这里的许多县、乡镇仍保持腊月里办年鱼、腌制腊鱼过年，以之在正月里招待亲友的习俗。在笔者的家乡罗田县，人们腌制年鱼以大者为佳，数十斤的青鱼、草鱼、大鲤鱼都是备受欢迎的鱼产。

③（日）水野幸吉著，武德庆译：《中国中部事情：汉口》之《畜牧业和渔业》，武汉出版社2014年版，第70—71页。

慎分析，可以更加细致地感受到明清时期汉口渔业的大致情况和鱼市贸易兴旺的情景。

综上可知，尽管清代汉阳、汉口的渔业发展以及渔课的征收均不及明代，但是这一古老的谋生领域仍在发挥力量，养活了不少汉阳、汉口的渔民，支撑了不少农、渔二业兼顾的家庭。沿江地带和众多河湖赐予的丰富淡水鱼获，不仅满足了汉阳和汉口民众之"嗜鱼"之需，而且还有干鱼制品远销江西、四川等省。汉口也因之不只是全国各地物资的集散地，亦有本土商品的长距离输出。

## 第二节 菜麦绣平田："土著居民尚力农务"

俗话说"民以食为天"，明清时期汉阳府、县所辖居民大多以农耕养家糊口。在古代中国，农业被视为立国之本，系国家赋税的主要来源，因此农业生产备受历代统治者和郡、县官员的重视。汉阳郡虽只辖汉阳、汉川二县，绝非大郡，但因与武昌隔江相望，互为犄角，战略位置十分重要，加上文教修明，地方官员颇重视府县志之纂修。万历《汉阳府志》总纂秦聚奎在《重修〈汉阳府志〉序》的开篇就提出"岂其以郡国之大，若山川贡赋，若人文谣俗，以及物产户口，新陈之迹，独能令杞、宋无征，而礼乐求诸渔樵也"之诘问，而且直言纂修地方史志就是为了"便稽核也"。① 万历四十一年（1613）夏，汉阳郡

---

① 武汉地方志办公室编：《明万历汉阳府志校注》卷首秦聚奎撰《重修〈汉阳府志〉序》，武汉出版社2007年版，第1页，该志书以秦聚奎总纂万历四十一年（1613）《汉阳府志》为底本。

人尹应元受秦聚奎之托，撰写了另一篇《重修〈汉阳府志〉序》，他亦在序文里接连反问道："汉阳自设郡以来，其中山川、土地、人物、食货志累，匪志之胡以考镜？匪修之胡以详且核也？"① 康熙八年（1669）汉阳知府陈国儒撰《汉阳府志序》云："及舆地，曰襟江带汉，控蜀引吴。楼橹之会，耕渔之资，虽蕞尔地，称重镇焉。"② 由"楼橹之会，耕渔之资"之措辞，不难感受当时汉阳郡牧首对本境商业繁华之欣慰，甚至是骄傲，以及对辖区内百姓赖以为生的农业和渔业之重视。因此，在明清二朝有关汉阳府（县）地方志书中往往会不吝笔墨对辖区之农业概况加以记录。与此同时，清代一些旅居汉口的儒商和文人不仅发现了商业繁华、市肆林立之外的"农事图景"，而且乐意将其载入私人著述之中。这些均为笔者了解明清（开埠前）汉阳和汉口的农业发展状况提供了切实的帮助。

## 一、明清汉阳府（县）之农业概貌

在此，先据嘉靖《汉阳府志》卷五《食货志》、万历《汉阳府志》卷五《食货志》相关记载，可统计出明代汉阳府、县的田亩和主要农产品课租情况如下表5-4：

---

① 武汉地方志办公室编：《明万历汉阳府志校注》卷首尹应元撰《重修〈汉阳府志〉序》，武汉出版社2007年版，第4页，该志书以秦聚奎总纂万历四十一年（1613）《汉阳府志》为底本。

② 武汉市汉阳区地方志办公室编：《康熙汉阳府志》之湖广汉阳知府陈国儒撰《汉阳府志序》，湖北人民出版社2014年版，第9页，底本为（清）陈国儒修、王世显等纂清康熙八年（1669）刻本。

## 表 5-4 明代汉阳府（县）田亩数量及主要农产品课租情况①

| 时间 | 黄册记载的田亩 | 主要农产品课租情况 | 备注 |
| --- | --- | --- | --- |
| 永乐十年（1412） | 田地山塘：官 2539 顷 77 亩，民 841 顷 57 亩（嘉靖《汉阳府志》载）；田地山塘：官民 3381 顷 34 亩（万历《汉阳府志》载） | 大麦 1755 石 2 斗 9 升，小麦 3441 石 4 斗 6 升；田地山丝 715 斤 7 两，折绢 572 匹 1 丈，农桑丝 120 斤 13 两，分织绢 96 匹 2 丈 6 寸；粮 38811 石 4 斗 6 升，深青纻丝 29 匹，黑绿纻丝 28 匹，丹矾红纻丝 23 匹。 | 汉阳府田亩及课租 |
| 正德七年（1512） | 田地山塘：官民 2705 顷 8 亩 9 分。 | 大麦 1722 石 9 斗 9 合，小麦 2733 石 2 斗 2 升；官民米 17157 石 4 斗 1 升。 | 汉阳县田亩及课租据该县旧志录 |
| 嘉靖元年（1522） | 田地山塘：官民 2705 顷 81 亩 7 分。 | 大麦 1722 石 9 斗 9 合，小麦 2733 石 2 斗 2 升；绢 529 匹 2 丈 4 尺；农桑丝绢 71 匹 2 丈 2 尺；官民米 17159 石 7 斗 1 升。 | 汉阳县田亩及课租据该县旧志录 |

① 本表统计的田亩和麦、米、丝绢等征派额均来自嘉靖《汉阳府志》和万历《汉阳府志》。具体参见（明）贾应春修，朱衣纂：嘉靖《汉阳府志》卷五《食货志》，上海古籍书店 1963 年版，第 1 页上—12 页下，据宁波天一阁藏明嘉靖刻本影印；武汉地方志办公室编：《明万历汉阳府志校注》卷五《食货志》，武汉出版社 2007 年版，第 95—98 页，该志书以秦聚奎总纂万历四十一年（1613）《汉阳府志》为底本。

续表

| 时间 | 黄册记载的田亩 | 主要农产品课租情况 | 备注 |
|---|---|---|---|
| 嘉靖十一年（1532） | 官田1864顷46亩，没官田102顷88亩，民田762顷42亩；官地559顷7亩；没官地3顷34亩，民地109顷25亩；官山41顷42亩，没官山45亩，民山20顷26亩。 | 大麦1911石5斗4升，小麦3467石2斗3升；田地山丝754斤3两，农桑丝121斤二钱四分；民米22012石六斗3升4合；租种官田、学田、寺田、观田、水陆事田、书院等田起科租2斗以上者，共计2598石1斗1升；派征米748石1斗1升。 | 汉阳府田亩及租课 |
| | 官田1170顷5亩，没官72顷58亩，民田762顷42亩；地458顷59亩，没地1顷71亩，民地109顷25亩；官山32顷73亩，没官山25亩7分，民山20顷26亩 | 大麦1727石9升，小麦2732石3斗9升；田地山丝670斤10两，农桑丝89斤10两；民米15320石9斗3升；租种官田、学田、寺田、观田、水陆事田、书院等田起科租2斗以上者，共计1833石8升。 | 汉阳县田亩及租课据该县旧志录入嘉靖《汉阳府志》 |
| 嘉靖二十一年（1542） | 官田1864顷47亩，没官田102顷88亩，民田762顷54亩；官地561顷8亩；没官地3顷34亩，民地109顷89亩；官山41顷42亩，没官山45亩，民山20顷26亩。 | 大麦1931石9斗8升，小麦3468石5斗；田地山丝755斤10两，农桑丝121斤二钱，以上二丝折银派纳，比绢592匹1丈4尺，正扛折银533两2钱；南农桑绢96匹2丈3尺，正扛折银82两2钱；民米22022石6斗9升；南京仓米正耗9610石；兖军正耗米8730石1斗3升；租种官田、学田、寺田、观田、水陆事田、书院等田起科租2斗以上者，共计2598石1斗1升。 | 汉阳府田亩及课租 |

328

续表

| 时间 | 黄册记载的田亩 | 主要农产品课租情况 | 备注 |
|---|---|---|---|
| 嘉靖二十一年（1542） | 官田 1170 顷 5 亩，没官田 72 顷 58 亩，民田 762 顷 54 亩；官地 458 顷 17 亩；没官地 1 顷 71 亩，民地 109 顷 89 亩；官山 32 顷 73 亩，没官山 25 亩 7 分，民山 20 顷 26 亩。 | 大麦 1730 石 1 斗 4 升，小麦 2733 石 2 合（以上二麦岁征解府，所属官司衙所巡司等衙月俸用）；田地山丝 676 斤 14 两，农桑丝 89 斤 10 两，以上二丝折银派纳，比丝绢 529 匹 2 丈 4 尺，正扛折银 476 两 8 钱；南农桑绢 71 匹 2 丈 2 尺，正扛折银 60 两 9 钱；民米 15330 石 9 斗 7 升；南京仓米正耗 6665 石；兖军正耗米 6604 石 3 斗 9 升；租种官田、学田、寺田、观田、水陆事田、书院等田起科租 2 斗以上者，共计 1833 石 4 斗 8 升。 | 汉阳县田亩及租课据该县旧志录入嘉靖《汉阳府志》 |
| 万历十九年（1591） | 汉阳府：田地山塘 3577 顷 38 亩。 | 汉阳府派征：夏税：大麦、小麦折米 4434 石 4 斗 9 升；两京丝绢 689 匹 8 尺；秋粮：官民米 24620 石 9 斗 6 升；内二斗以上起科、没官田米 2598 石一斗一升；则民田米 22022 石 1 斗 1 升。 | 万历《汉阳府志》除载录府征派数额外，还分录下辖各县征派粮米数额。 |
| 万历十九年（1591） | 汉阳县：田地山塘 2710 顷 99 亩。 | 额派夏秋麦折绢价、丁粮、驿传、民壮、均瑶、供应公费等银，除闰年不等外，长年约入库银 11300 两。至成、正后，有力者争利其田，后奉明旨准行一条鞭法，通县官米 1833 石 4 斗有奇，均摊于全县秋粮民米 15331 石 1 斗有奇内。 | 万历《汉阳府志》除载录府征派数额外，还分录下辖各县征派粮米数额。 |

据表5-4可以看出：第一，明代汉阳府的主要农作物是大麦、大麦、小麦、稻米、桑等；第二，虽然汉阳府管汉阳、汉川二县，但汉阳县的田亩数量、米、麦、丝绢等税额占据了全郡大部分（约七成）。当然，明代汉阳地区的农产品绝不限于这里提到的4种作物。嘉靖《汉阳府志》卷五《食货志》之"土产"条载汉阳县有："稻、麦、黍、粟、蒌蒿、茄、苋、韭、蒜、香附、瓜蒌、车前、杏、枣、藕……"①；万历《汉阳府志》卷五《食货志》之"土产"条载："稻之属，则有洗耙早、拖犁回、一丘水、江西早、待时早、麻占儿、白芒儿、王瓜早、秋风早、青占、火占、早糯、晚糯、须糯、须晚等种；麦之属则有小麦、大麦、甜荞、苦荞等麦，而粟与黍间种之；豆之属，为摘绿、为蔓绿、为麦弯……乡有地江（豇豆），城有架江（豇豆），而赤小豆即饭豆，青皮豆即黄豆，惟扁豆中子白者少，红黑者多；食菜，则春芥、蒌蒿、茄、苋、韭、蒜、丝瓜、葫芦以时递出；果品，则菱、藕、梅、杏、桃、枣、枇杷亦不甚乏。"② 从这些"土产"记载排列顺序可以看出，稻谷是汉阳地区最重要的农产品，不仅种类繁多，且可种早晚二季，其他物产也很丰富。也因此，明代以来汉阳所在的江汉平原是毋庸置疑的"鱼米之乡"。

然而，从表5-4第二列和第三列的内容仍可以很清晰地感受到，明代汉阳府、县土瘠民贫，农业产量有限，但赋税不轻。当沃壤稀少与水旱灾害频繁两大不利条件纠缠在一起，必然极大影响农业收成。为官

---

① （明）贾应春修，朱衣纂：嘉靖《汉阳府志》卷五《食货志》，上海古籍书店1963年版，第20页上，据宁波天一阁藏明嘉靖刻本影印。

② 武汉地方志办公室编：《明万历汉阳府志校注》卷五《食货志》，武汉出版社2007年版，第110页，该志书以秦聚奎总纂万历四十一年（1613）《汉阳府志》为底本。

清正、独立敢言的汉阳县人戴金①曾为嘉靖《汉阳府志》撰序云："在汉之阳，则又域旷民疏，土硗赋重……"② 万历《汉阳府志》卷五《食货志》之"田赋"条云："汉阳虽附郭乎，然清丈图籍班班具焉。上田则无几，中、下田最多。而山乡之忧旱，水乡之惧涝，靡有宁息。"另外，从前述明代灾异对汉口的掣肘内容中可以看到，每逢大灾之年，动辄饿殍遍野，如无赈济，人民"十室九空"。所以，明朝汉阳地区的农业生产并未真正摆脱"靠天收"，或者说"老天赏饭吃"的境况。是故，我们不能对明代汉阳（汉口）的农业发展程度和农业产量抱持过高的期待。

不过，还应看到，尽管江汉平原地区因为渔业资源丰富，民间流行"半耕半稻"之说，但自明中后期开始，渔课鱼贡征收弊端丛生，迫使大量渔户放弃本业转而从事农业。在农业垦种浪潮推动下，一些历史上文人汇聚留下不少诗篇的著名大湖因淤塞而被废弃，甚至萎缩为一条小沟，成为汉阳百姓围湖造田、建筑房屋的佳处。据嘉靖《汉阳府志》卷二《方域志》可知，"郎官湖，在郡治中，与县痒相并……此湖古来贤豪游者非一"，然而至万历朝已"寂寥无闻"，纂修者朱衣自述："衣儿时从人渔湖（郎官湖）中，利颇厚，是时，湖可纵舟游。（汉阳）城内水汇于湖，乃自水门入江，其年为弘治庚申（1500）。自是居民各于屋后培土为圃为室家，而湖遂废，今止存一沟耳。……太白湖在县治西

---

① 戴金（1484—1548），字纯夫，明湖广汉阳县螺丝岗戴家老塆人，1507年中举，1514年中进士，初任苏州府推官，后历任两京太仆少卿、应天府尹金副都御史、大理寺卿、兵部尚书等职。

② 武汉市汉阳区方志办公室编：《康熙汉阳府志》之《序第一（戴金）》，湖北人民出版社2014年版，第16页，底本为（清）陈国儒修、王世显等纂清康熙八年（1669）刻本

一百里九真山南,旧传李白泛舟游玩,后人以为名。其水西接沔阳,广袤二百余里,春夏与新滩、马影、蒲潭、沌口等湖合而为一,秋冬水落,各湖始分。山水清丽,古隐者多居焉。……太白湖故属沔阳,今半属汉阳。戴龙山云汉阳实居大半。……自正德末季,经四十年浊流成漳,趋下如涸,渊薮渐涨为平陆。"① 实际上,类似汉阳郎官湖、太白湖淤废,逐渐成为垦种农作物和居民建房居住之地的例子并不鲜见。有学者研究指出,明中后期湖广地区因水旱灾害频发,使得"河湖淤浅,水道闭塞",原本兴旺的渔业难以为继,而且嘉靖朝至万历朝河泊所的大量裁撤也与此有关;同时,因为该时期气候干燥,以及人口不断迁入湖广,推动了"垸田开发不断加速,规模急剧扩大";并且在明后期"渔课负担不断加重、渔利不断减少的情况之下",大量移民放弃在湖畔居住以半农半渔为生的生产生活方式,彻底由渔转农。②

明代,汉口在从渔村到船码头的发展过程中,拓荒垦种当是那些从乡村迁移至此的民众的重要谋生方式。自明成化初年汉水改道形成稳定的入江主水道后,无论是早期在水口南岸定居垦殖的民众,还是后来在北岸建筑房屋寻求生存和发展空间的移民,在初抵汉口期间,甚至是定居若干代后,围造垸田以便获得粮食自足当是比较符合常理的选择。因为,湖泊淤塞以及湖水泛滥,为培育稻田提供了肥沃土壤,堪称农业垦

---

① (明) 贾应春修,朱衣纂:嘉靖《汉阳府志》卷二《方域志》,上海古籍书店1963年版,第27页上—29页下,据宁波天一阁藏明嘉靖刻本影印。另见武汉市汉阳区方志办公室编:《康熙汉阳府志》卷四《食货志》,湖北人民出版社2014年版,第101页,底本为(清)陈国儒修、王世显等纂清康熙八年(1669)刻本。

② 参见郑望春:《明至清前期湖北河泊所研究》,云南大学2016年硕士学位论文,第74—75页、77页。

种可遇不可求的良机，而且新淤出的湖田无须交税，这些都足以刺激流入汉口的破产农民或其他州县转移出来的乡村劳动力选择他们最熟悉的农耕生产来维生。因此，对万历《汉阳府志》卷二《疆域志》秦聚奎所言"汉镇士民，不事田业，惟贸易是视"，应该审慎看待，在很大程度上，这只是强调万历时期汉口商业贸易极为繁盛罢了。因为，秦氏随后又交代"曩有考察去任者，于土物无所不取，而汉口滋多……每年豆麦出，则有官舫敛载而归"，而"土物"和"每年豆麦出"等情况，则无不证明晚明时期汉口其实不乏农作物产出。① 当然，这并不是说晚明汉口无需他处的豆、麦、米等农作物的输入。尽管相关史料较为匮乏，但仍可据常理推测，此时的汉口作为以转运贸易为主导的移民大镇，极有可能是既有本镇农民开辟田地（包括利用湖堤隙地），生产多种农产品，也可以借助便利的水陆交通运输条件成为其他地区农产品的集散地。

清前期全国人口激增，从朝廷到地方都鼓励垦荒，加上康雍乾时期大力兴修水利，促进了湖、塘、汊等地带垸田、围圩的恢复和发展，及至乾隆后期，江汉平原几乎到了无土不辟的地步，围湖造田和垦荒成为主流趋势，大量渔户弃鱼从农，渔业衰退，农业生产则进一步发展。② 在此，以康熙《汉阳府志》和乾隆《汉阳县志》为据，绘制二朝田地亩数及缴纳租科情况如下表5-5：

---

① 武汉地方志办公室编：《明万历汉阳府志校注》卷二《疆域志》，武汉出版社2007年版，第51页，该志书以秦聚奎总纂万历四十一年（1613）《汉阳府志》为底本。

② 参见郑望春：《明至清前期湖北河泊所研究》之"摘要"，云南大学2016年硕士学位论文。

## 表5-5　康熙朝和乾隆朝汉阳县田地数量及纳租情况①

| 时间 | 田（地）顷亩数 | 纳租及科粮数量 |
|---|---|---|
| 康熙朝 | "实该田地、山塘共1654顷11亩"；"成熟田地、山场、草场、基地1103顷28亩"；"荒芜田地、山场572顷72亩"。 | 实征饷银602两6钱；荒芜租银1146两4钱 |
| | 经仔细勘核，汉阳县"实存荒芜地山草塌509顷2亩2分"，"成熟田31顷7亩"，以及"荒芜田63亩1分"。 | |
| | 备注：汉阳县先后于顺治十三年（1656），"奉守、巡两道招募新垦山场33顷88亩"，顺治十四年（1657）汉阳地方官员招徕民众开垦荒"地26顷50亩"，"顺治十五年（1658）奉守道招垦"，辟地"25顷60亩"，顺治十六年（1659），汉阳县招垦"11顷60亩"。 | |
| 乾隆朝 | 上田1237顷83亩6分 | 每亩科秋粮民米7升3勺 |
| | 中田469顷455亩8分 | 每亩科秋粮民米4升9合5勺 |
| | 下田222顷42亩4分 | 每亩科秋粮民米3升5勺 |
| | 极下田87顷83亩9分 | 每亩科秋粮民米1升6合9勺 |
| | 凤丰二里、土名、塔儿头等四处： | 凤丰二里隶城里 |
| | 上田9顷49亩2分 | 每亩科秋粮民米6升7合 |
| | 中田8顷65亩3分 | 每亩科秋粮民米4升7合 |
| | 下田6顷32亩4分 | 每亩科秋粮民米2升7合 |
| | 水乡田82顷11亩1分 | 每亩科秋粮民米2升4合 |

①本表统计数据的史料依据全部来自武汉市汉阳区方志办公室编：《康熙汉阳府志》卷四《食货志》，湖北人民出版社2014年版，第266—268页，底本为（清）陈国儒修、王世显等纂清康熙八年（1669）刻本；（清）刘嗣孔纂修：《汉阳县志》卷八《赋役》，第1—5页，中国国家图书馆藏乾隆十三年（1748）刻本。

续表

| 时间 | 田（地）顷亩数 | 纳租及科粮数量 |
|---|---|---|
| 乾隆朝 | 下田 6 顷 59 亩 4 分 | 每亩科秋粮民米 1 升 5 合 |
| | 上秋地 26 顷 77 亩 4 分 | 每亩科秋粮民米 4 升 |
| | 中秋地 94 顷 51 亩 9 分 | 每亩科秋粮民米 3 升 |
| | 下秋地 14 顷 23 亩 2 分 | 每亩科秋粮民米 1 升 6 合 |
| | 凤丰二里、塔儿头等四处：多丈地 2 顷 69 亩 | 共科秋粮 7 石 3 斗 9 升 2 合 |
| | 上税地 416 顷 19 亩 4 分 | 每亩科秋粮官米 1 升 4 勺<br>每亩科夏税二麦折实 2 升 8 合 |
| | 中税地 151 顷 7 亩 5 分 | 每亩科秋粮官米 9 合<br>每亩科夏税二麦折实 1 升 8 合 |
| | 下税地 1091 顷 25 亩 9 分 | 每亩科秋粮官米 7 合 1 勺<br>每亩科夏税二麦折实 1 升 4 合 3 勺 |
| | 水乡地 624 顷 49 亩 7 分 | 每亩科秋粮官米 7 合 1 勺<br>每亩科夏税二麦折实 1 升 4 合 3 勺 |

由表 5-5 大体可以总结出：第一，顺治朝，汉阳县曾连续四年招徕移民垦荒，增加耕地 90 余顷，这与明末清初汉阳遭受战乱破坏，百姓流离失所，土地抛荒严重有很大关系，为尽快恢复地方社会的经济，招垦成为当时较为普遍的策略；第二，康熙年间，汉阳县田地山塘共 1654 顷 11 亩，不及表 5-4 中万历十九年汉阳县田地山塘 2710 顷 99 亩之三分之二，且"实存荒芜地山草塌 509 顷 2 亩 2 分"，表明清初汉阳县的抛荒现象仍很严重；第三，乾隆年间"生齿日繁"，国家和地方均鼓励移民垦荒，在这样的时代潮流刺激下，汉阳县的田、地亩数（不含山塘）与清初相比，增加了近 5 倍，与明中晚期比，田地亩数增加了至少 2 倍，而且乾隆朝汉阳地方志不再有荒芜土地统计数据出现。这些足以证明乾隆朝初年（乾隆《汉阳县志》刊刻于乾隆十三年）汉阳的

农业发展十分令人瞩目。嘉庆朝汉阳县的田地亩数和每亩科粮的原则与前朝几近完全一致，这充分说明乾嘉时期汉阳县已经到了几乎"无隙地可垦"的境地。①

清代（开埠前）汉阳农业的发展还体现在主要粮食作物种类方面也有了显著的增加。康熙朝，汉阳一年两季的水稻种植品种已经多达29种，比前述万历朝汉阳水稻种类增加了约1倍；麦属类多达7种（除了万历朝种植的大麦、小麦、甜荞、苦荞外，还有米麦、三月黄、乌麦等）；粟属除粟与黍外，还有蜀秫、稷、玉高粱；豆类增加至21种之多；蔬菜多达40余种；瓜类10来种；果类20余种。②及至清中期，因为田地亩数大规模增加，民赋征收情况与清初相比亦发生了较大的变化。据嘉庆《汉阳县志》卷九《赋役》可知："汉阳县本色项下征米3618石3斗（其中有一千石改折色征银）；实征漕粮正耗并新增米4190石6斗，以及首次垦荒升科银、运输漕粮的浅船银等实征银1663两4钱，外加耗羡182两9钱；实征南粮正耗并新增米4509石4斗；实征大麦53石5斗；额征驴脚米540石9斗，每石折银1两，实征银541两；原额田地、山塘、草塌、基地共1676顷5亩6分，实征饷银4666两5钱；原额纳谷田31顷70亩3分（除荒芜外实在31顷7亩），额载谷1984石7斗（实征1945石2斗），共折银906两4钱；节年新垦淤地40顷91亩9分，新增租饷银118两8钱；实成熟并新增密芦、稀芦、麦地、葫荻草塌、草垱1741顷11亩3分；另有常平仓额储谷95769石

---

① 参见（清）裘行恕纂修：嘉庆《汉阳县志》卷九《赋役》，第3—6页，中国国家图书馆藏嘉庆二十三年（1818）刻本。

② 武汉市汉阳区方志办公室编：《康熙汉阳府志》卷四《食货志》，湖北人民出版社2014年版，第272—273页，底本为（清）陈国儒修、王世显等纂清康熙八年（1669）刻本。

8斗4升，义社项下原贮本息谷15633石8斗8升。"① 然而，我们还应该看到，因为清中期汉阳县的人口迅速增加，加上汉阳上等田地数量很少，多为产量较低的下等田地，以致即使节年开垦了一些淤地，甚至连草场、芦苇荒滩等亦成为新垦区，丰年粮食产量大致也仅勉强维持一县之需，灾年同样依赖赈济渡过难关。即使在号称盛世的乾隆朝，汉阳军管辖之三千军户竟有三分之二不能自给。乾隆《汉阳县志》卷八《赋役》云："汉阳土田所出只得养活汉阳军百姓，若尽数搬出外界，汉阳之民必致尽数饿死。"因为，"本军（汉阳军）城下并汉口共三千家，除能自给者约千家，尚有两千余家皆贫乏籴食之人"。②

## 二、 明清汉口的农业和农贸概况

明清（开埠前）在商业贸易占主导的汉口镇，并非所有居民都"惟贸易是视"。前引明嘉靖《汉口地课碑记》中已经提到，早在明成化汉水改道之前的天顺年间（1457—1464）汉口已经有"百姓张添爵等父祖在彼筑盖房"，到嘉靖四年（1525）汉阳府县官员出面主持踏勘清丈时，共"丈量出上岸张添爵等六百三十户，共房基一千零三十五间"，"下岸徐文高等六百五十一户，共计地一千零九十一间"，"李勤等七十三户新筑基地二百八十一间"，"丁太等二十户偏僻地八十二间，王彦澄、李仕英等一十一户开垦园地一十一段"。《汉口竹枝词》的校

---

① 参见（清）裘行恕纂修：嘉庆《汉阳县志》卷九《赋役》，第27—33页，中国国家图书馆藏嘉庆二十三年（1818）刻本。

② （清）刘嗣孔纂修：乾隆《汉阳县志》卷八《赋役》，第39页、41页，中国国家图书馆藏乾隆十三年（1748）刻本。

注者据此认为叶调元"九分商贾一分民,此地从来无土著"中"无土著"的说法是不成立的,反而是"本乡人少异乡多"更贴合实际;这种辩驳看似有理有据,其实是忽略了叶氏在这首竹枝词下的自注:"一分民,亦别处之落籍者。"①

不过,可以确定的是,叶氏所言从别处来汉口落籍的"一分民",其实就是指以农业为生的民众,也会被视为与外来商贾相对的"土著"。康熙《汉阳府志》卷一《舆地志》云:"汉阳汉口一带,五方杂处,商贾辐辏,俱以贸易为业,不事耕种。……其土著居民尚力农务,但地皆下湿,宜麦者少,只插稻苗。春分时平地侵(浸)种,春夏之交分秧插田,越月一耘再耘,秋时收获。"② 显然,清初汉口"不事耕种"者指的是"俱以贸易为业"的各色人等,并不是说汉口商镇无以农业为生的人。同时,有关地方志史料还表明,这些从事耕种的"汉镇土民"中有相当一部分是灾后奔赴汉口寻求活路的流民。乾隆《汉阳府志》卷十二《形势志》载:"在居仁坊西,旧为障地,顺治戊戌大水,潜、沔、景、川难民移往甚众,奉上编入户口,名外五甲。"③ 这充分说明,顺治朝涌入汉口的灾民成为占籍百姓,靠开辟居仁坊"障地"为生,成为当时汉口镇的农户,亦要起科纳粮。清嘉庆进士董桂

---

① (清)叶调元著,徐明庭等校注:《汉口竹枝词校注》卷一《市廛》,湖北人民出版社1985年版,第4—5页。

② 武汉市汉阳区方志办公室编:《康熙汉阳府志》卷一《舆地志》,湖北人民出版社2014年版,第123页,底本为(清)陈国儒修、王世显等纂清康熙八年(1669)刻本。

③ (清)陶士契修,刘湘煃纂:乾隆《汉阳府志》卷十二《形势志》之"城郭坊镇"条,江苏古籍出版社2001年版,该卷第1页(全书第128页),据清乾隆十二年(1747)刻本影印。

敷撰《紫阳书院志略》①中有一份地契涉及康熙三十四年（1695）汉口外五甲农业土地交易的信息，另有一份地契则涉及雍正十三年（1734）新安商人买入巷地的信息，兹转录如下：

### 后河麦地

立大卖麦地文契人萧位极、萧俊极。今将祖遗受分汉口循礼坊堤外湖岸麦地一大段，东至本塍路边，西至曾纯甫麦地，南至王祥宇麦地，北至己地塍沟。今因移业就业，请凭牙中情愿出卖与新安文会名下为业。当日得受时值价纹九银三十三两，外答贺表劝等项银三两五钱，一并收讫。其地应纳湖岸麦课，凭中议定，买主帮认平戥银八钱，交付萧茂户内承领完纳。自卖之后，听从更佃招种，永远管业。萧门亲族不致异说。如有重复来历不明等情，俱系位极承管。今恐无凭，立此文契存照。康熙三十四年五月□日立大卖麦地文契人萧位极、萧俊极押。②

### 熊家巷基

立大卖巷地契人熊蓉矶，同侄圣卿、荆山。今有自己户下祖遗巷路一条，计宽三尺。前至官街，后至河边，东至熊墙脚，西至魏墙脚。土名熊家巷，坐落循礼坊二总。因管业不便，凭中人郑卜孚等，出卖与文公书院为业。受价纹银四十五两整，折席小礼一并在内，其银当日亲手

---

① 董桂敷一生历经乾隆后期、嘉庆朝及道光初年，曾任翰林院编修，在汉口紫阳书院任山长期间编撰了《紫阳书院志略》一书，于嘉庆十一年（1806）刊刻。清刻本现藏于安徽省图书馆和上海图书馆。紫阳书院是乾隆五十九年（1794）由在汉口经商的徽州商人集体捐资建成，供奉献祭朱熹。该建筑既用作汉口徽商聚会之所（即新安会馆），也被用作居住在汉口的徽籍弟子的学校，因此亦称新安书院。

②（清）董桂敷撰，李经天等点注：《紫阳书院志略》卷六《后河麦地》，湖北人民出版社2002年版，第219—220页。

收足……今恐无凭，立此卖契，永远存照。其上首老契一纸，产缴买主收执。又批。雍正十二年八月□日立。大卖巷地熊蓉矶同侄圣卿、荆山押。①

这两份康雍二朝的卖地契约不仅表明汉口一镇沿湖堤外隙地被百姓用来种植麦子，还揭示了汉口新安商人地产投资的多样化，即除了购进房屋作为商铺出租、买入巷地扩充不动产规模外，还有不少农业土地的投资。况且，汉口世代务农的家庭主动将农田卖与商帮组织的种情况并非个例，现以乾嘉之际汉口农业用地买卖契约数则为据，绘制图表5-6如下：

表5-6 乾嘉之际汉口农地交易契约内容一览表②

| 立契时间 | 卖主与买主 | 田地四至、课租纳银数目等 | 其他约定内容 |
| --- | --- | --- | --- |
| 乾隆四年十二月　日立 | 立绝卖地契人：刘成位、刘鲁瞻；买主不详。按：据相近契约推测极可能是卖与新安书院作为义冢用地。 | 今有承父受分麦地一段，坐落紫霞观前院子地。南至行人大路，北至本宅花地，东至地田坡，西至本宅地，四至眼同，钉界明白。今因移业就业，情愿出卖。三面议定，时值价银一百二十两，表劝、折席、小礼、代笔等项一并在内。当日银契两相交明，并无货物抬算、准折等情。其地自卖之后，一杜一绝，听从筑堃安葬。册载麦粮一斗二升，在玉二里又五甲刘参生户内，本年已经完纳。其后买主起割过户，完纳无辞。 | 其后买主起割过户，完纳无辞。倘有来历清，重复典卖，及内外人等生端异说，俱系卖主一身承管，不涉买主之事。今欲有凭，立此绝卖文契，永远存照。卖地契人刘成位鲁瞻亲笔。 |

① （清）董桂敷撰，李经天等点注：《紫阳书院志略》卷六《熊家巷基》，湖北人民出版社2002年版，第222页。

② 本表所有乾嘉之际汉口农地（含花地）买卖契约均出自（清）董桂敷撰，李经天等点注：《紫阳书院志略》卷六，湖北人民出版社2002年版，第233—236页。

第五章　明清时期汉口商镇的渔业与农业

续表

| 立契时间 | 卖主与买主 | 田地四至、课租纳银数目等 | 其他约定内容 |
| --- | --- | --- | --- |
| 乾隆六年十一月二十七日立 | 立绝卖地契人：刘舒庵、刘新运；买主：新安书院。 | 今有承父受分麦地一段，坐落紫霞观前院子地。南至行人大路，北至本宅花地，东至地田坡，西至本宅地，四至眼同，钉界明白。今因移业就业，情愿出卖。三面议定，时值价银一百二十两，表劝、折席、小礼、代笔等项一并在内。当日银契两相交明，并无货物抬算、准折等情。其地自卖之后，一杜一绝，听从筑堑安葬。册载麦粮一斗二升，在玉二里又五甲刘参生户内，本年已经完纳。 | 倘有来历不清，重复典卖，及内外人等生端异说，俱系卖主一身承管，不涉买主之事。今欲有凭，立此绝卖文契，永远存照。卖地契人刘舒庵刘新运亲押。 |
| 乾隆十七年五月初一日立 | 立绝卖地契人：刘舒庵、刘新运同侄捻贵；买主：新安书院。 | 今有承父受分粮田三丘，坐落紫霞观前。其田东抵人行走路，西连义冢，北抵走路，南抵走路。四至明白，眼同钉界。其有走路不在界内。今因移业就业，凭中说合，出卖与新安书院名下为义冢。三面议定，时值价银一百三十两整。表劝、折席、小礼一并在内。当日银契两相交明，并无货物抬算、准折等情。其地自卖之后，一杜一绝，听从筑堑安葬。册载民米二斗四升，在玉二里又五甲刘参生大兴瞻生三户，过割完纳无辞。 | 倘有来历不清，重复典卖，及内外人等生端异说，俱系卖主一身承管，不涉买主之事。今欲有凭，立此绝卖文契，永远存照。卖田契人刘舒庵、刘新运同侄捻贵。 |
| 乾隆五十年二月初八日立 | 立卖麦地契人：邹自龙、陈正泰、陈正明同母彭氏；大卖与新安书院。 | 今有自置麦地大段一块，坐落紫霞观西首朱家林。东至三十五丈，南至北十四丈。计麦地二石三斗，东至姜姓为界，南至杨姓为界，西至邹姓为界，北至黄李二姓为界。四至明白，并无别界混连。情因岁歉，钱粮紧急，二姓相商，央中说合，自相情愿，大卖与新安书院名下为业。其麦苗一并在内，凭中言定，时值价银纹九色一百二十两整。其银当时三面亲手，一并收足，并无准折逼勒等情。共钱粮在怀三里又一甲，正银一钱在姜天章户内完纳，交割新安书院名下完纳。 | 倘有亲族等人生端，尽在卖主一身承当，不涉买主相干。今欲有凭，立此大卖契约，永远存照。大卖麦地契人邹自龙、陈正泰、陈正明押。 |

341

续表

| 立契时间 | 卖主与买主 | 田地四至、课租纳银数目等 | 其他约定内容 |
|---|---|---|---|
| 乾隆五十年二月十一日立 | 大卖麦地契人：姜蔡氏；大卖与新安书院名下为业。 | 今将自置麦地二块，坐落紫霞观西首朱家林。东首一块，西边东至西四丈五尺，南至北五丈，中间东至西三丈五尺，南至北七丈，东边西至东三丈五尺，南至北二丈，计麦地三斗二升。又西首一块，东至西九丈五丈，南至北十丈零五尺，计麦地一石零五升。情因岁歉，钱粮紧急，无处设办，央中说合，自相情愿，大卖与新安书院名下为业。其麦苗一并在内，凭中言定，时值价银纹九色六十八两整。其银当时三面亲手，一并收足，并无准折勒逼等情。 | 自卖之后，听从买主管业。立界、围堑、葬坟、立坊，无得异说。其业在先并无典当他人及重复交易等情。钱粮在怀三里又一甲姜天章户内完纳正银六分，交割新安书院名下完纳。 |
| 乾隆五十年二月十五日立 | 立大卖麦地契人：陈正泰、陈正明同母彭氏；大卖与新安书院名下为业。 | 今将自置麦地大段一块，坐落紫霞观西首朱家林。东南至西北十一丈五尺，西南至东北到嘴尖二十二丈，计麦地二石八斗。西北至山埂为界，东南至地边为界，西南至山边为界，东北至山边为界。四至明白，并无别界混连。情因岁歉，钱粮紧急，母子相商，央中说合，自相情愿，大卖与新安书院名下为业。其麦苗在内，凭中言定，时值价银纹九色一百三十两整。其银当时三面亲手收足，并无准折勒逼等情。自卖之后，听从买主管业。立界、围堑、葬坟、立坊，无得异说。其业在先并无典当他人及重复交易等情。钱粮在怀三里又一甲姜天章户内，完纳正银一钱二分，交割新安书院名下完纳。 | 倘有亲族等人生端异说，尽在卖主一身承当，不涉买主相干。今欲有凭，立此大卖契约，永远存照。 |

续表

| 立契时间 | 卖主与买主 | 田地四至、课租纳银数目等 | 其他约定内容 |
|---|---|---|---|
| 乾隆六十年□月□日立 | 立大卖水田约人：罗吴氏同子罗正理；卖与徽郡士商名下。 | 今有父受水田一址二斗整，坐落许家冲，北至新安义地坡脚为界，南至本址田脚为界，东至本址田脚为界，西至水沟为界。四界明白。每年额租二石整，册载钱粮正银五分六厘正，米三升二合，在玉二里又五甲罗义生户内完纳。今因乏用，出立水程，先尽亲族人等，俱不承买。今凭亲中吴洪发等说合，时值价元银平九六二十四两五钱整，表礼、折席一并在内。情愿出卖与徽郡士商名下为业。其价银当日凭母舅眼同吴氏母子亲手收足讫，并无抬算逼勒图谋等情，亦无重复典卖等弊。自卖之后，听凭徽郡士商耕平改作义阡安葬管业，其约内钱粮正米，听从买主过户完纳。 | 罗门亲族人等不得借口生端。此系自卖己业，一杜一绝，永无异说。今欲有凭，立此大卖文约一纸，付徽郡士商永远存照。大卖水田约人罗吴氏子正理押。 |
| 嘉庆九年八月十八日立 | 立大卖花地契人：陈门辛人，同子陈光祖；卖与新安书院名下为义冢。 | 今有承父花地一大段，坐落十里铺东岳庙西首凤栖乡许家湾。东至刘宅塘坡为界，西至程姓花地为界，南至塘坡为界，北至本宅地坡为界。四至眼同，钉界明白。计长二十六丈二尺，宽十一丈二尺。今因乏用，母子相商，发立水程，先尽亲族人等，俱不承买。请凭亲中徐文亮说合，情愿出卖与新安书院名下为义冢。三面议定，时值价银六十两整。表劝、折席、小礼等项一并在内。其价银当日眼同陈光祖亲手收足。自卖之后，一杜一绝，听从买主筑堑安葬。其有钱粮元银四分整，在前湘河辛克宠户内完纳，本年已经完纳。以后买主起割过户，完粮无辞。 | 倘有来历不明，重复典卖，及内外人等生端异说，俱系卖主一身承管，不涉买主之事。此系自卖受分己业，永无异说。今欲有凭，立此大卖文契一纸，付买主永远存照。立大卖契约人陈门辛氏子陈光祖押。 |

据上表5-6不难看出，乾隆、嘉庆二朝，汉口虽走上商业贸易鼎盛之路，但仍不乏世代务农之人，他们或种麦子，或栽水稻，或植花

木。汉口的一些农民发现了专门为满足大商铺提升营业环境之需而供给鲜花的商机,即"汉口富家大店四季赁花,桂、菊尤盛",而且出手特别阔绰,"为爱天香看不足,一千钱赁一柯来"。① 这种木植用地是典型的以市场为导向的农业种植用地。此外,从表5-6呈现的卖地契约还可发现,不少卖主附近之亲族亦从事农业,因此在决计卖出田地之前会"出立水程,先尽亲族人等",在他们确认"俱不承买"的情况下,才会卖与他人。除表中契约所涉及的需纳钱粮情况外,《紫阳书院志略》卷六《岁出》还记录了文公祠、新安书院等,以及戴正位户、戴谦吉户、李兆有户、罗义生户、胡远生户、辛克宠户等岁纳钱粮情况。②

应注意的是,这只是《紫阳书院志略》以与新安书院有关的农地买卖契约为中心的历史记录,当时汉口实际用于耕种的田地数目肯定不止这些。范锴在《汉口丛谈》中以无限留恋的情感忆及后湖一带蔬麦相互辉映的美好春景——"后湖,俗名黄花地。土人垦作,遍种菜麦,近成沃壤。菜花齐放,麦穗低垂,一片黄云,斜阳灿色,真如七宝庄严,布金满地",并且好友常芝仙曾与之同赴后湖赏春,留下"麦苗含浅碧,菜蕊散深黄"之诗句;在后湖一带,"湖中远近,又有土阜布列数十处,乡人筑室聚族而居,以艺湖地菜麦者,故诸墩皆以姓氏名,如吴家墩、朱家墩之类,旁多植以杂树,远望者山林然"。③ 叶调元也在《汉口竹枝词》卷三《后湖》中指出:"本名黄花地,今则旦呼后湖。

---

① (清) 叶调元著,徐明庭等校注:《汉口竹枝词校注》卷二《时令》,湖北人民出版社1985年版,第57页。

② (清) 董桂敷撰,李经天等点注:《紫阳书院志略》,卷六《岁出》,湖北人民出版社2002年版,第237页。

③ (清) 范锴撰,江浦等校释:《汉口丛谈校释》卷一,湖北人民出版社1999年版,第55页、56页。

四五里外有土墩十余处,种湖地者所居。"并且,他以诗句解释为何后湖一带不乏耕者,诗云:"黄花地上没遮拦,池港沟渠没遮拦。墩子人家分种地,只愁大水不愁干。"① "土墩十余处"中的每一处墩子即为一处农户聚居点。这些其实都在提醒我们,不可因阛镇商业独占鳌头而有意忽视明清时期汉口所谓"土人"② 从事"农业"为生的史实。因为,这些聚族而居农业人口的存在同样为明清汉口商镇的兴起和发展做出了不可忽视的贡献。

另据康熙七年(1668)立《准堤庵契约》可知,汉口百姓萧云章将后湖一带的某处荒地卖与庵堂用作菜地。③ 前文已经据《汉口丛谈》卷二统计出嘉庆时期汉口有庵、庙、观、阁、殿等大众信仰建筑160余处,可以想见这些建筑周围大多都会有专门用来种植蔬菜的隙地,以供住在里面的道士、僧(尼)等出家人日常食用。清中期汉口人户稠密,对四季应时蔬菜之需求必然十分庞大,而时令蔬菜又不似其他物产,在当时保鲜条件极为有限的情况下,不可能依靠远距离贸易来解决,因而除了从汉阳县运入并销售外,汉口农民自然不会放弃种植蔬菜就地售卖的挣钱机会。嘉庆年间,盐商范锴在《汉口丛谈》中除了不厌其烦地介绍以商业贸易为主调的汉口街巷图景之外,还专门提及汉镇"堤外

---

① (清)叶调元著,徐明庭等校注:《汉口竹枝词校注》卷三《后湖》,湖北人民出版社1985年版,第72页。《汉口竹枝词》的校注者考证出后湖被称为"黄花地",最早见于清顺治进士许缵曾所写《东还纪程》:"由汉江陆路沿江东北行,时值二月,黄花烂漫,千顷一色,土人谓之黄花地。惟汉上有之,它处所罕见也。"这里所说的黄花是指油菜花。

② 时人习称在汉口务农的民众为"土人""乡人",抑或"土著",确实不无鄙薄之意。为方便阅读,按文献原文引用"土人"并无鄙视之意。

③ (清)董桂敷撰,李经天等点注:《紫阳书院志略》卷六《准堤庵契约》,湖北人民出版社2002年版,第227页。

隙地甚多","居人垦种瓜菜，入市卖鲜"，并赋诗云："饶有闲园十丈长，不栽花木不栽桑。摘来新物争先买，五月王瓜四月尝。"① 与范锴同时代的杭州府仁和县籍文人姚士铭《舟发汉口镇》一诗中有"篷窗频眺望，菜麦绣平田"之句。② 道光年间，流寓汉口的文人叶调元也观察到，八月中秋，是属于汉口妇女的重要节日，她们先从园圃采摘新鲜瓜果，然后搭彩棚，置瓜果于其中，"灯火鼓乐，群送于亲戚朋友，谓之送瓜"，以"庆多子之兆"；一些汉口妇女还会在中秋月夜偷偷摸摸地去别家菜圃偷摘南瓜，谓之"摸秋"，以之表达盼望得子之心愿；此外汉镇冬日里还盛产营养丰富、口感极佳的紫茎菜薹。③ 后湖一带"春来麦草秀成行，夏日盈畴苋菜香。更有冬来黑白菜，移根不肯向他方"。④ 由是可知，种菜栽瓜在当时的汉口当是寻常农事。人们很容易将这些看作是点缀在清代汉口商业文化中的农业人文景观之一。事实上，即使在汉口商业最为鼎盛的清中期，在地势相对开阔的后湖一带实际呈现的却是"半居街市半居乡，土沃何忧种植香"之景象，因为"（后湖田地）向植小麦、高粱，成熟之时，收获如云，亦沃壤也"。⑤

综上可知，尽管汉口的大宗粮食需求完全不能指望本地生产，需经由粮商进行跨区域贸易获得，但自明中期以来汉口一直存在少量从事农

---

① （清）范锴撰，江浦等校释：《汉口丛谈校释》卷二，湖北人民出版社1999年版，第132页。

② （清）范锴撰，江浦等校释：《汉口丛谈校释》卷五，湖北人民出版社1999年版，第298页。

③ （清）叶调元著，徐明庭等校注：《汉口竹枝词校注》卷二《时令》，湖北人民出版社1985年版，第56页、57页、61页。

④ （清）叶调元著，徐明庭等校注：《汉口竹枝词校注》卷三《后湖》，湖北人民出版社1985年版，第73页。

⑤ 同上，第74页。

业生产的"土人",这一事实足以打破长期以来笃信明清时期"汉镇士民不事农业"而"惟贸易为生"之刻板印象。① 因为在汉口以贸易为生的主要指外来商民,而非"土著"。须承认,要破除人们长久以来形成的刻板认知并非易事,譬如光绪《汉阳县识》卷一《地理略》仍然强调汉口四坊乃"市廛鳞比,工商云集,不事农业"之区。② 不过,民国《汉口小志·风俗志》的编撰者已敏锐地观察到:"汉口一带五方杂处,商贾辐辏,俱以贸易为业,不事耕种。又多湖荡资渔以生。其土著居民尚力农务,但平地皆下湿,宜麦者少,只插稻苗,春分时平地浸种,春夏之交分秧插田,越一月一耘,秋时收获。"③

## 本章小结

明清时期汉阳和汉口渔业经济与江汉地区丰富的水资源直接相关。鱼产系临河沿江地区民众赖以为生的重要物资之一。千百年来,"饭稻羹鱼"是楚地最具代表性的饮食习惯,直接表明了农业和渔业在当地占据重要的地位。随着渔业经济的蓬勃发展,使得渔课成为明代汉阳府(县)的重要财政收入来源之一。鱼类众多、水产丰富,以及汉阳、汉

---

① 汉口开埠后依旧有从事农业和渔业为生的民众:1877年《湖北汉口街道图》表明,在汉口城区(1864年修筑城墙)的居民区里有许多小菜园像绿洲一样点缀其间;仍有相当一部分汉口居民靠捕鱼和饲养家畜维生,为市民提供了一定的食物。参见(美)罗威廉著,鲁西奇等译:《汉口:一个中国城市的冲突和社区(1796—1895)》,中国人民大学出版社2008年版,第44页。

② (清)张行简纂修:《汉阳县识》卷一《地理略》,第1页,中国国家图书馆藏光绪十年(1884)刊本。

③ (民国)徐焕斗编撰:《汉口小志·风俗志》,江苏古籍出版社2001年版,第1页,影印底本为1915年刊本。

口居民颇为嗜好鲜鱼，共同促成了明清时期该地区鱼市之兴旺。同时，随着明代鱼产品的加工技术和运销手段的进步，既为完成朝廷额定鱼贡提供了保障，还为汉阳和汉口的鱼产品销往外省提供了便利。明清时期知识精英留下的众多有关汉阳、汉口之"渔歌唱晚""渔舟横斜"的诗意文句，更是提醒我们，渔业堪称当时汉阳、汉口司空见惯且动人心弦的人与自然相融之景致。不过，因为明中后期气候的改变，以及清代乾隆、嘉庆、道光三朝人口剧增带来的巨大生存压力，使得一些水域趋于干涸后成为汉阳、汉口"土人"种植农作物的沃壤，湖堤边荒地亦悉数被开垦为田地，加上晚明以来渔课征收和渔业管理的弊端日显，导致不少渔户弃渔而转投农业。即便如此，由于鱼市需求旺盛，哪怕是在商业更趋发达的清代，汉阳、汉口的渔业作为一种生产生活方式依旧保持了一定的发展规模。清吴孚纂辑的著名商业指南书籍《商贾便览》云："汉阳府风俗，民性劲直，力农业渔。"①

明清（开埠前）汉口经历了从渔村到船码头，再到商业大镇的发展历程，商业贸易占据了市镇发展的主导地位，以致很容易给人留下"汉镇士民不事农耕"的印象。也因此，汉口商镇长期存在以垦种为生的少数"土民"，以及他们辛勤从事农业生产获得的农产品进入汉口的集市，成为汉口市民一日三餐的重要来源之一，这些历史事实很容易被"帆樯林立，货物山集"的繁华贸易景象遮蔽。不管从明清时期农业生产对维系商业发展的重要性来讲，还是就涌入汉口的民众利用一切可以利用的空隙地方进行垦种而言，汉口农民在自给之余发展农产品贸易，不仅丰富了汉口的物资贸易种类，而且有利于缓解汉镇粮食和蔬菜供应

---

① （清）吴中孚著：《商贾便览》卷三"汉阳府"条，第14页，天津图书馆藏清道光二年（1822）三益堂刻本。

紧张的情况。农业在明清汉口商镇是隐而不显的真实存在,是构成这个"楚中第一繁盛""贸易甲于天下"之巨镇的底色之一。换言之,与"独步天下"的商业相比,不论明清汉口的渔业和农业生产多么不起眼,但它作为少部分民众维持生计的主业而存在是不争的事实。也就是说,即使在嘉靖朝设立汉口巡检司,标志着汉口已经从渔村和船码头向商业市镇迈进,乃至在晚明和清代(开埠前),汉口成长为商业移民为主导的"天下名镇",渔业和农业也并未因之从汉口完全退出,反而随着商业的兴盛走向市场化。

渔业和农业在明清汉口商镇既是不应忽视的存在,也在当时的地方志书和文人著述中留下了不可磨灭的历史与人文记忆。值得注意的是,汉阳、汉口"湖多田少"的现实,使得渔民和农民的从业身份并非绝对畛域分明。为了维系生存,耕者亦可能在农闲时撑船赴河湖捕鱼、捞虾、采菱角、挖藕、寻蒲菜等,以便获得副业收入。渔户亦可能因不堪渔课征收日趋混乱之负荷而主动放弃渔业,转身投向农业。可以确信的是,自明成化汉水改道至清嘉道年间,渔业和农业一直是汉口"土人"最主要的谋生途径,而且同样为明清汉口市镇的发展做出了各自的贡献,诸如养活了一批聚族而居或自成村落的渔民与农民,一定程度上缓解了众多汉口市民对鲜鱼、菱角、茭白等水产,以及四季时令蔬菜、瓜果的市场需求压力,而且塑造了影响迄今的冠以姓氏的"某家墩"汉口地名文化等。此乃明清时期汉口的渔业、农业亦应与前述汉镇的商业、手工业、服务业等一样得到应有的认可之根由所在。借此,还可以对明清(开埠前)汉口实乃多种行业并存的"商业巨镇"形成较为清晰和具体的认知和理解。

# 第六章
# 清代开埠前汉口的大众消费文化[①]

清代（开埠前）汉口商业经济的快速发展以及商品种类的极大丰富，刺激了大众消费文化的繁荣。这一时期富商和中产之家均表现出强烈的"逐奢"消费特点，普通市民亦展现出"趋利"与"炫耀性消费"等所谓"反传统"异质。汉口的茶馆、妓院和戏台等大众消费空间则凸显了不同阶层迥异的消费世相，街头文化也因之呈现"开放"与"落俗"并具的特点。管窥该时期汉口市民构筑的具有鲜明"越轨"色彩的大众消费文化图景，追问"传统的反叛"之原因，揭示其给地方社会带来的或隐或显的影响，可以拓展加深对汉口市镇文化之特殊性和复杂性的历史认知。

## 第一节 汉口大众消费文化的形成背景及概念界定

自晚明以降，汉口凭借卓越的地理区位优势和发达的水陆贸易网

---

[①] 本章主体内容已发表，见拙作《"传统的反叛"：清代（开埠前）汉口大众消费文化管窥》，《武汉学研究》2021年第1期。

络，迅速发展为名满全国的繁华商业市镇。明万历年间（1573—1620），汉口已是"商船四集、货物纷华"的大镇。① 清前期，汉口跻身为"楚中第一繁盛处"②；乾隆时期，荣获"九州百货备至"之美名，世称仅"盐务一事亦足甲于天下"。③ 迨及清中期，汉口臻于鼎盛，不但"商贾麇至，百货山集"，而且成为"（全国）贸易之巨区也"。④ 在锐不可当的商业发展势头推动下，汉口成为新兴市镇，从全国各地涌入的琳琅满目的商品，鲜明地传递着丰富的物质文化信息。同时，汉口又是典型的商业移民社会，社会分层与流动显著。汉口的移民构成，除了早期开垦田地的少数农户之外，占主导地位的是从事商业活动的客商，即行商与坐贾，还有难以计数的小商贩，以及各种雇佣劳动力，如铜匠、铁匠、踹布工人、染工、消防员、水上救生员、船主、船工等，以及来此等商业繁华之地谋生的卖艺者、算命先生、道姑、尼姑、卦姑、牙婆、药婆、稳婆、虔婆、媒婆、师婆、僧人、乞丐、妓女、饭馆老板及菜佣、茶店老板及佣工，遭灾荒或破产的难民……可谓三教九流，千行百业，不胜枚举。因此，在这样一个流动不居、人员复杂的繁荣商业都会里，伴随长短距离贸易成长起来的地方文化格外迷离多姿。

---

① 武汉市汉阳区方志办公室编：《康熙汉阳府志》卷四《食货志》，湖北人民出版社2014年版，第115页，底本为（清）陈国儒修、王世显等纂清康熙八年（1669）刻本。

②《大清一统志》卷三三八，上海古籍出版社1995年版，第24页，据《四部丛刊》续编本影印。

③（清）陶士契修，刘湘奎纂：乾隆《汉阳府志》卷十二《汉镇形式说》；乾隆《汉阳府志》卷二三《食货》，江苏古籍出版社2001年版，第129页、248页，据清乾隆十二年（1747）刻本影印。

④（清）叶调元著，徐明庭等校注：《汉口竹枝词校注》，湖北人民出版社1985年版，"自叙"第1页。

## 第六章　清代开埠前汉口的大众消费文化

值得注意的是,清代汉口"九分商贾一分民"①的居民构成,除了带来阶层流动频仍外,还使消费在日常生活中占据举足轻重的地位。消费文化亦系该时期汉口地方文化的重要构成因素。是故,笔者欲聚焦清代(开埠前)汉口镇的大众消费文化问题,借以考察在前现代中国纯粹依靠商贸发展而崛起的中部市镇汉口别开生面的地方文化特点,及其作为"五方杂处"的商业移民市镇的内在活力。对这一问题,尽管李勇军、陆楚琼《地方文献中的清代汉口城市社会》一文的"地方社会习俗"部分,已注意到清代汉口商人追奢的消费倾向,以及在奢靡之风熏陶下民间迸发的反传统特质,但受文章篇幅所限未能展开论述。②另有张岩《清嘉道年间汉口商人文化生态考释》一文认为,清中期汉口商人的文化生活具有浓厚的士人化特征,他们成为传统基层社会中具有一定代表性的非官方导向力量,但相比于同时期的经世派士子,汉口商人的精神生活较多局限于风花雪月,在内忧外患的时局下,他们缺乏对大众民生的关注与同情,缺乏应对时变的思想准备。③ 实际上,清中期汉口商人的文化生活(含消费文化)也有很世俗化的一面,并且该文作者完全站在今天的立场苛责嘉道之际的汉口商人没有时代责任担当,是值得商榷的,因为身处时代旋涡中的人,往往不能逸出时代的局限,也就不可能做出超越自身认知范畴的抉择。还有张笃勤《清代汉

---

① (清)叶调元著,徐明庭等校注:《汉口竹枝词校注》卷一《市廛》,湖北人民出版社 1985 年版,第 4 页。

② 李勇军、陆楚琼:《地方文献中的清代汉口城市社会》,《湖北社会科学》2009 年第 8 期。

③ 张岩:《清嘉道年间汉口商人文化生态考释》,《深圳大学学报(人文社会科学版)》2010 年第 2 期。

口的商帮与会馆》一文，有助于了解清代汉口商帮与会馆概貌。① 二张的论文虽都不直接涉及大众消费文化，但对理解清中期汉口商人和商帮为什么在消费上"逐奢"有一定的启发。

在此，有必要先交代何谓"消费文化"。广义的消费文化，是指在一定的历史时期，人们在物质生产与精神生产、社会生活，以及消费活动中表现出来的消费理念、消费方式和消费环境的总和。② 狭义的消费文化，是指消费者的消费价值判断和实践，消费的对象可以是物质的，也可以是非物质的。相应地，消费文化的内容至少包括物质消费文化、精神消费文化及环境消费文化。所谓大众消费文化（Mass Consumption Cultural 或 The General Public Consumption Cultural），是与精英消费文化相对的一个概念，即消费文化的实践主体为普通民众，因而在消费人口数量上占据绝对优势，其核心内容由大众消费理念和消费实践构成。由此不难理解，清代（开埠前）汉口大众消费文化主要指该时期广大汉口市民的消费理念和消费实践。

## 第二节 建筑、宴饮、服饰之"竞豪奢"

消费文化深受政治环境、经济发展态势、居民购买力、地方习俗等因素的交互影响，晚明至清中期的汉口消费文化亦受到这些因素的形塑。就汉口大众消费文化来说，虽然经历了明清鼎革之际因战乱带来的

---

① 张笃勤：《清代汉口的商帮与会馆》，《档案记忆》2018年第9期。
② 参见唐书祺：《近代日本社会大众消费文化的历史考察》，《兰州教育学院学报》2012年第5期。

短期断裂或沉寂,但明晚期因商业快速发展而兴起的市民普遍追逐奢侈之风,① 在清前期随着汉口因长短距离贸易的恢复和商业日臻兴盛而"强势复活"。康熙朝进士查慎行《敬业堂集·汉口》云:"巨镇水陆冲,弹丸压楚境。……市声朝喧喧,烟色昼暝暝。一气十万家,焉能辨庐井?"《明史》纂修潘耒《遂初堂集·汉口》曰:"汉口通江水市斜,兵尘过后转繁华。"清初文人吴淇亦云:"十里帆樯依市立,万家灯火彻宵明。"② 这既与清代(开埠前)汉口已经形成较为开放、自由且日趋繁盛的商业社会氛围有关,也与在汉镇勠力经营的各路商帮之不容小觑的消费能力和崇奢黜实的消费倾向紧密相关。

## 一、各帮会馆与富家豪宅

在汉口经营各种贸易的财力雄厚的诸省商人,习惯在同乡或同业会馆(公所)建筑上极尽奢华。这些斥巨资费心营建的会馆,成为凸显

---

① 有关晚明奢侈之风的研究,可参见蓝东兴:《明朝中后期奢侈浮靡之风刍议》,《西南师范大学学报(哲社版)》1993年第2期;另见魏天辉:《明代中后期奢侈风气的消极影响及其对策》,《兰州学刊》2007年第9期。需说明的是,人们通常将明中期以后的奢靡之风归结为商业的迅猛发展对尚朴传统理念的消解,更愿意将这一时期逐利商人塑造成"金钱至上、贪图享乐"的形象,甚至认为晚明民风败坏主要是商人造成的,但实际上明代的巨商大贾绝不是只知一味享乐(譬如人们惯常相信的"鲜衣怒马、一掷千金"的形象),而是很有头脑,他们在巩固经济地位的同时,懂得通过各种手段提高社会声望,光耀门楣(参见陈宝良:《明代社会生活史》,中国社会科学出版社2004年版,第114页)。因此,对于明清时期商人竞逐奢华的现象,应该放置到当时的社会情境中做具体考察,对这种风尚带来的当下和长远影响之评价不应只执一面而不顾其他,应做通盘考量,形成全景式认知。

② 查慎行、潘耒、吴淇三人吟咏汉口的诗句均引自(清)范锴著,江浦等校释:《汉口丛谈校释》卷五,湖北人民出版社1999年版,第291页。

清代汉口商业发展态势和各商帮实力的地标建筑。唐代韩偓《过汉口》诗云："居杂商徒偏富庶，地多词客足风流。"① 同样地，清代流寓汉口的文人墨客也因感慨商帮会馆建筑之豪华富丽而吟咏连篇。譬如，清人叶调元《汉口竹枝词》曰："一镇商人各省通，各帮会馆竞豪雄。石梁透白阳明院，瓷瓦描青万寿宫。"② 这首竹枝词描摹的是阳明院和万寿宫两处商帮会馆。叶调元注曰："阳明书院即绍兴会馆，梁柱均用白石，方大数抱，莹腻如玉，诚巨制也。江西万寿宫，瓦用淡描瓷器，雅洁无尘，一新耳目。汉口会馆如林，之二者，如登泰山绝顶，'一览众山小矣'。"③ 由此可知，阳明院和万寿宫是清代汉口众多会馆建筑中的翘楚。阳明院始建年代待考，虽是商业会聚之所，但供奉的却是明代浙江著名的哲学家王守仁（世称阳明先生），又名绍兴会馆。万寿宫系康熙年间由南昌、吉安、瑞州、抚州、临江、建昌六府在汉镇的商号集资建成，又名江西会馆，占地约4000平方米，在规模上可以与之匹敌的只有黄帮商人建造的帝主宫。④ 虽已不可能鸟瞰清江西会馆（万寿宫）之建筑全貌，但藉此足以想见其主体建筑之宏阔气派。

清乾隆年间湖北咸宁旅居汉口商人在后湖一带建造的咸宁会馆，"局面恢弘"；至迟在嘉道年间，已可见徽商在汉口新街修筑的徽州会

---

① (唐) 韩偓撰：《韩内翰别集》，影印文渊阁《四库全书》第1083册，台湾商务印书馆2008年版，第572页。

② (清) 叶调元著，徐明庭等校注：《汉口竹枝词校注》卷一《市廛》，湖北人民出版社1985年版，第14页。

③ 同上，第15页。

④ 参见武汉市江汉区档案局某佚名作者《"汉口里"的会馆》一文，该文作者以其掌握的汉口档案史料，介绍了汉口江西会馆（万寿宫）的创建历史、规模，以及在战火中被毁的情况。具体参见搜狐网，https://www.sohu.com/a/152043653-556544，发布时间：2017年6月26日。

馆和商铺,不仅"整齐第一",而且"夹道高檐相对出"。① 至于财大气粗的汉口盐商公建的"大王庙"(即盐业公所),更是气派非凡,在当时的文人眼中,不仅"祠宇巍焕",而且占地颇广,房屋"直达正街",室内"供张甚华"。② 清代闻名遐迩的山陕商帮在汉口建造的"山陕公所"亦"极为壮丽"。③ 另据《汉口丛谈》可知,还有位于汉口中路的广东会馆、旌德会馆,中路后面的镇江会馆、齐鲁公所、中州公所、凤冈公所、太平会馆,以及在汉口正街的天印公所、长郡公所等商帮建筑。④ 众多同业或同乡会馆(公所)彰显了清代汉口拥有卓越的商业聚集力量。

然而,更应该透过奢华的会馆建筑看到,对于清代(开埠前)汉口的同乡商人或行业手工业团体来说,他们不惜财力打造的会馆建筑既具有商业实力和商帮文化的双重表征,也具有重要的情感联系意义。也就是说,对于从全国各地来汉口经营商业贸易的诸多商帮来说,会馆建筑的豪华程度在一定程度上就是该商帮商业实力的物质展现;各帮会馆迥异的建筑景观(设计、造型、室内陈设等)既是不同商帮地域文化的物质表征,也是各商帮在汉口联络乡帮情感、共商诸般事务、互通信息的公共空间。从某种意义上讲,"各帮会馆竞豪雄"的确显现了清代汉口商业蓬勃向上的力量。

---

① (清)叶调元著,徐明庭等校注:《汉口竹枝词校注》卷一《市廛》,湖北人民出版社1985年版,第16页。

② (清)叶调元著,徐明庭等校注:《汉口竹枝词校注》卷二,湖北人民出版社1985年版,第92页。

③ 同上,第110页。

④ (清)范锴撰,江浦等校释:《汉口丛谈校释》卷二,湖北人民出版社1999年版,第77—587页。

当然,在建筑上"竞豪雄"绝不限于商帮会馆。例如,"万般生意让他骄"的汉口盐商们在居屋建筑方面追求奢华繁复,不吝展露"宅第重深巷一条"之豪横;富家大户居住的大宅不仅"堂匾门灯气象雄",而且"乞食人稀行路绝",因为"门头人守后门封";为了让守巷门者尽职,"每房金十两,另以一两给彼,外加饭食、灯油之费",对贫无立锥之地的穷人来说,这等待遇相当丰厚。① 然而,我们不能据此认为富人和穷人的居住区域有明显的区隔,因为在"寸地相传值寸金"的汉口,"华居陋室密如林"。② 可以说居住建筑之豪华与简陋形成外观和心理投射上的鲜明对比,直观地展现了清代汉口市民的贫富差距。同时,汉口作为当时中国典型的商业移民城市,各处来汉口经营业务的商帮还不吝花费修建了许多风格各异的宗教建筑。例如,山陕商人在汉口修建了规模不凡的夫子庙、春秋阁;又如,"药王庙之东厢有别墅(豫成园)","轩窗明婳,花木扶苏,别饶幽致"。③ 不仅如此,甚至连"富商大贾来,暂憩卸骡轿"的汉口马王庙左右之骡马店,亦"有屋数十楹"。④ 笔者仅据《汉口丛谈》便可粗略统计出嘉道之际,单就汉口中路,就遍布各种庵、庙(寺)、宫(殿)、观、祠等建筑60余处。⑤ 其中自然不乏富丽广大者。另有学者指出,清代汉口富商消费奢华的表现之一就是"效法官僚仕宦的生活方式,大兴土木,广建园林";"最

---

① (清)叶调元著,徐明庭等校注:《汉口竹枝词校注》卷一《市廛》,湖北人民出版社1985年版,第7页、17页。

② 同上,第7页。

③ (清)范锴撰,江浦等校释:《汉口丛谈校释》卷二,湖北人民出版社1999年版,第111页、115页。

④ 同上,第125页。

⑤ 同上,第77—87页。

著名的有豫商所筑'豫成园',徽商洪旃林所筑'谁园',苏商包山所筑'怡园'"。① 倘若说,与诗歌和音乐相比,建筑是无声的艺术,也是城市历史和文化的记录者,那么清代汉口众多恢宏壮观的商帮会馆和重门豪宅,以及遍布各处的庙宇楼阁、园林别墅等,则是这个商业市镇迅猛发展之璀璨华章的历史见证。

## 二、 宴饮排场之不吝消费

中国自古至今,无论商业贸易的开展,还是人际关系的维系,都离不开宴饮活动。饮食方面崇奉奢华消费(主要指对饮食品类和宴饮环境之奢靡讲究),在相当程度上确实是经济实力的硬核展现。在宴饮排场上,清中期汉镇有钱人出手极为阔绰。前引《汉口竹枝词》曰:"银牌点菜莫论钱,西馔苏肴色色鲜。金谷会芳都可吃,坐场第一鹤鸣园。"作者又注曰:"馆有苏馆、西馆、金谷、会芳、五明、聚仙,皆有名,惟鹤鸣座头明洁,器具精良,冠服之士觞咏为宜。"② 据此不难看出,道光年间的汉口已汇聚了全国各地的名菜,但能够经常在最精致、最气派的鹤鸣园里消费的并非"冠服之士",而是财富积累丰厚的商人。不过,平民百姓在酒楼消费方面同样表现得很"豪爽","囊便可沽赊亦好,无人不上酒楼来";因而每逢传统节日,分布在汉口各处

---

① 李勇军、陆楚琼:《地方文献中的清代汉口城市社会》,《湖北社会科学》2009年第8期。

②(清)叶调元著,徐明庭等校注:《汉口竹枝词校注》卷一《市廛》,湖北人民出版社1985年版,第26页。

街巷的酒楼大都生意火爆，甚至出现"酒如泉涌客如蝇"的盛况。①

为何汉口广大底层百姓能在酒之消费上如此"任性"呢？原因大抵有二：第一，长久以来，中国社会下层群体普遍嗜酒，尤其是对以卖苦力为生的劳动者来说，没有比在结束一天辛苦的劳作后安心喝一点小酒解乏更惬意的了；第二，清中期汉口百余家"酒肆"在面向这样一个庞大的消费群体时，推出了符合该阶层消费能力的相对比较"物美价廉"的消费品——"汉皋有酒百余坊，解渴人来靠柜旁。鱼杂猪肠兼辣酱，别人闻臭彼闻香"。② 清代汉口大众不光在酒的消费上比较随性，在"过早（买早饭吃）"③方面同样很"豪放"，而且在文人眼中吃相太过"粗鄙"，有诗为证："小家妇女学豪门，睡到辰时醒梦魂。且慢梳头先过早，粑粑油饺一齐吞。"并且附注曰："贫家小户日食艰难，而妇女未有不过早者，蓬头大啖，丑恶不堪。"④ 在旁观者看来，这些穷门小户人家的女子确实显得不会勤俭持家，甚至堪称既懒且馋，但更应该从中看到，清代汉口的蓬门小户人家并不缺"过早"钱——他们在商业氛围浓厚的汉口即使不能快速发大财，却不缺挣钱门路以维持每日基本消费无虞。

当然，清代汉镇市民在饮食方面不肯亏待自己的例子肯定不限于

---

① （清）范锴撰，江浦等校释：《汉口丛谈校释》卷二，湖北人民出版社1999年版，第135页。

② （清）叶调元著，徐明庭等校注：《汉口竹枝词校注》卷一《市廛》，湖北人民出版社1985年版，第34页。

③ 清代以来，武汉地区，特别是汉口的汉正街一带有浓厚的"过早"文化习俗。这种"过早"文化的形成与面江临河的地理环境和历时久远的商贸码头人文环境密切相关。

④ （清）叶调元著，徐明庭等校注：《汉口竹枝词校注》卷四《闺阁》，湖北人民出版社1985年版，第86页。

"过早"。譬如每年农历小暑之后的第一个卯日,各家会买来佳肴美馔,以喜迎新谷登场,名曰"逢卯吃新",诗云:"吃新食品较常添,荤素相参价不廉。麻雀头酥鹅颈软,黄豆饼脆藕圆甜。"① 这种对饮食的讲究(或者说不肯"亏嘴"),自然与当时汉口相对其他地区更加"物阜民丰"的社会环境有关。有意思的是,时至今天,汉口所在的江汉平原地区对"人生一世要吃好喝好"的执念,在"武汉三镇"烟火气浓烈的千街万巷日常生活里仍随处可见。至于备受瞩目的武汉过早文化,依旧不乏前引清代汉口妇女"粑粑油饺一齐吞"之任情任性的特点。

## 三、男女服饰之务求奢华

大体而言,清代汉口大众在逞口腹之欲、享乐声之妙,以及追求服饰奢华方面,确实展示出了令人咋舌的"暴发户"特质。嘉道之际,"(汉镇居民)适口则味擅错珍,娱耳则音兼秦赵。当夫良辰令节,士女嬉敖,靓妆袨服,便娟傻绍者,曜野映云"。② 于崇尚服饰绮丽外,竟奢侈至"平等居人分外豪,千金置就御寒袍。白羊灰鼠寻常盛,元色狐裘紫色貂"③。遂有"元旦开门迎喜神,皮衣皮帽簇然新"之说。④ 另外,清代盛行"娈童"之风,汉口乃商业繁华之地,不少富商亦不

---

① (清)叶调元著,徐明庭等校注:《汉口竹枝词校注》卷二《时令》,湖北人民出版社1985年版,第54页。
② (清)范锴撰,江浦等校释:《汉口丛谈校释》卷六,湖北人民出版社1999年版,第367页。
③ (清)范锴撰,江浦等校释:《汉口丛谈校释》卷二,湖北人民出版社1999年版,第135页。
④ (清)叶调元著,徐明庭等校注:《汉口竹枝词校注》卷二《时令》,湖北人民出版社1985年版,第37页。

乏此好，并且对蓄养"面庞俊秀的童仆"格外上心，不惜钱财购买"吴绫套裤锦绣鞋"予以装扮。① 因为，这些"俊仆"同样代表了主人家的门面。此外，拥有巨额资财的商人为向青楼丽人求欢，除了一掷千金，还得"鲜衣华服而去（妓所）"。②

同时，清代汉口青楼女子在引领女性服饰之奢靡消费方面起到了很强的示范作用。叶调元《汉口竹枝词》曰："门头（粉头）装饰日翻新，怪煞良家步后尘。不论雏姬和老姥，托肩裓子绲边裙。"叶调元附注云："装束之艳，无如楚女。盖效行院而为之也。"③ 不仅如此，汉口女性对时尚绲边服饰的追求犹似着了魔，即"蜀锦吴绫买上头，阔花边样爱苏州。寻常一领细衫子，只见花边不见绸"。并且，绫罗绸缎新衣的花边之繁复富丽到了无以复加的地步，"花边阔三四寸，盘金刺绣，璀璨夺目"，还要"再加片金、金线、阑干、辫子，相间成章"，以致"一衣之费，指大如臂"。④ 即便平民女子"也要金缯作聘钱"，而且做衣同样务求"盘金刺绣"，以至一件成衣单就绲边的费用都超过了整件衣料的价钱。⑤ 显然，追逐奢华的消费心理和不惜钱财的消费行为，并不限于该时期汉口的富商巨贾，普通市民阶层亦然。

---

① （清）范锴撰，江浦等校释：《汉口丛谈校释》卷二，湖北人民出版社1999年版，第135页。

② （清）范锴撰，江浦等校释：《汉口丛谈校释》卷六，湖北人民出版社1999年版，第380页。

③ （清）叶调元著，徐明庭等校注：《汉口竹枝词校注》卷四《闺阁》，湖北人民出版社1985年版，第87页。据校注者指出，在光绪本《汉口竹枝词》中，"盖效行院而为之也"句旁加批云："近世境界浮华，尤甚不堪。"

④ （清）叶调元著，徐明庭等校注：《汉口竹枝词校注》卷四《闺阁》，湖北人民出版社1985年版，第88页。

⑤ 同上，第87页、88页。

清代汉口民众对外饰务求繁丽之执着，不限于衣服，还包括对发型、头饰、鞋之费心讲究。叶调元《汉口竹枝词》云："蝉鬓双挑盖耳轮，秋云啮住月三分。碧纱窗下梳头罢，粉腻脂融水一盆。"并附注曰："鬓发双挑，耳轮半掩，垂髫尺许，光泽可鉴，侧面视之，如鸦翎乍闪、燕翅斜飞，名曰'胖头'。"校注者指出这里的"月三分"实为"三分月"的倒文，形容汉镇妇女头发贴住双颊呈新月状。① 另外，明清时期，汉口女性多缠足者，她们在如何使小脚套鞋符合"奢风"潮流的问题上亦下了一番功夫。《汉口竹枝词》云："勾莲三寸月牙翘，一踹弓鞋态更娇。隔着画帘听屧响，文楸枰上玉棋敲。"作者附注曰："刳木如桥，缀于鞋底，名曰'弓鞋'。莲勾小者，缓行似敲玉棋，急走如挝羯鼓，其声清脆可听。"②

## 四、有识之士对"炫富逐奢"之批判

更重要的是，汉口镇各阶层民众在服饰和宴饮上的炫富逐奢潮流，早在清初已蔚然成风。康熙《汉阳府志》之《舆地志》载："汉镇旧事繁华，今侨居仕宦、商贾富家多以服饰炫耀，逮下走亦穿绸缎，侈靡极矣。""汉镇水陆珍奇，舟车捆载，靡不备至。每一宴会，穷极丰腆，不独侨宦富商为然，虽中产之家，亦勉强徇俗。然虽务外饰，而内实鲜积藏，至有典春衣以为之者，盖亦习俗使然也。"该志书的编纂者还在这些文字后面附加的"按语"中专门指出："汉上地称佳丽，人尚浮

---

① （清）叶调元著，徐明庭等校注：《汉口竹枝词校注》卷四《闺阁》，湖北人民出版社1985年版，第89页。

② 同上，第90页。

华。"甚至咸知礼仪的士大夫之家,亦"婚娶盛妆奁,丧事丰酒筵,竞装人物","祭仪悉称俗节,亦称华靡"。① 除红白事之外,人们在传统节日里更少不了争奇斗艳,"汉镇于元夕前后,灯市颇盛,刻翠镂花,裁云缀鸟,极为斗工争巧"。②

结果,汉口民众外饰华美而"内实鲜积藏","人尚浮华"的铺张消费行为自康熙朝以降愈演愈烈,引起当时有识之士的批判。③ 康熙八年(1669),时任湖广湖北等处提刑按察使司按察使的阎廷谟,在给康熙《汉阳府志》撰写的《重修汉阳府志序》中,满怀忧虑地向汉阳地方官员指出:"今邦国之志,则有美而无恶,有善而无败者,自汉以后皆然也。在后世之意,方以为美者善者不数见,而恶与败不胜纪,则书美即以惩恶,彰善斯以救败也。虽然彼顽惰者亦因之有所宽矣,然则警顽振惰,扶进醇懿,以补图志所不逮者,非守兹土者之责哉?昔之称强大者,无逾庶、富二端。汉故泽国也,东南繁阜之区有三,汉镇居一焉。……乃有识者杞忧过计,以汉之庶,四方辐辏之庶,而非土著之庶

---

① 武汉市汉阳区方志办公室编:《康熙汉阳府志》卷四《食货志》,湖北人民出版社 2014 年版,第 123 页,底本为(清)陈国儒修、王世显等纂清康熙八年(1669)刻本。

②(清)范锴撰,江浦等校释:《汉口丛谈校释》卷二,湖北人民出版社 1999 年版,第 137 页。

③ 清代士人对这种风气的批判当然不限于汉口,而是对整体社会风气的普遍关切。不过,清代也不乏对民众争相发财的思想持开明极态度者,赞同"公私共同致富"。譬如,历经四朝(乾隆朝晚期、嘉庆朝、道光朝、咸丰初年)的清代学者包世臣在《齐民四术》一书"自叙"部分直言:"近世人心趋末富,其权加本富之上。则制币以通民财,使公私交裕,实治道之宜急者。"参见(清)包世臣著,潘竟瀚点校:《齐民四术》,中华书局 2001 年版,"叙"之第 1 页。

## 第六章 清代开埠前汉口的大众消费文化

也。汉之富,逐末轻华之富,而非务本勤俭之富也。然则何以警之振之,亦曰终无以逾宣圣教之说矣。今汉士安让敦礼,其簪缨显秩,复甲楚诸郡,为鸣珂里,为冠盖乡,兹亦何容置议。独是编户细氓,丰箧鲜衣,竞习成俗,多出称贷者。又豕酒干糇之细,每质讼不休,而力农勤织多不讲焉,其何以永兹繁阜哉!"① 阎廷谟已经敏锐地意识到,汉口的富庶主要是靠四方商贾来汉口经营创造的,而不是男耕女织的小农经济支撑起来的,因此对"编户细氓,丰箧鲜衣,竞习成俗,多出称贷者"的追逐奢靡的消费方式非常不满,并表达了通过"宣圣教之说"达到"警之振之"社会效果的期许。嘉道之际,生活从容优雅的盐商兼文人范锴在《汉口丛谈》中直言富商和中产之家均应当忌奢淫,斥曰"习俗奢淫,最是坏人心","盖穷奢为造物所不容,极欲犯阴条之大罪,富商巨贾,每每以此倾覆。况中人之产亦相效尤乎?其不身丧名裂,贻笑于人者鲜矣"。② 比范氏稍晚的道光朝落魄文人叶调元在《汉口竹枝词》里谈及汉口富人的炫耀性消费引起大众艳羡和模仿时,亦曾一针见血地评论道:"富家大贾,拥巨资,享厚利,不知黜浮崇俭为天地惜物力,为地方端好尚,为子孙计久远;骄淫矜夸,惟日不足。中户平民,耳濡目染,始而羡慕,既而则效,以质朴为鄙陋,以奢侈为华

---

① 武汉市汉阳区方志办公室编:《康熙汉阳府志》之阎廷谟撰《重修汉阳府志序》,湖北人民出版社2014年版,第3—4页,底本为(清)陈国儒修、王世显等纂清康熙八年(1669)刻本。

② (清)范锴撰,江浦等校释:《汉口丛谈校释》卷四,湖北人民出版社1999年版,第276页。

美，习与性成，积重难返。"① 光绪《汉阳县识》纂修者则将清中期汉镇浮华奢靡之风视为招致天灾人祸之源，即"嘉道年间汉口镇蹉业繁渥，华靡相高，识者隐忧之。末几而兵火频年，一炬焦土"；并且指出，经咸丰朝太平天国动乱后，汉镇奢靡之风"少杀矣"，遂寄希望于汉阳地方牧首能虑及"崇本抑末尚有典刑"。②

需说明的是，中国传统文化长期推崇俭朴，反对奢侈，实与物质生产有限（且不谈什么物质极大丰富，甚至很多乡野地区的民众千百年来一直处于相对匮乏的生存状态）有着莫大的关系。在这样的历史语境下反复提倡节俭美德是可以理解的，也有其积极意义。③ 但是，饶是如此，亦不得不承认：对于明末至清中期的移民商业市镇汉口而言，奢侈消费在相当程度上就是拉动商业、手工业发展以及扩展贸易辐射范围的重要因素。因此对传统的节俭伦理观需根据不同时空予以重新审视。有学者指出，过分的节俭还会抑制消费需求，最终不利于社会经济的发

---

① （清）叶调元著，徐明庭等校注：《汉口竹枝词校注》，湖北人民出版社1985年版，"自叙"第1页。叶氏对汉口市民"尚浮华"之消费习俗的担心并非所谓"酸腐文人"的迂见。不惟底层小民维持生计需要克勤克俭，哪怕是中人之家，乃至富商巨贾，都需要应对清代汉口水火灾害频仍、战乱不期而至的潜在风险，也需要有应对风险的长远打算，而不是及时行乐，恣意挥霍。

② （清）张行简纂修：光绪《汉阳县识》卷一《地理略》，第19页，中国国家图书馆藏光绪十年（1884）刊本。

③ 无论是康熙《汉阳府志》中对汉口民众沉迷奢华的辛辣批判，还是清中期汉口文人士子对富商巨贾和中人之家以奢侈为荣、节俭为耻之民风的深刻忧虑，都体现出传统中国士阶层（知识人）的伦理观念和伦理实践较之庶民更加理性、自觉。当然，这并不是说古代中国士阶层绝无奢靡之人。士阶层长期对朴实之道的反复书写和极力尊崇，确实对时代普遍意义的伦理实践具有标志性意义。

展。① 如果考虑到传统中国社会实乃典型的人情社会，那么或许可以对明清（开埠前）汉口商人的奢华做派的存在合理性做出符合常识的推测。奢侈作为一种消费方式和消费观念，有时是达到某种商业目的不可或缺的手段，或者说是变相投资。例如，汉口行栈商人们为揽到客户、卖出商品，从而赚取商业贸易利润，不仅要宴请客户吃饭喝酒，还要经常雇妓女陪酒。有诗句为证，"趋承富客与豪商，无过行场与栈房。小轿频抬陪酒妓，卧房常住浣衣娘"；并附按语曰："行栈生意，嫖赌不禁。盖以取悦于客也"。② 显然，汉口商人的业务公关与消费理念兼具经营理性和传统人情于一体的特点。在一定程度上，清代汉口商人喜奢华铺张，亦可以理解为为达成生意成交目的之姿态或策略。

不过，仅看到消费对刺激商业贸易有积极作用是不够的。需注意的是，前引康熙《汉阳府志》提到的汉口富商大贾竞逐奢侈的消费行为对中产之家的市民产生了强烈的示范效应，以致纷纷效仿，似应看作清中期汉口大众消费偏离"节俭"传统轨道，转向"逐奢"之路的绝佳写照。毋庸置疑，清代汉口市民非常清楚：奢华的衣着和昂贵的宴饮，都可以达到炫耀财力和经营社会网络关系的效果，还可以作为彰显"自我身份"的外在标识。因此，该时期汉口社会"竞豪奢"而塑造的"普遍逐利""全民炫富"的地方文化氛围，与儒家文化强调的"奢则不孙（逊），俭则固。与其不孙（逊），宁固"③ 之传统理念可谓背道

---

① 邓志伟、成海英：《论节俭的消费伦理观》，《经济消费》2002年第3期。

②（清）叶调元著，徐明庭等校注：《汉口竹枝词校注》卷一《市廛》，湖北人民出版社1985年版，第29页。

③ 程树德撰，程俊英等点校：《论语集释》卷14《论语·述而下》，中华书局1990年版，第504页。孔夫子强调：虽然节俭会使人寒酸，但奢侈会使人越礼，相比之下，与其越礼，宁可寒酸，也要维护礼之尊严。

而驰。对此，可以从有"常"有"变"方为社会来加以理解。况且，中国古代的伦理世界从来都是有弹性空间的。明清时期汉口民众普遍追逐奢华的伦理观念的形成与实践的变化并不突兀，实乃时代发展促成，但更与汉口商业贸易的高度繁荣密切相关。

## 第三节  普遍"趋利"和"炫富"的大众

如果说，通过水陆贸易网络从各地转运而来的丰富的商品为汉口大众提供了消费对象，社会财富的持续增加保证了地方社会的消费能力，那么，稠密的市镇人口则是清代汉口日常消费行为的主要践行者。据汤黎统计，在清代开埠前，汉口市镇人口迅速聚集，乾隆三十七年（1772），汉口居民已有32209户、99381人；及至嘉庆十八年（1813），汉口已经发展到36929户、129183人。① 如果算上短期流动人口，以及停泊在沿江沿河岸边的几千乃至近万船户，实际在汉镇活动的人口当更多。前引晏斯盛在乾隆十年（1745）上奏的《请设商社疏》中说道："（汉口）户口二十余万，五方杂处。"清中期有"汉口人家百万户，高樯大舶集商贾"② 的诗句传世。更重要的是，作为商业移民市镇，传统礼教对底层大众的束缚有限，因而平民百姓对财富的追逐和向往（譬

---

① 汤黎：《人口、空间与汉口的城市发展（1460—1930）》，中国社会科学出版社2010年版，第57页。
②（清）范锴撰，江浦等校释：《汉口丛谈校释》卷四，湖北人民出版社1999年版，第269页。

如穷家破户也要将大门呼作"财门"①），以及对奢靡生活的迷恋带来的社会影响同样不可小觑。对此，司马迁在《史记》之《货殖列传第六十九》中早就犀利地指出："天下熙熙，皆为利来；天下攘攘，皆为利往。"② 晚明至清中期从全国各地涌向汉口的各色人等更是如此。

## 一、普遍逐利的商民

商人逐利如蚁嗜血。除前述盐商外，清中期汉口为数众多的典当商人、钱庄和票号商人，以及茶叶、粮食、药材、木材、皮货、布匹等大宗商品经营者也都是"广聚钱财"的行家好手，非一般商贩可以比肩。③ 即便如此，在人口众多、消费需求旺盛的商业市镇，升斗小民亦可通过勤做小买卖致富，实现财富阶层跃升（由赤贫到小有积累），以至"汉皋遍地是金银，局运来时易转身。盐豆花生野鸭子，发财一半是穷人"。④ 另有明清时期在商人中广为流传的俗语云："要做生意你莫愁，拿好本钱备小舟。顺着汉水往下走，生意兴隆算汉口。"显然，这则俗语简直将汉口描绘成穷人经营小本生意致富的宝地。在这种商业氛围下，人人争相逐利似在情理之中。至于因厌贫慕富而努力赚钱，古往今

---

① （清）叶调元著，徐明庭等校注：《汉口竹枝词校注》卷二《时令》，湖北人民出版社1985年版，第69页。

② （西汉）司马迁著：《史记》卷一二九《货殖列传第六十九》，中华书局2005年版，第3256页。

③ （清）叶调元著，徐明庭等校注：《汉口竹枝词校注》卷一《市廛》，湖北人民出版社1985年版，第18—24页。有关清代汉口各帮经营大宗商品种类和年贸易额，可参见张笃勤：《清代汉口的商帮与会馆》，《档案记忆》2018年第9期。

④ （清）叶调元著，徐明庭等校注：《汉口竹枝词校注》卷五《杂记》，湖北人民出版社1985年版，第107页。

来皆无可厚非。在清代汉口这样繁华富庶的市镇，财富多寡对居民的情感刺激和现实影响可谓无处不在。是故，清代文士李云田《汉口舟次》诗云："久贱甘人弃，长贫觉命轻。"① 况且，商民普遍逐利带来的财富积累为清代汉镇民众扩大商品消费提供了可能，而市民消费能力的加强又会反过来刺激市镇经济的发展。

财富观念和消费行为对人的多重影响值得深究。有研究消费文化的学者指出，大规模的物质消费，不仅会改变人们的日常生活，改变人们的衣食住行，而且会改变人们的社会关系和生活方式，甚至改变人们看待这个世界和自身的基本态度，也就是世界观和价值观，最终是作为人的本体存在方式发生了改变。② 也就是说，消费心理和消费行为会塑造人的价值观念。清代汉口大众普遍"趋利"和热衷"炫富"的影响亦可作如是观。转运贸易的强劲发展势头、百货齐备的繁华商业景观以及"五方杂处"的移民社会背景，为明清汉口民众的实用主义思想、趋利和炫富并举的行为取向提供了绝好的环境。也正因为如此，才有前述康熙《汉阳府志》中提到的汉口中人之家不肯"内实积藏"，而"以质朴为鄙陋，以奢侈为华美"之世态；并有后来道光朝贫家女子为过上锦衣玉食的奢靡生活，不惜嫁给比自己父母都年长许多的有钱白头翁（她们的父母为获取大笔彩礼亦乐意为之）之世相，即清代文人专门记录的所谓"楚人嫁女利为罗，不管新郎鬓发皤。要戴金珠穿锦绣，更无妯娌与公婆"。③ 有人甚至认为，"汉口人嫁女只求丰衣足食，皤皤白发所不计也"，乃"习俗如此，所以内政不修"。④ 这种只图金钱的畸形

---

① （清）范锴撰，江浦等校释：《汉口丛谈校释》卷三，湖北人民出版社1999年版，第143页。

② 罗钢：《消费文化读本》，中国社会科学出版社2003年版，"前言"第1页。

③ （清）叶调元著，徐明庭等校注：《汉口竹枝词校注》卷四《闺阁》，湖北人民出版社1985年版，第84页。

④ （民国）徐焕斗编撰：《汉口小志·风俗志》，江苏古籍出版社2001年版，第3页，影印底本为1915年刊本。

## 第六章 清代开埠前汉口的大众消费文化

婚姻，往往以黑发少妇席卷钱财逃跑，白发老夫人财两空，只好兴讼索人的结局收场，即所谓"开笼放雀囊空后，拖艌年年有几场"，并且附注云："老夫娶少妇，受累不一"，"其求去者之辞曰开笼放雀，暗地卷财，主人不觉，乘间私逃，兴讼索人，俗语总括之曰'拖艌'。"这种"不顾常俗""金钱至上"的婚嫁行为不仅遭时人耻笑，还被讥讽为"一树梨花傍海棠，百般趋奉不相当"。① 即使在今日，这种唯利是图的婚姻闹剧亦同样引人侧目。

除了婚嫁，汉口下层女性利用性别与身体"逐利"的行为并不鲜见。一些汉口贫寒人家的女儿被家人卖掉，从此命不由己，终至"辗转为娼"，此乃被迫出卖身体维生；一些妇女则在节庆或晴日野游时惯于精心装扮，在"炫富"之余，更着意勾引轻浮子弟以"招财"，被严厉斥之为"夫纲不振，廉耻道丧"。② 另有摒弃浓妆艳抹做派，但凭天然风姿之"女荡子"去汉口富人家中提供性服务以获取钱财。③ 值得注意的是，清代汉口的僧尼在"敛财"方面也很有手段：僧人依附各商帮会馆不愁钱财，喝酒吸烟，放荡不羁；尼姑看似比僧人更加遵守清规戒律，但实际也是"生意靠裙钗"，"做会看经总进财"。④ 至于"贫家卖女趁丰年，一纸文书值万钱"⑤ 则表明，人们还会为一"利"字罔顾亲情，将女儿当作商品从容卖掉。

显然，在普遍逐利的社会心态推动下，此际汉口市民（含僧尼）对儒家传统的"僭越"用"离经叛道"或"逆道叛常"来形容都不为

---

① （清）叶调元著，徐明庭等校注：《汉口竹枝词校注》卷四《闺阁》，湖北人民出版社1985年版，第85页。

② 同上，第84页、98页、99页。

③ （清）叶调元著，徐明庭等校注：《汉口竹枝词校注》卷五《杂记》，湖北人民出版社1985年版，第163页。

④ 同上，第131页、132页。

⑤ （清）叶调元著，徐明庭等校注：《汉口竹枝词校注》卷四《闺阁》，湖北人民出版社1985年版，第84页。

过，以至知识精英（特别是汉阳地方官员）极力追崇的淳朴民风几近阙如。《汉口竹枝词》的作者叶调元对此颇为不满，斥曰："夫逐末者多，则泉刀易聚；逸获者众，则风俗易陨。"① 叶氏的斥责并非文人墨客的迂腐之词。在"男多女少"的汉口，一些以代客商洗衣为生的女性为了获得更多的钱财，不惜以卖淫为第二职业，以至"（行栈商人或学徒之）卧房常住浣衣娘"。②

## 二、市民炫富之风日炙

在大众"炫富"方面，除了前引康熙《汉阳府志》提到的汉口市民在嫁娶婚丧方面大肆铺排，他们在节日娱乐方面的奢侈浪费亦可谓不遑多让。据《汉口丛谈》载："《大端阳行》云：'午日龙舟闹江水，楚俗相传吊屈子。无端更有大端阳，初五日至十八止。剪纸为舟逼肖龙，中坐神像装束工。迎处妖娆杂妇女，扛来敲侧集儿童。金彩高张锦翠铺，极工穷巧尽欢娱。游民废业事厥役，半月以来争追呼。典衣卖器供尊馔，肉山酒海腥风煽。急管哀弦恣牛饮，长旗大鼓疑龙战。'"③ 为端午娱神而不惜荒废本业长达近半月之久，甚至典当家中衣服和器具以

---

① （清）叶调元著，徐明庭等校注：《汉口竹枝词校注》，湖北人民出版社1985年版，"自叙"第1页。

② （清）叶调元著，徐明庭等校注：《汉口竹枝词校注》卷一《市廛》，湖北人民出版社1985年版，第29页。

③ （清）范锴撰，江浦等校释：《汉口丛谈校释》卷二，湖北人民出版社1999年版，第127—128页。道光年间，每逢五月端阳节，汉口有迎神赛龙舟之民间习俗，其中米厂码头举行龙舟赛会，并搭台请徽班扎彩唱戏谢神，尤为热闹，但所费甚巨，竟至不能年年为之。具体参见（清）叶调元著，徐明庭等校注：《汉口竹枝词校注》卷二《时令》，湖北人民出版社1985年版，第50—51页。

维系煊赫排场，实与前述道光年间汉口平常人家不惜"千金置就御寒袍"之做派并无二致。需承认，在汉口，于"炫富"方面最具实力的仍是富豪阶层。他们既是"积累财富"的商业精英，也是"消费财富"的中坚力量。除了喜居重门深宅、偏好修筑园林宫观、追求锦衣玉食外，他们在出行方面亦颇阔气——"豪商大贾乘间出，簇簇油舆辟路行"。① 随着烟草消费的广泛流行，乾隆朝不仅有南北十几种名品烟丝在汉口畅销，而且富人使用的水旱二种烟管"皆穷极工丽"；以玻璃为瓶之舶来品——鼻烟壶，为奢侈消费品，汉口的"贵人以珠玉金宝为小壶盛之，出入掌握，间吸之以鼻"。②

另外，在丧葬准备方面，凡千金之家其备用棺椁无不选用昂贵的楠木，棺材两头精工镂刻菊花纹样，并且每年都要仔细油漆一番。③ 楚人俗重鬼神，以至于丧葬仪式之久、耗费之多让观者为之惊叹。《汉口小志·风俗志》曰："丧礼含殓丰厚，多以宝玉殉葬者。死者木主（即木牌位）多聘贵显者题点。下葬必卜地卜日延浮屠、黄冠、方相。明器以巧为能，亭绰幡帐以多为贵。人死至七日为头七，递数以至七七或十七。俗云每七日过一阎罗，请僧道诵经焚楮，又以竹为箱形，糊以纸而实寓钱其中谓之箦，或装之纸袋内谓之包袱，上书死者姓名，不经之甚，然莫之或易也。……信巫鬼，重淫祀，负性使气，乃其故习。"④

---

① （清）范锴撰，江浦等校释：《汉口丛谈校释》卷二，湖北人民出版社1999年版，第135页。

② （清）章学城著，郭成康点校：《湖北通志检存稿》卷一《食货考》，湖北教育出版社2002年版，第36页。

③ （清）叶调元著，徐明庭等校注：《汉口竹枝词校注》卷五《杂记》，湖北人民出版社1985年版，第127页。

④ （民国）徐焕斗编撰：《汉口小志·风俗志》，江苏古籍出版社2001年版，第3页，影印底本为1915年刊本。虽然《汉口小志》底本于1915年刊印，但是这里所写的汉口丧葬习俗是长期形成的，具有很强的稳定性。

不过，在俗重丧事的地方语境下，在遵循传统的巨大压力下，丧事过度铺张也有不得已之处，不全是"炫富"。①

然则，"炫富"并不限于经济实力强悍的大商贾。富家大户的得势奴仆受"主家"铺张奢靡之风的感染，在"炫富"方面更是不遑多让。② 他们"多居本地"，"排场气焰过于上人（本家主人）"——不

---

① 以笔者亲身经历和长期观察为例，笔者的爷爷奶奶先后于20世纪80年代和90年代逝世，均在笔者父亲主持下举行了烦琐的七个七的丧葬仪式（即每隔七天举行一次仪式），每个七都要延请道士、和尚等全天候念经和做法事，从早到晚焚烧的木刻经版印刷的"往生钱"难以胜计，请专门的匠人糊制的数层楼阁模样的彩色"灵屋"内从各种家具到床铺被褥等一应俱全，甚至配置车马、侍从。家族中没有出五服的亲友悉数到场披麻戴孝长跪于供奉亡人木主位、四壁挂满吊孝"轴子（多为绸布，上书简略悼词，落款写明亲属关系+某某敬吊）"的厅堂，如果亲友来得太多，甚至跪到大门外的场院里，这些丧仪场景给笔者留下了深刻的印象。从理性的角度讲，笔者的父亲为了体现孝道，在举行这两次丧事时几乎到了不顾家庭实际收入多寡的地步，确实伤害了家庭的整体利益。不过在当时鄂东北地区普遍重视丧葬的传统习俗熏染下，做子女的很难因为经济状况不佳而主动简化丧葬仪式。因为，丧葬声势浩大、花销的庞大，是乡土社会中的"脸面"问题，与其说是为告慰亡者，不如说是为生者举行的"奢侈仪式"——这是笔者的父亲在近三十年来家乡的丧葬仪式极端简化后形成的反思性认知。

② 晚清时期驻日本驻汉口领事水野幸吉根据他对汉口市民长期观察，在《中国中部事情：汉口》一书中谈道："世界上恐怕没有哪个国家能比中国人更重视服装，无论是小店铺的伙计，还是仆人、杂役，如果能有所积蓄，必须先要制一套衣服，成为拿命都不愿意置换的宝贵财富。每当节日来临，他们身着丝绸服装，浑然不觉是否与身份相符之事。"足见汉口底层民众在服饰炫富方面格外执着，直至清末仍保持这一风尚未变。参见（日）水野幸吉著，武德庆译：《中国中部事情：汉口》第二章《衣·食·住》，武汉出版社2014年版，第11页。

仅"美食华衣奉养丰",穿高级衣料精工制作的马褂,还"呼奴叱婢气豪雄"。① 寻常百姓同样卷入"炫富"风潮不能自拔。有的汉口市民为了表面上的衣着体面,不惜向皮货铺赊账置办奢华行头,每遇商家上门讨债则避之不见。② 当然,汉镇平民沉湎于过度消费的远不止皮货这类奢侈商品,拖欠馆账(酒菜钱)、借钱以便各种"装体面"司空见惯,无论讨账人再怎么凶(譬如提刀索债),也拿他们没办法。③ 前述汉口平民妇女无论老少效仿青楼女子服饰风尚,争穿用料考究、做工繁复的"托肩褂子""绲边裙",本质上就是"炫耀性消费"。早在康熙初年,就有三楚视学魏学渠对汉口市民"趋利如织""所尚者淫侈"的社会风气颇感忧虑,遂在为康熙《汉阳府志》撰写的《汉阳府志序》里谈道:"汉镇为天下四通五达之衢,商贾辐辏,舟樯鳞集,烟火几十万家,可谓盛矣。当事者忧焉,忧以汉人之往来趋利如织,所习者夸诈,所尚者淫侈。……凡汉之殷繁丰殖,皆非汉之土著也,而适以为土著者患。其小人者习之,逐末捐本。其君子习之,亦务华而失实。则不惟民病,士亦病,皆是守土者之责也。"④ 魏氏对康熙初年汉口"人慕浮华""争相逐利"之世风深为焦虑的心情可谓跃然纸上。

不过,这并不是说明清时期所有的汉口民众都是趋利炫富之徒。热

---

① (清)叶调元著,徐明庭等校注:《汉口竹枝词校注》卷五《杂记》,湖北人民出版社1985年版,第124页。

② (清)叶调元著,徐明庭等校注:《汉口竹枝词校注》卷二《时令》,湖北人民出版社1985年版,第66页。

③ 同上,第64—66页。

④ 武汉市汉阳区方志办公室编:《康熙汉阳府志》魏学渠撰《汉阳府志序》,湖北人民出版社2014年版,第6页,底本为(清)陈国儒修、王世显等纂清康熙八年(1669)刻本。

衷于逐利和炫富的主要是那些以商业为生的市民。至于以渔业和农业为生的汉口"土著",受生存境遇所限,以及朴实生活方式的浸染,大多未受汉口商民普遍逐奢风气的影响,依旧保持勤俭持家的习惯。前引《汉口小志·风俗志》云:"汉口地势低洼,两面濒水,故其人脆弱,俗尚奢华,喜文字,然硚口上下暨后湖一带农民则俭朴耐劳。"① 另有一些流寓汉口的文人士子当中不善于生计者,也很憎恶骄奢淫逸,极力主张应当追求朴实无华的人生态度。显然,他们和"土著"一样,都属于与炫富之风背道而驰的群体。从常理出发,亦可想见肯定会有不少在汉口白手起家的商贾,更愿意遵循"财富必由勤苦而后得,得之必节俭而后丰"的价值理念,商业拓展积累更多的商业资本。②

## 三、对"趋利""炫富"之辩证思考

自晚明以降,汉口在全国贸易市场蓬勃发展带来的"重商"思想③冲击下,"趋利""炫富"早已成为无可回避之现实。这实际上与当时的价值观念和社会风气的转变是一致的。晚明以来,"人们的价值观与社会风气也为之一变,拜金逐利、'锱铢共竞'成为一时的社会风尚。'金令司天,钱神卓地','党里之间,宾朋之际,街谈巷议,无非权子

---

① (民国) 徐焕斗编撰:《汉口小志·风俗志》,江苏古籍出版社2001年版,第3页,影印底本为1915年刊本。

② (明) 李留德撰:《客商一览醒迷》,崇祯八年 (1635) 刊行;有关明代商业行为规范问题的探究,还可参见张海英:《明清"商书现象":经济文化视野下的观察》,《南国学术》2018年第2期。

③ 有关晚明时期商业迅猛发展对延续千余年的"贱商""抑商"传统思想的冲击,参见周健自:《从贱商到重商:论〈三言二拍〉对传统观念的冲击》,《黔南民族师专学报 (哲社版)》1998年第1期。

母'。金钱至上的观念影响到社会生活的方方面面,'时间人睁眼观见,论英雄钱是好汉。有了他诸般趁意,没了他寸步也难',真可谓'人为铜钱,游遍世间','求人一文,跟后擦前'。一向备遭困辱鄙视的商人吐气扬眉,发出'市井贱夫,最有理者'的呼喊,就连雍正帝也无可奈何地感叹:'山右大约商贾居首……最下者方令读书,朕所悉知,习俗殊可笑。'传统的尊卑长幼等级秩序受到金钱观念冲击,'奴富至数百万,初缙绅皆丑之,而今则乐于为朋矣,即地方监司亦多与往来,宴饮遗馈,恬然无复廉耻之色。'逐金致富之余,社会上普遍追求奢侈享乐,'厌常喜新,去朴从艳',蔚成风气"。①

与此同时,汉口从荒滩到巨镇的崛起过程,刚好契合晚明以来的这股商业大发展的时代风潮。正是在商业贸易兴盛的氛围里,"逐奢"和"炫耀性消费"的社会风气促使清代(开埠前)汉口民众在大胆"越礼""逐奢拜金"方面展现出几近"无所顾忌"的气性。这显然背离了古代中国重视"积累财富"而抑制"消费财富"的伦理规范。该时期汉口市民对"传统的反叛"不仅体现在畸形的婚姻方面,而且在日常生活中还有更加让人骇异的表现。这种骇异表现主要体现在"落俗(甚至粗鄙)"且"开放"的大众娱乐消费方面,尤其是茶馆、妓院、戏台等休闲娱乐空间构筑的街头文化消费方面。因为,经济上升时期的市民生活变革,亦对形成独特的地域文化景观有着直接而深远的作用。

清代(开埠前)汉口市民的"趋利"与"炫富"如同钱币之一体两面。在商业繁盛的大环境下,人人逐利,易于将尽可能地获得财富视为人生之要义,也会甘于为这一目标付出各种努力。当商民获得一定的

---

① 曹大为:《明清农耕文明的鼎盛及其在世界工业文明潮流中的陨落》,《史学理论研究》2002年第4期。

财富之后，每天面对商品云集、市肆林立的汉口日常，逐渐走向热衷消费的道路也是水到渠成的事。很大程度上，在人口稠密的汉口，大众争相发财致富和不吝消费的观念足以拉动市镇的迅猛发展。相应地，经济的发展又会反过来提升市民的收入和消费能力。另外，在当时水火灾害频发却束手无策的汉口，无论富商巨贾，还是升斗小民，他们的人生皆充满无常。于是乎，通过炫耀消费来及时行乐，借以确定当下的存在感，似乎成为众多汉口移民在面对充满不确定性的未来时的安慰剂。尽管"趋利"与"炫富"与"重农抑商""勤俭持家""崇尚质朴"等传统理念相去甚远，因而屡被时人诟病，但汉口作为商业移民市镇，本身就与小农经济为主的乡土社会存在极大差异，繁荣的商业不仅促进了社会财富的增加，而且对传统价值观念的消解在明中期已露端倪，至晚明时期则已司空见惯。在这种情况下，仍以旧有的价值尺度为标准，不断诟病汉镇商民"争相逐末""以俭朴为耻"，无疑近乎苛责。是故，无论地方官员或文人士子怎样强调要以儒家教化为手段来淳化汉口之风气，均未能奏效。①

有学者对此十分精当地评析道："明清之际一些先进知识分子重科学、讲实际，高扬断义逐利、经世致用的主张，以'负万死不回之气'的反传统精神，'凡千古相传之善恶无不颠倒易位'，掀起一场批判旧世界、除旧开新的思想解放运动。他们猛烈地抨击'存天理，去人欲'的虚伪冷酷戒条，宣称'私欲之中，天理所寓'，充分肯定作为人本能要求的情感欲望和私利的合理性；反对用德礼刑政把'千变万化活泼

---

① 不过，这并不意味着明清汉口市民均是不知俭朴为何事之人。除了第五章论及的汉口以农业和渔业为生的"土人"普遍比较朴素，仍遵循传统的勤俭持家的理念外，一些勤劳朴实的小生意人深知钱财来之不易，不乏节省俭朴之辈。

之理，而执之以为一定不可易之物'，粗暴地'强而齐之'，要求顺应'自然之性'，'各从所好，各骋所长'，使个性得到自由发展。"[1] 显而易见，明清汉口市民普遍趋利逐末、人尚浮华的行为背后不乏相应社会思想潮流的推动。

## 第四节 "落俗"且"开放"的街头消费

大众的购买能力、商品供给的丰富程度是拉动地方消费的重要条件。清代（开埠前）汉口的社会分层与流动特别明显。通过商业贸易获得财富从而改变自身经济地位可谓司空见惯。与此同时，作为清代著名的商业市镇，汉口不仅"路衢四达，市廛栉比，舳舻衔接，烟云相连，商贾所集，观觇之货列隧，无价之宝罗肆"，[2] 而且餐饮业、娱乐业均很发达，为众多从事小买卖发家致富的"发财"者、富商巨贾、贩夫走卒、流寓文人等提供了种类丰富、各取所需的消费品。是以，在"炫富"和"逐奢"风气裹挟下，清代汉镇市民不吝消费乃是顺理成章的事情。其中，以街头为主的消费空间成为管窥该时期汉口大众消费文化面相的媒介。

街巷是汉口大众消费文化展演的空间，甚至可以看作是空间消费[3]

---

[1] 曹大为：《明清农耕文明的鼎盛及其在世界工业文明潮流中的陨落》，《史学理论研究》2002年第4期。

[2] （清）范锴撰，江浦等校释：《汉口丛谈校释》卷六，湖北人民出版社1999年版，第367页。

[3] 所谓空间消费，即以空间作为消费品向大众提供服务。诸如茶馆、青楼、酒肆、剧场的经营者，都是有针对性地利用空间发挥其商业价值，顾客则从这些空间消费品类的消费过程中满足身心需求。

最为引人注目的展示平台。作为繁华的商业市镇，汉口最为本色的街头营生，在终极节点上都可以抽离成买卖关系的建立与完成。这包括实物商品的直销与中转，行栈或钱庄为商人提供服务，手工制造作坊向商贩售卖产品，民间艺人向公众表演谋生，菜农出售时令蔬菜，苦力向雇主出卖劳动力，酒楼茶馆仰食并服务于食客、茶客，妓女（以身体为商品）为嫖客提供情色服务等。无可置疑，在这个人口密集的商业与手工业并重的移民市镇，只要涉及谋生与发展，从巨富到赤贫都会卷入这一纷繁复杂的"买卖关系"网络中，共同演绎出千姿百态的汉口街头商业文化景观。虽然趋利是其最为核心的特质，但清代汉口的街头娱乐消费文化凸显出"开放"与"落俗"并具的特点。清前期汉口大众参与的公共空间消费活动，主要体现在以下几个方面。

## 一、 近似微型社会的茶馆

茶馆是明清时期汉口最有特色的公共空间之一。清代（开埠前）汉口的茶馆不仅数量多，分布集中，而且逐渐形成以一定社会层级和职业身份为区隔的大众公共消费空间。当然这种分隔在社会阶层流动不居的汉口是不难打破的。在废襄河旧地，风景秀丽，"茶肆罗列"，管弦丝竹不绝于耳；极具盛名的后湖地带有茶肆数十处，其中位于大观音阁后的"白楼"最为著名，"轩窗豁达，槛曲廊回之内，皆设小座"，多为风雅文人汇聚之处。[①]（汉水）沿河一带比较体面的茶馆主要招待商贾。清代文人通过亲身体验得出"沿河馆比后湖高"的品茶消费经验，

---

① （清）范锴撰，江浦等校释：《汉口丛谈校释》卷一，湖北人民出版社1999年版，第51—55页。

## 第六章　清代开埠前汉口的大众消费文化

因为这里环境优美——"水光山色座中招",茶叶精细——"茶叶常嫌瓜子大",茶具雅致——"瓷器精工用淡描"。① 陈设雅洁、茶叶精细的茶馆作为消费场所,于品茗休闲之外,还可以发挥人际关系的建立和维护、信息的流通与交换等社交功能。相比而言,装饰和设备简陋的茶馆或茶摊则主要是为底层民众服务,他们在这里歇息,相互分享见闻、打听劳动力行价或等待被雇佣。不过,即便是以底层劳动者为主要顾客群,遍布市内和郊野的简陋的茶店,亦供应瓜子、粗茶、旱烟、水烟等消费品,并且不乏各种民间卖唱者献艺。②

茶馆既是公共消费场所,也是微型社会:展示着汉口千行百业和各阶层人士的万千个性和生活面貌。人们在这里谈生意、解乏、赏景、联络感情、消磨时光、打探信息,乃至卖艺(说书与演唱)谋生。同时,茶馆还是衣着、体态及相貌乃至情绪等身体文化的开放性展示场所——每个在场的男人、女人,既是看客也被他人观看和品评。清代汉口的茶馆"弦歌喧耳""士女杂坐"③,足以管窥在前现代中国商业发达的移民市镇,"男女之大防"的传统观念已很淡薄。尽管关于清代汉口遍地开花的"食肆""饭馆"是如何对男女开放经营的记录尚且难以寻觅,但可以从前述汉镇底层妇女"且慢梳头先过早,粑粑油饺一齐吞"的街头早餐消费场景得窥一二。简言之,这种经由消费空间的开放性带来的社会性别空间区隔的模糊乃至消融,为清代汉口市民在男女关系"越轨"方面提供了便利。例如,"欲把深情寄与哥,无奈当场熟人多。

---

① (清)叶调元著,徐明庭等校注:《汉口竹枝词校注》卷一《市廛》,湖北人民出版社1985年版,第27页。

② 同上。

③ (清)范锴撰,江浦等校释:《汉口丛谈校释》卷一,湖北人民出版社1999年版,第53页。

琵琶遮面秋波溜,郎自吃茶侬自歌"。①

## 二、街巷暗处的人生舞台

与茶馆文化的开放性不同,清代汉口街头的青楼(妓院)文化是在街头暗处上演的人生舞台剧。这里的青楼有官私、雅俗之分;以"上路以义和轩巷,下路以青莲楼为著名","皆散处于巷之后街之间,暗室低楼";"所谓官者,门前晚悬大灯,内则五六人,或八九人,歌韵悠扬","客至则杯盘狼藉,嬉笑喧呼";"私则闭门寂静,或一二人,或三四人","居后街幽巷间"。② 嘉道之际亲历此间风月场所的儒商,在缅怀昔日与烟花女子交往时情采、文采交织的美好时光之余,还将这般经历总结为"少不检括,以致老大飘零"。③ 因为,自晚明以降,汉口一直是众多没有家眷随居之文人士子、行商坐贾的漂泊地。乡关迢迢,人生苦短,慷慨解囊向"青楼买笑,红粉追欢"自然成为"万里飘零客"寻求身体和精神慰藉的常规选择。于是乎,"贵游公子,旅食词人,或跌宕文酒,或流连声色",放浪不羁,即"坠珥遗簪,迨月落而欢情未歇,荡魂伤精,一醉累月"。④ 加上清代汉口的男女性别比严重失衡,面向不同消费能力的顾客之欢场生意非常火爆。

汉口的中高端妓院多以盛妆之女、歌舞表演和连番酒筵等营销手段

---

① (清)叶调元著,徐明庭等校注:《汉口竹枝词校注》卷三《后湖》,湖北人民出版社1985年版,第78页。

② (清)范锴撰,江浦等校释:《汉口丛谈校释》卷六,湖北人民出版社1999年版,第367—368页。

③ 同上,第413—415页。

④ 同上,第367页。

招徕生意。前往高等妓院的消费者，其身份往往非富即贵，供他们消遣的妓女多半擅音律、能歌舞。"郑声齐语，琵琶一曲，灯火留髡"，"觥筹杂沓""开竞醉之筵"，"脂粉浓妆""作迷香之洞"，无不将恩客视为"摇钱树"或"销金锅"。① 例如，在楚从事贸易而拥巨资的胡姓商贾，为汉口湖上画舫中的美妓石秀芸所惑，竟至"一顾千金，尚难留宿"，"而妓专利其资"。② 前已提及的盐商范锴则将高档妓院看作"销金窟"，贵妓须"千金买笑，十斛量珠"，却长年聘于其中"买酒听歌，借以自放"；出类拔萃的高级妓女（"女校书"）姿容"秀曼都雅"，才情卓然，唱和诗文、演奏器乐样样精通，成为儒商或文士漂泊汉皋之"解语花"；私娼或"歪妓"则散处各处，诸如新安会馆后面、米厂码头等小商小贩和雇佣劳动力密集地带，放眼望遍是"席篷作屋，竹片为床，卖笑倚门，招摇论价"之贫妓。③ 因底层市民之皮肉交易过于直白鄙陋，被风雅文人斥为"人而禽兽，眼前即地狱"。④ 另外，前文已经提及一部分妓女系行栈生意场上的得力"公关"角色，被商家雇佣来取悦客户，以利于买卖成交。实际上在汉口委身妓业的人远不止这些

---

① （清）范锴撰，江浦等校释：《汉口丛谈校释》卷六，湖北人民出版社1999年版，第367页。

② 这位艳名遍及汉镇、吸金能力超强的妓女石秀芸虽然对钟情于她的胡姓商人冷淡无情，但她为与"素有房术"的汪姓男子"春宵一度"而不惜"广废金银"，"竟至阴脱而卒"。与其他更看重与文人士子诗书唱和的雅妓相比，秀芸堪称"放荡无匹"。最后，胡姓商人前往收尸并出资办理丧事。有关胡、石、汪三人间淫奢、冷酷与情义交杂之故事，具体参见（清）范锴撰，江浦等校释：《汉口丛谈校释》卷六，湖北人民出版社1999年版，第380页。

③ （清）范锴撰，江浦等校释：《汉口丛谈校释》卷六，湖北人民出版社1999年版，第370页、375页、398页。

④ 同上，第370页、372页。

官私窑子里的女子、乞讨少妇、浣衣娘、唱婆子等无论姿色高下，随时都有可能为生计或纯粹为获得更多经济来源而卖身，从容出入单身男子的卧房。①

清代（开埠前）汉口的性交易之所以如此普遍，除底层妇女为贫穷所迫外，更与这里单身或常年远离妻妾的男性居多的畸形人口结构有关。② 与此同时，巨贾富商和文人士子云集则为汉镇中高档妓院遍地开花提供了商机。也因此，清代汉口性消费的本质就是女性身体的商品化。在物欲横流的繁华汉口镇，普通市民身上同样表现出令人惊叹的性开放姿态。甚至在面对交换配偶的性游戏时亦恬不为怪，即所谓"对门并户，男女杂眠，无心者以羊易牛，有意者指鹿为马"。③ 撇开这种令人鄙薄的"放荡"之人外，踏春时节，在公开场合对儒家强调的"男女授受不亲"思想不以为意的轻薄之徒亦不鲜见。《汉口竹枝词》云："艳装冶服去寻春，为避狂且又发嗲。吆喝一声花扫碎，归来空恨打围人。"叶调元另附按语曰："装束艳冶者群相追逐顾盼，或发娇嗔。诸恶少四面环噪，拔去簪珥，辱及肌肤，谓之'打围'。固由习俗之坏，亦冶容以诲之也。"④ 要言之，汉镇妓业的繁荣，以及市民之性放荡态度，显然与其商业移民社会背景和性别比严重失调直接相关。

---

① (清) 叶调元著，徐明庭等校注：《汉口竹枝词校注》卷一《市廛》，湖北人民出版社1985年版，第29页。

② 据《汉口小志·户口志》统计的汉口丁口数据，成年女性人口数为成年男性人口的三分之二弱。参见 (民国) 徐焕斗编撰：《汉口小志·户口志》，江苏古籍出版社2001年版，第3页，影印底本为1915年刊本。

③ (清) 叶调元著，徐明庭等校注：《汉口竹枝词校注》卷五《杂记》，湖北人民出版社1985年版，第153页。

④ (清) 叶调元著，徐明庭等校注：《汉口竹枝词校注》卷四《闺阁》，湖北人民出版社1985年版，第86页。

## 三、迎神赛会与戏曲表演

此外，民间小儿女在街头的杂技表演、红白喜事的热闹演出、节日踩高跷、迎神赛会庆典活动、逛灯市、花市以及春日集体出游赏景、进香和朝拜等各种嬉戏娱乐活动丰富了汉口的市镇生活，亦生动体现了其市井文化的开放性。在汉口颇受欢迎的民间曲艺表演来自不同身份特征的人员，各显风流意气：有被称为"女史"的歌姬，比如范锴笔下的林韵卿"曼声一曲，足令荡人心魄"[1]；更有"大智坊各行寓中，商贾杂处，时有少妇青衣布素，手挈竹篮，入市若缝纫者，实善唱小调也，名曰：'唱婆子'，'黑漆包头白粉腮，竹筐携去店门开。等闲爱听清平调，十个金钱唱一回。'"[2]

此外，以茶肆为主体的娱乐场所和职业的丝弦班社，则推动了曲艺在汉口后湖地带的盛行：

后湖之有茶肆，相传自湖心亭开始。近若涌金泉、第五泉、翠乡、蕙芳、习习亭、鄀春轩之名为著，皆在下路雷祖殿、三元殿后。其余尚有数十处，弦歌喧耳，仕女杂坐，较上湖游人更盛。湖心亭，地颇疏敞，艺花叠石，位置亦宜。余昔有诗题云："曲曲栏杆短短篱，湖心亭外柳丝丝。风翻芍药徐煎画，雨酿黄梅贺铸词。人影散随弦鼓寂，茶香留看月灯迟。笑余赢得吟诗兴，偏在文园病渴时。"黄心盦和之云："下湖春比上湖多，病渴梅园每爱过。粉黛亦参卢陆座，筝琶常闹楚秦

---

[1] (清) 范锴撰，江浦等校释：《汉口丛谈校释》卷六，湖北人民出版社1999年版，第411页。

[2] (清) 范锴撰，江浦等校释：《汉口丛谈校释》卷二，湖北人民出版社1999年版，第134页。

歌。浇残绿雪消清昼,割尽黄云剩翠莎。只待铺平瓜蔓水,倚栏重约赋烟波。"①

在这段引文中,范锴述及湖心亭"弦歌喧耳,仕女杂坐"之饮茶听曲的雅致场景,与其好友黄心盦诗中"粉黛亦参卢陆座,筝琶常闹楚秦歌"之句甚为契合。此乃当时汉口文人雅士寄情茶肆进行娱乐休闲的绝佳记录。然而,戏剧演出才是汉口最具吸引力的街头娱乐文化。《汉口丛谈》中所载虞常泰著《李翠官小传》,记述了乾隆中叶汉口戏剧表演的盛况:

(李翠官)……尝见其演《杨妃醉酒》《潘尼追舟》,不独风致嫣然,且酒后娇憨,船中佺惚之态,描摹毕肖。而《玉堂春》一剧,悲啼与妩媚并生,尤臻绝妙。常谓人曰:"闻诸读书者云:'作文须代贤圣立言',戏虽小道,亦代古人传神也,故必以悲欢离合之情,若身历其境者,其庶乎神可传矣。"②

商业的繁盛对清代汉口曲艺发展的推动功不可没。市镇的繁荣为戏剧演出的兴盛提供了应有的物质保证和广泛的观众群。嘉庆末年,西皮、二黄已经是"腔板俱全"。道光初年,汉口已有十余班社,并涌现出不少众口称赞的梨园子弟。③ 每年三月,徽班在偏僻的东岳庙前搭台

---

① (清)范锴撰,江浦等校释:《汉口丛谈校释》卷一,湖北人民出版社1999年版,第53页。

② (清)范锴撰,江浦等校释:《汉口丛谈校释》卷六,湖北人民出版社1999年版,第410页。

③ (清)叶调元著,徐明庭等校注:《汉口竹枝词校注》卷五《杂记》,湖北人民出版社1985年版,第142页。

演戏，观者人山人海，"名为敬神实为戏"。① "每岁六月，有关王会，里中各演剧，迎赛最盛"，中秋佳节更要在"彩屏锦帐布几层"的戏台"演彻梨园"。② 湖南"人和班"以巴陵汉剧著称，常与汉口的汉戏班子搭班演出，其伶人应酬得体，举止"雅静宜人"。③ 通过吸纳周围地区戏曲元素而在汉口形成的新声，不仅在本地颇受欢迎，而且很快向外围地区扩散。嘉道年间，楚调（或汉调）进京更可以看作是汉口广泛吸收临近地区文化因子并加以创新，进而进行远距离文化输出的典范。

不过，和茶馆一样，戏班也有雅俗之分。除了由名角在正规戏班演出《玉堂春》《杨妃醉酒》等"雅剧"的消费空间，还有更具视听冲击力的野台子戏展示的"俗文化"消费空间。清人叶调元在其《汉口竹枝词》中回顾道光十三年（1833）他在汉口观看演出的情景，提到粗俗的野台子戏和人们在会馆、庙宇、宫观前的空地上组织的所谓正规台子戏充斥汉口，看客忘情狂欢；眼见戏剧演出市场火爆，颇有商业头脑的人便包银经营散台戏盈利，即"沈家庙里戏酬神，一节入官二百文。求福人多还愿众，戏台押得一包银"；叶氏附注云："（沈家）庙供关帝，愿戏颇多。管台者率以一本得二百钱，闻其押银五百两，亦异事也。俗以五百为一包。"④ 显然，戏班子要想在沈家庙演出，除每场要

---

① （清）叶调元著，徐明庭等校注：《汉口竹枝词校注》卷二《时令》，湖北人民出版社1985年版，第46页。
② （清）范锴撰，江浦等校释：《汉口丛谈校释》卷二，湖北人民出版社1999年版，第133页、第135页。
③ （清）叶调元著，徐明庭等校注：《汉口竹枝词校注》卷五《杂记》，湖北人民出版社1985年版，第149页、150页。
④ （清）叶调元著，徐明庭等校注：《汉口竹枝词校注》卷一《市廛》，湖北人民出版社1985年版，第16页。

交 200 文的场地租金外，还要交押银 500 两。如此高昂的"演出押金"让叶调元都感到既吃惊又不解。"愿戏颇多"则表明戏曲表演在汉镇广受欢迎。

更值得深思的是，声色娱乐场所既是经营者追逐利润而建立的消费空间，也为汉口大众提供了放松身心的空间消费选择。但更重要的是，观赏戏剧的这个特定的时空"场所"，暂时剥离了人们平日的职业贵贱等级阻隔和性别隔离，而融入戏曲观赏者这一同一性身份认同中。在这个意义上讲，内容粗鄙的野台子戏给观众带来的身份消融和集体狂欢有其存在的合理性。此外，粗俗的戏剧具有解放社会禁忌的作用，在汉口这个本就缺乏三纲五常束缚的商业移民社会里更是如此。往往台上戏子正演出粗陋的男欢女爱的色情段子，台下男女也开始了他们人生际遇里的情欲表演。粗俗文化虽然上不了台面，但对底层大众有着惊人的吸引力。清代汉口妇女对野地里的草台戏的追捧，不是为了看伶人演出，而是为了被看和看他人。所谓"浓妆岂为梨园到，半倩郎看半看郎"，指的就是"优伶未到，游女先来，富阃名娼依次而坐，淫词艳曲，荡目动心；浪蝶狂蜂，品香论色"①，场面既热闹又低俗，却又充满了人性解放的力量。

汉阳府的官员一向希望通过儒家教化之道淳化汉口风俗，因而对下流粗鄙的野台子戏演出并未放任不管，但收效甚微。汉口大众为观看被汉阳官府视为颇伤风化的粗俗戏剧（戏文的念白和唱词均充斥淫词浪语），不惜半夜三更打着火把奔赴土垱一带观剧；底层民众不仅是草台戏的最忠实的拥趸者，而且心甘情愿将自己挣的辛苦钱慷慨打赏（即

---

① （清）叶调元著，徐明庭等校注：《汉口竹枝词校注》卷四《闺阁》，湖北人民出版社 1985 年版，第 100 页。

"打彩")给令其入戏的伶人。① 正如英国戏剧评论家布鲁克所说:"最能给粗俗以力量的,当然莫过于粗鄙卑下的东西;污秽和庸俗本是自然现象,诲淫②不过是寻欢作乐而已:由于这些东西,表演就起了它社会解放的作用,因为流行文化本来就是反权威、反传统、反华而不实、反矫揉造作的。这就是喧闹的戏剧","粗俗也是达到某一理想的生气勃勃的努力……粗俗的戏剧则是和人的行为打交道的,而且由于它实际而直接——因为它兼任邪恶和欢笑——这种虽粗但却实用的东西,较之空空洞洞的神圣的东西似乎要好一点。"③ 归根结底,清代汉口民众"悉皆从俗,未能雅驯",乃与"居斯地者,半多商贾致富,书奇风雅勿尚"的社会现实至为相关。④

## 本章小结

在清代(开埠前)汉口这样一个商业蒸蒸日上的移民社会里,大众熙熙攘攘"皆为利来",从豪富至中产均普遍讲究奢华享乐,即使身为底层赤贫亦人人争相"发财",一旦手中有所积累便对吃喝穿戴娱乐之消费毫不吝啬。在相当程度上,正因为人们对财富的追逐和对商品消

---

① (清)叶调元著,徐明庭等校注:《汉口竹枝词校注》卷五《杂记》,湖北人民出版社1985年版,第150页、152页。

② "诲淫"的"诲"字为笔者更正,译文原文用"侮"字,然而"侮淫"实在不知何谓,很可能是排印时误将"诲淫诲盗之'诲淫'"误写为"侮淫"。

③ (英)彼得·布鲁克著,韦德等译:《空的空间》之《粗俗的戏剧》,中国戏剧出版社1988年版,第74页,第77—78页。

④ (清)范锴撰,江浦等校释:《汉口丛谈校释》卷二,湖北人民出版社1999年版,第76页。

费的热衷，使得这个中部商业市镇的地方文化呈现出背离儒家传统的特点。这些个性各异和处境不尽相同的流动不居的移民，共同营造了晚明至清中叶汉口镇"逐奢""落俗""开放"，并且极富生气的大众消费文化景观。也正是这些特质使得千千万万的移民在汉口找到了自己生存和发展的位置。或许，这才是明清汉口商业移民社会流光溢彩表征下，隐藏的丰富市井生活的真实底蕴所在。甚至可以说，正是带有"传统的反叛"精神的消费文化，塑造了清代汉口开放、包容的移民城市性格。

此外，晚明至清中期，虽然汉口的商业和手工业经济都获得迅猛发展，但是也因无法挣脱所处的时代政治环境和地理环境的影响，而频遭"人祸"（明中期楚地藩王和官府的盘剥、明清鼎革之际的战乱、清咸丰朝太平天国运动的破坏）和"天灾"（水灾或火灾）的侵害。① 况且，在以商业为主导的地方社会，财富的聚散本就无常——"扫得财来旋扫去"。② 于是乎，"处斯地者，如春燕巢幕，幕撤则倾；如壁蜗吐涎，涎枯则槁"。③ 这必然使得该时期在汉口谋生或寻求发展的芸芸众生更加注重当下生活的意义。因此，汉口大众普遍"趋利""炫富""放荡"等"越轨"现象背后实有其逻辑自洽之处。当然，这并不是说，清代（开埠前）汉口的消费文化世相全都粗俗不堪，不少富商巨贾和骚人墨客也有非常明显的"雅文化消费"偏好。更不能据此武断

---

① 参见拙作《商民、藩王及官府的博弈：嘉靖碑记凸显的汉口勃兴历史信息》，《武汉学研究》2019年第1期。

② （清）叶调元著，徐明庭等校注：《汉口竹枝词校注》卷一《市廛》，湖北人民出版社1985年版，第6页。

③ （清）叶调元著，徐明庭等校注：《汉口竹枝词校注》，湖北人民出版社1985年版，"自叙"第1页。

地认为，清代汉口市民在普遍"逐利""追奢"世风熏陶下全是毫无教养，只知道吃穿享乐之辈。实际上，那些世代靠渔业、农业为生的汉口民众必定是勤俭持家者多；那些家风淳朴、注重儒家传统思想价值的家族亦能培养一批出类拔萃的后辈。正因此，该时期汉口的大众消费文化有其复杂面相和丰富的内涵，并深刻影响了当时和后世汉镇居民的生活世界。

# 余 论

明清（开埠前）汉口商镇近 4 个世纪的发展历程（1465—1861）堪称传统中国新兴市镇在曲折中昂扬奋进的典范。明中期从荒滩到渔村，再在明万历初年从渔村跃升为大宗物资分销转运的船码头，进而在明末跻身为"天下名镇"，最后于清乾嘉之际成为以商业为主导、多种行业并存的"寰区巨镇"，并荣膺"天下四聚之首"的美誉。可以说，明清汉口的兴起与发展历程，基本契合了该时期中国社会经济发展的总体态势。尽管这 400 年间汉口的强势崛起和日趋繁荣并非坦途，期间先后经历了晚明恶劣政治环境的掣肘、明末清初改朝换代战乱的蹂躏、清中期太平天国运动的冲击，以及数不清的水患火灾的无情破坏。但是，开埠前的汉口不仅代表了在传统中国经济社会条件下市镇经济发展的新高度，而且为开埠后的汉口继续繁荣打下了坚实的基础。

鉴于明清汉口商镇兴起与发展的路径特征在正文中已多有涉及，在此，侧重其与传统市镇以及江南新兴商业市镇对比的角度，探讨汉口商镇自行发展出来的一些新因素与现代性倾向；并重新思考在受到外来因素刺激之前，汉口作为迅猛发展的新兴市镇是否具备自行走向现代化发展道路的可能。

# 余 论

## 一、路径特征与传统基调中的变奏

明清两朝鼎盛时期社会经济全面高涨，在中国自身传统农耕文明发展轨道上达到了一个新高峰。特别是清代，人们习惯以"康乾盛世"来歌颂当时中国疆域之广、人口之众、财富之巨、秩序之固。然而，就具体的历史情境而言，"康乾盛世"一词尚不足以关照方方面面。就传统社会经济领域而言，新兴市镇纷纷涌现是这一时期经济发展高涨的产物和耀眼的城市化标识。以全国最大的物资集散中心著称的汉口商镇和众多江南市镇就是这一时期新兴市镇的典范。江南新市镇多由农村市集发展而来。譬如，吴江县的盛泽镇，历史上素有"日出万匹，衣被天下"之称；明初尚为村落，嘉靖时期发展为集市（因水成市，沿河成街），居民约百家；清初，已成为以丝绸纺织品生产和销售闻名的大镇；乾隆年间臻于极盛，有居民千余家。又如，杭州府唐栖镇，本系"僻壤"，宋时籍籍无名，明初开运河，后又修塘岸转漕河，正德年间成为南北来往孔道，"水陆辐辏，商货鳞集，临河两岸市肆萃焉"，"岁计食货贸迁毋虑数十百万"，清康熙时称市，乾隆时称镇，且镇之规模颇大，"百货凑集，舟航上下日有千百，居民稠密，不数里间烟火几有万家，家无不饶富，名族亦有十余"。① 汉口的兴起与发展同杭州府辖下的唐栖镇比较接近，后者得益于运河的开凿提升了地理区位优势而发展起来，汉口则有赖于明成化汉水大规模改道成为沟通江、汉两大水系的跨区域商贸枢纽而快速兴起，进而在晚明时期发展成为长江中游以长

---

① （清）王同纂辑：《唐栖志》卷一《志图说》，第1—13页，中国国家图书馆藏光绪十六年（1890）刻本。

距离贸易为主轴的经济重镇。总的来看，在兴起原因与发展的时段上，汉口与江南等地新兴市镇的成长都与这一时期中国社会经济的总体发展进程基本吻合。或者说，明清时期（开埠前）汉口的总体发展趋势仍然契合了前现代中国新兴商业市镇演进模式的基调。

明清时期，新兴工商市镇的形成和发展与诸般社会经济条件息息相关：全国市场业已形成，商品经济空前活跃，外围经济环境总体向好，商业贸易区位优越（或与江南核心区有紧密的贸易联系），水陆贸易道路体系发达，原料生产日益专业化和商品化，手工制造业分工更趋细化和市场化，大量粮食物资投放各层级市场，从农村转移出来的自由劳动力持续涌入城镇，白银成为全国通行货币从而加速了商品的流通，传统金融业取得突破性发展等。正是在上述条件成熟的基础上，在一些农业和手工业经济发达、贸易区位优势显著的地区逐步兴起专业生产型市镇、转口贸易为主的商业市镇，或以海外贸易为主导的城镇。汉口逐步由小渔村、船码头发展成为以长距离商业贸易为主导，手工制造业、来料加工工业、金融服务业、少量农业、渔业、餐饮服务业、街头娱乐业等众多行业并存的多元发展的大型市镇，同样仰赖以上诸多因素，否则它就只能是一个三面临水、背靠龟山的孤岛。总体上讲，明清时期汉口在商业和手工业经营方式、来料加工技术，以及制造工艺和流程等方面与其他工商业市镇相比并无重大区别。

不过，值得注意的是，明清（开埠前）汉口在兴起与发展的具体路径和市镇经济结构等方面确实形成了自身的特点。与依靠众多专业市镇形成的层级明显的江南市镇体系，特别是那些上千年来早就是各层级地方行政中心的城市存在明显的差别。这种差异首先表现在经营方式和经济结构上，如江南的众多专业市镇，紧密依靠周边乡村，往往以某个大城镇为中心组成区域经济网络①；汉口则更多依靠远距离长途贸易分销大宗货物，使得它在很大程度上就是一个具有全国影响力的物资集散中心。同时，汉口自行加工生产大量商品，不仅从中赚取了不菲利润，还发挥了极其重要的地区间的商业联系作用。金融服务业的空前发达，为大宗贸易的融资和结算提供了极大便利，促使汉口在乾嘉之际臻于极盛，并借此成为全国数一数二的金融中心。前工业化时期高效率的水运系统和特殊的商业手段使得汉口克服了长距离、低技术的障碍，在开埠前夜成为真正意义上全国市场的中心都会。其次，虽然汉口并非与腹地完全隔离，但它在湖北中南部地区的经济辐射作用相对有限，主要是为了联结地区间贸易而兴起和发展，甚至在广大市民的日用品供应方面大部分是从跨省的遥远市场贩运而至，完全不似江南专业市镇较多仰赖周边产区。仅以粮食供应为例，尽管汉口周边乡村也是湖北的产粮区之一，雍正六年（1728）三月十一日，湖广总督迈柱在奏折中仍称汉口"人烟稠密，日用米谷全赖四川、湖南，商贩骈集，米价不至高昂"。②江南重镇则基本上是在"本地产米不敷所食"的情况下，才会需要"外省客米接济"。③可见，与江南核心区的大多数市镇相比，汉口对周边近邻乡村的依赖要微弱得多。再次，在地方社会构成方面，从前述

---

① 有关江南市镇经济的发展特点，可参见刘石吉：《明清时代江南经济研究》，中国社会科学出版社1987年版。另参见张建民：《湖北通史·明清卷》，华中师范大学出版社1999年版，第450页。

② 《朱批谕旨》第五三册，雍正六年三月十一日湖广总督迈柱奏，转引自郭松义：《清代的粮食贸易》，载《民命所系：清代的农业和农民》，中国农业出版社2010年版，第400页。

③ 《清圣祖实录》卷二三三，康熙四十七年六月乙丑条，转引自郭松义：《清代的粮食贸易》，载《民命所系：清代的农业和农民》，中国农业出版社2010年版，第400页。

"瓦屋竹楼千万户，本乡人少异乡多""九分商贾一分民"的人口特点可以看出，与江南地区那些较多立足于本区域发展的新兴市镇相比，汉口的工商业移民社会特征更为突出。

在此，需要专门指出的是，明清（特别是清代）汉口在受到外来冲击（开埠后西方势力的强势进入）之前已经在传统基调上发生了局部变异。这些新的因素与倾向主要体现在以下几个方面：

在经济层面，特别是经营方式上的一个重要特征，就是进入19世纪后汉口很多商人在买进卖出的分销、转运和货物贮藏的流程中，更加青睐于按照股份制的原则经营，投资者亦来自全国各地。根据日本学者的研究，传统中国"古典式"的合伙企业是从明代开始的，其结算体系的特征是按照每个投资合伙人投入资本所占的比例，来分配利润和分摊风险（这与领薪水的雇员大不相同）。19世纪前25年，负责具体经营的经理即"伙"与单纯的投资人"东"之间的区别越发明显。[①] 这在汉口的钱庄、银号、票号等金融机构的运营中体现得尤为明显。当然，这种"伙"与"东"的关系不限于金融业。道光年间叶调元记录

---

[①] 日本学者在研究中国古代合伙人制度方面取得了不俗的成绩。宫崎市定《合本组织的发达——中国近世生业资本的贷借补遗》（载《东洋史研究》十三卷5号）一文，简明扼要地谈及宋以后包括明清时期的"合本经营"问题。藤井宏《新安商人的研究》（载《东洋学报》三六卷一至四号），研究徽商资本形态时论及的共同资本，实际上是一种商业合伙资本。另有今堀诚二发表数篇系统探讨中国古代合伙制问题的论文，例如《十六世纪以后合伙的性格及其推移》（载《法制史研究》八卷1号），《清代合伙向近代化的倾斜——特别是关于东伙分化的形态》（载《东洋史研究》十七卷1号）；他在《清代合伙向近代化的倾斜》一文探讨明清时期工商业界所谓"东伙分化第一形态"之合伙问题时，率先提出了"机能资本家"与"无机能资本家"的概念。

汉口实景的诗句"栈房行店密于鳞，各有财东各有宾"①确凿无疑地表明，至少在1840至1850年间，汉口几乎所有类型的商行都存在着合伙经营关系。这表明，清前期汉口不直接参与具体经营的投资人已经十分普遍。早在18世纪前后，汉口就出现了职业经理人。最经典的例子莫过于徽商汪士良将他众多的汉口商行转交给一位山东籍的职业经理人，以便自己告老还乡。②这或许可以看作早期家族企业经营模式开始向理性经济模式转向。罗威廉还据总理衙门档案证明，19世纪中期，那些因各种原因被湖北道台调查过的汉口商行都是由来自全国各地的合伙人组成的。这些合伙人所在的商行看起来是由相当现代化的合资经营方式组织起来。③而且，开埠之前"买办"人员在汉口已经出现。一位湖南湘潭的大煤炭商雇佣湖南籍聂道平做经纪人，并且通过这位委托代理商将大量煤炭卖给汉口各省商人。④

在社会结构层面上，类似市民团体的组织已经出现，并且深刻地影响着汉口地方社会力量的构成和社区公共事务的管理。在这个五方杂处、人口密集的市镇，以地缘和业缘为纽带组成的地方团体组织无疑是保障地方社会运转秩序的重要机制。以新安商人清前期在汉口的表现为例，成书于1804年的《紫阳书院志略》卷七《艺文志》中有两篇文章

---

① （清）叶调元著，徐明庭等校注：《汉口竹枝词校注》卷五《杂记》，徐明庭等校注，湖北人民出版社1985年版，第112页。

② 邵强：《汉口汪玉霞发展史》，载《武汉工商经济史料》第一辑，武汉市政协文史资料研究委员会1983年版，第80页。

③ 《总理衙门档案》，转引自前引罗威廉著：《汉口：一个中国城市的商业和社会（1796~1889）》，第91—93页。

④ 同上。

专门提及新安商人系在汉口人多势众的大商帮。其一是《尊道堂记》称"汉镇列肆万家,而新安人居其半",还特别指出雍正朝"新安商人来此者尤多";其二是《紫阳书院志略序》指出"汉口寰区巨镇,徽人客游天下,惟汉口为多,有成邑成都之渐"。① 太平天国运动爆发之前,新安商人一直是汉口最大的商人团体,新安巷是徽商居住相当集中的地段。这些徽商通过经营盐业和贩卖茶叶,获得了极大的成功。自17世纪后期到19世纪前期,他们一直是汉口商镇占支配地位的经营群体。汉镇徽商还会有意识地通过倡办慈善事业和开展文教建设来加强对地方社会的影响。面对前述清初汉口水火灾害时,汉口徽商(即新安商人)均表现出了极大的社会担当,并因此赢得极佳的社会声誉。

首先,以新安商人在面对汉口水火灾害时的表现为例。康熙庚寅大火,不仅沿河沿江商船被毁,而且自晨至夕火势不减,焚"毁万余家","死者不可胜纪",紫阳书院(又称新安书院)"附近民居悉毁",于是"男女老幼,逃入宫墙戟门内,及尊道堂寝堂前,其箱笥衣饰,皆担荷贮书院无失",得以"保全生命,不下千人",以致"远近闻之,咸谓书院之有裨于阛镇匪浅鲜云";雍正丁未大水,堤内外民居浸泡大水中岌岌可危,"惟书院基高,水仅盈尺",于是"民皆避入书院,蚁聚雁集,堂庑充塞,街除及戟门后院,构席篷数百所,可炊可寝,几三阅月间,有病者给医药,死者助棺敛";对此,士人赞曰:"吾郡人悉竭力捐赀,乐施不倦。"② 前文论及汉口的公共消防无问题时,已指出

---

① (清)董桂敷撰,李经天等点注:《紫阳书院志略》卷七《艺文志》,湖北教育出版社2002年版,第243页、279页。

② (清)董桂敷撰,李经天等点注:《紫阳书院志略》卷八《杂志》,湖北人民出版社2002年版,第293—294页。

18世纪末，为解决廛居密集、易遭火患的难题，新安商人出资购买先进的消防设备（即水龙），雇佣专门的消防人员组成现代化的消防队伍，为明晚期以来火灾频仍的汉口带来了消防技术革新。从中可以看到，消防是汉口新安商人承担的一项由关心团体财产而衍生出来的街区公共服务，表明他们积极参与市镇建设，并采用类似经营企业的合伙筹资方式来筹建、运作和管理。类似地还有捐赠土地作为"义路"，或用来扩展街道，以便于货物运输，或作为火路、火道，用于防止大火蔓延和方便消防员出入。① 在维护公共设施方面，新安会馆诸多商人往往既是赞助人，又充当社区（尤指新安巷）与地方官府之间的媒介。汉口新安商人身上展现出极强的社区建设和管理积极性，与现代社会强调的"社区治理的公民参与意识"② 颇相近。

其次，以新安商人通过建置书院以坚守"道统教育"为例。康熙年间，汉口新安商人集体捐筹建紫阳书院，是一项颇值得称赞的促进地方文化建设的公益事业。前引《尊道堂记》曰："昔夫子讲学于紫阳之山，六邑之士，或及门而受业，或私淑而得传。……于是有志之士，思构堂以奉夫子，而习礼其间，以讲明正学。其议一创，闻者响应。……捐赀若营己私，效力如趋父事……议主事者四人，襄事者二十四人，积

---

① 例如清人赵玉撰《紫阳书院志略序》云："入学有师，育婴有堂……祭仪本家礼，御灾有水龙，通津有义渡，宾至如归，教其不知，恤其不足。"参见（清）董桂敷撰，李经天等点注：《紫阳书院志略》卷七《艺文志》，湖北教育出版社2002年版，第280页。

② 所谓社区治理的公民参与意识，即在社区治理的框架下，公民参与是社区治理的基础主体，社区治理则为公民参与提供了制度平台。

地千步,积屋百间,议资万缗,以康熙甲戌年起事,甲申年落成。"①尽管紫阳书院远非传统中国纯粹意义上的古典书院(比如江西白鹿洞书院、河南应天书院、湖南岳麓书院等),而是更具有同乡会馆特色,但其对汉镇同乡子弟的文教之功不可抹杀,即书院建成后,"与父兄子弟朋友日相讲习于其中,本朱子之德行以为仪,述其所以教人者,以为乡之后进式",且兼及在汉口这样一个人人争相逐末的商业市镇宣示"尊崇正学,礼教攸关"之文化理想。②他们通过认股集资、分期还本付息、门面租金收入、房地产买卖(有专门负责买卖不动产的经纪人)等商业化的手段获取运营和扩建书院的资金。与传统书院主要靠学田收租、官府拨付官绅捐献来维持运转相比,紫阳书院确实有很大不同和创新。③这显然与其捐助者和管理者都是商人出身,以及汉口所具有的独特的商业环境密切相关。当时,就全国而论,这种慈善活动或地方公益事业一般是与地方士绅联系在一起,但汉口这些机构或相关活动的经费则由行会或公所提供,具体运作也皆由商人主导。总之,在18世纪末和19世纪的最初几十年,汉口商镇的许多同乡会和公所都在自己会馆所在的街区开展了大量的社会公益活动,其运营管理出现了制度化与规

---

①(清)董桂敷撰,李经天等点注:《紫阳书院志略》卷七《艺文志》,湖北教育出版社2002年版,第244页。

②(清)董桂敷撰,李经天等点注:《紫阳书院志略》之嘉庆十一年董桂敷撰《增订汉口紫阳书院志略序》、《旧凡例十二则》,湖北教育出版社2002年版,第113页、115页。

③详见(清)董桂敷撰,李经天等点注:《紫阳书院志略》卷六《裡产》,湖北人民出版社2002年版,第216—239页。

范化的倾向。①

存世文献记载中所见最早的商帮会馆建于 17 世纪下半叶。有学者估计，19 世纪时全国 40% 的会馆位于湖北，而汉口各帮会馆（含行帮公所）数量仅次于首都北京。② 汉口商人建立会馆的目的并非全是为了联络同乡情谊，其根本目的仍是为了便于商业贸易的开展和最大限度保障经济利益无虞。这种组织有利于同乡行商把他们的商品转运到邻近陆路商道的大市场，为大规模的商品集散提供了相应的便利，只在"管理商业"之余才会花费心思"推进善举"。汉口众多会馆和公所的慈善举措首先考虑的是对自身有利，其次才是惠及邻里社区，譬如前述紫阳书院首倡购买水龙设备、组建消防队伍的本意是优先保护徽商资财（含书院）免受火灾损毁，然后再为汉镇公共消防服务。③ 因此，对新

---

① 18 世纪初，当时玉带河经常泛滥，山陕公所（此时已经由会馆组成了跨地域的复合式行会组织公所）所在靠近其地产的地方建了两座石桥，以供出入之用。这桥于 1834 年又重修过。虽然山陕公所确实从这两座桥中获得了"过路费"的收益，但修造团体还是声称是出于对饱受洪水泛滥的"同情"，而且也是一种"义举"。参见中国国家图书馆藏《汉口山陕会馆志》卷二，底本为光绪二十二年（1896）刻本。前引同治七年《续辑汉阳县志》专列一卷《善局》记录了汉口绅商捐资建立的功能各异的善堂，具体参见（清）黄式度、王庭桢修：《续辑汉阳县志》卷六《善局》，中国国家图书馆藏同治七年（1868）刻本。另见（民国）吕寅东纂，侯祖畲修：《夏口县志》卷五《建置志》下"善堂"条，江苏古籍出版社 2001 年版，第 14—21 页，据民国九年（1920）刻本影印。

② 参见何炳棣：《中国会馆史论》，台湾学生书局 1966 年版，第 74 页。

③ 有关顺治朝至光绪年间的汉口的 200 余会馆公所之建置背景和功能，详见（民国）吕寅东纂，侯祖畲修：《夏口县志》卷五《建置志》下"各会馆公所"条，江苏古籍出版社 2001 年版，第 22—34 页，据民国九年（1920）刻本影印。

安书院（汉口徽商会馆）在做慈善义举时表现出"竭力捐赀，乐施不倦"①的慈善精神，确实应当充分肯定其积极意义，但也不宜夸大。

不过，这种以地缘关系和"道统"意识形态（徽商以朱熹为崇奉对象，建立紫阳书院；宁波商人则高举王阳明的旗帜，创建阳明书院）为基础的地方认同共同体——同乡会组织在19世纪的汉口并不居主导地位。康熙年间安徽商人启用"书院"这一儒家文化招牌来命名同乡会而不直书乡名似乎也暗示了这一点。随后汉口宁波商人也采取了同样的文化策略。这是因为，在汉口这样一个趋利慕富、商业至上的大都会，经济的驱动力促使人们不会局限于狭隘的同乡感情。当代表相同家乡和省份地区内部较小地缘单元的同乡会合并成为代表全省或跨省地区的大型商帮组织时，复合式的同乡会馆就建立起来了，例如始建于康熙二十二年（1683）的山陕会馆，直到太平天国军占领汉口期间方才解散。②此外，清初，来自不同地区的人员组成的同业行会业已问世。汉口第一个这样的行会是相当具有实力的米市公所。康熙十七年（1678），有人召集汉口众米商共同商议并草拟了一份章程，呈报地方官府批准；正如邓拓指出的那样，他们成功地获得了官府的支持，从而建立一个独立的、范围广泛的私人组织，以控制中国各大市场中大部分重要商品的全部贸易，这是中国经济史上无可替代的里程碑，它标志着"城市阶层"自我意识能力的出现。③不久，汉口很多其他行业组织纷

---

①（清）董桂敷撰，李经天等点注：《紫阳书院志略》卷八《杂志》，湖北教育出版社2002年版，第294页。

②参见中国国家图书馆藏《汉口山陕会馆志》卷一，底本为光绪二十二年（1896）刻本。

③邓拓：《论中国历史的几个问题》，生活·读书·新知三联书店1959年版，第183页。

纷仿效米市公所的做法，越过狭隘的同乡地缘关系网络向行业联合迈进。这无疑在更大范围促进了汉口地方社会的整合。乾隆初年，湖北巡抚晏斯盛在《请设商社疏》中称："该镇盐当米木花布药材六大行最大，各省会馆亦多，商有商总，客有客长，皆能经理各行各省之事。"①

在人际关系层面，契约机制得到广泛应用，成为维系人员构成复杂、人口流动频仍的汉口商业社会秩序稳定的重要保障。传统中国的契约行为多在广泛而持久的、以家庭为中心（不乏族中长者参与）的诸多环节中进行。然而，以前述《紫阳书院志略》一书中载录的涉及清代汉口新安商人在汉口不同地段买置公产的67份契约文本为据，却可以发现，与江南地区的商贾对置办田地、修盖宅院（含私人园林建筑）更感兴趣不同，徽州同乡公所醉心于大规模地投资房地产，购入数量庞大的房屋和少量田产，分散在汉口的众多街区，除公用之外，一并用于商铺租赁或田地出租，以便获得可观收入。为避免可能的法律纠纷（尤指卖方事后反悔而持续诉讼的情况），遂将全部契约汇录成簿陈情于汉阳府，以此作为维护新安商人名下集体财产的官方认可的法律依据。《印契录示》云："特授湖北汉阳府正堂加五级纪录十次又军功加一级纪录二次明。为呈簿请印给示勒碑，以便稽查，以垂永久事。据新安书院绅商士庶汪湘、汪相、余兆昆、余大晶等呈称'窃汉镇新安书院，供奉文公，历为徽郡士商公所，置有基地，市屋司事。轮年承管收取租息，以备春秋二祀之需。自康熙七年，至乾隆六十年，先后买置公产契约六十七纸。唯恐年代久远，契约繁多，辗转流交，或有遗失散

---

① （清）晏斯盛撰：《请设商设疏》，载（清）贺长龄、魏源等编纂：《皇朝经世文编》卷四十《户政十五》之"仓储下"。

漫,无凭稽核。仅将各契汇录成簿,呈请铃印发执,卑有稽查'。"① 无疑,这67份契约既反映了汉口新安商人对不动产投资的热衷,也反映了这些地产投资在当时的吸引力及其相当诱人的开发前景。将这些契约全部汇总成册,主动呈请官府备查,则体现了清代城市商业团体对地产所有权确认有很强的法律观念。

具体的契约行文格式和内容还为我们提供了当时汉口土地交易行为的某些细节信息。以前引《后河麦地》契约为例,这份契约不仅表明汉口镇内有些隙地被百姓用来种植麦子,还揭示了汉口新安商人的地产投资除了购进房屋作为商铺出租外,还有不少农业地产的投资。② 这种卖地契约都要写明所要出售土地的四至,由地产买卖中介"牙中"为中间凭证人。卖方须保证对所卖地拥有完全处置权,否则日后若有因所属不明而找买方麻烦的事情发生,一并由卖方承责。买方除要付地价银两之外,还要承担卖方用来安抚家族人员使后者不加反对的所谓"答贺表劝"费用。整个契约就是要保障买卖双方自愿、自由成交这笔交易,并将可能存在的风险或者交易后可能产生的争议降至最低限度。再以《马头基屋照》《承买缴价呈》《受买退业呈》《准提庵三元殿执照》的等文书为例,这些都是承买方为最大限度避免买卖纠纷,而为将来可能产生的诉讼准备的"证据",无一不采取将买卖因由、交易过程、交易价格、实际付款情况、原契收缴情况等一一交代清楚的内容格式,然

---

① (清)董桂敷撰,李经天等点注:《紫阳书院志略》卷七《艺文志》,湖北教育出版社2002年版,第314页。

② (清)董桂敷撰,李经天等点注:《紫阳书院志略》卷六《禋产》,湖北教育出版社2002年版,第219—220页。

后呈送地方官府，恳请发给执照，以此显示新安商人群体对公产保护的决心。① 总之，借助前述《紫阳书院志略》卷六《禋产》载录的67份买卖契约文书（自康熙七年（1668）至乾隆六十年（1795）间），可以清楚地发现：契约和市场这两种非人格化机制使得祖产（房产、地产、田产）所有者和商人团体（以新安会馆为代表）都能以独立的实体存在于汉口地方社会。更重要的是，这种严格、明晰且含有习惯法意蕴的契约为土地、房屋等不动产在商品交换市场中自由流通和交易流程合规提供了重要保证。

在民众信仰层面，汉口很早就有寺庙，如明中期嘉靖年间便建有塞口寺，清代文人笔记中有关乾嘉时期道观、佛寺、庵堂等记录多达一百六七十处，一些著名庙宇不仅是人们烧香礼佛圣地，也是游玩赏景，甚至是搭台请戏班演出供大众休闲的好去处。不过，在汉口这样一个既充满致富诱惑，又存在破产危险，以及其他各种不确定因素交织一起的商业移民社会里，宗教信仰很快成为对建立经济组织颇有助益的手段，这与某些主要作为宗教实践、修行和满足大众信仰需要而存在的庙宇、庵堂大不相同。汉口的行会在建立公所前，总是习惯在众多寺庙中的某一处聚会。也因此，一些行业公所或商帮会馆建成后，也乐于以某某庙、某某殿或某某庵命名，譬如汉口的天都庵实为盐商公所。② 当然，除了商讨重要事宜和处理商帮日常公务之外，这些冠以宗教名称的会馆或公所也会承担宗教功能。在这里被祭祀和崇奉的神灵通常与行会成员的故

---

① （清）董桂敷撰，李经天等点注：《紫阳书院志略》卷六《禋产》，湖北人民出版社2002年版，第228—230页

② （清）范锴撰，江浦等校释：《汉口丛谈校释》卷二，湖北人民出版社1999年版，第101页。

乡敬拜之神联系在一起。如山陕商人按照习俗会在他们流寓的任何地方都会建立起关帝庙。① 是故，自清初开始营建的汉口山陕会馆内功能多样的中心建筑就是关帝庙。此外，行业神崇拜在汉口也很发达。沈家庙、三义殿分别摆放了手工制造行业以及金融行业、商品销售行业等各自的行业神加以奉祀。② 宗教仪式也是行会活动的重要组成部分。《汉口紫阳书院志略》一书用相当篇幅专门记录新安商人团体遵循的烦琐祭祀礼仪，种类繁多的祭文、迎神告文、建祠祝文等，以及这些祭祀活动的经费来源与使用情况。③ 这些群体性的祭祀活动有利于行会成员之间感情上的凝聚，对每个漂泊异乡寻求更佳发展的会馆（或公所）成员来说，共同的地域宗教信仰可以帮助他们获得某种精神满足或心理支持。生意上难以预测的风险、异乡打拼的个中艰辛、远离乡帮和家人的孤独都会强化他们对共有神祇的信奉和珍视。更有意思的是，在汉口，由移民商人和手工业者带来的各种神祇能够并行不悖地受到崇敬。实际上，这与来自不同地域、不同行业、不同生活背景的人群能在这个大杂烩社会里长时期有序相处，并且各得其利、各安其分的社会景象有着惊人的相似之处。

另据《汉口丛谈》卷四范锴撰《书天主教事》一文记载：明代，西方传教士利玛窦、汤若望、南怀仁先后来中国传播天主教；传教士也

---

① 参见何炳棣：《中国会馆史论》，台湾学生书局1966年版，第67页。

② （清）叶调元著，徐明庭等校注：《汉口竹枝词校注》卷一，湖北人民出版社1985年版，第4页。该书第4首竹枝词文后注释中提到："银钱、典当、铜铅、油烛、绸缎布匹、杂货、药材、纸张为上八行头，齐行敬神在沈家庙；手艺作坊为下八行头，齐行敬神在三义殿。"

③ （清）董桂敷撰，李经天等点注：《紫阳书院志略》卷六《莅产》，湖北人民出版社2002年版，第219—220页。

## 余 论

早已出现在汉口,并建立宏丽的大教堂,要求汉镇"细民愿归之者,必先自斧其祖先神主及五祀神位",即皈依天主教之前要以行动废除祖先崇奉,且每名信徒向天主教会贡奉白银四两,条件是在门户上贴上有十字架符号的赤色纸;每月朔望,信徒都要聚集堂中诵经至日暮散去;传教之余,天主教徒还在汉口行医,对妇女诊治时要求脱去衣服,对信教的死者严格实施天主教丧葬仪轨,凡"不听其敛法者"皆被视为"叛教","穷民惑于此",常"堕其术中";一些士大夫则借机敛财,与这些传教士往来密切,称后者为"西儒";为获得地方官府庇护,这些罗马天主教人员不惜重金收买地方长吏,一旦有事则有官员徇法护之;令人惊异的是,西来传教士还向性别比失衡的汉口输入高仿真性用具,即"初折叠如衣物,以气吹之,则柔软温暖如美人,可拥以交接如人道",用之诱惑更多市民入教;康熙年间,汉阳知县刘泽溥建议毁掉天主教建筑,驱逐天主教教徒,惩罚入教的胥吏,但受到上级官僚的阻拦,责怪其多事,可见该教在汉阳地区影响之大,与官绅联系之广;直至雍正二年(1724),朝廷下令彻底清除异教信仰而衰落;礼部议复"其所造天主堂,令皆改为公所",楚地官员奉旨"尽逐其人,以其堂为义学、公所";儒商范锴为此直抒胸臆云:"百年污秽,一旦洗濯,因喜书其事。"①

尽管通过《书天主教事》一文可以看到范锴不惜笔墨渲染西教的负面影响,与不少饱读儒家诗书的文人对此表示强烈抵触和厌恶有关,但以商业移民为主的汉口则一直表现出相当的包容性和开放性。正是这一特性,才有"五方杂处"的明清汉口人文景观。客观地讲,西方传

---

① (清) 范锴撰,江浦等校释:《汉口丛谈校释》卷四,湖北人民出版社1999年版,第259—261页。

教士开展的违背中国人伦和道德取向的教义宣传与信徒管理活动,确实在一定程度上破坏了汉镇的地方社会秩序,但在传播一些先进理念、自然科学知识,以及对汉口社会公益和慈善救助方面也存在一些积极影响。明清汉口是一个水火灾害频仍、人口密度大且性别比严重失调、人群阶层分化与流动极为频繁的市镇,底层民众面临的生存压力及身心问题不容乐观。外来传教人员用西医知识为这个群体治疗疾病,乃至输入高仿真性用具,在一定程度上为众多远离故土、形单影只的男性提供了新的身心慰藉途径,并开阔了汉镇市民的眼界。

总的来看,清代开埠前夕汉口市镇在商业贸易、手工制造业、各类服务业、文化娱乐业等方面保持了相当的活力,经营方式上发生了一些近乎西方资本主义的新变化,市民工商阶层开始登上历史舞台,价值观念与社会风尚展现出离经叛道、追新逐异的新鲜气息。一些行业内部出现的现代化倾向的新因素,为开埠后汉口的现代转型埋下伏笔。可以肯定的是,明清(开埠前)汉口商镇的发展路径虽未能完全突破传统农耕社会的格局,但却在政治、经济、思想文化乃至社会生活方面都显露出一些新旧冲突变动的征兆。这种从农耕文明经济中分离出来的迥异于传统模式的变异似乎带有向工业文明演进的趋势。①

## 二、 汉口开埠前夜发展趋向之思考

1861年开埠前夜的汉口,市镇人口持续增长,市镇空间不断拓展,贸易商业臻于极盛,手工制造业和来料加工行业颇具规模,金融、信贷

---

① 参见曹大为:《明清农耕文明的鼎盛及其在世界工业文明潮流中的陨落》,《史学理论研究》2002年第4期。

行业快速发展，职业经理人、股份制等现代经营方式业已出现，社会流动几乎不受约束，人际关系立足于正式的契约之上，业缘关系和地缘关系的凝聚力远远超过家族血缘纽带的力量，地方文化认同日趋明显，市民团体力量不断壮大并在市镇生活中拥有举足轻重的影响力。这些足以让我们朦胧地感觉到，清中期汉口似乎已处于前工业革命的临界点。这也促使我们不禁要思考一个不容回避的问题：倘若没有外国资本主义势力（或者说殖民主义势力）的入侵，造成传统中国社会发展的自然进程的中断，汉口这样一个充满活力的新兴市镇是否有率先自行发生重大转向，从而开创中国经济发展的新起点、新方向的可能？

学术界通常认为汉口在传统商业相对发达的基础上借助外来因素，完成近代转型，走上现代化道路。汉口模式的核心不是工业革命而是中国版的商业革命。① 但在这里要讨论的是如果没有外来因素的强势介入，发展到全盛阶段的汉口有无自行实现工业化的可能？或者说，清中期的汉口有没有自发走上现代化发展进程的可能？如果有可能，又依赖什么样的条件？或者由于什么因素的阻碍而未能或未及将变革的可能转化为变革的现实？又或者说，在19世纪东方演进道路与西方发展模式已经出现显著的全球大分流格局的大背景下，从根本上讲，汉口在前工业时代的自为发展道路就是当时中国延续性发展的地方缩影，没有发生类似英国的工业革命乃是情理之中的事。在一系列的反复追问中，我们并不企望得出一个死板的结论，而是希望通过对上述问题进行深入探讨，获得一些新的开放性的认识。

李伯重教授曾经在《英国模式、江南道路和资本主义萌芽》一文中提出：英国模式不适用于江南市镇，且制约江南经济走上扩大化再生

---

① 任放：《汉口模式与中国早期现代化》，《光明日报》2003年4月1日。

产道路的主要因素是能源与材料的匮乏,如果大规模地输入廉价煤铁,江南也并非没有可能走向近代工业化。① 如若我们承认李伯重教授的演绎论证结论是合理的,那么对于大规模输入煤铁资源都很方便、经济结构与江南大型综合性市镇有诸多相似之处的汉口来说,自行走向现代化道路的可能性是否会更大一些?事实上并非全然如此,尽管汉口周边不乏煤、铁产区,且输入便利,其发展现代工业的趋向仍不乐观。正文部分已经论及,开埠之前,湖南湘潭、邵阳等地的煤通过水路大量输入,其中相当一部分被拿来分销给其他各省区的商人,由他们转运至远方的地区市场,特别是供应河南、安徽以及江南的炼铁所需。② 乾隆二年(1737)二月初二,湖南巡抚高其倬在给乾隆皇帝的奏折中指出:"不但此数州(湖南长沙府、衡州府、桂阳州等)县之民资(煤)度日,而江南之铸造铁器者多资之。"③ 清代汉口商人从煤炭转运贸易中获得惊人的利润,并出现了来自湘潭的大煤商聘用"买办"式代理商在汉镇经营这项业务。因此,仅从煤炭资源的获取与利用来看,李伯重教授所说制约江南核心区实现工业化的致命因素,在汉口就不是什么问题了。但这也只能说,汉口的能源采购优势和在生产与生活中的广泛利

---

① 李伯重:《英国模式、江南道路和资本主义萌芽》,《历史研究》2001年第1期。另可参见李伯重:《江南的早期工业化(1550—1850)》,中国人民大学出版社2010年版,第397—418页。

② 湘潭的煤商在汉口的情况前面已经谈到,邵阳煤炭进入汉口,参见光绪《邵阳县乡土志》卷四《商务》:"出境之货,煤。(以)自舟运抵汉口售……煤出县境,由汉口分售河南、安徽各处,多取供铁工用。……近虽炭价稍昂,销售稍易,反不及昔时之盛。"转引自祁守华、钟晓钟编:《中国地方志煤炭石料选辑》,煤炭工业出版社1990年版,第350页。

③ 《中国古代煤炭开发史》编写组:《中国古代煤炭开发史》,煤炭工业出版社1986年版,第107页。

用,为清代(开埠前)汉口自行走向现代化提供了某种可能。

须承认,从可能到现实,中间依旧隔着许多不容忽视的阻遏。正文部分已经专门指出,明清汉口的经济发展模式与当时江南地区主要依靠劳动分工和专业化的发展道路明显不同。与同时期西方核心区相比,汉口商镇的发展路径同样迥异于英国的工业化道路。商业,特别是全国范围的物资集散贸易是汉口最强悍的经济驱动力,各种手工业虽都有相当规模,但都居于较为次要的地位。即使是作为棉布加工中心的汉口,也主要是将从其他地区(含邻近汉阳县及其周边乡镇)收购的白布成品雇工染色、印花,再转销给其他商人,然后分销各层级地方市场。至于嘉道二朝汉口规模盛大的船运业,因尚无蒸汽动力技术的应用,根本无须煤炭作为驱动能源。就连嘉庆初年新安会馆先后从苏州购入的六套"水龙"消防设施(曾尝试自行仿造,但因技术跟不上而作罢),也都是手摇式引擎,与用煤完全无涉。这些均表明,在汉口这样一个以商业为主导的城市,应用煤炭做生产动力的技术体系和行业还很有限。煤炭物资更多的是充当转口贸易的商品或者广大市民日常生活中取暖、做饭的热源。虽然煤炭在汉口打铁、炼铜、铸币等行业中的应用不容忽视,但这些行业的技术状况和经营方式还停留在传统手工业阶段,离近现代扩大再生产的生产方式还存在相当一段距离。

更重要的是,汉口依靠全国市场的形成并不断扩大,主要从商业上获得巨额利润的经济增长方式,决定了这些原本应当可以助力其向现代化道路演进的能源获取优势,无法迅速转化为导致机器大生产出现的助推器。处在一个正在形成中的中国国内市场和汉口特殊的全国物资转运中心地位,足以使它在相当长时期内拥有以商业贸易为依托的经济增长空间。对于一个商业高度发达、以转口贸易为主导的富裕市镇来说,四个世纪以来(1465—1861)市民已经熟知:在汉口从事商业贸易,只要经营得法，获利迅速，挣得不菲身家并非绝难之事。况且，他们可投资的贸易行当众多，进行投机经营的机会也不少，因而往往对投入生产性行业进行扩大再生产来实现资本增殖缺乏动力，甚至对此毫不热衷。这种习惯性的发展路径依赖①产生的负面效应显然会妨碍汉口自行走上工业化道路。

至于职业经理人、"买办"代理人的出现和股份制（合伙人制度）的产生，只能说明这些事物并不是西方工业社会独有的产物，在传统中国社会内部也能产生这样的经营机制。还须承认的是，与汉口同具"现代性"倾向的地方在当时的中国并不在少数，诸如江南地区的一些大型纺织工业企业，四川富荣大型盐场中制盐和售盐企业采取了比汉口股份制贸易行业更加成熟的股份制经营模式。另据记载，19世纪初山西省的大木厂，每家雇用的工人都在3000到5000人之间，足以使之跻身前工业化时代最大企业行列。② 这些经营方式和制度上的变化在中国经济史上具有重要意义，凸显了理性企业结构和经济理性的重要特点。

---

① 路径依赖（Pafh-Dedpendence），也称为路径依赖性。路径依赖理论是新制度经济学分析制度变迁的重要理论之一。诺斯·道格拉斯是经济学家中第一个使路径依赖理论声名远播的学人，将路径依赖之相关概念和分析方法，引入制度变迁的分析中。路径依赖的特定含义是指人类社会中的技术演进或者制度变迁均有类似于物理学中的"惯性"，即一旦进入某一路径，无论该路径是"好"还是"坏"，就很可能会沿着最初选择的路径走下去。这好比走上了一条不归路，惯性的力量会使这一选择不断自我强化，让现有路径很难被改变，或者转换的成本很高，于是只好沿着这条道发展下去。参见时晓虹等：《"路径依赖"理论新解》，《经济学家》2014年第6期；宋颖：《明清山陕商人合作制度变迁的路径依赖分析》，山西财经大学2022年硕士学位论文"绪论"第13页。

② 参见吴承明、许涤新：《中国资本主义的萌芽》，人民出版社1985版，第493页。

但这仍然不是决定一个地区能否实现现代化机器大生产的关键条件。

彭慕兰在《大分流》一书中通过对世界范围地区间长时段历史的比较为我们看待东西方发展历程，建立起更加兼容的历史图景。他对东西方在18世纪以来的诸多相似和差异进行分析后认为：在许多方面并无异常的西欧核心地区取得了独一无二的突破，并成为19世纪新世界经济的有特权的中心，能够以前所未有的生活水平供养飞速发展的人口，市场以外的力量和欧洲以外的联系应该占有重要的地位。① 也许这对解释为什么18世纪时在许多方面至少并不落后于西欧核心区的中国，以及在开埠前夜已经在许多方面出现新因素的汉口未能实现现代工业转向，提供了一个更为恢宏的思考视角。虽然汉口很早就与俄罗斯进行茶叶贸易，且贸易额和利润均相当可观，并且通过广州这样的海外贸易城市获得西方洋货，但更多的是仰仗国内地区间的长途贸易和大宗货物的分销来获利，因而商品市场以外的联系和中国以外的联系，远非影响其持续发展之举足轻重的因素。只要国内市场保持相应的活跃，社会秩序基本稳定，汉口作为全国贸易的中心枢纽就能从转运贸易中获取相当可观的收入，而且与国内许多专业生产型市镇相比，其在市场经济活动中拥有更多的选择和更大的灵活性。

或许我们依照罗兹曼对现代化过程的主要相关因素的分析，可以为我们探究开埠前汉口突破传统所面临的结构性和技术性的困境提供更为明晰的思考。罗兹曼将国际依存加强、非农业型生产尤其是制造业和服务业的相对增长、持续的经济增长、各种组织和技能的增生及专门化、各级水平上的教育扩展、官僚科层化等因素视为现代化过程的本质特征

---

① 参见（美）彭慕兰著，史建云译：《大分流：欧洲、中国及现代世界经济的发展》，江苏人民出版社2003年版，第278页。

或界定性因素,并认为最好把现代化看作是涉及社会各个层面的一种过程。①就汉口自明中期到清中期的发展形势来讲,在技术层面显然主要承袭传统的手工制造业技艺,而且生产力水平仍停留在较低层面。虽然汉口的商人团体和地方政府对新技术表现出相当开明且积极的态度,煤炭也在冶炼行业中得到广泛应用,但生产资本远远落后于商业资本,生产性行业的经营方式仍停留在传统的作坊制水平,因此尚难看到当时汉口有扩大生产资本规模、大力应用新技术以及新的工厂制生产方式来更新旧有生产模式的必要。相反,在汉口这样的全国性商业中心,既有的经济发展惯性和商业适应性非常强大,在经历太平天国运动战火破坏之后,各种商业活动又重新在经济恢复中迅速站稳脚跟。与商业的强劲发展相比,汉口自身制造业的增长有限,与制造业相关的技术革新和应用也就显得十分单薄。同样地,作为商业贸易中心,明清汉口在教育方面,无论是书本知识教育还是技术教育均十分滞后。除徽商建立以紫阳书院为名号的会馆和绍兴商人建立以阳明书院为名号的会馆,辟出房间和提供相应经费以便培养同乡子弟求取功名仕进外,专门教育机构在明清(开埠前)汉口处于长期缺席状态。至于经营管理经验和生产技术,则仍主要靠师徒关系或店家与伙计关系来传承和维系。

当然,也可以看到一些令人刮目相看的方面,例如明清时期汉口商民的识字率并不低,且不说文人从商群体(即类似范锴这样的儒商)以及账房、经理等专业人员,仅从无处不在各色商家布幌上的广告词和难以计数的各类店家招牌用名(如前文列表呈现的钱庄名、冠以善堂名称的水龙局)就可以看出识字群体当不在少数。尤其是实用性的读

---

① 参见(美)吉尔伯特·罗兹曼主编,国家社会科学基金"比较现代化课题组"译:《中国的现代化》,江苏人民出版社2005年版,"导论"部分。

写能力（诸如买卖契约、递送官府的呈文）连同随后的报业媒体，它们在塑造汉口民众的公共意识方面都起过不容忽视的作用。另外，汉口商人在创立民信局，推动商业情报网络的发展，以及促进金融服务业的完善方面表现得相当出色。应当说，开埠前夜汉口市民的团体意识和自我意识的增长，新的理性经营方式的日渐发展，为汉口在19世纪90年代开启的现代化事业夯实了基础。

那么，我们应当如何理性看待汉口未能自行走上现代工业化发展道路的问题呢？弗兰克在《白银资本：重视经济全球化中的东方》一书结语部分这样说道："工业革命是一个前所未有的事件。它发生在欧洲的一部分，是整个世界经济持续不平等的结构和不平衡的进程的一个结果。但是，这种世界发展的进程和部门可能显得是不连续的新变化。就像以前的农业革命一样，工业革命很可能是连续的全球发展中的一个偏转，在方向上标志着一个'起点'，与以往的方向不同，或许是不可逆转的——但没有发生大灾变，这个起点本身就在原来航线的端点。因此，全球体系的结构和连续性造就出西方的兴起，也在西方划出一个起点。……全球经济中断了，转而进入一种以工业为主的方向，西方在整个世界经济体系中的地位也发生了变化。"[①] 也就是说，在欧洲部分地区发生工业革命的巨大变化时，在曾经光芒四射的东方，特别是农耕文明高度发达的东亚地区仍沿着更为常态的、未发生断裂的延续性道路前进。从这个角度来看，清中期的汉口在已经衍生新变化且经济实力非常引人瞩目的状态下，没有自行发生类似于英国工业革命的道路转向也就没什么可惊奇的了。

---

[①]（德）贡德·弗兰克著，刘北成译：《白银资本：重视经济全球化中的东方》，中央编译出版社2005年版，第455页。

我们似乎更应该关注西方何以走上工业化道路，而不是中国当时何以未发生变革。对这一问题，曹大为教授在《明清农耕文明的鼎盛及其在世界工业文明潮流中的陨落》一文中这样回答道："明清高度成熟的农耕母体具极富韧性的自我整合机制，不断包容扭曲涵化异质变革因素、修补完善自身的体制，成为桎梏近代化因素发展的巨大障碍。商品流通在欧洲是冲击自给自足庄园经济的革命因素；但在中国，农民小生产者之间的商品交换一定程度上是对个体自然经济的补充。黄金暴利是锻造西欧重商精神、驱使殖民扩张的魔咒，金钱钝化了封建武士的配刀；中国金钱则被引导买田大量回流土地，淹没在农耕自然经济的汪洋大海之中。欧洲城市急剧扩大，成为孕育工商业的资本主义摇篮；中国大城市则是专制集权统治的政治、军事中心，经济上则以官办手工业为主，为统治阶级享乐服务。欧洲的工商阶层是从土地中分离出来和部分贵族转化而来的反封建的革命力量；中国官僚、地主、商人之间固然能够流动，但却因此促使三者融合，转而凝聚、巩固传统农耕体制。所谓'高度平衡的陷阱'并不仅只表现在经济层面，高度成熟的农耕体制有效地维系着传统的运行轨道，突破产业革命的瓶颈格外艰难。"该文还通过对17、18世纪之交的世界风云人物康熙皇帝、法国国王路易十四、俄国彼得大帝的施政方针进行比较后发现，三国日后发展走向与兴衰成败差异的原因可谓一目了然，并且不无惋惜地指出："公平地说，明清之际的历史舞台为执政者的'文化'选择留下了足够的空间。清统治者愚昧自大、封闭锁国、拒绝开放、顽固地推行强化农耕体制、修补复制传统结构的'重农主义'举措，限制了近代化因素的发展，坐失向工业文明转轨的良机，甚至使个别工业文明因素某种程度萎缩乃至断流,最终导致帝国迅速在世界工业文明潮流中陨落。"① 据这些探讨可知,中国传统的农耕文明能否自行向工业文明转轨,其实是一个永远无解的假设。

须明白,这种以历史事实与其他可能性作比较的假设,是为了更好地进行反思,在反思中加深认识、发现其规律、发展理论,进而在此基础上更好地把握现实,展望未来。在上述讨论中,有一点可以肯定,那就是美国学者罗威廉指出的:"19世纪的中国社会并不是停滞的,也不是冷漠地等待着外来刺激的震动,然后才做出反应或仿效外国模式。当然,震动确实来临了。在汉口,直到19世纪90年代,人们才强烈地感受到这种震动,其结果是给这个城市生活的各方面带来了巨大变化。然而,在此前一个世纪里,汉口社会也同样在变化之中,只不过是沿着由中国自身社会经济发展的内在理路所规定的道路而已。"②

总之,透过对明清汉口商镇的变迁(1465—1861)问题的探究,可以清晰地认识到,汉口开埠之前的发展路径虽然与明清新兴市镇的兴起与发展的基调基本一致,充分体现了传统中国社会经济发展的延续性,但汉口也在发展过程中形成了自身的特点。尤为值得注意的是,在受到外来因素刺激之前,汉口在某些领域已经发生了许多新的变奏。这些带有明显现代性的发展倾向,在运输便利的煤炭能源,供应无虞的铁矿、铜矿资源,以及无与伦比的商业经济基础和发达的商品流通渠道的加持下,似乎在相当程度上为汉口自发走上工业化道路(或者说酝酿传统社会的转轨)提供了潜在的可能性,但是明清汉口商镇长期以来

---

① 曹大为:《明清农耕文明的鼎盛及其在世界工业文明潮流中的陨落》,《史学理论研究》2002年第4期。

②(美)罗威廉著,江溶、鲁西奇译:《汉口:一个中国城市的商业和社会(1796~1889)》,中国人民大学出版社2005年版,第415页。

形成的极富惯性的市镇经济发展模式,即商业资本和金融资本的力量远超过生产资本规模,以及知识教育和专业技术教育、技术创新和应用均比较滞后,以及清朝统治者对外缺乏开放性、对内因循守旧的执政方针等因素共同遏制了跨越式经济变革的实现。

即使如此,在开埠前漫长的四个世纪发展历程中,明清汉口商镇的社会经济和文化变迁从未缺席。尤为值得肯定的是,汉口在这一过程中笃定无疑地创造了传统中国市镇经济发展的奇迹。至于那些未能助力汉口在开埠前走上工业文明发展道路的新因素,不仅在相当长的时期内为商业贸易和金融服务的发展注入了新活力,增添了新力量,而且为开埠后汉口的现代化转型奠定了基础。换言之,19世纪90年代汉口的工业革命在很大程度上依赖它在晚明至清中期的渐变发展过程。

# 参考文献

## 一、基本史料

《周礼》，中华书局 2014 年版；

（西汉）司马迁著：《史记》，中华书局 2005 年版；

（晋）陈寿撰：《三国志》，中华书局 1982 年版；

（晋）葛洪撰：《西京杂记》，中国国家图书馆藏明朝沈氏野竹斋刻本；

（北魏）郦道元撰：《水经注》，中国国家图书馆藏同治二年（1863）长沙余氏明辨斋修本；

（南朝宋）范晔撰：《后汉书》中华书局 2000 年版；

（唐）姚思廉撰：《陈书》，中华书局 1972 年版；

（唐）姚思廉撰：《梁书》，中华书局 1973 年版；

（唐）李延寿撰：《北史》，中华书局 1974 年版；

（唐）李延寿撰：《南史》，中华书局 1975 年版；

（唐）李延寿撰：《南史》，中国国家图书馆藏毛氏汲古阁明崇祯十三年（1640）刻本；

（唐）魏徵等纂：《隋书》，中华书局 1997 年版；

（唐）韩偓撰：《韩内翰别集》，台湾商务印书馆 2008 年版；

《全唐诗》（增订本）全十五册，中华书局 1999 年版，影印文渊阁《四库全书》；

（唐）李白著，（清）王琦注：《李太白全集》，中华书局 2011 年版；

（唐）刘长卿撰：《刘随州文集》，影印文渊阁四库全书本；

（唐）岑参著，陈铁民等校注：《岑参集校注》，上海古籍出版社 2004 年版；

（唐）罗隐著：《甲乙集》，中国国家图书馆藏毛氏汲古阁刻本；

（宋）宋庠撰：《元宪集》，影印钦定四库全书；

（宋）司马光撰：《资治通鉴》，中华书局 1956 年版；

（宋）胡寅撰，容肇祖点校：《斐然集》，中华书局 1993 年版；

（宋）王应麟撰：《通鉴地理通释》，文渊阁四库全书影印本；

（宋）陆游撰：《入蜀记》，中国国家图书馆藏明万历秀水沈氏刻本；

（宋）范成大撰，孔凡礼点校：《唐宋史料笔记丛刊·范成大笔记六种》，中华书局 2002 年版；

（宋）范成大撰：《吴船录》卷下，影印文渊阁钦定四库全书本；

（元）余阙撰：《青阳集文集》卷一，据《四部丛刊续编集部》影印，底本为上海涵芬楼影印常熟瞿氏铁琴铜剑楼藏明刊本；

（明）宋濂纂：《元史》，中华书局 1976 年版；

（明）《明实录》之《武宗实录》《神宗实录》，台北"中央研究院"历史语言研究所发行；

（明）陈子龙等主编：《皇明经世文编》，中华书局 1962 年版；

（明）贾应春修、朱衣纂：嘉靖《汉阳府志》，上海古籍书店1963年版，据宁波天一阁藏明嘉靖刻本影印；

《明万历汉阳府志校注》，武汉出版社2007年版，底本为明万历四十一年（1613）《汉阳府志》；

（明）《日本藏中国罕见地方志丛刊》之《（嘉靖）湖广图经志书》，书目文献出版社1991年版；

（明）顾起元撰：《客座赘语》，南京出版社2009年版；

（明）张瀚撰：《松窗梦语》，上海古籍出版社1986年版；

（明）沈德符撰：《万历野获编》（上下册），中华书局1959年版；

（明）谷应泰撰：《明史纪事本末》，钦定四库全书文渊阁影印本；

（明）袁中道撰：《珂雪斋集》，上海古籍出版社2019年版；

（明）何良俊著：《四友斋丛说》，中华书局1959年版；

（明）《明代笔记小说大观》，上海古籍出版社2018年版；

（明）李时珍著：《本草纲目》，中国中医药科技出版社2016年版；

（明）郑廉著：《豫变纪略》，哈佛大学汉和图书馆藏乾隆八年彭衙藏版；

（明）李留德撰：《客商一览醒迷》，崇祯八年（1635）刊行；

（明）邢昉著：《石臼集》，国图文津馆藏康熙刻本；

（清）张廷玉主纂：《明史》，中华书局1974年版；

（清）《康熙汉阳府志》，湖北人民出版社2014年版，底本为（清）陈国儒修、王世显等纂清康熙八年（1669）刻本；

（清）雍正《湖广通志》卷二十《水利志》，钦定四库全书本；

（清）乾隆《大清一统志》，钦定四库全书本；

（清）穆章阿等纂修：《大清一统志》第8册，上海古籍出版社2008年版；

（清）陶士契修、刘湘煃纂：乾隆《汉阳府志》，江苏古籍出版社2001年版，据乾隆十二年（1747）刻本影印；

（清）刘嗣孔纂修：乾隆《汉阳县志》，中国国家图书馆藏乾隆十三年（1748）刻本；

（清）陈元京纂修：乾隆《江夏县志》，中国国家图书馆藏乾隆五十九年（1794）刻本；

（清）裘行恕纂修：嘉庆《汉阳县志》，中国国家图书馆藏嘉庆二十三年（1818）刻本；

（清）黄式度修、王柏心纂：同治《续辑汉阳县志》，江苏古籍出版社2001年版，据同治七年（1868）刻本《续辑汉阳县志》影印；

（清）张行简纂修：光绪《汉阳县识》，中国国家图书馆藏光绪十年（1884）年刊本；

（清）王同纂辑：《唐栖志》，中国国家图书馆藏光绪十六年（1890）刻本；

（清）黄本骥编：《历代官职表》，上海古籍出版社2005年版；

（清）顾祖禹撰：《读史方舆纪要》，中华书局2019年版；

（清）顾祖禹撰：《读史方舆纪要》，中国国家图书馆藏清光绪朝抄本；

（清）傅泽洪撰：《行水金鉴》，钦定四库全书本；

（清）范锴撰，江浦等校释：《汉口丛谈校释》，湖北人民出版社1999年版；

（清）叶调元著，徐明庭等校注：《汉口竹枝词校注》，湖北人民出版社1985年版；

（清）董桂敷撰，李经天等点注：《紫阳书院志略》，湖北人民出版社2002年版；

（清）查慎行著：《敬业堂诗集》，上海古籍出版社 1986 年版；

（清）顾炎武著，黄汝成集释：《日知录集释》，上海古籍出版社 1985 年版；

（清）徐炯撰：《使滇日记》，载《南阜山人学文存稿·使滇日记·使滇杂记》，上海古籍出版社 1983 年版；

（清）钱泳著：《履园丛话》，中华书局 1979 年版；

（清）包世臣著，潘竞瀚点校：《齐民四术》，中华书局 2001 年版；

（清）章学诚撰，郭康松点校：《湖北通志检存稿》，湖北教育出版社 2002 年版；

（清）董诰、阮元等辑：《钦定全唐文》，影印清嘉庆内府刻本；

（清）刘献庭撰：《广阳杂记》，中华书局 2007 年版；

（清）赵吉士撰：《寄园寄所寄》，黄山出版社 2008 年版；

（清）吴伟业撰：《绥寇纪略》，钦定四库全书影印本；

（清）徐珂编撰：《清稗类钞》，中华书局 2010 年版；

（清）吴中孚著：《商贾便览》，天津图书馆藏清道光二年（1822）三益堂刻本；

（清）贺长龄、魏源等编纂：《皇朝经世文编》，台湾大学出版社 1989 年版；

（清）陈诗著，姚勇等校注：《湖北旧闻录》，湖北人民出版社 1999 年版；

（清）盛康辑：《皇朝经世文编续编》，光绪二十三年（1897）思补楼刊行；

（清）嵇璜等纂修：《钦定续文献通考》，天津图书馆藏清乾隆四十九年（1784）武英殿刻本；

（清）胡林翼：《胡文忠公全集》，世界书局 1936 年版；

中国第一历史档案馆藏：《署理湖广总督鄂弥达等议复汉镇设仓以裨商民事奏折》，载哈恩忠选编：《乾隆朝整饬社仓档案（中）》，《历史档案》2014年第6期；

（清）《宫中档乾隆朝奏折》，台北"国立故宫博物院"印行；

（清）郭嵩焘撰：《请禁止鸦片第一疏》，载《郭嵩焘全集4》，岳麓书社2018年版；

（清）林则徐撰：《钱票无甚关碍，宜重禁吃烟以杜弊源片》，载《林则徐集·湖广奏稿》；

《农工商部右侍郎杨士琦奏为考察南洋华侨商务情形折》，载中国第一历史档案馆编：《清代中国与东南亚各国关系档案史料汇编》（第一册），国际文化出版公司1998年版；

《汉口后湖堤内地亩分等酌收新租章程》，中国国家图书馆文津馆普通古籍藏本；

（清）光绪《东亚各港志》，中国国家图书馆文津馆藏；

（清）光绪《湘阴县图志》卷二一《赋役志十六》（影印本），《中国方志丛书·华中地方》第1105号，台北成文出版社2014年版；

中国国家图书馆藏：《汉口山陕会馆志》，光绪二十二年（1896）刻本；

（民国）赵尔巽等纂修：《清史稿》，中华书局1977年版；

（民国）徐焕斗编撰：《汉口小志》，江苏古籍出版社2001年版；

（民国）吕寅东纂，侯祖畲修：《夏口县志》，江苏古籍出版社2001年版，据民国九年（1920）刻本影印；

（民国）王葆心著：《续汉口丛谈再续汉口丛谈》，湖北教育出版社2002年版；

（民国）王葆心撰：《汉浒金石小记》，武昌益善书局1933年版。

## 二、专著（含译著）

### （一）外文译著（按译著出版年代先后排序）

（英）彼得·布鲁克著，韦德等译：《空的空间》，中国戏剧出版社1988年版；

（法）J·勒高夫等主编，姚蒙编译：《新史学》，上海译文出版社1989年版；

（美）施坚雅著，王旭译：《中国封建社会晚期的城市研究：施坚雅模式》，吉林教育出版社1991年版；

（美）塞缪尔·亨廷顿等：《现代化理论与历史经验的再探讨》，上海译文出版社1993年版；

（美）孔飞力著，陈兼、刘旭译：《叫魂：1768年中国妖术大恐慌》，生活·读书·新知三联书店1999年版；

（美）施坚雅主编，叶光庭等译：《中华帝国晚期的城市》，中华书局2000年版；

（美）彭慕兰著，史建云译：《大分流》，江苏人民出版社2003年版；

（意）卡洛·金斯伯格著，朱歌姝译：《夜间的战斗》，上海人民出版社2005年版；

（美）吉尔伯特·罗兹曼：《中国的现代化》，国家社会科学基金"比较现代化"课题组译，江苏人民出版社2005年版；

（德）贡德·弗兰克著，刘北成译：《白银资本：重视经济全球化中的东方》，中央编译出版社2005年版；

（英）彼得·伯克著，杨豫、王海良等译：《欧洲近代早期的大众文化》，上海人民出版社2005年版；

（加）卜正民著，方骏等译：《纵乐的困惑：明代的商业与文化》，生活·读书·新知三联书店2005年版；

（美）罗威廉著，江溶等译：《汉口：一个中国城市的商业和社会（1796~1889）》，中国人民大学出版社2005年版；

（美）C·格尔茨著，韩莉译：《文化的解释》，译林出版社2006年版；

（美）罗伯特·达恩顿著，吕健忠译：《屠猫记：法国文化史钩沉》，新星出版社2006年版；

（美）戴维·斯沃茨著，陶东风译：《文化与权力》，上海译文出版社2006年版；

（法）皮埃尔·布迪厄著，蒋梓骅译：《实践感》，译林出版社2006年版；

（美）王笛著，李德英等译：《街头文化》，中国人民大学出版社2006年版；

（美）罗威廉著，鲁西奇等译：《汉口：一个中国城市的冲突和社区（1796—1895）》，中国人民大学出版社2008年版；

（日）斯波义信著，方键、何忠礼译：《宋代江南经济史研究》，江苏人民出版社2011年版；

（日）水野幸吉著，武德庆译：《中国中部事情：汉口》，武汉出版社2014年版；

（美）丁韪良著；沈弘、恽文捷等译：《花甲记忆》，学林出版社2019年版。

## （二）中文专著（按出版年代先后排序）

陈其田：《山西票庄考略》，商务印书馆1937年版；

窦季良：《同乡组织之研究》，正中书局1943年版；

潘新藻：《武汉市建制沿革》，湖北人民出版社1956年版；

隋树森编著：《古诗十九首集释》，中华书局1957年版；

邓拓：《论中国历史的几个问题》，生活·读书·新知三联书店1959年版；

何炳棣：《中国会馆史论》，台湾学生书局1966年版；

北京钢铁学院《中国冶金简史》编写小组：《中国冶金简史》，科学出版社1978年版；

徐复观：《徐复观文录选粹》，台湾学生书局1980年版；

苏云峰：《中国现代化的区域研究（1860—1916）——湖北省》，台北"中央研究院"近代史研究所1981年版；

杨宽：《中国古代冶铁技术发展史》，上海人民出版社1982年版；

《武汉工商经济史料》第一辑，武汉市政协文史资料研究委员会1983年版；

顾诚：《明末农民战争史》，中国社会科学出版社1984年版；

吴承明、许涤新：《中国资本主义的萌芽》，人民出版社1985版；

《中国古代煤炭开发史》编写组：《中国古代煤炭开发史》，煤炭工业出版社1986年版；

刘石吉：《明清时代江南经济研究》，中国社会科学出版社1987年版；

叶全良、余鑫炎等主编：《商业知识词典》，湖北辞书出版社1987

年版；

《武汉文史资料》编辑部：《武汉文史资料》，武汉市政协文史资料委员会1988年版；

张国辉：《晚清钱庄和票号研究》，中华书局1989年版；

白寿彝主编：《中国通史》第十卷，上海人民出版社1989年版；

祁守华、钟晓钟编：《中国地方志煤炭石料选辑》，煤炭工业出版社1990年版；

程树德撰，程俊英等点校：《论语集释》，中华书局1990年版；

罗荣渠主编：《现代化理论与历史经验的再探讨》，上海译文出版社1993年版；

傅立民、贺名仑主编：《中国商业文化大辞典》（上），中国发展出版社1994年版；

叶全良等主编：《中国商业百科知识》，湖北人民出版社1995年版；

郭正中：《中国盐业史》，人民出版社1997年版；

牛建强：《明代人口流动与社会变迁》，河南大学出版社1997年版；

鲍晓娜：《耕耘集》，中共中央党校出版社1998年版；

皮明庥主编：《汉口五百年》，湖北教育出版社1999年版；

张建民：《湖北通史·明清卷》，华中师范大学出版社1999年版；

韦庆远著：《张居正和明代中后期政局》，广东高等教育出版社1999年版；

曹树基：《中国人口史》（第四卷），复旦大学出版社2000年版；

张伟然：《湖北历史文化地理研究》，湖北教育出版社2000年版；

吴承明：《中国的现代化：市场与社会》，生活·读书·新知三联书店 2001 年版；

杨念群：《空间·记忆·社会转型》，上海人民出版社 2001 年版；

黄鉴晖：《山西票号史》，山西经济出版社 2002 年版；

孟森：《明史讲义》，上海古籍出版社 2002 年版；

欧阳琛、方志远：《明清中央集权与地域经济》，中国社会科学出版社 2002 年版；

黄鉴晖：《山西票号史》，山西经济出版社 2002 年版；

罗钢：《消费文化读本》，中国社会科学出版社 2003 年版；

杨念群：《新史学：多学科对话的图景》，人民大学出版社 2003 年版；

陈宝良：《明代社会生活史》，中国社会科学出版社 2004 年版；

关文发：《嘉庆帝》，吉林文史出版社 2004 年版；

杨威：《中国传统日常生活世界的文化透视》，人民文学出版社 2005 年版；

林延清：《清史纪事本末》第 6 卷（嘉庆朝），上海大学出版社 2006 年版；

唐力行：《商人与近世社会》，商务印书馆 2006 年版；

陈锋：《明清以来长江流域社会发展史论》，武汉大学出版社 2006 年版；

周积明主编：《湖北文化史》，湖北教育出版社 2006 年版；

傅衣凌：《明清社会经济变迁论》，中华书局 2007 年版；

孙强：《晚明商业资本的筹集方式、经营机制及信用关系研究》，吉林大学出版社 2007 年版；

郭松义：《民命所系：清代的农业和农民》，中国农业出版社 2010 年版；

李伯重：《江南的早期工业化（1550—1850）》，中国人民大学出版社 2010 年版；

汤黎：《人口、空间与汉口的城市发展（1460—1930）》，中国社会科学出版社 2010 年版；

朱绍侯主编：《中国古代史教程》，河南大学出版社 2010 年版；

涂文学、刘庆平主编：《图说武汉城市史》，武汉出版社 2010 年版；

田凯：《清代地方城市景观的重建与变迁：以 17—19 世纪成都为研究中心》，巴蜀书社 2012 年版；

徐潜主编：《中国古代金融与商业》，吉林文史出版社 2013 年版；

张宏杰：《饥饿的盛世：乾隆时代的得与失》，重庆出版集团 2016 年版；

武汉市硚口区档案局等编著：《武汉有个汉正街》，武汉出版社 2016 年版；

涂文学、李卫东主编：《汉口母街城市客厅：汉正街文化建设研究》，武汉出版社 2016 年版；

涂文学：《武汉沦陷史》，湖北教育出版社 2018 年版；

范金民：《明清社会经济与江南地域文化》，中西书局 2019 年版；

冯尔康：《冯尔康文集：清史专题研究》，天津人民出版社 2019 年版；

郭预衡等选注：《汉魏南北朝诗选注》，东方出版中心 2020 年版。

## 三、参考论文

### （一）期刊论文（含集刊论文）

陈慈玉：《近代黎明期两湖茶之发展》，《食货》1980 年第 10 卷；

范植清：《鸦片战争前汉口镇商业资本的发展》，《中南民族学院学报》1982 年第 2 期；

王兴亚：《彭翀藏版〈豫变纪略〉刻本的发现及其价值》，《中州学刊》1983 年第 2 期；

张建民：《明代湖北的鱼贡鱼课和渔业》，《江汉论坛》1985 年第 5 期；

陈忠平：《明清时期江南市镇手工业的发展》《南京师范大学学报（哲社版）》1987 年第 4 期；

吴量恺：《清代湖北沿江口岸城市的转运贸易》，《华中师范大学学报》1989 年第 1 期；

宋平安：《明清时期汉口城市经济体系的形成与发展》，《华中师范大学学报》1989 年第 1 期；

陶建平：《明清时期汉口商业网络的形成及其影响》，《华中师范大学学报》1989 年第 1 期；

陶建平：《明清时期汉口商业网络的形成及其影响》，《华中师范大学学报》1989 年第 1 期；

宋平安：《明清时期汉口城市经济体系的形成与发展》，《华中师范大学学报》1989 年第 1 期；

石莹：《清代前期汉口的商品市场》，《武汉大学学报》1989年第2期；

涂文学：《近代汉口城市文化生成机制探源》，《近代史研究》1992年第1期；

王振忠：《清代汉口盐商研究》，《盐业史研究》1993年第3期；

蓝东兴：《明朝中后期奢侈浮靡之风刍议》，《西南师范大学学报（哲社版）》1993年第2期；

张岩：《清代汉口的粮食贸易》，《江汉论坛》1993年第4期；

姚会元：《汉口历史上的商业辉煌》，《长江论坛》1994（01）；

王保民：《汉口各行帮业及其贸易》，《武汉文史资料》1994年第2期；

彭雨新、江溶：《十九世纪汉口商业行会的发展及其意义——〈汉口——一个中国城市的商业和社会（1795—1889）〉》，《中国经济史研究》1994年第4期；

杨念群：《"市民社会"研究的一个中国案例：有关两本汉口研究著作的论评》，《中国书评》1995年第5期；

H·C·达比著，姜道章译：《论地理与历史的关系》，《历史地理》1996年第13辑；

喻枝英：《三镇行业街》，《武汉文史资料》1997年第4期；

胡永弘：《汉口的行帮与会馆、公所》，《武汉文史资料》1997年第4期；

胡永弘：《汉口的钱庄与票号》，《武汉文史资料》1997年第4期；

刘庆平、肖放：《转型期的汉口民俗》，《江汉论坛》1998第8期；

李伯重：《中国全国市场的形成，1500—1840》，《清华大学学报（哲社版）》1999年第4期；

高翔：《论清前期中国社会的近代化趋势》，《中国社会科学》2000年第4期；

李伯重：《英国模式、江南道路与资本主义萌芽》，《历史研究》2001年第1期；

曹大为：《明清农耕文明的鼎盛及其在世界工业文明潮流中的陨落》，《史学理论研究》2002年第4期；

陈锋：《明清时期汉口的发展历程》，《江汉论坛》2002年第11期；

曾艳红、蔡述明：《明清时期汉口发展的地理因素》，《华中师范大学学报（自然科学版）》2002年第1期；

李琳琦：《徽商与清代汉口紫阳书院》，《清史研究》2002年第2期；

尹玲玲：《明清时期湖北地区的渔业经济——以武昌、汉阳、黄州地区为例》，《农业考古》2002年第2期；

黄兰田：《佛教与汉口地名》，《武汉文史资料》2002第9期；

尹玲玲：《明代的渔政制度及其变迁——以机构设置沿革为例》，《上海师范大学学报（哲社版）》2003年第1期；

陈玉、董玉梅：《汉口邮政溯源》，《武汉文史资料》2003年第3期；

任放：《汉口模式与中国早期现代化》，《光明日报》2003年4月1日；

黄金周：《会馆·街道·学校》，《武汉文史资料》2004年第1期；

吴传健：《汉口的变迁及其建筑模式》，《武汉文史资料》2004年第5期；

李强：《清乾隆年间制钱的流通与政府的应对》，《学术探索》2004年第5期；

宋伦、李刚：《明清山陕商人在湖北的活动及其会馆建设》，《江汉论坛》2004年第5期；

周霞、杨薇：《从叶调元〈汉口竹枝词〉看清中后期汉口市井文化》，《鄂州大学学报》2005年第1期；

巫仁恕：《民间信仰与集体抗争：万历承天府民变与岳飞信仰》，《江海学刊》2005年第1期；

杨国安：《救生船与清代两湖水上救生事业》，《武汉大学学报》2006年第1期；

涂文学：《在原生型与次生型之间：武汉早期现代化发展的"汉口特性"》，《江汉大学学报》2006年第2期；

郑成林、李勇军：《明清时期汉口商业文化再探》，《江汉大学学报》2006年第2期；

罗晓辉：《清初至道光年间漕运、盐业与汉口的城镇经济》，《天府新论》2006年第3期；

代亚松：《早期汉口茶馆与文化》，《中国茶叶》2007年第4期；

魏天辉：《明代中后期奢侈风气的消极影响及其对策》，《兰州学刊》2007年第9期；

徐斌：《明代河泊所的变迁与渔户管理》，《江汉论坛》2008年第12期；

张扬：《明末清初时期时事剧的散佚》，《湖南第一师范学报》2008年第2期；

邓双荣：《明清时期的汉口——"纯"商业市镇》，《武汉商业服务学院学报》2009年第1期；

李勇军、陆楚琼：《地方文献中的清代汉口城市社会》，《湖北社会科学》2009年第8期；

石莹：《清代前期汉口金融业的发展》，《中国经济史研究》2010年第4期；

李荣生：《论中国渔业发展与食物安全保障》，《中国农业信息》（半月刊）2012年第15期；

陈瑶：《从汉口到湘潭——清初湘潭县重建过程中的徽州盐商》，《安徽史学》2012年第4期；

方天宇：《明代武昌、汉阳双城研究》，《武汉文博》2013年第2期；

时晓虹等：《"路径依赖"理论新解》，《经济学家》2014年第6期；

王惠敏：《明中后期汉口商镇勃兴原因探析》，《重庆交通大学学报（哲社版）》2014年第6期；

张兆裕：《对明代人口流动的若干认识》，《中国史研究》2014年第4期；

王惠敏：《鸦片战争前汉口工商业发展特点》，《昆明学院学报》2015年第4期；

代永峡、樊志民：《明末农民战争对河南农业发展的影响》，《兰台世界》（旬刊）2015年第30期；

项露林：《明代湖广地区渔业产销研究》，《曲靖师范学院学报》2017年第2期；

常方舟：《鄂东学人王葆心生平概览与思想考述》，《黄冈师范学院学报》2017年第2期；

张海英：《明清"商书现象"：经济文化视野下的观察》，《南国学术》2018年第2期；

张笃勤：《清代汉口的商帮与会馆》，《档案记忆》2018年第9期；

杨国安：《钱庄、票号与银行：清代以来汉口金融业的发展与变迁》，载《中国经济与社会史评论》（2018年卷），社会科学文献出版社2019年版；

王惠敏：《商民、藩王及官府的博弈：嘉靖碑记凸显的汉口勃兴历史信息》，《武汉学研究》2019年第1期；

徐斌：《国家与渔民：宋至清两湖地区渔税的性质、征收及其演变》，《清华大学学报（哲社版）》2019年第4期；

傅春晖：《明清以来的市镇：中国城镇化发展的历史姻缘》，《社会》2020年第1期；

陈玥：《从水域到市镇——土地权利视角下明清汉口的兴起》，《武汉学研究》2020年第2期；

黄友灏、黄澈：《明万历朝京察申辩禁令下士大夫鸣冤的新方式——以〈万历辛亥京察记事始末〉的成书历史为例》，《学术研究》2020年第11期；

王惠敏：《"传统的反叛"：清代（开埠前）汉口大众消费文化管窥》，《武汉学研究》2021年第1期。

## （二）学位论文（按照时间先后排列）

杜七红：《茶叶与清代汉口市场》，武汉大学1999年硕士学位论文；

林清清：《刘家隔：一个长江中游市镇的社会经济变迁史（1403—2001）》，武汉大学2002年硕士学位论文；

刘德政：《外来人口与汉口城市化（1850—1911）》，华中师范大学2006年硕士学位论文；

王惠敏：《明清（开埠前）汉口商镇的发展历程与路径特征》，北京师范大学 2008 年硕士学位论文；

江涛《明至民国湖北省渔业经济研究》，厦门大学 2009 年博士学位论文；

陈昊：《王葆心的学术成就与学术思想》，华中师范大学 2012 年硕士学位论文；

郑望春：《明至清前期湖北河泊所研究》，云南大学 2016 年硕士学位论文；

胡士俊：《明清典当业兴衰研究》，辽宁大学 2018 年博士学位论文；

宋颖：《明清山陕商人合作制度变迁的路径依赖分析》，山西财经大学 2022 年硕士学位论文。

## （三）电子文献（仅在网络发布的论文）

武汉市江汉区档案局佚名作者：《"汉口里"的会馆》，发布网址：https://www.sohu.com/a/152043653-556544，发布日期：2017 年 6 月 26 日；

杨先云：《简牍漫话：两千多年前的秦代家书》，发表于知乎网"发现湖南"专栏，网址：https://zhuanlan.zhihu.com/p/52738348，发布日期：2019 年 2 月 26 日；

佚名作者：《早期的通信——民信局起源》，发布网址：www.518yp.com/youpiaozixun/1799.html，发布日期：2022 年 7 月 31 日。

# 后　记

《明清汉口商镇的社会变迁（1465—1861）》是我近几年完成的第三部学术书稿。在向中州古籍出版社交付稿件之前，曾不止一次想到：倘若能够顺利付梓，它将是这三部书稿当中最先以专著面貌问世的。因为，另两部书稿虽然早已写完，其中一部（教育部青年基金项目结项书稿）待继续修改，一部（国家社科后期资助书稿）早就签了正式出版合同并支付了出版费，书稿也通过了三审，但因涉民族、涉宗教、涉清代地方叛乱，还要呈送有关部门审核。在去年冬天获悉这一消息后，我便马上想到不妨以此前发表的有关明清汉口社会经济与文化探究的数篇论文为基础，撰写一部不涉民族、不涉宗教与叛乱的书稿。如此，既可以将我早就想写却迟迟未能付诸码字行动的书稿写完，也可以顺便完成所在单位职称晋升必须有学术专著的科研任务。

这部书稿看似是在半年的时间里写成，实际上它的写作时间跨度相当长——2008 年我完成了 5 万余字的硕士学位论文《明清（开埠前）汉口商镇的发展历程与路径特征》；2014 年至 2020 年，开始陆续发表了 4 篇有关明清汉口社会经济史研究的论文。其中《商民、藩王及官府的博弈：嘉靖碑记凸显的汉口勃兴历史信息》一文在台北中研院近代史所研究员赖惠敏先生的引荐下，得以入选 2020 年度台北"中央研究院"近代史所举办的明清国际学术研讨会，会上巫仁恕研究员对拙作做了专门点评。这篇论文为本书第二章重要内容之一，部分修订得益于此次学术研讨会上包括巫仁恕老师在内的多位前辈学者毫无保留的批评与指教，在此深表谢意！借助这篇文章在《武汉学研究》2019年第1期（创刊首发）发表的东风，不久又收到该刊执行主编陈青云老师的约稿信息。经认真思考后，我承诺可以提交一篇关于明清汉口大众消费文化研究的文稿。最终，以《"传统的反叛"：清代（开埠前）汉口大众消费文化管窥》（发表在《武汉学研究》2021年第1期）一文履约。本书第六章便是在该文基础上撰写而成。可以说，正是这两篇论文的发表让我对撰写书稿建立了信心。在此，特向工作严谨认真、为人低调谦逊的陈青云老师和其他为2篇拙文发表付出辛劳的审校老师一并表示深谢。由是观之，《明清汉口商镇的社会变迁（1465—1861）》是一部至少酝酿了八载的书稿。

特别感谢2008年参加我在北京师范大学的硕士论文答辩的诸位先生（有北师大历史学院的王子今教授、北师大历史学院的向燕南教授，以及北京教育学院的朱筱新教授），他们对论文的不吝肯定，增强了我继续走学术深造之路的信心，他们提出的许多宝贵修改意见，为后来的增删改扩指明了方向。时隔十四年，子老在我告知硕士业师曹大为教授因当前有学术重任在身无法写序后，不待我细说，便秒懂我希望由他（子老参加了我的硕士入学复试，硕士毕业论文开题及答辩，带我补修中国古代史本科课程，领我参加"前四史读书班"，允我修读了他开设的多门面向研究生的专题课，是我在北师大求学期间除曹老师之外对我的学习和科研状况最为了解的老师）代劳。经年笔耕不辍、无暇他顾的子老专门腾出时间为拙著撰写了饱含勉励后学之情的珍贵序文，读来甚是感动，同时亦为自己荒废了太多光阴，没能如先生期许的那样在学术道路上砥砺奋进感到莫名惭愧。近二十年来，子老对我的爱护与包容，真真寸管难书。像我这般资质驽钝、任情恣性的学生，对子老最好的报答当是用心读书，认真教书，脚踏实地做好科研。

拙著得以完成应特别感谢我的硕士业师、北京师范大学历史文化学院的曹大为教授。不是科班出身的短板在写毕业论文的过程中发挥了强劲的"阻力"，让我不时怀疑自己根本不是做学术的那块料，仿佛始终都没有找到登堂入室的门径所在。然而，亲切如慈父的曹老师从没有嫌弃过我的愚钝，反而总是不吝夸我有灵性，阅读广，文笔好，肯动脑，这让彼时颇为天真的自己顿时信心倍增，不再一味地自我否定。时至今日，我仍清楚地记得，从写作框架的确定到具体的行文表达，曹老师都一一耐心指导。每一稿都是他通读完后在每页空白处写好详细的批注。当遇到又臭又长的翻译式句式表达，几乎无从下手修改时，曹老师便索性在每页的空白处按照地道的中文表达方式替我重写一遍作为示范，然后我让我依葫芦画瓢地把其他类似的表达问题全都整改完。每改完一稿，他便骑着那辆不知道陪伴了他多少年的朴实无华的自行车将返修稿送到北师研究生宿舍楼 C 座下，然后我们师徒二人站在田径运动场边逐条讨论修改意见，直至他确认我听懂所有的最新修改要求，才放心地调转自行车，灵敏地跨过横梁，倏然离去。如此这般，不知前后改了多少遍才定稿。这个过程让我明白，定题后要认真爬梳史料和研读相关研究成果并且大胆地去写，而不是长时间停留在各种写作设想中不能自拔。同时，在反复修改和再三润色的写作训练过程中，曹老师让我懂得行文既要做到逻辑自洽，也要力求内容具有极强的可读性。

格外感谢我的硕士同门师兄韩欣，他在专注于工作量巨大的汉文大藏经整理与出版事业之余，不忘关心我的学术进展，总是勉励我要保持为学术的初心，踏实做出可以拿得出手的成果。十七年来，韩师兄一直待我如亲兄长，连带我的先生和孩子都多次得到他的实心关照。书稿写完前夕，也是韩师兄亲自出马为我联系了在中州古籍出版社工作的同为北师大毕业的闵世勇师兄，这也是促使我抓紧写完书稿的重要动力之一。世勇师兄在充分了解我的写作进度后，立即着手书稿内容提要的审定、选题的报送、合同签署（应敝校各部门不同要求三易合同才尘埃落定）等关键事宜，让我能够安心完成书稿扫尾工作。世勇师兄还费心安排了比我晚数年于中国社科院研究生院毕业的高雪薇师妹担任责编。雪薇师妹对拙著最终付梓尤为尽心尽力，面对我提出诸多问题可谓知无不言、言无不尽，并且在书稿的几轮校核和修订过程中均给予了很大帮助。对世勇师兄和雪薇师妹最好的感谢就是全力以赴地配合改稿和完成其他未尽事宜。

在此，还要对不吝向我表达关切与爱护的众多师友，特别是诲人不倦的博士业师定宜庄先生（中国社会科学院古代史研究所研究员）、宅心仁厚的赖惠敏先生（台北"中央研究院"近代史研究所研究员）、以诚待人的博士大师姐邱源媛女史（中国社会科学院古代史研究所研究员）、灵魂有趣、能文能武的四川省文物考古研究院前院长高大伦教授、谦和温厚、笃学不倦的北京大学考古文博学院韦正教授，以及温润如玉、善于共情的西北政法大学胡海容老师等致以真挚的感谢。正因为有了你们的学术垂范与温暖关照，我才有力量说服自己逐渐走出文字难以描述的心理阴霾，并通过每天做一件件具体的事来克服内心深处的无力感，才能在清芬依旧的初夏时节迎来拙著初稿的完结。

另外，我院德高望重的文科资深教授周伟洲先生一直对我的学术进展情况颇为关切，每念及此，不胜感激。周先生年逾八旬仍每日坚持深稽博考且不吝提携后进的真学人风范，激励了诸多青年学人奋力前行，我亦受惠良多。我院民族学教研室负责人马强教授在我下定决心写这部专著的过程中给予了真切的鼓励。正因为有马老师在学院全体教师会议上严肃地指出所谓民族研究并不是说只能研究边疆地区的少数民族，位于边疆或中心地区的汉人民族亦是民族研究的重要对象，完全可以大胆地开展相关探究，我才敢于抛却重重顾虑，不再因当前环境下涉民涉宗选题书稿面临不确定的审查期限而彷徨失措。因此，在学院于2021年12月底组织填写《陕西师范大学2022年度一流学科建设科研经费申请表》时，我将这部书稿的出版计划列入个人年度科研经费申请项。经院学术委员会讨论，同意纳入2022年第二季度出版资助计划。最终，有赖于学院王欣院长、徐百永副院长、院学术委员会诸位教授的鼎力支持，以及梁丽老师、王喆龙老师、吕茂庭老师等同事的热心协助，才得以在骄阳似火的盛夏顺利走完6万元出版经费资助的行政审批和财务对公转账流程，从而确保了后续出版进度的正常推进。总之，我所在的中国西部边疆研究院是一个学术氛围浓厚、同事关系融洽的教学科研单位，唯有学习先进、见贤思齐，才能不忘初心。

写稿期间，家人对我时经常处于"极端静默"状态（听不见他们的问话、看不见许多早就要干的家务）给予了极大的体谅与包容。刚满九岁的闺女薇薇看到我在电脑跟前奋战时，基本上都能尽力克制住希望我陪她练琴、做手工及外出嬉戏的念头，要么自个儿找伙伴玩，要么默默地在我身边阅读名著。闺女还曾捧着我的博导定宜庄先生的著作，一本正经地期盼她的妈妈也可以成为大学者。虽然不必"用脚指头想"就可以明了，即使我倾毕生之力也无法达成闺女想要一个名满天下的学者妈妈的宏愿，但我愿意在能力所及的范围内努力成为一个可以用心照顾她、尽心培养她，也能认真写论文、撰专著的科研妈妈。感谢我的先生赵旭黎教授主动分担了洗碗、拖地等杂事。感念我的父母（尤其是父亲）在过去数年中多次前来家中小住为我劳心费力，只为让我能够多一点时间专注于科研，少一点家务、孩子琐事缠身带来的分身乏术的焦虑。

虽然往昔时光犹如掌中沙于指缝间无情流逝，但每个人的当下皆由他或她的过往造就。平凡如我，亦不例外。抚今思昔，博士毕业十一年来的兜兜转转令我感触颇深——昔日在某个节点所做的看似只关系当下的决定可以将命运之舟推向遥不可及、难以预测的未来。2008年硕士毕业后，我的学术研究领域发生大转向。2011年7月，我从中国社会科学院研究生院应届博士毕业后，为一纸北京户口去了央企就职。直至2015年7月，我才得以抓住机会以博士后科研人员身份重返学术圈。多年来工作上的辗转腾挪，数次千里搬家，让我没有精力再碰触硕士学位论文，并且在相当长的时间里没有撰写与汉口有关的论文。然则，我曾多次畅想过，只要时机允许，我一定会在硕士论文的基础上完成一部富有"历史温情"和"人文关怀"的明清（开埠前）汉口商镇研究的专著。如今，一鼓作气写完书稿并在诸多贵人相助下得以付梓，大抵算得上了却一桩夙愿。行文至此，我非常愿意将此次学术写作体验视为"念念不忘，必有回响"之福报。

最后，鉴于当下新冠疫情尚未终结、未来世界动荡可能加剧，特以莎士比亚戏剧《暴风雨》中的经典台词结束，借此与同道中人共勉："不要把过去的不幸重压在我们的记忆之上"，因为"凡是过往，皆为序章"；努力"爱所有人，信任少数人，不负任何人"，并且懂得"我荒废了时间，时间便把我荒废了"，因而哪怕"在灰暗的日子里"，也"不要让冷酷的命运窃喜"。

王惠敏

2022年8月18日定稿于长安